LA SYRIE,

L'ÉGYPTE, LA PALESTINE

ET LA JUDÉE.

—

TOME SECOND.

IMPRIMERIE DE BOURGOGNE ET MARTINET,
RUE JACOB, 30.

LA SYRIE,
L'ÉGYPTE, LA PALESTINE
ET LA JUDÉE,

CONSIDÉRÉES SOUS LEUR ASPECT HISTORIQUE, ARCHÉOLOGIQUE, DESCRIPTIF ET PITTORESQUE,

PAR MM.

LE BARON TAYLOR ET LOUIS REYBAUD.

OUVRAGE ORNÉ DE CENT SOIXANTE GRAVURES SUR ACIER,

DESSINÉES PAR

MM. DAUZATS, MAYER, CICÉRI FILS, ET GRAVÉES PAR MM. FINDEN,

PREMIERS ARTISTES DE LONDRES.

PARIS.

AU BUREAU CENTRAL DES DICTIONNAIRES, RUE DES FILLES-SAINT-THOMAS;
CHEZ L'ÉDITEUR, RUE SAINT-ANDRÉ-DES-ARTS, 58;
ET CHEZ L. MAME, RUE GUÉNÉGAUD, 23.

1838

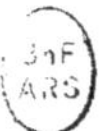

ÉGYPTE.

ÉTAT POLITIQUE ET SOCIAL DE L'ÉGYPTE ANCIENNE.

Il n'est point de pays sous le ciel qui ait jeté plus d'éclat que l'Égypte ancienne, l'Égypte des Pharaons; point d'empire qui ait eu des périodes aussi longues de vie calme et heureuse; point de terre qui, à défaut de pages écrites, ait laissé plus de pierres debout pour raconter au monde ses magnificences passées. Si la lettre de cette histoire est morte avec sa clef alphabétique, l'esprit en demeure comme empreint sur les parois de ses hypogées, gravé sur les assises de ses monumens.

Quand on suit l'Égypte dans son existence primitive, on voit et l'on comprend qu'elle fut la reine du monde antique, le foyer des grands souvenirs et des pompes mystérieuses. Plus sérieuse et plus sage que la Grèce, elle se montra moins turbulente que Rome, plus libérale que l'Inde. Les idées utiles, les coutumes nobles et graves, l'art superbe et religieux y naquirent, s'y développèrent, fécondés par une théocratie intelligente et paternelle.

Ce renom de sagesse profonde, de raison calme et supérieure était si bien acquis à l'Égypte dans les temps anciens, que tous les peuples voisins reconnurent et acceptèrent sa bienfaisante suprématie. On vit tour à tour les héros, les philosophes, les pontifes, les poëtes, les législateurs des vieilles ères, s'incliner avec respect devant les trésors de science qu'elle possédait; on les vit, pèlerins curieux et altérés, aller mouiller leurs lèvres à ces sources fortifiantes. Homère y puisa les traditions héroïques qu'il devait idéaliser dans ses chants divins; Lycurgue et Solon s'y formèrent à la science des lois par lesquelles fleurirent Sparte et Athènes. Talès, Eudoxe, Pythagore, et une foule d'autres savans s'initièrent dans les temples d'Isis aux révélations astronomiques. Plus enthousiaste encore et plus ardent, Platon, après avoir conversé avec les prêtres d'Héliopolis, s'écriait : « Solon! Solon! » Vous autres Grecs, vous n'êtes encore que des enfans..... »

A cette époque où la civilisation égyptienne irradiait déjà sur le monde, rien ne se faisait chez les nations étrangères qu'on ne prît l'Égypte pour point de comparaison et pour modèle. Salomon veut-il bâtir le temple de Jérusalem, c'est aux Pharaons qu'il demande des architectes. Les habitans de l'Elide forment-ils le projet de créer des jeux olympiques, le plan de cette institution célèbre est envoyé aux Égyptiens pour qu'ils l'approuvent ou le blâment, le changent de fond en comble ou le modifient. Dans quelque histoire que l'on fouille, les mêmes incidens se reproduisent : on y rencontre toujours l'Égypte, veillant sur les autres nations comme sur des sœurs cadettes, les surveillant en tutrice, les admettant peu à peu au partage de ses richesses intellectuelles.

Sans doute ces preuves de la grandeur égyptienne, révélées dans des auteurs étrangers à l'Égypte, ces témoignages de déférence publique que lui donnèrent la Grèce et la Judée, ne sont que l'expression affaiblie de sa puissance, et n'offrent qu'une simple idée de ses ressources réelles. S'il nous avait été donné de lire couramment et sûrement dans les annales indigènes, si les murs pouvaient rendre à leurs sculptures symboliques le sens profond dont elles ont brillé, nous y trouverions d'autres preuves de force et de raison, d'intelligence et de philosophie, des preuves qui pourraient confondre et humilier notre sagesse moderne. Mais cette vieille Égypte des Hiérophantes procédait à sa mission féconde par des voies si mystérieuses; elle tenait si bien à l'ombre les moyens employés, pendant que les résultats se produisaient sous le soleil, que, surprise un jour par la conquête, elle y périt tout entière, villes et langage, monumens et traditions. Dès lors, il n'en resta plus que des données confuses, dont les auteurs grecs ou romains sont les derniers interprètes, infidèles souvent, incomplets toujours. Aussi, de nos jours, quand on veut juger ce peuple, il faut le voir dans l'ensemble de sa vie, telle qu'elle ressort soit des documens écrits, soit de l'aspect des lieux, aspect parlant encore; il faut saisir toute son histoire, la dominer par la pensée, et la ramener à un point de vue synthétique. Hors de là on se perd dans le vague des fables et des divagations des vieux auteurs.

Vue de la sorte, l'Égypte apparaît au penseur comme un pays de gouvernement durable et régulier, comme une monarchie héréditaire, tempérée d'élémens théocratiques. Des deux principes, destinés à se combattre éternellement et à se disputer éternellement le monde, l'autorité et la liberté, il est certain que le premier convenait mieux à la vie des peuples anciens, à peine sortis des langes de la barbarie. L'élite des intelligences, rassemblées en corps sacerdotal, était un levier puissant de civilisation et de progrès, surtout quand ce corps, constitué à l'état héréditaire, concentrait dans ses mains et la plus grande richesse et la plus grande autorité.

Comment se formèrent ce pouvoir et cette force, cela est aisé à concevoir, si l'on se reporte à l'origine et à la formation de la société égyptienne. L'état géologique des lieux suffirait seul pour indiquer ce que fut ce peuple à son berceau, et comment il fut livré, nu et souffrant, à la tutelle nécessaire d'intelligences prises dans son sein.

Sans doute à une époque qu'il est impossible de préciser, la Méditerranée mordait bien avant sur cette terre aujourd'hui couverte de cultures. Le Nil, qui semble, dans l'ère ancienne comme dans l'ère moderne, avoir été un agent de transport limoneux, dénudait déjà les flancs des montagnes éthiopiennes et abyssiniennes, pour charrier au loin des plateaux d'alluvions. Dans sa première époque, le fleuve trouva un barrage de granit à Syène, et ne pouvant le vaincre, se rejeta vers la Lybie et la Cyrénaïque. Dans la seconde époque, quand, à force de creuser le granit, il s'y fut ouvert une voie, on le vit se précipiter en cataractes, et rouler ses eaux jusqu'à la seconde chaîne de montagnes, la chaîne dite arabique, qui n'était plus du granit, mais du grès. Un second barrage se rencontra donc au lieu nommé Gebel-el-Selseleh, et le fleuve obéissant dévia de nouveau vers la gauche, formant alors les oasis, le lac Mœris et le Fleuve sans eau (*Bahr-Bela-mâ*). De nos jours encore son lit se retrouve dans cette contrée déserte, caractérisé par des pétrifications de poissons et des débris de bateaux. Enfin, dans la troisième époque, quand le grès à son tour eut été limé, quand une ouverture, dont les deux éperons subsistent bien marqués et bien distincts, eut été violemment produite à Gebel-el-Selseleh, le Nil se jeta dans la Méditerranée, qu'il chassa devant lui par des ensablemens graduels et continus. Une foule de deltas successifs se formèrent l'un après l'autre avant le Delta moderne, et firent de ce sinus pélagien un territoire vaste et fertile, une vallée propre à toutes les cultures.

C'est alors qu'arriva la population. Elle vint d'où était venu le sol, d'où était venu le fleuve. Elle descendit de la Nubie, de l'Abyssinie et de l'Éthiopie. Ces pays étaient dès ce temps le foyer d'une civilisation dont les preuves monumentales subsistent, mais dont la date est encore un mystère. Les plateaux d'Axoum et de Gondar étaient couverts, à ce qu'il semble, de villes opulentes, et sur la presqu'île de Méroë s'étendait la capitale d'un empire qui a occupé les historiens autant au moins que les poëtes. Les premiers nomades apparus dans la vallée du Nil formaient sans doute la partie déshéritée de la population éthiopienne, des malheureux chassés par la faim, ou des coupables qui fuyaient devant le châtiment. Sur ces terrains d'alluvions marécageux et insalubres, domaine d'amphibies voraces, cachés dans les roseaux, ils ne connurent d'abord que les misères d'une vie précaire et tourmentée, que les angoisses du besoin et les transes de périls incessans. Ce fut dans cet état que les prirent les hommes habiles et industrieux qui devaient les gouverner plus tard. On leur dut l'assainissement et la fécondation de la contrée, on leur dut la science agricole, la science monumentale, la science astronomique; on leur dut, en un mot, la civilisation. L'Égypte était leur ouvrage; il y avait pour eux quelque droit à vouloir la retenir dans leurs mains, autant pour l'intérêt public que pour un intérêt particulier. Ils se constituèrent donc en communauté et en famille, rendant l'autorité sacerdotale à la fois irresponsable et héréditaire. Si la valeur d'une organisation politique devait être jugée au point de vue de sa durée, ce gouvernement théocratique serait l'un des meilleurs que l'on pût appliquer alors aux sociétés naissantes. Aucun des empires, aucune des républiques qui se fondèrent, soit postérieurs à l'Égypte, soit contemporains, ne se maintinrent aussi long-temps dans les âges, ne connurent une existence plus calme et moins remuante.

Dans la première période de l'état égyptien, le prêtre régnait seul, et il administrait le pays en maître intelligent et pacifique. Grâce à lui, cette terre, produit du limon du fleuve, devint fertile et nourricière; les peuples s'y tinrent en paix, heureux de leur obéissance, aimant un joug facile et doux, ne rêvant point de conquêtes incertaines et coûteuses. Cette ère dura long-temps, il faut le croire; car, dans les fouilles faites de nos jours, on a découvert que les monumens bâtis par les Pharaons, monumens de la seconde époque, se trouvaient construits eux-mêmes avec les débris sculptés de monumens détruits; ce qui supposerait deux âges de civilisation, deux âges d'architecture.

Quoi qu'il en soit, le pouvoir, après avoir été, en Égypte, purement théocratique, se tempéra d'élémens politiques et militaires. Quand le guerrier, à la suite de quelques combats et de quelques victoires, eut senti son utilité et sa force, il demanda sa part de gouvernement avec des formes qui n'admettaient pas de résistance. Le prêtre céda, et transforma dès lors en influence occulte son influence patente. Ainsi caché derrière un chef militaire, qu'on nomma le roi, le prêtre fut bien plus fort et bien plus inébranlable. Moins apparente, son autorité n'en fut que plus réelle. Maître des traditions, le sacerdoce s'imposa aux rois comme appui et comme conseil. Son influence, toujours active, se fit de plus en plus secrète, et de là sans doute naquit cette organisation mystérieuse qui devait lui assurer, pour de longs siècles, le monopole des connaissances égyptiennes.

En s'effaçant devant la royauté, le sacerdoce ne manqua pas d'ailleurs de prendre des précautions contre elle. Ce fut lui qui la constitua, ce fut lui qui régla ses conditions. La première de toutes fut d'astreindre le pharaon ou roi à la tutelle officieuse des prêtres. Il en était du souverain comme aujourd'hui encore du Daïri japonais : on l'écrasait sous le fardeau des honneurs, on l'accablait du poids de l'étiquette. L'emploi des heures était réglé pour le pharaon. Il s'occupait des affaires publiques le matin, se rendait ensuite au temple pour y écouter la leçon du pontife, puis il accomplissait les autres fonctions de la journée dans l'ordre prescrit: le bain, le repas, la promenade, le sommeil. Rien n'était laissé ni à la fantaisie, ni au caprice. Cette vie d'ordre et de symétrie profitait au pays, qu'on ne gouvernait point par saccades; elle imprimait au souverain des pensées toujours méthodiques, roulant constamment dans le même cercle. Il se peut que cette absence de spontanéité empêchât quelque bien; mais elle neutralisa aussi de grands maux; elle sauvait le pays de tentatives aventureuses.

Ainsi la vie des souverains était aussi uniforme que leurs règnes. Il n'était donné à aucun d'entre eux de marquer son passage par des actes personnels; la voie était tracée, droite, invariable. Il fallait subir ces conditions de monotonie et d'immobilité que les prêtres avaient imposées au pouvoir. Dans le seul domaine de l'art, le pharaon pouvait se fonder un titre dans les âges, en multipliant, à ses frais, l'érection de nouveaux temples. Aussi en résulta-t-il dans ces constructions votives une sorte de rivalité dont les peuples, instrumens passifs, durent souffrir à diverses époques. Ces travaux de construction et les cérémonies religieuses occupaient toutes les heures libres de la vie des souverains. Pour les détourner des vues d'empiétement, on leur combinait une existence pleine et occupée en leur ménageant de belles et magnifiques jouissances d'amour-propre, et d'énormes fardeaux d'ovation publique. Les pharaons ne régnaient pas de fait; mais le peuple célébrait leurs louanges, mais dans le temple l'encens fumait pour eux, mais le monde retentissait de leur gloire! Que pouvaient-ils désirer de plus?

Dans les cérémonies publiques qui avaient lieu, soit pour une érection religieuse, soit pour une entrée en campagne ou la fin d'une guerre, le roi marchait toujours hors de ligne, avec la reine à ses côtés. Les prêtres venaient ensuite, escortés de la foule, et s'avançant au bruit d'une musique de tambours, de trompettes et de flûtes. Le roi et la reine, suivis du fils aîné, héritier présomptif de la couronne, se dirigeaient processionnellement vers le temple, où un trône avait été préparé pour lui. Il s'y asseyait au milieu d'un cortége de grands dignitaires; il écoutait avec recueillement la parole du prêtre qui lisait les invocations prescrites par le rituel; ensuite on promenait le dieu, riche et belle statue portée par vingt-deux desservants, sur un palanquin environné de flabellums, de rameaux et d'éventails. A la suite du dieu marchait toujours un taureau blanc, symbole vivant d'Ammon. Des libations sur l'autel où brûlait l'encens terminaient la cérémonie.

Quelquefois pourtant, dans la vie intérieure du palais, les souverains retrouvaient des habitudes moins compassées, des jouissances d'intimité familière. Mais, pour cela, il fallait qu'ils se retirassent dans leurs *petits appartemens*, sortes d'annexes à leurs palais, composées de pièces plus exiguës, et dont on retrouve un échantillon très bien conservé dans les décombres de Karnak. Ces habitations domestiques n'avaient plus le grandiose du temple et de la salle d'audience. La royauté s'y mettait en négligé; elle n'y recevait personne. Les dames du palais y pénétraient seules et pour les affaires du service. Au-dessus de ces habitations s'étendaient des terrasses, d'où l'œil planait sur une vallée pleine de magnificences, sur ces obélisques hardis, sur ces pilones gigantesques au milieu desquels le Nil roulait ses longs anneaux jaunes et vaseux. Autour de ces palais s'étendaient encore les jardins royaux, fournis des plus riches produits de la flore égyptienne, semés de berceaux revêtus de plantes choisies, coupés d'allées, ornés de vases de granit, de statues monolithes et de magnifiques pièces d'eau. Tout ce que l'art indigène pouvait fournir de plus rare en ameublemens somptueux, en étoffes riches et moelleuses, en fantaisies splendides et douces, tout était prodigué dans ces demeures privées de la royauté, qui préférait cette existence intérieure à l'existence officielle. Des danseurs, des danseuses, des musiciens, des comédiens attachés au palais, complétaient le programme des distractions royales. Quoique cette vie fût aussi réglée par le rituel sacerdotal, elle avait pourtant un charme de variété qui devait la rendre attrayante et douce.

Ensuite tous les rois ne demeuraient pas oisifs ; il y en eut qui furent des guerriers illustres. Les Rhamsès, les Aménophis, se signalèrent sur les champs de bataille, et les murs des temples ont conservé le souvenir de leurs victoires. Chaque roi conquérant y a son temple, chaque fait d'armes sa paroi commémorative. On y voit le vainqueur tantôt monté sur son char, tantôt l'arc bandé, mais toujours gigantesque à côté de ses soldats pygmées ; on le suit dans l'action, présidant au mouvement du combat, et prenant parfois l'initiative de la lutte. Cette gloire et la popularité qui en résultait n'effrayaient cependant point les prêtres, qui se montraient les plus ardents de tous à combler de fêtes et de cérémonies les pharaons victorieux. Ils effaçaient ainsi le vainqueur par les pompes mêmes du triomphe.

Cet ascendant mystérieux de la caste des hiérophantes n'expirait pas même devant le cadavre du roi. Mort, ils le suivaient encore jusque dans la tombe. Dans un deuil officiel et prévu, les prêtres avaient trouvé le moyen d'introduire le jugement du roi par le peuple. Or, on devine d'après quelles inspirations ce peuple pouvait et devait juger. A la mort d'un pharaon, pendant deux mois et demi, les temples étaient fermés; la population se couvrait la tête de cendres, s'abstenait de certains alimens et s'abîmait dans la prière. C'était au bout de ce temps que la momie royale était exposée pour subir la sentence du peuple. Chacun pouvait venir et dire au roi ses vérités. Celui-ci rappelait ses faiblesses, celui-là disait ses vertus; puis, après un panégyrique du grand prêtre, le tribunal des quarante-deux jurés décidait si le roi défunt recevrait les honneurs de la sépulture dans l'hypogée de Byban-el-Molouk, la nécropolis royale. On cite des souverains à qui les instigations des prêtres et le jugement de la foule fermèrent l'entrée de cet asile funèbre.

Ainsi les prêtres avaient tout calculé, tout prévu. Une royauté s'était élevée à côté d'eux; ils l'avaient non seulement soufferte, mais protégée d'une façon conditionnelle. Le grand talent du corps sacerdotal, c'était de faire une part à toutes les passions humaines, pour les flatter et les dominer. Quant à lui, son rôle était d'effacer son action, pour la rendre plus complète. Pour cela, il se maintint, par la ruse autant que par la force, en propriété du sol, de manière à conserver dans ses mains la double autorité de l'intelligence et de la richesse. Dans toute époque calme où ces deux forces se produisent et se combinent, elles prévalent, elles règnent.

Dans toutes les stipulations de la loi égyptienne, cette omnipotence sacerdotale se retrouve. Les propriétés du collége sacré, qui formaient à elles seules une grande portion de la surface territoriale de l'Égypte, demeuraient exemptes d'impôt, ce qui contribuait à grever dans une proportion exorbitante les propriétés particulières. Les prêtres s'étaient réservé en outre les revenus des temples; ils percevaient une sorte de dîme tant sur les biens que sur les récoltes, et un casuel énorme sur les cérémonies funèbres. La police des hypogées, vastes caveaux mortuaires, espèces de charniers dans lesquels on entassait des générations de momies, appartenait entièrement à des délégués des colléges sacerdotaux, et chacune des momies déposées, en dehors d'un premier droit d'embaumement et de funérailles, acquittait encore, pendant un certain nombre d'années, un impôt de séjour dans ces caveaux souterrains.

La caste sacerdotale formait donc en Égypte une grande et seule famille, à peu près maîtresse de la fortune et de l'autorité publiques. Ses immenses richesses, incessamment accrues, formaient un splendide héritage qui passait sous des conditions immuables d'une génération de prêtres à une autre génération de prêtres. Le sacerdoce était héréditaire; les enfans mâles succédaient à leurs pères dans leurs fonctions. L'existence de cette grande famille était paisible et heureuse; grâce à d'énormes revenus, tout était aisance, magnificence, luxe, pour ces privilégiés de la population égyptienne. Pour se gouverner entre eux, ils avaient adopté dès lors le principe qui s'est reproduit dans toutes les corporations religieuses: celui de la capacité individuelle. C'était le talent qui réglait en partie l'ordre hiérarchique, le talent combiné avec la loi d'hérédité, de telle manière qu'il y eût à la fois fixité et renouvellement dans le personnel des charges.

Les prêtres n'avaient voulu demeurer étrangers à rien. Nul emploi, nulle profession essentielle, n'étaient laissés en dehors de leur influence. Ils présidaient à la politique comme à la science, à l'industrie comme aux lettres, au commerce comme aux arts.

Les uns enseignaient dans les temples la cosmogonie, la physique, l'histoire naturelle, le tout mêlé à des leçons de morale et de religion; les autres rendaient la justice ou s'occupaient de la perception de l'impôt. Que la guerre éclatât ou que la paix se fît, les prêtres étaient d'abord appelés comme conseils, puis comme agents nécessaires d'une médiation divine. Leur action se révélait partout et en tout temps; au débordement et à la retraite des eaux, à l'ouverture des sillons pour la semence des grains, dans les affaires de la cité et de la famille, chaque jour et à chaque occasion, en tout temps et en tout lieu. Les scribes des temples étaient en même temps les historiographes du pays ils composaient et dessinaient les signes sacramentels qui devaient couvrir les parois sacrées, écrivaient des codes de religion et de morale, et consignaient sur des manuscrits les pratiques du rituel, dans leurs diverses applications. Les prêtres professaient encore la médecine et la chirurgie; seuls, ils possédaient les traditions de l'astronomie au moyen desquelles ils agissaient sur la foule, et les notions mathématiques qui réglaient l'arpentage, ce grand arbitre d'une propriété mobile comme les alluvions du fleuve.

Dans leurs attributs religieux, les prêtres s'étaient divisés par colléges, en se partageant le culte des diverses divinités de l'Egypte. Le rang de chaque collége et de chaque membre de collége dépendait soit de l'importance des fonctions, soit de la puissance du Dieu. On sait que les prêtres d'Isis prenaient le pas sur ceux d'Horus, et ainsi des autres, depuis Ammon, Phtha, Osiris, Thosh et Cneph, jusqu'aux déesses Thmeï, Saté, Bubastis, Neish et Sovan. Parmi ces prêtres, on distinguait les Grands-Prêtres attachés aux temples royaux et à la surveillance des rois, les Pères-Prêtres ou prophètes; les Hiérogrammates ou scribes sacrés, les archi-prêtres de Hathor, les gardiens des temples, les Sphragistes ou scribes des victimes, les Stolistes, les Ptérophores, les hiéracophores qui présentaient les offrandes funéraires, les Libanophères ou porteurs d'encens, les Spondistes chargés des libations, les Flabellifères, et une foule d'autres, comme les Pareschites et les Chalchytes chargés de l'opération des embaumemens.

Soigneusement rasés et épilés, ces prêtres avaient des costumes distinctifs qui variaient selon le grade hiérarchique. C'était presque toujours des vêtemens de lin, amples et larges, fins et légers, propres à toutes les saisons. Les scribes endossaient le *schinti*, tunique courte réservée pour l'intérieur des colléges; un manteau plus ample et plus long, le *kalasiris*, couvrait le schinti; les prêtres d'Osiris y ajoutaient une peau de panthère, jetée sur la tunique de lin. Quelquefois encore les prêtres portaient des pectoraux en forme de petits *naos*, ou des images de la divinité, ou l'emblème de la génération, ou bien enfin le scarabée symbolique. Des colliers à plusieurs rangs, des bagues à presque tous les doigts complétaient la toilette sacerdotale.

Autant qu'on peut s'en assurer d'aussi loin, la religion que prêchait ce clergé aurait eu pour base ces trois dogmes des religions modernes: l'unité de Dieu, l'immortalité de l'âme et une seconde vie, soit expiatoire soit rémunératoire. Ces trois dogmes ressortent en effet clairement de la seule inspection de l'examen des scènes dont les temples égyptiens sont couverts. Le polythéisme n'est qu'à la surface de ce culte, l'unité est au fond.

Les mille divinités dont les noms sont parvenus jusqu'à nous ne sont que des divinités secondaires, au-dessus desquelles les théosophes égyptiens plaçaient un dieu unique, créateur du monde, dieu puissant et bon, éternel et rémunérateur. Quant à l'immortalité de l'âme et à la rémunération future, une foule de sculptures emblématiques constatent ces croyances. On voit à Carnak, à Philœ, à Ombos, à Louqsor, dans les hypogées et dans les temples, des tableaux représentant le jugement des âmes, leur transmigration, leurs expiations et leurs récompenses. Tout cela est exprimé dans un langage si clair, avec des figures tellement significatives, qu'il est impossible de s'y méprendre. La métempsycose pythagoricienne et les transformations hindoues se retrouveraient donc dans le culte égyptien que les autres cultes auraient plus ou moins copié.

Quelque régulière que fût l'organisation sacerdotale, quelque fixité qu'elle imprimât à tous ses actes religieux, ses rites et ses dogmes furent, à ce qu'il paraît, l'objet d'innombrables controverses. Chaque collége de prêtres avait ses commentateurs ou scribes qui fournissaient des gloses sur toutes les matières du culte. Des livres sacrés, de nombreux papyrus existaient dans les archives sacerdotales, où Manéthon les feuilleta. Manéthon, prêtre lui-même, est le seul écrivain qui ait laissé sur l'ancienne Égypte autre chose que des conjectures. Dans les archives existaient les célèbres ouvrages d'Hermès, dont Jamblique élève le chiffre à vingt mille, livres saints qui renfermaient, jusque dans les plus petits détails, toute l'existence sociale des Égyptiens, leur vie politique et leur organisation religieuse : précieux documens qui dorment aujourd'hui au sein des hypogées, lettre morte dont personne n'a encore retrouvé l'esprit; désespérante énigme, née sur une terre où les sphinx sont encore debout sans qu'il y soit resté un seul OEdipe.

L'organisation politique de l'Égypte n'était pas moins forte et moins stable que sa constitution religieuse. La royauté se transmettait par ordre de primogéniture, et dans une cérémonie qui était le sacre des Pharaons. Le royaume, autant qu'il est possible de l'entrevoir, était divisé en préfectures ou nomes, régis par des fonctionnaires civils, militaires et religieux. Chaque nome payait sa quotité de l'impôt, dont le total s'affectait à l'entretien du sacerdoce, de la famille royale et de l'armée. Il y a même quelque lieu de croire qu'à des époques données une grande assemblée avait lieu où chaque nome pouvait et devait se faire représenter par des délégués de son choix. C'était, en principe et sauf les procédés d'exécution, l'idée des institutions politiques de l'Europe moderne. Cette assemblée des nomes se tenait, croit-on, dans l'édifice appelé *le Labyrinthe*, où l'on a découvert un bâtiment composé d'autant de pièces que l'Égypte ancienne avait autrefois de préfectures, pièces tout-à-fait semblables d'architecture, de grandeur, de forme et de décorations. Hérodote parle de cet édifice comme d'un monument national, et Strabon ajoute que le nombre de ces appartemens intérieurs égalait celui des nomes de l'Égypte, parce qu'il était d'usage que chaque nome y envoyât ses prêtres et ses prêtresses pour juger les affaires importantes.

Bien que les codes égyptiens ne soient pas arrivés jusqu'à nous dans leur état d'ensemble, comme les codes grecs, hindous et romains, ce qu'on en connaît suffit pour les placer très haut dans notre estime, et pour trahir les emprunts que leur ont faits des législations plus modernes. Le serment était, chez les Égyptiens, un grand moyen de moralité et de police; et comme contre-poids le parjure était puni de mort, le viol encourait la mutilation, l'adultère exposait la coupable à perdre le nez et son complice à recevoir mille coups de verges; on arrachait la langue aux criminels d'État, on coupait la main aux faussaires; le parricide, envoyait un homme à la torture et au bûcher; les parens qui tuaient un enfant ne subissaient pas la mort, mais on les liait au cadavre de la victime pendant trois jours et trois nuits. Ces lois pénales furent, dit-on, modifiées par le roi éthiopien Sadbakon, qui abolit la peine de mort, et créa, pour la suppléer, le châtiment plus utile des travaux publics.

Telles étaient les lois criminelles ; les lois civiles ne paraissent pas déroger à cet esprit d'ordre et de sagesse, de fermeté et de modération. Une grande part y était faite, comme dans tous les codes antiques, aux précautions d'hygiène publique : une clause formelle y mentionnait la circoncision. Tout citoyen était tenu de faire, devant le magistrat local, la déclaration de ses moyens d'existence; quand il manquait à cette formalité de rigueur, on le surveillait comme un homme suspect ou vivant d'industries illégitimes. Les transactions entre particuliers ressortaient d'une cour arbitrale. On jugeait là les titres, et à défaut de titres, le serment suffisait pour opérer la libération. Dans aucun cas, la quotité de l'intérêt ne devait dépasser celle du capital. Les créanciers avaient droit sur les biens, mais non sur la personne : la personne appartenait à l'Etat. Hérodote ajoute néanmoins qu'un Égyptien pouvait contracter un emprunt, en donnant la momie paternelle comme gage et comme hypothèque.

La famille était réglée en Égypte à peuprès comme dans notre société chrétienne. La monogamie en formait la base. Les femmes vivaient avec les hommes dans un état d'égalité sociale qui semble aujourd'hui inconnu aux peuples de l'Orient. Ces conditions libérales, cette justice de rapports entre les sexes semblent avoir été, pour la société égyptienne, la source d'un grand bonheur domestique. Toutes les scènes hiéroglyphiques qui se rapportent à la vie privée respirent la joie, l'abondance et le plaisir. Ces peuples avaient des intérieurs doux et calmes ; ils se plaisaient au sein de leurs foyers, ils pratiquaient des vertus modestes, d'autant plus louables qu'elles sont moins soupçonnées au dehors.

Habituée à tout régler avec une symétrie inflexible, la loi avait stipulé un certain nombre de catégories pour la population. Outre les prêtres, tête de la nation, on comptait des militaires, des agriculteurs, des commerçans. Hérodote parle de bergers, mais ils ne peuvent être regardés que comme une variété de la classe des agriculteurs. Les interprètes tenaient à la classe sacerdotale, et les marins à la classe militaire. Le reste de la population était esclave. Ces catégories établissaient entre les diverses classes une barrière infranchissable; le fils du prêtre mourait prêtre, le fils du marchand, marchand. Il y a plus encore : l'individu n'avait pas la liberté du choix dans les professions diverses d'une même catégorie; les enfans étaient liés à la profession paternelle : ils n'en pouvaient pas changer.

Après celle des prêtres, la caste la plus favorisée était celle des militaires. L'armée se recrutait dans un certain nombre de familles, dotées et entretenues aux frais de l'Etat. Elle se montait ordinairement à 180,000 hommes; chiffre exorbitant, si on le compare à celui de la population générale, évaluée à cinq ou sept millions d'âmes. Un corps d'élite combattait sur des chars; le reste formait des corps de fantassins, les uns armés de lances, d'épées et de boucliers; les autres de frondes, de haches, d'arcs, d'arbalètes et de faulx de bataille. Ces troupes, astreintes à une discipline rigoureuse connaissaient l'art des manœuvres régulières et de la tactique stratégique; elles se mouvaient par phalanges et marchaient au son de tambours et de trompettes. Le roi, ou l'un de ses fils, était chef de l'armée.

Après la caste militaire venait la caste agricole, sur qui pesait la plus grande somme des impôts, évalués, par quelques exagérateurs, à huit cents millions de notre monnaie. La caste agricole, la plus nombreuse de toutes, avait le monopole de l'exploitation du territoire, et d'après toutes les scènes gravées sur les monumens, elle était déjà parvenue à faire de la vallée du Nil, ce qu'elle était encore du temps des Romains, un pays d'abondance fabuleuse, et le grenier du monde. Les grottes d'Elethyia fourmillent surtout de tableaux où les procédés usités pour la culture des terres revivent dans leurs moindres détails. On y voit, on y suit le travail des semailles, celui des récoltes, le vannage du grain, son battage, sa mouture. On y distingue le maître et les ouvriers, l'intendant qui tient compte des gerbes et le scribe qui les enregistre. Là, comme ailleurs, tout se faisait avec ordre, avec méthode, avec régularité.

La caste industrielle et marchande n'était ni moins avancée, ni moins riche. L'Egypte avait alors rendu le monde tributaire de ses produits; et tant que les nations répandues autour d'elle vécurent sous un régime de civilisation informe, elle eut le monopole des débouchés. L'écoulement du superflu des récoltes était pour les marchands de la vallée du Nil, la source d'un trafic important et sûr; les bestiaux et les chevaux formaient aussi l'objet de vastes échanges. De tous les points du littoral partaient, pour les divers marchés de l'Europe, de l'Asie et de l'Afrique, des toiles de lin et des tissus de coton aussi beaux, aussi fins que les tissus les plus beaux et les plus fins qu'ont pu fabriquer depuis les nations les plus industrieuses. Les métaux d'Éthiopie alimentaient de nombreuses usines, et en sortaient soit en armes, soit en ustensiles, soit en instrumens aratoires qui s'écoulaient avec d'énormes profits, tant à l'intérieur qu'à l'étranger. Aucune branche d'industrie essentielle ne demeura inconnue à l'Égypte; elle eut des ateliers de poterie, de verrerie et d'émaillerie, qui travaillaient avec une perfection patiente et un fini merveilleux. Elle eut des fabriques de *papyrus*, papier formé des pellicules d'une plante; elle poussa les arts chimiques, dans certaines parties, vers des résultats que n'a pu retrouver la science moderne. L'art des embaumemens, confié à des prêtres, est du nombre. Il serait difficile aujourd'hui de reproduire la momification égyptienne. Dans les arts libéraux, même tendance au progrès. On verra, dans la description des monumens, quel magnifique caractère distinguait les érections thébaines. La poésie, le chant, la musique étaient entrés dans la vie de ces peuples, pour adoucir leurs mœurs et charmer leurs loisirs. Enfin, de tout ce que cette civilisation a laissé en fait de vestiges apparens, on peut déduire qu'elle ne le cédait en rien, sous le rapport matériel, aux plus belles civilisations de notre ère moderne.

Voilà ce que fut l'Égypte ancienne, jugée sommairement et en planant sur les siècles. Quand on veut la voir d'une autre façon, elle confond, elle écrase. Cette civilisation si complète, où est son berceau? Par quels progrès pénibles et continus arriva-t-elle au point où nous la trouvons, vingt siècles avant notre ère? Combien lui fallut-il d'années pour trouver des combinaisons si merveilleuses et des procédés si hardis? Fut-elle, cette civilisation, le résultat d'une inspiration sur-humaine, d'une révélation inattendue, ou faut-il y voir le produit de réalisations successives de conquêtes lentes et périodiques? Ce sont là autant de mystères pour l'archéologue et pour l'historien. L'Égypte est un sol mouvant; on peut y bâtir à grands frais d'ingénieuses théories; mais une heure arrive où le terrain cède et engloutit les plus magnifiques travaux. On dirait que, tout en livrant à l'homme, presque chaque jour, des secrets vastes et nombreux, la Providence laisse en suspens d'éternels problèmes, afin que notre orgueil

trouve son contre-poids, et que la preuve de notre impuissance demeure toujours à côté des témoignages de notre force.

Ce que l'on sait, ce que l'on voit, ce que l'on peut garantir à propos de l'Égypte, c'est une longue existence pleine de vertus calmes et graves, d'un esprit d'ordre et de stabilité empreint sur le front de ses monumens ; c'est une civilisation dont l'origine nous échappe, mais qui se révèle par des mœurs religieuses et douces, par des codes si sages, que tous les autres peuples vinrent y puiser ; par des coutumes, des usages, un luxe de fêtes et de cérémonies publiques qui n'appartiennent guère qu'à des nations fort avancées. Voilà ce qui résulte de l'histoire positive de ce peuple, aujourd'hui effacé de la carte du monde et muet comme ses nécropolis. »

RÉSUMÉ

DE L'HISTOIRE D'ÉGYPTE

DEPUIS SON BERCEAU JUSQU'A NOS JOURS.

Comme on l'a dit, les premiers siècles de l'histoire d'Égypte appartiennent plutôt aux rêveries du mythographe qu'à la critique de l'historien. La Bible parle peu de l'Égypte ; elle ne cite que de loin en loin les Pharaons avec lesquels les tribus juives eurent quelque chose à démêler. Quant aux auteurs profanes, leurs chiffres sont si exagérés et si variables, ils se contredisent si souvent les uns les autres quand ils ne sont pas en contradiction avec eux-mêmes, qu'en fait d'opinion et de système, le plus prudent est de s'abstenir. Hérodote constate que les prêtres de Thèbes reportaient, de son temps, à 11,340 années l'existence antérieure de l'Égypte; mais d'autres géographes grecs se montrent moins sobres dans leurs calculs. Il en est qui, du premier roi égyptien jusqu'à Sethos, ne comptaient pas moins de trois cent quarante-une générations de rois et de grands-prêtres, calcul évidemment absurde, ne fût-ce que par la répétition impossible du même nombre.

Manéthon est plus précis et plus vraisemblable. Il explique, dans ses Tables Chronologiques, qu'ont copiées depuis avec des variantes désespérantes dans les chiffres, Jules l'Africain, Eusèbe et le Syncelle, comment l'histoire primitive de l'Égypte a deux parties, l'une fabuleuse, l'autre réelle, l'une qui embrasse les règnes des dieux, l'autre les règnes des Pharaons. Parmi ces dieux, Phthat, le Vulcain grec, aurait gouverné le pays pendant cinq mille ans. D'autres autorités accordaient au soleil trente mille ans de règne, trois mille neuf cent quatre-vingt-quatre à Saturne, et à d'autres dynasties mythologiques. Enfin, une dernière confusion et une dernière erreur provenaient de ce que l'Égypte ayant été, à diverses reprises, partagée en divers royaumes et entre divers princes, on avait sur les tables chronologiques, additionné, comme se succédant l'une à l'autre, des dynasties qui régnaient simultanément dans des localités différentes. Ainsi, par exemple, les copistes de Manéthon auraient, d'après le savant Marsham, fait des dynasties successives de ce qui devait être des dynasties contemporaines et collatérales; ils auraient mis à la suite l'un de l'autre des noms et des chiffres qui devaient se classer parallèlement.

Il faut donc sortir de ce chaos fabuleux et de ces supputations contradictoires pour arriver à Menès, qui fut, au dire des plus concluantes autorités, le premier souverain réel de l'Égypte. On a dit de Menès qu'il fut un soldat heureux, et qu'il délivra par la grâce de son épée un pays fatigué du joug des prêtres. C'est là une supposition gratuite, imaginée seulement par un procédé d'analogie. En se reportant à l'état de ces sociétés naissantes, il est évident que la domination militaire devait être la plus brutale et la moins éclairée de toutes. D'ailleurs, historiquement, rien ne prouve cette assertion, et tout, au contraire, la dément. Sous Menès, l'Égypte devait être déjà un pays fort avancé, si, comme plusieurs l'assurent, ce fut lui qui fonda Memphis. Il y a lieu de douter néanmoins que Memphis ait préexisté à Thèbes, car la fondation successive des capitales pour un peuple venu d'Éthiopie a dû plutôt suivre le cours du fleuve que le remonter, c'est-à-dire aller du midi au nord, plutôt que du nord au midi.

Du reste, l'existence de Menès lui-même se rattache par le vague de conjectures à l'époque fabuleuse de l'Égypte. S'il faut en croire Diodore, ce roi, qui périt enlevé par un génie sous la forme d'hippopotame, eut cinquante-deux successeurs en ligne directe; il en eut trois cent trente suivant Hérodote, qui a répété les exagérations des prêtres. On fit même voir à ce dernier les trois cent trente statues placées à la file de celle du chef de la dynastie.

C'est après Menès que viennent les dynasties collatérales, ce qui donne lieu de croire que l'Égypte se partagea alors en petites principautés. Une longue ère de bonheur et de paix suivit ce règne, et, dès ce temps, l'architecture répandait ses merveilles dans la vallée. Malheureusement survint, quelques siècles après, une inondation de barbares, sortis des sables du désert, et qui firent subir aux monumens de la première période, les outrages que devaient renouveler plus tard les soldats de Cambyse sur les temples de la seconde. Cependant, comme une attestation des conceptions gigantesques des Pharaons d'alors, restent encore debout les pyramides de Gizéh Sakkarah, ces montagnes faites à mains d'hommes, ces incroyables érections qui dûrent employer tant de bras et tant de siècles. On croit que c'est sous la troisième dynastie que s'élevèrent les pyramides de Sakkarah. Celles de Gizéh, d'une date postérieure, auraient, suivant la tradition, servi de tombeaux aux trois premiers rois de la cinquième dynastie, Souphi Ier, Sensaouphi et Mankheri. Autour de ces monumens immenses, d'autres pyramides plus modestes reçurent les restes des princes du sang royal.

L'Égypte était donc alors déjà grande par les arts; elle concevait, elle exécutait des constructions colossales qu'aucun peuple n'a pu égaler depuis. Elle était grande aussi par les armes, car on sait que Sésostris, Amenémé et Amenenof poussèrent au loin leurs conquêtes. Malheureusement toutes les gloires de cette ère, tous ses souvenirs, toute sa splendeur, tous ses monumens, devaient s'effacer devant une invasion de barbares. Des peuples que l'on nomme *pasteurs*, accourus du fond des déserts lybiques et arabiques, fondirent tout-à-coup sur l'Égypte endormie au sein d'une civilisation déjà raffinée et coupée par petits royaumes qui ne formaient pas un faisceau résistant. Ce fut une tempête horrible qui coucha tout au ras du sol. Thèbes y périt de fond en comble; Memphis, qui résista plus long-temps, fut saccagée. Les nomades devinrent les maîtres de la vallée du Nil, et maîtres à tel point, qu'ils y maintinrent pendant trois siècles leurs dynasties barbares et usurpatrices. Quant aux pharaons détrônés, ils se réfugièrent au-delà des cataractes, où, dans le sein de déserts âpres et nus, ils retrempèrent un courage amolli dans l'oisiveté et dans l'opulence.

La période des rois dits *pasteurs* fut un temps d'arrêt pour la civilisation de l'Égypte. Les arts et les sciences semblèrent endormis. Plus de ces projets qui avaient signalé le passage des dynasties précédentes, plus d'érections fastueuses. Façonnés à la vie rude des déserts, les nouveaux rois ne pouvaient et ne devaient pas comprendre d'abord les jouissances du luxe et d'une vie sensuelle. Ce ne fut qu'après une possession un peu longue qu'ils s'amollirent à leur tour. Cette transformation fut la cause de leur perte. Dès le moment où leur main de fer cessa de contenir les provinces, elles se soulevèrent partiellement, en s'appuyant sur le concours des pharaons détrônés. La Basse-Égypte la première se révolta, et reconnut pour maître le roi légitime Amosis, guerrier intrépide et entreprenant. Amosis guida, jusque devant Memphis, ses légions victorieuses, et sans doute il eût arraché le royaume tout entier des mains des barbares, si la mort n'était venue le surprendre. Son fils Amenof acheva ce que son père avait commencé. Il poursuivit les rois pasteurs dans toutes les positions qu'ils occupaient encore, les chassa devant lui, les accula sur la frontière, et finit par les rejeter dans les sables arabiques. Libre d'ennemis, Amenof put alors relever et restaurer le trône des pharaons que les barbares avaient couché dans la poussière.

Les traces de dévastation dont la tempête militaire avait jonché le sol, furent toutefois longues à effacer. Les successeurs d'Amenof y travaillèrent pendant plusieurs générations. Ils réparèrent les temples, rebâtirent les villes, recreusèrent les canaux ensablés, refirent l'armée et la marine d'un pays foulé si long-temps par la soldatesque étrangère, rendirent au peuple écrasé d'impôts un peu de bonheur et un peu de liberté. Aujourd'hui encore on retrouve sur le sol de l'Égypte des vestiges de grandeur qui se rattachent à cette époque, et surtout au règne du roi Mœris. Dans le nombre sont deux obélisques d'Alexandrie et le grand lac connu sous les noms de lac Mœris ou lac du Fayoum (*Birket-Karoun*). Au moyen de canaux et d'écluses, ce lac maintenait un équilibre perpétuel dans les inondations du Nil; il absorbait l'excédant des crues trop fortes et parait au vide des crues insuffisantes. Cette période eut aussi ses gloires guerrières. A diverses fois, les pharaons régnans se montrèrent en armes chez les nations voisines, soit en Afrique, soit en Asie. C'était le temps où, dans l'une et l'autre parties du monde, se formaient des corps de nations puissantes et redoutables. Il fallait les comprimer au berceau et leur ôter la force de nuire. Les pharaons le firent, non dans un intérêt de conquête; mais dans des vues de stabilité future. Ainsi Amenof II rendit tributaires les provinces syriennes et l'ancien royaume de Babylone; ainsi Touthucosis IV envahit l'Abyssinie et le Sennaar; ainsi Amenof III réalisa plusieurs grandes campagnes asiatiques. Sous ce dernier, monarque fort important pour l'histoire, eurent lieu des fondations dont les vestiges se font admirer de nos jours. Louqsor lui dut ses palais, Karnak ses temples, Kourna ses colosses. Après lui cette splendeur s'amortit, mais elle se relève sous Menephta Ier, qui poussa ses armées jusqu'au cœur de la Perse, et sous Sésostris ou Rhamsès-le-Grand, le plus illustre souverain de l'Égypte.

Aucun pharaon n'eut en effet plus de gloires. Il fut à la fois un incomparable guerrier et un grand monarque. Avec les trésors conquis sur l'étranger, il fonda des villes, éleva des fortifications, améliora le système d'irrigation et d'écoulement des eaux, commença les travaux de jonction du Nil avec la mer Rouge, projet prodigieux que ses successeurs devaient réaliser; enfin il acheva les plus beaux monumens qui nous restent de l'ancienne Égypte: le palais de Karnak et la salle Hypostyle, immense prétoire à colonnes cyclopéennes, enceinte si vaste que Notre-Dame de Paris y tiendrait tout entière. En même temps qu'il dotait l'Egypte de tant de bienfaits, Sésostris lui donnait des lois plus libérales; il affranchissait une portion du peuple demeurée jusqu'alors esclave, et consolidait le droit de propriété laissé jusqu'alors sans aucune garantie.

Ce règne fut pour la vallée du Nil une ère d'éclat et de bonheur. Toujours vainqueur, et vainqueur clément, Sésostris avait promené ses phalanges dans toute l'Asie, et avait campé au milieu des Indes, pays de trésors fabuleux. Quand ses campagnes furent achevées, son royaume comptait comme pays soumis ou tributaires, l'Égypte, la Nubie, l'Abyssinie, le Sennaar, et d'autres provinces du midi de l'Afrique; les tribus libyques, la Syrie, l'Arabie, les royaumes de Babylone et de Ninive, une grande portion de l'Anatolie et de l'Asie-Mineure, l'île de Chypre et d'autres îles de l'Archipel; enfin plusieurs provinces de la Perse. Grâce à l'irradiation des armes égyptiennes, des relations commerciales s'établirent bientôt entre des pays auparavant inconnus l'un à l'autre; le Nil et le Gange se donnèrent pour la première fois la main. L'Egypte connut et goûta les produits de l'Inde, l'Inde ceux de l'Egypte; et ainsi ces deux civilisations analogues et parallèles se fondirent dans des rapports d'échanges ignorés jusque là. Memphis et Thèbes paraissent avoir été les centres actifs de ce commerce; c'étaient les grands bazars du monde avant que Babylone, Tyr, Sidon, Alexandrie, Palmyre et Bagdad recueillissent successivement ce riche héritage.

Le règne de Rhamsès-le-Grand avait été si brillant, que ses reflets suffirent à la gloire de ses successeurs. Sages et prudens, ils jouirent en paix de la situation prospère que leur devancier leur avait faite; et si leur nom fut moins célèbre, le pays n'en fut que plus heureux. Cette période pacifique fut à peine traversée par les conquêtes de Rhamsès. Meiamoun, qui soumit les plus puissantes nations de l'Asie, et grava ses victoires sur les parois d'un magnifique temple qu'il construisit à Médinet-Abou. Ce fut là toutefois le dernier effort de la puissance ascendante de l'Egypte; dès ce moment, l'esprit d'initiative guerrière l'abandonna; elle ne fit plus que se défendre, et se défendre, c'était déchoir.

Un peuple dont l'industrie et les arts se développent au milieu de peuples industrieux, doit chercher dans le génie de la paix la meilleure garantie de sa prospérité; mais une nation qu'entoure un cercle de nations guerrières et barbares doit, en travaillant aux progrès de sa civilisation, entretenir le génie des armes, afin de conserver par sa force l'édifice de richesse et de grandeur qu'elle élève par son intelligence. L'Égypte le comprit trop tard. Occupés d'arts et d'industrie, les pharaons laissèrent s'éteindre les instincts conquérans des siècles précédens, sans s'apercevoir qu'un monde nouveau, plus remuant et plus formidable que l'ancien, se formait de tous côtés autour d'eux. Quelques campagnes des pharaons Chekon Ier et Osortlon Ier, maintinrent bien encore dans le respect les provinces de l'Asie occidentale; mais c'était là une dernière lueur d'un foyer qui allait mourir. Le temps était venu où tout le monde pouvait songer à la conquête de l'Egypte. Le roi éthiopien Sadbakon tourna ses vues vers elle. Il s'ébranla du sein de ses plateaux montueux, appela à son aide les tribus sauvages de l'Afrique et de la Lybie, s'empara du territoire nubien, franchit la dernière cataracte, et descendit dans la vallée du Nil avec des flots d'hommes et de chevaux. Vainement le pharaon Bok-Hor voulut-il s'opposer à cette invasion imprévue et formidable. Il périt dans la première rencontre et sa couronne périt avec lui. Sabadkon régna de fait en Egypte. Sa domination, au dire de tous les écrivains, fut humaine et paternelle; il rétablit, tempéra, améliora les lois judiciaires. Après lui, une dynastie éthiopienne se fonda, dont les rois eurent leur lot de puissance et de gloire. Le second successeur de Sabadkon passe même pour avoir été un grand conquérant; il parcourut l'Asie en vainqueur, et soumit, dit-on, tout le littoral nord de l'Afrique, depuis les bouches du Nil jusqu'au détroit de Gibraltar. Malgré ces victoires, la dynastie éthiopienne ne put se maintenir long-temps dans son usurpation. Chassée d'Egypte par une révolution intérieure, elle fit place à la vingt-sixième dynastie des pharaons, nommée *Saïte*, parce que son chef était né dans la ville de Saï. Parmi les membres de cette branche nouvelle, issue du peuple, Psammetik fut le premier qui se distingua par quelques mesures de protection, combinées dans l'intérêt du commerce. Il ouvrit les ports de l'Égypte aux marchands étrangers, se lia avec les Ioniens et les Cariens, peuples grecs établis en Asie, les attira en Egypte, et leur concéda des terrains. Jusque là cette protection accordée à des étrangers, quoique blessante pour des indigènes, n'avait rien de dangereux; mais, dans son engouement pour les Grecs, Psammetik voulut les introduire dans l'armée et s'en faire un corps d'élite. L'armée égyptienne, quoique exaspérée, ne résista point; elle n'opposa point la force à cette mesure impolitique; mais, à la suite d'un vaste complot, cent mille soldats quittèrent spontanément, le même jour, leurs garnisons diverses, et abandonnant leur patrie, ils franchirent les cataractes, et fondèrent sur la terre nubienne un État particulier. Ainsi une caste entière disparut de l'Egypte, et la laissa livrée, presque sans défense, aux invasions étrangères.

Dès ce moment, la chute de cet empire ne fut plus qu'une question de temps. A une époque donnée, il devait périr sous les coups d'un ennemi voisin. Les Babyloniens l'attaquèrent les premiers, mais ils trouvèrent pour leur résister un pharaon intelligent autant tréqu'inpide, Neko II, fils de Psammetik, le même qui, dit on, expédia une flotte pour faire le tour de l'Afrique, et creusa le canal de communication entre le Nil et la mer Rouge. Neko II parvint d'abord à battre les Babyloniens, mais ces derniers, revenus à la charge avec des forces supérieures, finirent par s'emparer de la Phénicie, de la Judée, et enfin de la Syrie tout entière. En vain son successeur Psammetik II chercha-t-il à venger ces défaites, les Babyloniens se maintinrent et repoussèrent le pharaon. Ouaphré fut plus heureux et peut-être eût-il réussi à rétablir une situation fort compromise, si sa préférence outrée pour les troupes grecques n'eût suscité dans l'armée une désaffection générale et une révolte pareille à celle qui avait marqué le règne de Psammetik Ier. Cette fois, l'armée égyptienne n'émigra point, mais elle disposa de la couronne en faveur d'un courtisan nommé Amasis, dont une victoire remportée à Maryout assura l'usurpation. Ouaphré se déroba par la fuite à la haine du vainqueur.

Le règne d'Amasis, long et paisible, ressemble à l'un de ces calmes trompeurs qui précèdent ordinairement les grandes tempêtes. Sous lui, la nation grandit encore dans les arts et dans le commerce; elle rendit le monde tributaire de son industrie et de son sol. Mais pendant qu'on s'oubliait ainsi dans la paix et dans le bonheur, l'Orient était gros de nuages. La Perse avait rompu ses digues : long-temps ses armées étaient venues se heurter contre les remparts de Babylone; mais, assiégée par Cyrus, la grande capitale venait de se rendre, et le royaume des Assyriens n'était plus qu'une annexe du nouvel empire persan. Cet événement portait dans ses flancs la ruine prochaine de l'Égypte. Amasis la pressentit sans qu'il lui fût permis de rien faire pour la prévenir. Depuis les dernières révoltes de l'armée, les liens de la discipline militaire s'étaient rompus, et la défense de l'Etat était livrée à la fidélité, au moins douteuse, de quelques troupes grecques.

Amasis mourut à temps pour ne point voir le fléau de l'invasion et les calamités qui la suivirent. Son fils, Psammetik III, devait seul porter le poids de la catastrophe imminente. À peine couronné, ce prince dut se rendre en toute hâte à la frontière. Les Perses, sous la conduite de Cambyse, fils de Cyrus, venaient de traverser les sables arabiques, et déjà leur avant-garde menaçait le sol égyptien. Les deux armées se rencontrèrent devant Peluse, clef de l'Égypte du côté de l'Orient; et là s'engagea une bataille acharnée qui devait décider du sort de l'empire. Les Égyptiens firent des prodiges de courage; ils tinrent bon tout le jour; mais quand vint le soir, accablés par le nombre, pressés de toutes parts, ils plièrent, ils cédèrent. Le sort de l'Égypte fut décidé ce jour-là; son indépendance fut anéantie. Dès lors, il ne lui était plus donné que de passer d'un maître à un autre : aujourd'hui persane, demain grecque, puis romaine, arabe et turque. La vie nationale s'éteignit.

Il est vrai que la conquête persane procéda par la destruction, s'attaquant tour à tour aux hommes et aux choses, assouvissant sa rage sur les pierres quand elle ne trouva plus de populations à égorger. Cambyse, vainqueur à Peluse, fondit à l'instant même sur l'intérieur du pays. Il prit Memphis d'assaut, et la livra au pillage; il entra dans Thèbes, et en mutila tous les monumens; il poursuivit enfin du nord au midi son cours de dévastations brutales et d'exécutions sanglantes, jusqu'à ce que les sables du désert d'Ammon l'eussent englouti lui et son armée.

Maîtresse de l'Égypte, la Perse la livra aux mains de satrapes, dont les formes d'administration et de gouvernement ressemblaient assez à celles de la conquête. Pendant cette période, on vit disparaître peu à peu de la contrée égyptienne ce qui avait fait sa puissance et sa gloire; les arts s'abâtardirent peu à peu, la science périt étouffée : écrasées d'impôts, les campagnes se dépeuplèrent, les villes devinrent désertes. Chaque jour une pierre tombait du vieil édifice égyptien, et il ne s'en élevait plus une seule. Il y eut bien, par intervalles, quelques révoltes partielles, résultat d'une oppression intolérable : quelques chefs égyptiens même furent assez heureux pour affranchir momentanément leur patrie souffrante; mais ces efforts demeuraient isolés, ces succès ne trouvaient point d'écho, et retombant de nouveau sur la contrée, la puissance de la Perse y pesait d'autant plus, que la résistance avait été plus forte.

Cette ère de despotisme dura jusqu'à ce qu'un nouvel astre se levât dans le monde guerrier pour éclipser l'astre persan. Ce fut l'étoile d'Alexandre. L'invasion grecque pouvait seule effacer et absorber l'invasion de Cambyse. Alexandre parut en Égypte sous d'autres aupices que le fils de Cyrus. Ce n'était plus le soldat farouche qui procédait par une destruction systématique et inintelligente; c'était le guerrier modérateur, qui fonde plus qu'il ne détruit, et qui sème la prospérité et l'opulence sur les pas de la conquête. Au lieu de dépouiller l'Égypte, comme l'avaient fait ses rivaux, Alexandre la dota d'une superbe ville qui a gardé son nom, Alexandrie. Et telle était la justesse du coup d'œil du grand homme, que, malgré toutes les fondations rivales, la cité qui lui doit son origine s'est maintenue dans les siècles, comme la plus favorisée et la plus importante de toute la vallée du Nil. Aujourd'hui encore, c'est sa clef littorale, l'âme de son commerce, le foyer de ses débouchés.

A la mort d'Alexandre, et quand son vaste empire fut partagé entre ses généraux, l'Égypte échut à l'un d'eux, à Ptolémée, fondateur de la branche Lagide qui régna pendant trois siècles sur la vallée du Nil. Cette période de l'existence égyptienne, quoiqu'elle eût un éclat d'emprunt, ne fut pas sans gloire pour les sciences et pour les arts. Le gouvernement des rois grecs avait d'ailleurs des formes raffinées, qui, souvent onéreuses, n'étaient jamais ni sanglantes ni brutales. Le luxe de cette cour eut, s'il faut en croire les auteurs anciens, des splendeurs fabuleuses. Alexandrie était une Capoue pleine de mollesse et de débauche, livrée à des intrigues de femmes et à des révolutions de palais. Le sang s'y voit surtout sur les marches du trône. Tantôt c'est une reine-mère qui règne simultanément avec ses deux fils, tantôt ce sont des alliances incestueuses, destinées à perpétuer le pouvoir dans les mêmes mains ; enfin, de Ptolémée jusqu'à Cléopâtre, c'est une succession de rivalités haineuses entre des branches collatérales, d'intrigues nouées à Rome et dénouées à Alexandrie, de guerres sans issue, de complots sans résultat, de meurtres sans utilité. Vers les dernières années de cette période, l'influence grecque s'efface en Égypte derrière l'universelle influence du peuple roi. Rome ne règne point encore, mais déjà les Lagides ne règnent plus. Le sénat parle et l'Égypte cède; des proconsuls y ont déjà paru; les prétoriens ne sont pas loin. Après ses guerres asiatiques, on sent que Rome fera sa campagne égyptienne, et l'achèvera sans presque tirer le glaive hors du fourreau.

C'est sous Cléopâtre qu'eut lieu ce changement d'autorité. Tour à tour la protégée de César et d'Antoine, Cléopâtre avait, à l'aide du premier, enlevé le trône à son frère Ptolomée Denys, et, par le poison, s'était plus tard débarrassée d'un autre frère, son associé au trône. Restée souveraine maîtresse de l'Égypte, sous la protection des triumvirs, elle eut à répondre devant le tribunal, alors à Tarse, de quelques griefs articulés contre elle. Cléopâtre voulut aller défendre elle-même sa cause, et le fit avec une pompe qui n'était qu'à elle. Les vainqueurs du monde devaient tous lui appartenir. Elle partit d'Alexandrie sur une galère dorée aux rames d'argent, aux voiles de pourpre et de soie; elle arriva à Tarse aux sons d'une musique mélodieuse, et sortit de la galère en costume de Vénus qui va vers le rivage. Les femmes figuraient des nymphes, de jeunes enfans les amours. Quand les soldats romains aperçurent cette reine de féerie, ils s'écrièrent que « *Vénus était venue trouver Bacchus.* » Cléopâtre comprit Antoine comme elle avait compris César; elle se fit la compagne de ses orgies; elle jouait comme lui, buvait comme lui, chassait avec lui, se mêlait à ses débauches, se déguisait en valet pour courir la ville, ou en servante pour s'associer à ses mascarades nocturnes. Antoine s'attacha à cette femme qui flattait ainsi ses goûts: il en fut l'esclave. De retour à Alexandrie, Cléopâtre se fit arranger une réception triomphale. On la proclama reine d'Égypte, de Chypre et de Célésyrie, et ses enfans, rois des rois. Bientôt l'empire de Cléopâtre sur Antoine ne connut plus de bornes. C'est pour lui plaire qu'il répudia sa femme Octavie, sœur d'Octave, qui prit les armes pour venger cet affront. Ainsi commença la guerre qui devait engloutir la dynastie lagide, et faire de l'Égypte une province romaine. Cléopâtre et Antoine d'une part avec leurs forces réunies, Octave avec une flotte romaine de l'autre, se rencontrèrent à Actium l'an 31 avant J.-C. La victoire s'étant déclarée pour Octave, Antoine se perça de son épée; Cléopâtre se fit, dit-on, mordre par un aspic. L'Égypte était romaine.

Dès ce moment, l'Égypte est le grenier de la maîtresse du monde et gravite autour de cette grande planète dont elle est devenue le satellite. Quand l'empire se démembra en deux fractions distinctes, annexée à l'empire d'Orient, elle releva de Constantinople. Bientôt, avec l'introduction du christianisme, un double pouvoir s'y révéla, celui du préfet et celui du patriarche. Ces deux têtes de la société marchaient rarement d'accord et quelquefois même luttaient ensemble. L'esprit du temps était tout entier à la controverse théologique et l'Égypte s'associa plus chaudement qu'aucun autre pays à ces querelles de dogmes et de rites. Elle avait eu son école d'Alexandrie, d'où sortit la version des Septante; elle eut sa Thébaïde, qui se peupla d'anachorètes fervens et nombreux. Cet état de choses dura, au travers d'une succession de patriarches et de préfets, jusqu'au règne d'Héraclius, qui devait clore pour l'Égypte la période de l'occupation romaine.

Mahomet venait de paraître, et avec lui cette propagande islamite qui allait couvrir de ses flots l'univers presque entier. Le prophète avait songé à l'Égypte, ce pays de fertilité fabuleuse; mais absorbé par ses premiers travaux, il ne put réaliser le rêve d'une conquête lointaine. Il ne lui était pas donné d'être un Cambyse et un Alexandre, en même temps qu'un Zoroastre et un Confucius. Son deuxième successeur fut plus heureux; il entreprit et réalisa la conquête que le chef de l'islamisme n'avait qu'entrevue. L'Égypte alors se trouvait fatiguée au-delà de toute mesure du joug byzantin, joug sans dignité et sans vigueur. Partagée en deux fractions, sa population se composait de Cophtes ou Jacobites, de Grecs ou Melkites; ceux-ci gouvernés, ceux-là gouvernans; les uns opprimés, les autres oppresseurs. Aussi quand le lieutenant d'Omar, Amrou-ben-el-Aas vint frapper à ses portes avec une armée de fanatiques soldats, l'Égypte n'opposa-t-elle qu'une résistance fictive. A peine assiégée, Ment, l'ancienne Memphis, se rendit; Babylone, où commandait le préfet Mokauk, capitula. Il ne restait plus qu'Alexandrie, ville littorale, et par conséquent plus grecque que cophte.

Alexandrie résista long-temps : un patrice d'Héraclius, gouverneur de la place, avait juré de s'ensevelir sous ses ruines, et il ne se rendit en effet qu'après une résistance de quatorze mois, dans laquelle vingt mille habitans périrent.

On connaît la lettre historique qu'écrivit le vainqueur Amrou à son kalyfe Omar : « J'ai conquis la ville de l'Occident, et je ne pourrais énumé- » rer ce que renferme son enceinte. Elle contient quatre mille bains et douze » mille vendeurs de légumes verts, quatre mille juifs payant tribut, quatre » mille musiciens et baladins, etc. » On sait aussi comment le général musulman, dont la conduite fut toute pleine de clémence vis à-vis des hommes, se montra, de l'ordre de son chef, impitoyable pour les produits de l'esprit humain. Amrou avait demandé à Omar ce qu'il devait faire des cent mille manuscrits contenus dans la bibliothèque des Lagides. — « Si ces » livres, répondit Omar, ne renferment que ce qui est écrit dans le livre de » Dieu (le Koran), et ce livre nous suffit, d'autres livres sont inutiles ; s'ils » contiennent quelque chose de contraire au saint livre, ils sont pernicieux ; » dans l'un et dans l'autre cas, brûlez-les. » Dilemme étrange et barbare qui s'explique à peine et ne se justifie pas, même si l'on consent à se placer au point de vue d'une religion et d'une autorité nouvelles. Les livres, ainsi qu'Omar le voulait, chauffèrent pendant six mois les bains d'Alexandrie.

La cité littorale conquise livrait toute la contrée aux kalyfes. Amrou y fut leur premier représentant ; il organisa le pays, fatigué du joug de Constantinople et ruiné par des taxes exorbitantes ; fonda la ville de *Fostat* (la tente), et creusa un canal (*Kalig emyr el moumenyn*, canal du prince des fidèles), qui, sur un autre point que l'ancien canal des pharaons, réalisait la jonction du Nil à la mer Rouge.

Malgré tant de services glorieux, Amrou éprouva bientôt une disgrâce ; Othman, le nouveau kalyfe, lui donna un successeur, Abd-Allah, qui pressura la contrée et sema des haines contre l'occupation islamite. Dans les troubles qui suivirent, on s'occupa peu du pays ; mais avant que la dynastie des souverains légitimes se fut éteinte par la dépossession et par la mort d'Aly, Moavia alla chercher dans sa retraite, Amrou, depuis long-temps délaissé, et lui rendit, comme réhabilitation solennelle, le gouvernement de l'Egypte. Amrou en jouit peu : il mourut à peine réintégré.

L'Egypte, du reste, vécut heureuse alors, malgré les querelles de dynastie à dynastie, de prince à prince. Son gouverneur, Abd-el-Azyz, sut la préserver des calamités inséparables de ces guerres intestines. Le pays fut, durant toute cette période, régi par un système analogue à celui que les Romains avaient imposé à leurs provinces conquises. Les chefs de l'islamisme y envoyaient des espèces de proconsuls avec une garde prétorienne; et dans la crainte assez fondée qu'une longue jouissance ne leur inspirât des pensées d'indépendance et d'usurpation, ils avaient le soin de changer souvent de titulaires. On devine comment ces mutations, tantôt heureuses. tantôt fatales, devaient livrer le pays à des destinées intermittentes. Parmi ces gouverneurs, si quelques uns étaient animés d'intentions loyales et droites, d'autres survenaient bientôt, cupides, intéressés, cruels, qui détruisaient tout le bien que leurs devanciers avaient pu faire. Sous le seul règne d'Hecham, l'Egypte compta vingt gouverneurs; elle en eut cent sous la dynastie des Ommiades, qui garda pendant un siècle à peu près la souveraineté de l'islamisme. Les Abbassides, maîtres à leur tour, ne procédèrent point autrement. Chaque année amenait une nouvelle révocation et une investiture nouvelle. Sous El-Mansour, ce système ayant été poussé jusqu'à l'absurde, la situation de l'Egypte devint désastreuse et intolérable. Chacun de ces proconsuls enchérissant sur ses devanciers dans ses combinaisons fiscales, il s'ensuivit bientôt qu'aucun métier, si pauvre qu'il fût, ne resta exempt de redevances ingénieusement assises et incessamment accrues. L'ouvrier mouleur de briques, le fellah vendeur de légumes, le conducteur de chameaux, le fossoyeur, le mendiant lui-même, furent soumis à une capitation. Les successeurs d'El-Mansour, Mohammed-El-Mahady, le grand Haraoun-el-Raschyd et El-Mamoun, ne changèrent rien à cette ligne de conduite, passée à l'état de système. C'était pourtant de grands et nobles princes, bienveillans pour leurs sujets immédiats, éclairés, généreux, marquant leur passage par des actes mémorables. Pour expliquer cette contradiction entre des méthodes si diverses, il faut croire que la politique des kalyfes voulait que l'Egypte fût sacrifiée, qu'elle souffrît dans son existence et dans ses ressources. Les chefs de l'islamisme obéissaient, dans ce ballottement de délégués, à une théorie délibérée d'avance. Déjà peut-être prévoyaient-ils qu'à cinquante ans de là, des révoltes de grands vassaux marqueraient la première période descendante de l'islamisme, et feraient périr cet empire par où périssent tous les grands États, par le démembrement et par la révolte.

Il faut passer rapidement sur cette longue suite de kalyfes et de gouverneurs, pour arriver à l'homme qui, le premier, isolant l'Egypte de la puissance abbasside, lui donna une force et une existence spéciales. Cet homme fut Ahmed-ben-Touloun, fils d'un affranchi nommé Touloun, né dans la petite Bukarie, et long-temps chef de la garde qui veillait à Bagdad sur la personne des kalifes. Cette garde jouait déjà, vers ce temps, le rôle que jouèrent depuis les mamlouks en Égypte, et les janissaires à Constantinople. Elle dictait la loi à ses maîtres, les massacrait dans des jours d'humeur, et introduisait à leur place ses propres chefs, quelquefois même de simples soldats.

Ahmed-ben-Touloun fut envoyé en Égypte l'an 254 de l'hégyre (868), comme suppléant de son beau-père Bakbak, qui s'était fait investir du titre de gouverneur. A peine le jeune Ahmed était-il arrivé à Fostat, que déjà il régnait moitié par force, moitié par ruse. Il écartait peu à peu ses rivaux et se créait les élémens d'une position personnelle et indépendante. L'ancienne capitale de l'Égypte ne lui paraissant pas située dans une position avantageuse pour sa défense, il débuta par improviser une ville et par s'y bâtir un palais digne de lui. Le vieux Fostat s'étendait le long du Nil; il traça un Fostat nouveau (*El Katayah*) au pied même de la montagne du Mokattam, à un quart de lieue du fleuve. Bientôt autour de son palais ses officiers élevèrent à leur tour des habitations commodes et somptueuses. La ville eut des mosquées, des bains, des jardins, des marchés, des ateliers, des boutiques et des karavanserails. Mais sur toutes ces constructions primait un édifice, beau encore de nos jours, la mosquée de Touloun (*Gamè-Ebn-Touloun*), la plus vaste et la plus célèbre du Kaire. A ce règne se reportent aussi d'autres fondations non moins utiles, des aqueducs, des fontaines, des canaux, et surtout celui d'Alexandrie, des nilomètres, des hôpitaux, et dans le nombre celui d'El Asker ou de l'armée; enfin des fortifications redoutables et d'innombrables ouvrages de défense.

Ainsi Ahmed-ben-Touloun agissait en Égypte comme si l'Égypte eût été complétement à lui, de droit comme de fait, comme si elle n'eût relevé d'aucune autorité lointaine. Telle était sa pensée quand il bâtit une capitale et s'y retrancha contre un ennemi extérieur. Il fallait le prévenir alors, arrêter l'exécution de son plan de conquête avant qu'il ne fût inexpugnable. Plus tard, lorsque le kalyfe El Mouaffec, alarmé de cette ten dance, fulmina des menaces de guerre contre le gouverneur de l'Égypte, celui-ci, au lieu de faire acte d'obéissance, fit acte de souveraineté, grossit son armée, doubla ses lignes de retranchement, et se maintint dans une attitude de menace et de défi. Mouaffec n'osa pas risquer la lutte; il ne le put pas d'ailleurs. Aux frontières de l'Égypte ses soldats se débandèrent, et des embarras intérieurs rendirent impossible une seconde tentative. Alors il eut l'air de vouloir ce qu'il ne pouvait empêcher; il fit des avances à Ahmed, lui dépêcha des ambassadeurs, et échangea avec lui des promesses d'oubli et d'affection.

Ahmed jouit peu de ce dernier triomphe : une maladie aiguë le surprit au milieu d'une campagne dans les provinces syriennes, et le conduisit lentement au tombeau. Il avait gouverné l'Égypte durant dix-sept années. A sa mort, sa puissance rivalisait avec celle des kalyfes, si elle ne la dépassait pas. Son trésor contenait plus dix millions de dynars (cent cinquante millions de notre monnaie); des réserves considérables d'armes et de munitions existaient dans ses magasins; il avait sept mille esclaves enrégimentés, vingt-quatre mille autres esclaves et un nombre incalculable de chameaux, de chevaux et de mulets. Quoique âgé de cinquante ans à peine, il laissait trente-trois enfans : dix-sept fils et seize filles. On eût pu croire, d'après les probabilités ordinaires, à la durée d'une pareille descendance, et pourtant vingt-deux ans plus tard, la dynastie toulonide était éteinte. Durant ce court intervalle, la guerre et les révolutions de palais effacèrent l'œuvre gigantesque d'Ahmed. L'Égypte releva de nouveau de l'empire abbascide, mais cette reprise de possession fut bien précaire et bien courte.

Alors régnait aux environs de l'ancienne Carthage, et sur le littoral de Barqah, une dynastie qui avait rompu avec Bagdad par un schisme éclatant, schisme à la fois religieux et politique. C'était la dynastie fatimite qui devait, à quelque temps de là, remplir le monde de son nom. Les Fatimites prétendaient avoir seuls conservé dans leur race la légitimité souveraine, et se disaient descendus en droite ligne du Prophète, par sa fille Fatime, dont ils tiraient leur nom. Dès l'an 260 de l'hégyre (882), ils s'étaient mis en marche vers l'Orient. Vainqueurs par les armes ou par le prosélytisme, ils avaient, sur les ruines des dynasties Aglabites et Edrisites, constitué un empire puissant, qui embrassait tout le littoral africain, depuis Fez jusqu'à Kairouan, des colonnes d'Hercule aux déserts de Barqah. Au temps où nous sommes arrivés, cette autorité musulmane surpassait de beaucoup en forces et en ressources celle des Abbassides, emprisonnés dans Bagdad par des révoltes partielles, et affaiblis par des défections successives. Ici, c'étaient les princes Samanides qui enlevaient le Khorassan; là, les Hamdanites qui s'inféodaient la Mésopotamie et le Diarbekir; plus loin, la Perse qui reconnaissait la loi des princes Bouïdes; ailleurs, la Syrie qui ne savait où étaient ses maîtres au milieu des ravages des Karmates, et de la tutelle inefficace des chefs de l'islamisme; enfin, à l'extrême limite de leurs possessions, c'était l'Égypte qui venait de tomber sous le pouvoir éphémère des Ekchydites.

Ce fut alors qu'appelés par les habitans de la vallée du Nil, les kalyfes fatimites songèrent sérieusement à une conquête devenue facile. L'occupation de l'Égypte fut une simple prise de possession, une investiture qui ne coûta point de sang. Djouhar, général de Moezz-le-Din-Illah, marcha sur Fostat, dont les portes furent ouvertes au mois de ramadam de l'an 358 de l'hégyre (969). Le jour même la prière fut dite dans les mosquées au nom des Fatimites, et le règne de cette dynastie fut fondé.

Ses débuts furent heureux. L'Égypte avait beaucoup souffert des dernières guerres; les souverains nouveaux s'occupèrent à guérir ses blessures. On améliora l'état financier, on visa à une plus équitable répartition des impôts, on fixa la redevance territoriale à trois ardebs par feddan de blé. En même temps, comme pour marquer l'avénement d'une autre race souveraine, les Fatimites voulurent fonder leur capitale comme les Toulonides et les Abbassides avaient fondé la leur. L'an 359 de l'hégyre (970), le général des fatimites, Djouhar, traça le plan de la nouvelle ville qui devait s'appeler *Mesr-el-Kahirah* (la Capitale Victorieuse), dont nous avons fait le Kaire. Cette succession de capitales était en Égypte un fait traditionnel. Dans la même vallée du Nil où Mesr-el-Kahirah allait s'élever, la Thèbes des premiers pharaons égyptiens avait été détrônée par la Memphis de leurs descendans; Memphis détrônée à son tour par la Babylone des Perses, la Babylone des Perses par l'Alexandrie des Lagides, l'Alexandrie des Lagides par la Fostat d'Amrou, enfin la Fostat d'Amrou par l'El-Katayah ou la Fostat des Toulonides. C'était, dans l'histoire connue de l'Égypte, la septième capitale fondée, et la troisième depuis l'invasion de l'islamisme.

Djouhar, chargé de cette fondation, procéda grandement et magnifiquement dans ses devis. Il exécuta le tracé d'une enceinte immense qui embrassait les trois villes anciennes semées sur ce terrain. Bientôt les constructions marchèrent avec la plus grande activité. Un palais y fut bâti pour le kalyfe Moezz-le-Dyn-Illah, qui vint l'habiter dès qu'il fut achevé. S'il faut en croire l'écrivain arabe Ben-Chouan, ce prince arriva au Kaire avec des trésors qui tiennent de la féerie. « Il avait fait fondre, dit cet auteur, » tout son or et tout son argent en lingots dont la grosseur égalait celle » d'une meule. Chaque lingot suffisait pour la charge d'un chameau (de » huit à dix millions), et il y en avait quinze cents. »

Avec les Fatimites arriva également au Kaire tout ce que la civilisation moresque, empreinte d'un caractère brillant, avait introduit de science raffinée et de goûts somptueux chez ces souverains d'Occident. Le Kaire eut sa bibliothèque, riche en manuscrits, son collége universitaire avec une dotation annuelle, afin que les pauvres y trouvassent un enseignement gratuit; collége qui avait des chaires pour toutes les branches des connaissances humaines : la grammaire, la poésie, l'étude du koran, la jurisprudence, la médecine, l'astronomie, les mathématiques et l'histoire; collége célèbre, sur les bancs duquel se pressèrent bientôt douze mille élèves, accourus de tous les points de la terre: de l'Espagne et de l'Inde, de la Grèce et de la Syrie.

A Moëzz succéda son fils El-Azyz-bin-Illah, qui continua sa gloire; puis Hakem-le-Fou, dont les démences sont restées célèbres dans les annales égyptiennes. Ayant vaincu un chef rebelle, Hakem n'imagina point de supplice plus simple à lui infliger que de le faire promener sur un chameau, accolé à un singe qui le frappait sur la tête et le meurtrissait. Hakem était non seulement fou, mais fou fanatique, fou schismatique, quelquefois fou furieux. Affilié à la secte des Dararys, il soutenait, comme ces dissidens, que les fêtes du Beyram et le pèlerinage de la Mecque n'étaient pas des pratiques de rigueur; il permettait le mariage entre les frères et les sœurs, les pères et leurs filles, les mères et leurs fils; puis se croyant appelé à converser avec Dieu lui-même, il montait sur le Mokattam, et déclarait au retour que tous les kalyfes, compagnons du Prophète, étaient maudits, et que le monde attendait une autre religion. Ensuite, c'était d'autres folies : un jour, il faisait démolir l'église de la Résurrection à Jérusalem; le lendemain, il donnait l'ordre formel qu'on la reconstruisît; tantôt il enjoignait aux habitans du Kaire d'illuminer soudainement leurs maisons, ou défendait aux femmes de sortir de leurs harems, interdisant, comme corollaire, aux ouvriers cordonniers de fabriquer, sous peine de mort, des chaussures à leur usage. Enfin dans un dernier accès de démence, il se leva un jour avec la prétention de se faire reconnaître comme dieu, exigeant, en signe d'adhésion à ce titre, la signature de tous les habitans du Kaire. Dominés par la peur, seize mille individus signèrent, et pour célébrer son apothéose, El-Hakem mit le feu à la ville. Ce fou furieux périt assassiné.

Un de ses successeurs, El-Mostanser, n'eut pas des destinées moins étranges. Puissant d'abord et respecté, il tomba bientôt dans le mépris de ses sujets, et resta à la discrétion de deux gardes rivales, l'une Turke, l'autre Éthiopienne, l'une blanche, l'autre noire, qui se disputaient alors la puissance. Enfin les Éthiopiens ayant été exterminés, les milices turkes demeurèrent les maîtresses absolues de l'empire, et le kalife ne gouverna que sous le bon plaisir de leur général Nasser-el-Doulah. Hors du Kaire, El-Mostanser n'avait qu'une autorité circonscrite; dans le Kaire, il était sans aucune espece d'autorité. Les Turks régnaient dans son palais même dont ils pillèrent un jour les meubles et les trésors. Dans ce sac de la soldatesque, disparurent tous les objets de prix amassés durant plusieurs siècles : les ornemens d'or et d'argent massif, les pierres précieuses, les tapis, les damas, la vaisselle, les armures, tout enfin. On laissa à peine au kalife une natte pour se coucher. Dans le même temps, une famine horrible vint fondre sur les États du prince. Le blé, en l'an 464 de l'hégyre (1071) devint tellement rare, que l'ardeb s'en payait cent dynars. On vendait à la criée un œuf un dynard (15 francs), un chat trois dynards, un chien cinq dynards. Les habitans du Kaire se dévoraient impitoyablement les uns les autres : les enfans, les femmes, les hommes mêmes, étaient enlevés dans les rues, traînés dans les maisons, dépecés et mangés. Le kalyfe avait, dans ses jours de splendeur, dix mille chevaux dans ses écuries, il lui en resta trois. Le visir, qui se rendait un matin au palais, fut jeté en bas de sa mule par des hommes affamés qui se saisirent de la bête et la déchiquetèrent sous les yeux du premier fonctionnaire de l'État. Les auteurs de cette violence ayant péri sur le gibet, le lendemain on ne trouva plus que leurs os : les chairs avaient été mangées.

L'Égypte et le kalife ne furent tirés de cet état de misère et d'abjection que par l'entremise du gouverneur syrien Bedr-el-Gemaly. Grâce à lui et à ses troupes, les insolences de la garde turke furent réprimées, et l'autorité kalyfale, long-temps foulée aux pieds, fut enfin rétablie.

Pendant que ces débats d'intérieur partageaient les contrées égyptiennes, il se préparait au loin un événement qui allait saisir et absorber l'attention du monde. De nouveaux et lointains ennemis allaient faire taire dans l'Orient les petites haines de dynasties et dominer les oppressions des milices indisciplinées. On était sous le règne des premiers successeurs d'El-Mostanser, dont le passage n'avait été marqué par aucun fait important, quand un hourra guerrier ébranla l'Europe, soulevée par Pierre l'Ermite. Les croisades avaient été résolues. L'Occident marchait contre l'Orient au cri de : *Dieu le veult! Dieu le veult!* Long-temps l'Égypte demeura comme étrangère au grand conflit religieux et chevaleresque. Elle prit à peine les armes, lorsqu'en 1118 (511 de l'hégyre), Baudouin Ier s'empara de Farama, massacra les habitans, et livra ses mosquées aux flammes. Sans la mort subite du roi chrétien, peut être la vallée du Nil eût-elle été soumise alors. Mais avant d'être foulée par les armées de la croix, elle devait tomber au pouvoir d'un autre conquérant. L'Atabek Nour-ed-Dyn, le Nouradin de nos vieux auteurs, souverain tout-puissant en Syrie, intervint alors dans les affaires de l'Égypte, et son armée s'y rencontra même avec les troupes d'Amauri Ier, chef des Croisés. Au lieu de combattre, on transigea ; mais après quelques trahisons et une foule de luttes de détail, l'Égypte resta à Nour-ed-Dyn, ou plutôt à son lieutenant Salah-ed-Dyn, le Saladin de nos auteurs, qui s'y déclara indépendant et fonda la dynastie des Ayoubites Le dernier des Fatimites, El-Aded, fut dépossédé sans le moindre obstacle, un jour entre deux prières ; et après une longue scission religieuse entre les Abbassides et les Fatimites, l'islamisme revint à l'unité des croyances. Désormais les Abbassides furent les seuls chefs du culte musulman en Orient.

Quand Salah-ed-Dyn s'attribua, par une usurpation éclatante, l'autorité souveraine, son maître Nour-ed-Dyn, vieux alors, était tenu en échec par toutes les forces des Croisés ; aussi, quelque désir qu'eût l'Atabek de faire rentrer l'Egypte sous son obéissance, il manqua de temps et de moyens pour réaliser ce projet. Ce fut au contraire Salah ed-Dyn qui, à sa mort, réunit à la couronne d'Egypte les États feudataires de son maître ; la Syrie presque tout entière, l'Arabie, et une partie de la Mésopotamie. A l'issue de ces conquêtes, Salah-ed-Dyn, rentré au Kaire et tranquille sur ses possessions lointaines, voulut marquer son règne par quelques fondations monumentales, les unes pour sa sûreté, les autres pour sa gloire. Il jeta sur le Mokatam les fondemens d'un palais et d'une forteresse (*Calah el Gebel*). C'est dans cette citadelle que l'on voit de nos jours encore le puits profond dans lequel on descend par une rampe intérieure de trois cents marches, et le palais qui l'avoisine, palais cité pour ses magnifiques colonnades. L'un se nomme le *Puits de Joseph*, l'autre le *Divan de Joseph*, du nom de Youssouf, qui était celui de Salah-ed-Dyn. Il faut rapporter à la même date et à la même étymologie les *Grèniers de Joseph*, vastes enclos situés à Fostat, et destinés au dépôt des grains provenant des contributions de la Haute-Égypte.

Au milieu de ces travaux de défense intérieure, Salah-ed-Dyn ne négligeait aucune des grandes mesures militaires qui devaient consolider sa prépondérance au dehors. Une double guerre était alors engagée, et contre les princes musulmans et contre les généraux des armées chrétiennes. Il soumit les premiers, et enleva aux seconds, une à une, presque toutes les places de la Syrie : Jérusalem, Jaffa, Gazzah, Saint-Jean d'Acre. L'histoire de nos croisades est toute pleine du nom de ce prince, l'un des plus généreux et des plus intrépides souverains qu'ait eus l'Orient. Les vieux chroniqueurs n'ont jamais assez d'admiration pour le luxe de sa cour, pour l'éclat de ses hommes de guerre. Les fictions du Tasse n'ont été que l'écho de tant de naïfs enchantements.

A la mort de Salah-ed Dyn, son empire était assez vaste pour qu'il pût être partagé entre ses trois fils aînés. Le sultan prévoyant une dislocation, avait, de son vivant même, distribué son héritage; il avait créé les trois branches ayoubites de Damas, d'Alep et du Kaire. L'Égypte échut à Melek-el-Azyz; puis à Melek-el-Adhel, Seyf-ed-Dyn, le Saphardin de nos vieux auteurs; enfin, à Melek-el Kamel, Charf-ed-Dyn, qu'ils nomment de préférence Mélédin. Ce fut sous ce dernier roi que les Francs parurent pour la première fois devant Damiette, et qu'ils s'en rendirent maîtres l'an 616 de l'hégyre (1219), après treize mois de tranchée. Mais bientôt, cernés de toutes parts, les chefs chrétiens furent obligés d'évacuer le pays sans avoir profité de cette conquête éphémère.

A Melek-el-Adhel succéda Melek-el-Saléh. Sous son règne, le roi de France Louis IX arriva,— c'était dans l'an 646 de l'hégyre (1248) — devant les bouches du Nil avec des vaisseaux nombreux, et cinquante mille guerriers, l'élite de la noblesse française. Au moment où cette flotte parut à l'horizon, le sultan

Ayoubïte n'était point en Égypte, il dirigeait en personne le siége d'Émesse. Ce fut donc son premier ministre, l'Émyr Fakhr-ed-Dyn (Facardin de nos auteurs) qui s'opposa à la descente. Après avoir essayé vainement de secourir Damiette, cet émyr vint voir expirer à Mansourah son maître, qui laissa l'Égypte à son fils Touran-Chah. Il y périt lui-même au sortir du bain, en combattant l'avant-garde des chrétiens, commandée par le comte d'Artois, qui paya de sa vie cette fatale victoire. Séparé de l'armée, il succomba avec tous les chevaliers qui l'avaient suivi dans une lutte terrible contre les Mamlouks ralliés par leur chef Beybars.

Les Croisés remportèrent cependant un léger avantage dans la mêlée générale que l'ardeur du comte d'Artois avait précipitée. Le surlendemain, les Mamlouks furent complétement repoussés par les chrétiens qu'ils avaient attaqués les premiers. Mais bientôt décimée par la contagion, l'armée des Croisés éprouva un sanglant désastre à Minieh près de Fareskour. Trente mille chrétiens, au dire des historiens arabes, restèrent sur le champ de bataille. Vingt mille autres furent faits prisonniers avec le roi, ses chevaliers et ses princes. Bizarrerie de la fortune! la mort attendait Touran-Chah au milieu des joies du triomphe. Il réunit dans un banquet à Fareskour les grands officiers de son armée; à l'issue du festin, les émyrs se précipitèrent sur sa personne. Échappé à cette première attaque, échappé aux flammes qui dévoraient son refuge, il alla mourir dans les ondes, percé de flèches. C'était le dernier rejeton des Ayoubites. Cette dynastie s'éteignit en lui.

Alors commença, sous le nom de dynastie des Mamlouks, Baharites, le règne de la milice qui naguère veillait à la garde des sultans. Les successeurs de Salah-ed-Dyn n'avaient pas eu la main assez ferme pour résister aux empiétemens de ces prétoriens, et déjà sous Melek-el-Saléh, ils occupaient des fonctions influentes, et gardaient les forteresses les plus importantes. Ces Mamlouks ne procédèrent pas autrement que ne l'avaient fait les Turks, prétoriens de Bagdad. C'était toujours une troupe de beaux esclaves enrégimentés, légion d'abord docile, ensuite turbulente, puis despote et absolue. Ils obéissaient jusqu'à ce qu'ils sentissent leur force; quand ils l'avaient comprise, ils devenaient les maîtres de leurs maîtres, et les dépossédaient.

Passée sous le joug des Mamlouks-Baharites, l'Égypte eut pour premier chef Deybars-Bondoqdary, dont l'investiture fut assez singulière. Il accompagnait El-Melek-le-Modaffer, qui venait de battre les Mongols, déjà maîtres du trône abbasside, quand, au milieu de la route, il prit fantaisie au sultan de courir un lièvre qui était parti de dessous les pieds de son cheval. Beybars s'élance sur ses traces, et le voyant seul, il lui plonge son poignard dans le cœur. Après ce meurtre, Beybars, entouré de quelques complices, ne craignit pas de venir se présenter devant l'atabek ou ministre du royaume. — Qui a porté le premier coup au sultan? demanda l'atabek. — Moi, réplique Beybars. — Eh bien! puisque c'est vous, régnez donc à sa place.

Beybars ne régna pas sans gloire. Il recueillit les derniers souverains abbassides, échappés au fer des Tatars mongols, et fit revivre au Kaire, dans les débris de leur race, un khalifat religieux qui s'y perpétua pendant trois siècles sous le patronage des sultans d'Égypte. La dynastie baharite eut deux souverains célèbres, Beybars et Melek-el-Nasser. Beybars combattit les Tatars et les chevaliers d'Édouard, prince royal d'Angleterre; il subjuga l'Arménie, et purgea le monde de la secte des Assassins, demeurée si mystérieusement formidable pendant deux siècles. Quant à Melek-el-Nasser, il eut des destinées mêlées de gloire et de revers. Sous son règne, Qazan-Khan, empereur d'Asie, lança de nouveau les Tatars contre les provinces syriennes, et y fit égorger plus de cent mille habitans. « Les Tatars, dit l'historien Gemel-el-Dyn, couvraient les campagnes syriennes comme des nuées » d'une nuit orageuse. » Melek-el-Nasser ayant levé des contingens nombreux, rejoignit Qazan-Khan dans la plaine d'El-Safer près de Damas, et tailla en pièces les troupes mongoles. Des jours mauvais suivirent cette victoire. Détrôné par un nommé Beybars II, El-Nasser fut obligé de reconquérir sa couronne, et de rentrer au Kaire à main armée. Mais, dès ce jour, instruit à l'école du malheur, il ne songea plus qu'à faire fleurir les arts utiles. Un grand nombre d'établissemens et de constructions datent de cette époque. Un canal (*Kalyg-el-Nassery*), sept ponts, un observatoire, une mosquée, un palais de justice (*Dar-el-Adel*), plusieurs colléges, une foule de fontaines, enfin l'achèvement du magnifique hôpital Môristant, telle fut la série des travaux exécutés sous ce règne, l'un des plus longs, des plus paisibles et des plus bienfaisans qu'aient connus les populations égyptiennes.

Après Melek-el-Nasser, mort en 741 de l'hégyre (1341), se succédèrent une foule de sultans obscurs, qui prolongèrent pendant un demi-siècle le règne de la dynastie baharite. Cette dynastie finit en 784 de l'hégyre (1382), jour où l'émyr Barqouq, chef de la garde circassienne, trouva utile de s'investir du pouvoir. Cette garde circassienne, créée par l'un des Baharites comme contre-poids à la garde mamlouke, se conduisit d'après les mêmes erremens que sa devancière. Elle fut d'abord un appui et une force, puis elle devint un embarras et un péril; après avoir sauvé le trône, elle en vint à l'usurper. L'avénement de Barqouq fut la conséquence inévitable de la prépondérance de nouveaux tuteurs militaires. Du reste, à part cette petite nuance d'origine, la dynastie des Circassiens ne fit guère que continuer celle des Baharites. Ce fut toujours la même marche et le même système : toujours des émyrs turbulens, qui se disputaient le pouvoir à chaque vacance, et le plus souvent provoquaient ces vacances par des voies sanglantes et anarchiques. Barqouq eut du moins cette gloire, qu'il sauva l'Égypte de l'invasion de Timour-Lenk (Tamerlan), qui remplissait alors le monde du bruit de son nom et du retentissement de ses conquêtes. Barsabay, après lui, fit pour le pays des choses utiles et bonnes. Qayt-Bey, à son tour, parvint à se maintenir vingt-neuf années sur un trône que menaçait déjà la puissance ottomane, qui avait prévalu sur l'influence mongole.

Qayt-Bey commit pourtant une grande faute. Par une générosité fatale, il avait donné asile en Égypte au prince Zizim (*Djem*), compétiteur de Bajazet II (*Bayazyd-ben-Mohammed*), ce qui attira sur l'Égypte des haines funestes pour l'avenir. En effet, le sultan Qansouh, qui succéda à Qayt-Bey, et après lui Touman-Bey II, eurent bientôt à se défendre contre toutes les forces de Sélim, successeur de Bajazet (923 de l'hégyre 1517 de notre ère). Sélim marcha contre l'Égypte à la tête d'une armée nombreuse, défit les Circassiens, et entra dans le Kaire en conquérant et en souverain. La dernière dynastie des Mamlouks, dynastie borgite, périt dans cette lutte, et dès ce jour, le beau royaume d'Égypte ne forma plus qu'une province de l'empire Ottoman. Sélim séjourna au Kaire pendant un temps assez long, afin de pourvoir lui-même à l'organisation politique de la nouvelle annexe. Il fit de l'Égypte un pachalik, dont le premier titulaire fut un certain Hayr-Beyk, personnage dont l'autorité se trouvait balancée et contrôlée par celle d'un chef militaire qui commandait la force armée de l'Égypte. Ainsi, ces deux chefs devaient s'observer, se pondérer, se tenir en respect l'un l'autre, tandis qu'un troisième pouvoir, celui des émyrs mamlouks, serait chargé de les départager. Cette organisation complexe, ouvrage de Sélim, avait en elle-même tant de conditions de durée, que, malgré les distances, malgré une suite non interrompue de complots, malgré les révolutions de palais qui ébranlaient par intervalles l'empire de Constantinople, l'Égypte releva pendant trois siècles des firmans de la Porte, et demeura sa vassale, sinon tranquille, du moins obéissante.

Il serait trop long et trop oiseux de suivre cette nomenclature interminable de pachas égyptiens, hommes sans importance pour la plupart, agens de la Porte, tantôt obéis, tantôt méconnus, doués toujours d'une grande fermeté politique, spéculateurs cherchant par toutes les voies, justes ou injustes, à se rembourser, à s'indemniser des présens magnifiques que leur avait coûtés leur investiture, à payer leurs baux annuels, et à faire enfin leur fortune. A mesure que l'on avance dans cette période, et qu'on se rapproche de notre temps, on voit peu à peu s'effacer l'influence exécutive de ces souverains de passage. Ce ne sont plus que des automates aux ordres des beys, chefs des milices, et surtout du cheyk El-Beled, le plus puissant d'entre les beys. Tant que ces pachas siégent comme gouverneurs nominaux dans leur palais du Kaire, ils signent d'une main docile tout ce qu'on leur présente, ordonnent ce qu'on leur commande, pactisent sous main avec les maîtres de fait pour que les exactions commises en leur nom leur soient de quelque rapport, se résignent à cette vie toute de condescendance et de lâcheté, de vol et d'infamie; puis quand ils ont fait leur temps, plus dociles encore, plus ineptes, ils se livrent au *kat-cherif* de la Porte, qui les exile, les dépouille, et souvent les étrangle.

Toutefois, à côté de ces gouverneurs sans dignité, figurèrent des beys remarquables. L'un des premiers fut Ismayl-Bey, homme bienveillant et juste, tué par Zou-el-Figar, qui périt à son tour par l'épée. Sous Ismayl eut lieu la peste dite de *kaou*, à cause du cri d'alarme d'un santon nègre qui courait la ville, répétant: *Kaou! kaou!* (brûlure! brûlure!). Ensuite arrivèrent Ibrahim-Kyaya et Ibrahim-Rodouar, puis Khalyl-Bey, et ce célèbre Aly-Bey, que le livre de Volney révéla le premier à l'Europe; Aly-Bey, trois fois vaincu, réintégré trois fois, homme de tête et de cœur, l'une des plus belles organisations que l'Orient moderne ait produites. Le premier d'entre les cheyks El-Beled, Aly-Bey, osa faire sentir à la Porte à quel point il croyait son autorité personnelle détachée de son autorité lointaine. Non seulement il lui désobéit, mais il lui tint tête les armes à la main, la combattit et la vainquit. Le premier encore, il osa battre monnaie à son coin l'an 1185 de l'hégyre (1771), et se faire nommer par le chériff de la Mecque, *Sultan roi d'Égypte et dominateur des deux mers.* Il rêvait, en effet, une puissance dans le genre de celle qu'avaient constituée les Toulonides, les Ayoubites et les premiers Mamlouks. Il fit plus ; il osa rechercher des alliances européennes, s'adressant aux Vénitiens par l'entremise de l'Italien Rossetti, et aux Russes par le canal de l'Arménien Yagoub, qui fit des ouvertures à l'amiral Orloff. La trahison d'Abou-Dahab vint déranger ces combinaisons profondes : ce général s'étant révolté contre son bienfaiteur et contre son maître, le déposséda et le fit assassiner. Toutefois, le parjure profita peu de son crime : frappé d'une mort presque subite, il céda le poste à Ismayl-Bey, célèbre par une peste affreuse qui a gardé son nom. A ce cheyk El-Beled succédaient Ibrahim et Mourad-Bey, que l'expédition militaire des Français devait mettre bientôt en relief. Soit qu'ils obéissent à des suggestions étrangères, soit que, obligés à une grande réserve vis-à-vis des nationaux, ils eussent été conduits à frapper des avanies intolérables contre les négociants étrangers, ces deux beys attirèrent bientôt sur eux les colères de la France républicaine. Des pétitions collectives avaient été adressées dès l'an III (1795) au Directoire, par l'intermédiaire du consul Magallon, et, de retour à Paris, après le traité de Campo-Formio, Bonaparte les trouva, les lut, et résolut de les utiliser. Une campagne lointaine et poétique servait alors ses desseins, il la demanda au Directoire, la fit décréter et l'exécuta.

Depuis trente ans que l'on écrit sur cette expédition orientale, on n'a pu parvenir encore à s'accorder entièrement sur ses causes réelles. On a parlé d'invasion asiatique, de menaces contre les possessions anglaises des Indes, d'injures nationales à venger, d'ambition secrète chez Bonaparte, et de jalousie mal déguisée du Directoire, sans pouvoir préciser dans quelle proportion chacun de ces mobiles avait influé sur le plan de cette vaste entreprise.

Nous, nous croyons que le désir de Bonaparte, d'ajouter encore à l'illustration qu'il avait acquise sur les champs de bataille de l'Italie, lui fit solliciter l'expédition d'Égypte, et que le Directoire accepta avec empressement le moyen qui lui était offert d'éloigner un général déjà redoutable par sa gloire et son ambition. Mais Bonaparte eut du moins le talent d'allier son intérêt personnel à celui de l'honneur outragé de la France. Il choisit avec bonheur pour se grandir une lutte qui devait relever notre nationalité des injures qu'elle avait reçues. Dans une pareille circonstance, une nation, et la France surtout, ne doit rien négliger pour faire respecter sa dignité et venger une injure.

Mais quelle grandeur aussi, quelle utilité n'offre pas, envisagée dans sa donnée providentielle, cette propagande militaire et scientifique? n'est-il pas beau ce pèlerinage de soldats et de savans qui vont porter aux Orientaux notre civilisation, en leur demandant compte de leur civilisation antique? De même que les Romains avaient jadis laissé sur leur passage des voies pavées, des cirques, des arcs de triomphe, nos Français devaient laisser à la vallée du Nil des ouvrages de défense, les rudimens de nos arts et l'exemple de notre tactique. Puis, au profit de notre propre gloire, nous allions interroger cette contrée toute fière du souvenir de ses pharaons et de ses hiérophantes, copier ligne par ligne l'histoire mystérieuse gravée sur les parois de ses murs, camper au milieu d'enceintes monumentales, pleines de noms de villes et de rois qui sont la personnification retentissante de générations éteintes, Thèbes, Memphis, Alexandrie, Menès, Sésostris, Ptolémée, nous allions voir, en un mot, et parcourir la vieille Égypte, la terre aux obélisques et aux pyramides, empire tour à tour égyptien, persan, grec, romain, arabe et turk, vieux berceau du monde, gardant sans doute encore la date de sa naissance et le secret de ses traditions primitives.

Telle était la mission de cette armée, dont Bonaparte, avec son génie prompt et sûr, rassembla lui-même les élémens. Dans la double visée de la campagne, il choisit un à un ses généraux et ses savans. Parmi les premiers figuraient des noms dont cette guerre continuait ou commençait la gloire; Kléber, Desaix, Reynier, Lannes, Berthier, Rampon, Dumas, Murat, Andréossy, Davoust, Verdier, Belliard, Junot, Duroc, Eugène Beauharnais, Bertrand, Bessières, Lagrange, Friant, Leclerc, La Salle, Lefèbre, Bachelu, et une foule d'autres. Parmi les seconds, on citait déjà des noms européens pour le monde scientifique, ou qui le sont devenus depuis : Monge, Fourier, Berthollet, Denon, Geoffroy-Saint-Hilaire, Girard, Dubois, Dolomieu, Jomard, Say, Delille, Costas, Nouet, Conté, Lepère, Redouté, Jollois, Devilliers, Dutertre, Jacotin, Testevuide, Dubois-Aymé, Lancret, Rosières, Saint-Genis, Chabrol, Casteix, Parceval, Caristie, Cecile, Corabœuf, etc., etc., hommes distingués dans leurs spécialités diverses, grandis à la science sur le sol égyptien, théâtre de leurs conquêtes périlleuses; revenus ensuite sur notre terre française pour y trier, à l'aide d'un travail patient, ce riche butin, pour le coordonner, pour le classer, pour lui donner une valeur d'ensemble.

Ainsi choisie par l'homme qui connaissait si bien les hommes, cette armée partit de Toulon au mois de mai 1798. Confiante dans l'étoile de son jeune chef, elle ne recula point devant une obéissance aveugle ; elle quitta les ports de France sans savoir au juste où on la conduisait. Sur son chemin, elle enleva Malte et ses forts réputés inexpugnables, détruisit après deux jours de siége ce vieil ordre chevaleresque et religieux, qui datait des beaux siècles de la chrétienté ; elle cingla ensuite vers l'Égypte, débarqua sur sa plage, marcha vers sa seconde capitale, l'escalada et la prit. De là, le 8 juillet, elle s'ébranla pour aller au-devant des Mamlouks qui n'avaient pas même défendu leur ville littorale; elle traversa une route qui, pour la première fois, lui donnait la mesure des souffrances qu'elle allait endurer. un océan de sables stériles et brûlans, ne rencontrant d'abord que la soif et la faim, ses premiers et ses plus rudes ennemis ; elle marcha sans magasins, sans cavalerie, avec un petit nombre de pièces de canon, car le gros du matériel avait été embarqué sur le Nil. Au-delà de ce désert, l'ennemi était rangé en bataille : il fallut vaincre son avant-garde à Chébiéris, et détruire sa flottille avant que d'engager, dans la plaine d'Embabéh, la bataille mémorable qui devait livrer l'Égypte aux conquérans lointains. Là, le 29 juillet 1798, en face des pyramides, et à la suite d'une de ces brèves et poétiques harangues dont Bonaparte semble avoir emporté le secret, notre armée formée en carrés reçut le choc des plus vaillans et des plus habiles cavaliers du monde; elle les dispersa, les accula vers le Nil, et les précipita dans ses eaux. Cette bataille fut consacrée sous le nom des Pyramides. Le lendemain, le Kaire ouvrait ses portes : l'Égypte était aux Français.

L'armée de terre avait dignement accompli sa tâche : l'armée navale fut moins heureuse dans ses efforts. L'amiral qui commandait la flotte, Brueys, avait cru devoir conduire ses vaisseaux dans la baie d'Aboukir, rade foraine, ouverte aux escadres ennemies. Nelson l'y attaqua le 1er août 1798. Il écrasa notre ligne d'embossage, coula ou prit les bâtimens qui la composaient. Brueys périt sur son banc de quart. Dupetit-Thouars couronna par sa mort une résistance admirable ; le capitaine de *la Sérieuse* capitula sur sa frégate à demi submergée. Mais ces gloires partielles ne changeaient rien aux résultats : notre armée était coupée, entre elle et la métropole s'élevait une barrière infranchissable; la croisière anglaise régnait sur la mer. Désormais plus d'espoir de retour ni de renfort. Il fallait se résigner à agir solitairement sur le point conquis, à s'y organiser par une longue possession.

Bonaparte le fit. Dans le but d'effaroucher aussi peu que possible les habitudes locales et ce système de suzeraineté nominale depuis longtemps familier à la Porte, il déclara qu'il était venu en Égypte avec la seule pensée de s'y substituer aux Mamlouks, simples usufruitiers du pouvoir. Il affecta un profond respect pour le patronage ottoman, combla d'honneurs et d'égards le kyaya du pacha, dernier fonctionnaire qui pût représenter en Égypte la Porte Ottomane. Non content de caresser ces susceptibilités politiques, il fit la part d'autres répugnances plus opiniâtres encore et plus dangereuses. Le préjugé religieux obtint de lui toutes les concessions que comportait l'intérêt de l'armée. A l'opposé des conquérans anciens, qui tous avaient persécuté le culte indigène, il affecta au contraire, comme système et comme calcul, la plus entière tolérance. Lui régnant, la prière continua à se dire dans les mosquées, les mouezzins n'interrompirent point, du haut de leurs galeries aériennes, l'appel religieux aux croyans; les imans, les muphtis, les cheyks conservèrent leurs priviléges, et le grand chérif de la Mecque reçut de la part du jeune conquérant des avances auxquelles il ne dédaigna point de répondre. En même temps il cherchait à organiser le gouvernement des indigènes par les indigènes, et donnait au pays un divan, espèce de représentation nationale, dans laquelle figuraient les notabilités du Kaire et des provinces. Des juges civils et un système d'impôts perçus comme auparavant, à l'aide d'agens cophtes, complétaient cette première ébauche d'organisation.

Les armes pourtant achevaient la soumission du pays. A la suite de la rencontre de Salahiéh, escarmouche sanglante et vive, les Mamlouks d'Ibrahim-Bey avaient été rejetés au-delà de l'isthme; ceux de Mourad venaient d'être battus par Desaix à Sedyman; ils fuyaient vers le Saïd, décidés à ne plus procéder que par des escarmouches. Nos bataillons foulaient l'Égypte dans tous les sens d'Alexandrie à Suez, de Damiette à Philé : le cours du Nil appartenait à nos canonnières. Les révoltes étaient étouffées; les taxes se percevaient et se régularisaient. Après avoir senti la puissance des conquérans, on commençait à apprécier et à reconnaître leur justice. Le Kaire avait bien, dans les premiers jours de l'occupation, pris l'initiative d'une révolte dans laquelle périt le jeune Sulkowski, aide-de-camp de Bonaparte; mais une répression exemplaire et prompte avait réduit à l'impuissance ces velléités turbulentes ou ambitieuses. C'était la dernière expérience d'hostilités intérieures : nulle agression de ce genre n'était désormais possible tant de la part des Mamlouks que de la part des Égyptiens, qu'à la condition de s'appuyer sur une attaque du dehors.

Cette attaque se préparait. Soit qu'elle obéît à un sentiment propre, soit qu'elle y fût poussée par l'Angleterre, la Porte ne voulut point se prêter à la singulière fiction qu'avait imaginée Bonaparte. Elle refusa de croire à sa suzeraineté sur cet étrange vassal; elle ne le toléra point en Égypte au même titre que les Mamlouks, et vit en lui un ennemi direct. Un envoyé de l'armée d'Orient, porteur de paroles de paix, fut renfermé aux Sept-Tours, et des armemens eurent lieu dans l'Anatolie et dans la Syrie. Djezzar, pacha d'Acre, commandait l'avant-garde de cette expédition.

Bonaparte aimait mieux, on le sait, attaquer que se défendre : il devança cette agression. L'expédition de Syrie fut résolue. Un corps de treize mille Français franchit le désert, prit, chemin faisant, El-Arych, Jaffa, Gazzah, et vint camper devant Saint-Jean d'Acre, la citadelle de Djezzar et le boulevard avancé de la Porte. Seul, le pacha n'eût pas tenu longtemps; mais un Français, un camarade de Bonaparte à l'école de Brienne, Phélipeaux, se trouvait dans la place pour y surveiller les travaux de la défense; mais sir Sydney Smith, le commodore anglais qui commandait dans ces parages, appuyait la place avec ses deux vaisseaux, et envoyait ses équipages au service des retranchemens. Ensuite, il faut bien l'avouer, on commit des fautes; on se trompa sur le côté vulnérable de la place, on ouvrit la tranchée sur le front où le fossé était le plus large, où la muraille avait le plus de solidité. Sans doute on espérait avoir raison de Sain-Jean d'Acre, comme on avait eu raison de Jaffa et de Gazzah, par un coup de main, et dans cet espoir on ne fit, pour ce siége, que des préparatifs incomplets. On confia l'artillerie aux chances de la mer, faute d'autant plus grande que, en cas de prise, non seulement on se trouvait désarmé, mais encore on avait armé l'ennemi. Du reste, tout dans ce siége tourna contre les Français. On avait compté sur la mortalité ordinaire, et outre des pertes énormes, causées par d'opiniâtres assauts, outre la mort d'officiers supérieurs, comme Caffarelli et Say, la peste vint joindre ses ravages à ceux de la guerre, et frapper de terreurs mystérieuses ceux qui restaient debout. Bientôt, à cet auxiliaire de Djezzar, se joignirent les peuplades environnantes; un instant contenues par l'éclatante victoire du Mont-Thabor, elles retrouvèrent toute leur audace à la vue de la détresse de leurs ennemis.

Quand on rapproche ces diverses causes d'insuccès, on comprend comment et pourquoi l'armée française, invincible jusqu'alors, vint échouer devant Saint-Jean d'Acre. Les premiers assauts furent marqués par une bravoure toute d'enthousiasme; les derniers, par un courage de résignation. L'armée fit ce qu'il était humainement possible de faire. Lancée à travers les déserts, sans munitions, sans artillerie, elle avait emporté Jaffa, Gazzah, El-Arych, presque sans coup férir. Arrivée devant Saint-Jean d'Acre, assaillie par la peste, dévorée de privations, elle trouva une place garnie de canons, défendue par la science et la tactique européennes, donna sous ses murs quatorze assauts, essuya vingt-six sorties, puis, non contente de ce champ de bataille quotidien, elle alla en chercher d'autres aux environs, et dota nos fastes guerriers d'un poétique nom de victoire. Il est vrai qu'il y eut chez elle une heure de découragement et d'hésitation; mais pour que des soldats éprouvés par les campagnes du Rhin, de l'Italie, de l'Égypte, en fussent venus là, il fallait que la mesure de leurs maux, de leur souffrances et de leurs périls eût été largement comblée. Habitué à rencontrer chez eux des élans surnaturels, Bonaparte avait oublié qu'ils étaient des hommes; il s'était trop fié aux miracles de leur bravoure; il avait pris pour un état normal cette fièvre d'enthousiasme qui jusqu'alors n'avait rien connu d'impossible. L'événement vint le détromper d'une manière cruelle. Sous les murs de Saint-Jean d'Acre une réaction se manifesta dans l'esprit de l'armée : cette réaction alla jusqu'aux murmures. En présence de tant de peines physiques, l'ascendant moral du chef fut frappé d'impuissance.

Cette armée reconquit son énergie pour une admirable retraite. Elle revint camper, le 14 juin, aux portes de la capitale égyptienne qu'elle avait quittée le 10 février. Durant ces cent vingt-cinq jours, nos soldats firent cent vingt-trois lieues pour arriver à Saint-Jean d'Acre, et cent dix-neuf pour en revenir; le premier de ces deux trajets, en vingt jours de marche effective, donnant une moyenne de six lieues et trois vingtièmes par jour; le second, en dix-sept jours de marche, donnant une moyenne de sept lieues. Dans ces contrées sans chemins praticables elle avait franchi plus de quatre-vingts torrents ou rivières, elle avait soumis sept villes et plus de trente villages. De ces détails statistiques, on peut conclure hardiment que la campagne de Syrie ne fut pas, pour nos armes, un échec sans gloire, un désappointement sans compensation; c'était une guerre où il n'y avait ni vainqueurs ni vaincus; car les Français ne se retiraient pas devant les Turks, mais devant une série d'obstacles accidentels que l'ennemi n'avait pu ni provoquer ni prévoir. En résumé, si nul profit ne résulta de cette pointe vers la Syrie, si l'avenir de la conquête égyptienne n'y gagna rien en stabilité, du moins en resta-t-il pour l'armée de glorieux souvenirs et quelques belles pages de plus pour nos annales militaires. On sait qu'à cette campagne de Syrie se rattachent encore une foule de faits qui ont une grande célébrité historique; par exemple, le sacrifice de quatre mille mograbins que Bonaparte fit fusiller sur les bords de la mer par mesure de sûreté, mais surtout l'empoisonnement des pestiférés de Jaffa, question qui n'est pas douteuse pour les hommes qui ont pris part à ces événemens, et pour ceux qui les ont étudiés et les ont approfondis. Quand un des compagnons de cette glorieuse campagne, qui existe encore, voudra jeter sur ce secret les lumières qu'il possède, la vérité sera connue.

Pendant la campagne syrienne, l'Égypte s'était maintenue dans une situation tranquille. Desaix avait à diverses reprises battu les Mamlouks du Saïd et les Arabes d'Yambo et de la Mecque, leurs fanatiques alliées; il avait poussé sa marche jusqu'aux dernières limites de la domination romaine et avait occupé Philé et Éléphantine, détaché des avant-gardes en Nubie, pris Qoceyr, et pacifié le double littoral du fleuve, dans la Haute-Egypte; un fanatique, l'ange El-Mahdy, qui traînait à sa suite des hordes de Bédouins, venait d'expier sa hardiesse dans une dernière rencontre.

Bonaparte sentit alors qu'il ne lui restait plus rien à faire en Égypte, ni pour la gloire de la France, ni pour la sienne. Limité dans la vallée du Nil, la conquête n'avait plus ces allures de grandeur qui l'avaient séduit naguère. Dès lors son plan de départ fut arrêté; seulement il attendit une occasion favorable. Le débarquement d'une armée turke sur la presqu'île d'Aboukir servit ses desseins secrets. Il y courut, et le 25 juillet 1799, tailla en pièces cette armée sans tactique, noya ou prit quinze mille hommes, retourna glorieux au Kaire, n'y demeurant que le temps nécessaire pour arranger son départ. Les nouvelles de France étaient désastreuses : l'Italie était perdue, les frontières étaient menacées, le territoire se voyait à la veille d'être envahi. Il sentait en lui la force de réparer tous ces désastres, et de conduire de nouveau sur la terre étrangère les Français à la victoire. Il partit, laissant le commandement au seul homme qui pût le suppléer, à Kléber.

Le premier mouvement de Kléber, à cette nouvelle inattendue, fut de la surprise ; le second, du découragement. Il se crut sacrifié; il cria à la trahison. Se défiant de lui-même et des autres, resté sans foi dans l'avenir de la conquête, voyant les choses sous le plus sombre côté, il fit passer ses impressions dans ses dépêches officielles, et dressa contre Bonaparte un acte d'accusation dans lequel ce dernier devait être à la fois l'accusé et le juge; car, envoyées au Directoire, ces dépêches arrivèrent au Premier Consul. Conséquent au thème adopté, il en fit le point de départ de sa conduite. Il avait dit que la place n'était plus tenable, il ne songea donc qu'à provoquer et signer une capitulation pour sortir d'Égypte. Il ouvrit les conférences d'El-Arych, y envoya pour plénipotentiaires deux hommes de choix, Poussielgue et Desaix : l'un qui entrait dans sa pensée, l'autre qui aimait mieux se battre que capituler. Dans le cours de ces pourparlers diplomatiques, où l'on se trouva en face du commodore sir Sydney Smith et du reis-effendi ottoman, le désir d'en finir grandit en proportion des obstacles que l'on rencontrait; de telle sorte que le point d'arrivée des conférences ne ressemblait en aucune manière au point de départ. Effrayé de la responsabilité immense qui pesait sur l'armée, craignant un revers militaire avec des forces aussi appauvries que les siennes, Kléber en fut amené peu à peu à signer une transaction onéreuse avec des plénipotentiaires ennemis dont on devait plus tard contester les pouvoirs. Fidèle ensuite aux termes du traité, le général livra l'Égypte à l'armée du grand-visir, alors campée à El-Arych, étape par étape, ville par ville; il fut assez heureusement inspiré toutefois pour garder le Kaire jusqu'à la solution de quelques difficultés survenues.

Ces difficultés provenaient d'un revirement soudain dans la politique des Anglais, et d'une violation flagrante de leurs engagemens. Le traité d'El-Arych avait été conclu entre l'armée française d'une part, et d'autre part le grand-visir et sir Sydney Smith, représentant, celui-là la Porte, celui-ci l'Angleterre. L'Angleterre désavouait alors son agent. Le commandant des forces navales dans la Méditerranée, l'amiral Keith, déclarait que la transaction d'El-Arych devait être ajournée dans ses clauses exécutoires, et au moment où l'Égypte, presque tout entière, était livrée aux Ottomans, l'escadre britannique refusait d'exécuter un traité auquel Kléber s'était déjà soumis. C'était d'une politique peu honorable. Dès que Kléber se vit trompé, il retrouva sa force. Il marcha contre les Turks à Héliopolis, battit soixante mille hommes avec douze mille, reprit la capitale tombée au pouvoir de quelques saphis, vengea enfin en un jour glorieux toutes les injures d'une longue période de faiblesse.

Cette seconde phase du commandement de Kléber fut le contraste et la critique de la première. Désormais c'était son œuvre qu'il allait défendre, non celle d'un autre. L'Égypte n'était pas un legs onéreux qu'il acceptait timidement, c'était une possession nouvelle, un royaume nouveau. La guerre avait baptisé son droit : à dix lieues du champ de bataille des pyramides, il avait consacré le champ de Héliopolis; son investiture n'était ni moins belle, ni moins chèrement payée. Aussi la colonisation d'Égypte fut-elle dès lors arrêtée dans sa tête. Il en jeta les bases en continuant une portion des idées de son devancier. A l'instar de son chef, l'armée semblait avoir repris confiance; elle se résignait à un exil tranquille et glorieux : tout le monde alors, officiers et soldats, semblait n'avoir plus qu'un désir, celui de conserver à la France une terre qu'avait payée le sang des Français. C'était un beau rêve : sans le poignard d'un assassin, il eût été réalisé. Kléber fut frappé dans le jardin de sa maison sur la place d'El-Begayr, au moment où il s'y promenait avec un membre de l'Institut d'Égypte, M. Protain, par un fanatique nommé Souleyman. Le pal vengea la mort de Kléber; mais qui pouvait rendre aux soldats un chef impossible à remplacer?

Il parut alors sur la scène et au premier rang, un homme incapable de commander à la poignée de héros qui avait survécu. Cet homme, c'était Menou. Au milieu de ces généraux si jeunes, c'était le plus ancien général : la hiérarchie l'appelait au commandement. Menou ne recula point devant son incapacité et son impopularité notoires. Il accepta; il commanda l'armée malgré elle, et la perdit de gaieté de cœur. Depuis cette investiture fatale, on ne peut considérer les événemens que comme une série de fatalités enchaînées à une fatalité première. Les Anglais menaçaient l'Égypte d'une descente ; Menou ferma les yeux. Quand le général Abercromby se présenta avec ses troupes de débarquement, quinze cents hommes à peine se trouvaient là pour s'opposer à cette tentative décisive. Quoique prévenu à deux reprises diverses, le général en chef se tint immobile au Kaire avec toutes les forces disponibles. On eût dit qu'il voulait faire la partie belle à l'ennemi, afin d'avoir plus de gloire à le vaincre. Toujours indécis, tâtonnant toujours, il divisa ses forces au lieu de les masser, ne marcha à la rencontre des Anglais, pour livrer la bataille du 30 ventose, qu'avec une portion de ses troupes. Il attaqua mal, soutint son attaque plus mal encore, sacrifia de braves gens dans des escarmouches inutiles et compromettantes; puis, battu et démoralisé, renonçant à tenir la campagne, il laissa isolé et livré à lui-même le corps de Belliard que menaçaient à la fois au Kaire les escadrons des Osmanlis et les bataillons britanniques; le laissa capituler sans essayer une jonction, sans chercher à attirer l'ennemi dans une action générale, sans tenter une fois encore la fortune qui pouvait tourner du côté du courage contre le nombre. Trop faible pour résister aux ennemis qui le cernaient, Belliard voulut au moins sauver les débris de l'armée. Il capitula, sortit du Kaire avec armes et bagages, et fut embarqué pour la France avec son corps de troupes. Menou pourtant, traqué dans Alexandrie, résista quelque temps encore dans l'espoir qu'une escadre promise arriverait de Toulon; mais Gantheaume, marin incapable et irrésolu, n'osa pas tenter la fortune et resta à mi-chemin. Alors, pressé dans ses derniers retranchemens par terre et par mer, avec six mille hommes minés par la faim, dévorés par la fièvre, Menou fut obligé de signer une capitulation moins glorieuse que celle de Belliard. Il s'embarqua des derniers ; malade, atteint de la peste, humble comme un vaincu, atteré comme un coupable.

Là, au 15 octobre 1801, finit cette campagne, qui avait ainsi duré trois ans et trois mois; campagne mêlée de gloire et de revers, et d'autant plus grande dans l'histoire, qu'elle y est sans analogues. Les Pyramides, Sedyman, Mont-Thabor, Aboukir, Héliopolis, voilà quels glorieux chevrons y gagna cette armée en butte à tant de maux; ayant tout à combattre et à vaincre; aujourd'hui la mer, demain les sables; tantôt le sabre mamlouk, tantôt le canon anglais, l'insurrection ou la peste, l'ophthalmie et le scorbut; enfin, la misère et la famine.

A côté des conquêtes militaires, se poursuivirent, dans le cours de ces trois années, d'autres conquêtes non moins nobles et plus fructueuses. Quelques écrivains sans doute mal éclairés prétendent qu'on a trop exagéré l'importance des résultats obtenus par les savans de l'expédition française; qu'on a raconté cette campagne, qui se réalisait à côté de l'autre, en style de bulletins, avec trop de pompe et d'enflure; qu'on a estimé certains hommes bien au-delà de leur mérite; qu'on a employé trop d'or à faire ressortir l'éclat de ces travaux de la science. Mais ces injustes critiques tombent d'elles-mêmes devant la belle moisson de découvertes et d'études rapportées d'Égypte par l'élite des savans de l'époque. Jeunes, pour la plupart, dans un temps où l'archéologie et la philologie étaient presque délaissées, ils ont fait plus que leur âge ne promettait, plus que l'état de la science ne devait faire attendre. Il faut dire encore que l'ouvrage dans lequel Napoléon fit consigner à grands frais les observations recueillies pendant l'occupation égyptienne, offre des morceaux précieux et complets, des recherches érudites et profondes; que plusieurs questions ont été sinon résolues, du moins éclairées par ce livre; enfin, que l'Egypte y revit, à beaucoup d'égards, avec sa vieille physionomie monumentale, ses temples, ses divinités mystérieuses, son Nil fécond et sa langue emblématique. Aussi nous sommes loin de regretter la somme immense que l'ouvrage a coûté : nous sommes de ceux qui pensent qu'on ne peut prodiguer trop d'or pour l'honneur des nations et le progrès de leurs lumières.

La trace de nos soldats et de nos savans ne s'est point effacée du sol égyptien: elle y restera empreinte éternellement. Les traditions indigènes perpétuent le souvenir de cette occupation triennale; des monumens la constatent; des actes solennels en font foi. Le Kaire ne pourra l'oublier à l'aspect de sa ceinture de forts pas plus qu'Alexandrie, Damiette, Rosette, Kenéh, Syène. Aussi toutes les fois que l'Egypte éprouve le besoin d'agrandir le cercle de sa civilisation, c'est à la France qu'elle s'adresse. La France lui a envoyé un personnel de chefs pour ses armées, un matériel en vaisseaux de guerre, en artillerie, en fournitures nouvelles; elle lui a donné des sujets pour toutes les branches des connaissances humaines, des ingénieurs, des architectes, des dessinateurs, des médecins. Récemment encore, ce fut la France, avant tous les autres pays, qui ouvrit ses écoles aux enfans de l'Égypte et les nourrit du pain de la science, comme s'ils eussent été ses propres enfans. On peut donc dire que si dans le premier tiers de ce siècle un souverain s'est produit, qui a compris et préparé la reconnaissance sociale et politique de l'Egypte, c'est à l'impulsion française qu'il faut reporter la meilleure part de cette grande et belle initiative; c'est surtout à cette expédition savante et guerrière qui enseigna à l'Orient par la parole et par l'exemple, les ressources d'une civilisation que l'Orient avait dédaignée jusque là.

A peine nos bataillons, capitulés à Alexandrie, avaient-ils quitté l'Égypte, que les Égyptiens les regrettaient déjà. Cette sécurité qu'avait fondée dans le pays, l'occupation française, disparut tout-à-coup; le pillage et le vol se reproduisirent avec une intensité ruineuse. Au lieu d'un maître, le pays en eut trois, les Anglais, les Turks, les Mamlouks. Unis pour vaincre, ces alliés s'étaient divisés dès le lendemain de la victoire; ils avaient passé d'un état de tolérance mutuelle à des dispositions jalouses. Le premier acte de nouvelles hostilités eut lieu entre les autorités turkes et les beys-mamlouks. Le capitan-pacha et le grand-vizir se défirent de quelques uns d'entre eux à la suite d'infâmes guets-à-pens. Dans ce conflit, les Anglais prirent d'abord fait et cause pour les Mamlouks, les sacrifièrent ensuite à quelques priviléges commerciaux obtenus à Constantinople, pour revenir à eux. Toutefois, quelque désir qu'il eût de conserver des garanties contre la Porte, par une occupation permanente, le cabinet de Saint-James se vit obligé, peu de temps après l'évacuation de Menou, de retirer ses troupes du territoire égyptien, qui demeura ainsi livré aux partis musulmans qui se le disputaient.

Le champ restait libre alors aux Mamlouks d'une part, aux Turks de l'autre; mais entre eux se présenta bientôt un troisième antagoniste, qui devait demeurer maître du champ de bataille. Les troupes expéditionnaires de la Porte se composaient en grande partie d'Arnautes et d'Albanais, pris à sa solde, phalange indisciplinée, qui, médiocrement utile en temps de lutte, devenait un embarras et un péril quand la lutte était terminée. Parmi les séraskiers ou généraux de ces Albanais figurait Mohammed-

Ali, qui devait en si peu de temps s'élever à une rapide et brillante fortune.

Mohammed-Ali, dont le nom a eu un retentissement si grand, était né en Romélie l'an 1182 de l'hégyre (1769). Dès son bas âge, il donna des preuves de ce caractère à la fois résolu et politique qui devait le pousser si haut. Nommé *boulouk bachi* (capitaine) à l'âge de vingt ans, il essaya quelques opérations de commerce, et ne se remit activement dans la carrière des armes que lorsque la Porte eut demandé un dernier contingent pour aller combattre les Français, alors maîtres de l'Égypte. Dans cette campagne, Mohammed, nommé *byn-bachi* ou colonel, fit preuve d'une telle habileté et d'un tel courage que le capitan-pacha le promut au grade de seraskier dès qu'elle fut terminée. Dans ce nouveau poste, il marcha vers ses plans d'usurpation souveraine avec une suite, une persévérance et une sagacité prodigieuses. Tour à tour allié ou rival des divers pachas que la Porte donnait à l'Égypte, tantôt s'appuyant sur les Turks pour neutraliser la puissance des Mamlouks, tantôt sur les Mamlouks pour tempérer l'influence des titulaires ottomans, cherchant dans la confiance des populations un levier pour soulever tous ces pouvoirs sans consistance, usant de ses Albanais turbulens, tantôt pour effrayer, tantôt pour combattre ses rivaux, Mohammed-Ali réussit à se faire nommer gouverneur, et qui plus est, à se faire accepter par la Porte. Effrayée pourtant de l'exorbitance des pouvoirs de son titulaire, le Divan voulut quelque temps après le déposer; mais arrivé sur les lieux, l'amiral ottoman vit combien l'exécution de cet acte serait difficile, et il aima mieux subir une transaction qu'essuyer un échec. Mohammed-Ali fut confirmé dans ses pouvoirs. Un trône s'élevait dont l'éclat allait étonner l'Europe.

Le nouveau vice-roi n'avait plus alors en face qu'un seul ennemi, les Mamlouks. Long-temps entre lui et cette milice belliqueuse ce fut une suite de combats marqués par des chances diverses, par des alternatives de succès et de revers. A peine dans le cours de cette lutte, qui dura jusqu'en 1811, on peut compter comme un incident essentiel une nouvelle descente des Anglais qui aboutit à un avortement. Le reste se compose de petits engagemens de détail dans la Haute et dans la Basse-Égypte, d'escarmouches, dont aucune n'a l'importance d'une rencontre décisive.

Toutefois, malgré cette situation critique toujours militante, Mohammed-Ali trouve le temps de changer de fond en comble la constitution intérieure de l'Égypte, l'assiette de l'impôt, l'organisation de l'administration et de l'armée. Pour annuler les dangers des révoltes de ses Albanais, milice toujours turbulente, il les dissémina dans les garnisons de la Basse-Égypte, après leur avoir payé l'arriéré de leur solde, et ne garda auprès de lui que les corps les plus fidèles et les plus sûrs. Cette espèce de licenciement, et les dons sans nombre qu'il fallait prodiguer aux agens de la Porte, auraient dépassé les ressources du vice-roi, s'il n'avait trouvé le moyen de tirer de l'or, et beaucoup d'or, du sein d'un pays en friche et d'une population épuisée.

Pour cela, il fit ce qu'avaient fait avant lui d'autres maîtres de l'Égypte; il n'augmenta point le chiffre de l'impôt, mais il diminua la mesure agraire. Le feddan de terre fut réduit d'un quart environ, ce qui éleva le produit en ayant l'air de conserver la taxe sur la même base. Tandis qu'il opérait ainsi sur la contribution territoriale, il essayait sur le commerce le système de monopole qu'il devait pousser si loin plus tard. Il constitua, pour le tabac, une régie à l'instar des Régies. Déjà, il rêvait le rôle de négociant et de propriétaire unique de l'Égypte, rôle qu'il ne se créa point systématiquement, ainsi qu'on l'a cru, mais auquel il fut conduit par la force même des choses. En effet, à mesure que Mohammed-Ali avançait dans son œuvre de régénération politique, il voyait passer entre ses mains les domaines considérables possédés jadis par les Mamlouks ou par leurs affiliés, en même temps qu'il s'affectait toutes les dotations religieuses et les propriétés des mosquées, tombées presque toutes en déshérence. Aussi, malgré les cris des ulémas et des muphtis, Mohammed-Ali put réaliser et maintenir ces empiétemens inouïs jusque là.

Il eut surtout besoin de toute sa froide énergie pour le coup décisif qui devait le laisser maître tranquille et absolu de l'Égypte. La bataille de Belhasséh avait terminé la longue période de résistance des Mamlouks; vaincus à demi, à demi gagnés, ils avaient compris que l'Égypte avait un maître, et qu'il fallait fléchir le genou. Mohammed-Ali n'avait rien épargné d'ailleurs pour adoucir l'affront d'une chute; désireux avant tout de concentrer au Kaire tous ses anciens ennemis, il leur avait prodigué les habitations magnifiques, les meubles somptueux, les riches présens en or et en esclaves. Aussi, à part le vieil Ibrahim-Bey, Osman-Bey-Hassam, et trois ou quatre beys subalternes, tous les Mamlouks étaient-ils réunis dans la capitale au mois de moharrem 1226 (février 1811).

Ce fut, dans ce moment, et à propos du départ de l'armée qui allait combattre les Wahabys, peuples indomptables du pays de Nedj, que Mohammed-Ali convoqua, dans une cérémonie solennelle, tous les dignitaires et grands officiers de son armée. Les beys mamlouks étaient tous priés instamment et individuellement pour cette fête qui devait avoir lieu dans la citadelle. Ils s'y rendirent à la tête de leurs cavaliers, revêtus de leurs plus riches costumes et de leurs plus belles armes. Mohammed-Ali reçut les beys dans une tente magnifiquement décorée, où des esclaves leur offrirent du café et des rafraîchissemens. Tout se passa, dans cette entrevue, comme si aucun piége n'attendait les malheureux conviés; mais quand, au signal d'une musique militaire, ils eurent quitté le vice-roi et se furent dirigés vers les portes de la citadelle, les battans fermés sur eux et l'attitude d'un corps de Delhys et d'Arnautes les éclairèrent sur le sort affreux qui les attendait. Ils étaient cernés, traqués dans une espèce d'impasse, dans un boyau hérissé de rochers escarpés, où les soldats du vice-roi, hors d'atteinte eux-mêmes, pouvaient les fusiller impitoyablement. En effet, à peine se trouvèrent-ils en face de la porte massive, et solidement assujettie, que la mousqueterie commença. Alors ce fut un spectacle horrible et douloureux : confians et aveugles, les Mamlouks avaient cru venir à une fête; ils n'avaient pas même apporté de cartouches. Aussi tombèrent-ils un à un, sans pouvoir se défendre. A chaque minute, les balles éclaircissaient leurs rangs, en choisissant de préférence les chefs comme victimes. Cependant, malgré la position presque inattaquable des assaillans, quelques Mamlouks purent mettre pied à terre et se faire jour, le sabre à la main, jusqu'aux portes du palais du vice-roi. Mais dans ce combat sans espérance ils furent bientôt désarmés et conduits devant le kyaya-bey, qui les fit décapiter un à un. Quatre cent soixante-dix Mamlouks étaient entrés dans la citadelle; un seul en sortit vivant. Cet homme, par un hasard inexplicable, avait pu gagner à cheval le mur d'enceinte. Là, quelque part qu'il jetât les yeux, il ne rencontrait qu'un mur de soixante pieds à franchir. Il s'y décida, certain de périr s'il hésitait, et lança son cheval dans le gouffre du fossé. Le noble animal mourut sur le coup; mais le cavalier fut sauvé. Devenu depuis gouverneur de Jérusalem, cet intrépide mamlouk a lui-même raconté sa merveilleuse délivrance à l'un des écrivains de ce voyage, lorsqu'il fut chargé par notre gouvernement d'aller en Orient obtenir, pour la France, du vice-roi d'Égypte, les obélisques de Louqsor.

Cet acte de rigueur sanglante affermissait l'avenir de Mohammed-Ali : il le poursuivit jusque dans ses conséquences les plus extrêmes. Dans les provinces, comme au Kaire, pas un Mamlouk ne fut épargné ; on les immola tous sans pitié, sans égard pour l'âge. Leurs femmes, leurs enfans ne furent point à l'abri de la proscription politique : elle passa comme un ouragan sur tout ce qui, de près ou de loin, tenait au parti mamlouk.

Ces sacrifices servirent pour ainsi dire de prélude à la campagne que Mohammed-Ali préparait alors contre les Wahabys. Ces sectaires professaient une espèce de protestantisme qui les mettait hors de la communion orthodoxe, réforme religieuse dont le chef était un nommé Abd-el-Wahab, d'où vint le nom de Wahabys. El-Wahab reconnaissait le Koran, mais en rejetait les commentaires. Il défendait le culte du Prophète, que les musulmans orthodoxes avaient exagérée ; il s'élevait contre les monumens que l'on construisait à la mémoire des saints (les santons) ; ils rappelait enfin des préceptes du Koran, trop oubliés par les fidèles, tels que les lois somptuaires, l'administration impartiale et sévère de la justice, les exercices tendant à maintenir l'esprit guerrier ; enfin, l'abstinence des boissons enivrantes. En tout ceci, Mohammed-ben-Abd-el-Wahab n'innovait pas ; il réformait seulement. Sa doctrine, comme celle du Koran, était du déisme pur.

Ce schisme religieux avait gagné le Nedj, province de l'Arabie centrale, pays de monts arides et de vallées fécondes, oasis délicieux jetés au milieu des déserts ; mais il n'eût pas suffi à un ébranlement général de la contrée, si un mouvement militaire ne s'y était joint et ne l'avait appuyé. A la voix du gouverneur, Mohammed-ben-Saoud, cette nouvelle révolution avait eu lieu vers la fin du siècle passé, et depuis lors, organisée républicainement, non seulement la province de Nedj était demeurée tout-à-fait indépendante de la Porte, mais, conquérante à son tour, elle avait soumis Kerbaléh, el-Tayef et les cités saintes elles-mêmes, la Mekke et Médine.

Ce fut alors que Mohammed-Ali entreprit de venger l'islamisme et de rendre les lieux saints aux musulmans orthodoxes. Dans ce moment la puissance wahabite régnait d'une manière à peu près absolue sur toute la péninsule arabique, et le souverain de ce peuple, Saoud, mettait à contribution les plus riches provinces de l'empire persan. Mohammed-Ali seul ne s'effraya point : il commença contre les schismatiques du Nedj une guerre qui devait durer sept ans. Après son fils Toussoun, dont les armes ne furent point heureuses, il parut lui-même sur le théâtre de la guerre, et y envoya ensuite son autre fils Ibrahim, qui eut la gloire de la terminer en 1818, par l'anéantissement complet de la puissance wahabite. Derrayéh, leur capitale, se rendit après un long siége, et leur souverain, Abd-Allah, fut obligé de se mettre à la merci du sultan de Constantinople, qui le fit décapiter sur la place de Sainte-Sophie, en ordonnant que sa tête fût ensuite pilée dans un mortier.

Cette guerre du Nedj, où Mohammed s'était montré plus intrépide et plus entreprenant que la Porte, le plaça tout-à-coup dans une position toute autre que celle des pachas ses collègues. Il était déjà, par le fait, un souverain indépendant. Quand son fils rentra au Kaire, nommé pacha par le Divan, il lui ménagea une réception triomphale, digne d'un souverain. Durant sept jours et sept nuits, le Kaire resplendit de fêtes. Désormais l'avenir politique du vice-roi était assuré; il pouvait à son choix obéir ou désobéir aux firmans de Constantinople; mesurer le degré de patronage auquel il désirait s'astreindre pour rompre un jour ouvertement avec la métropole : il était assez fort pour ne plus rien craindre et ne plus rien ménager; seulement, dans cette pensée d'usurpation imminente, il devait maintenir sur pied une armée aguerrie et nombreuse, lui donner de l'occupation à toute heure, afin qu'elle ne devînt point un danger et un embarras, la recruter constamment soit en Égypte, soit au dehors.

De cette politique personnelle et profonde naquit la campagne du Sennaar. Dans cette guerre où parurent deux fils du pacha, Ismayl et Ibrahim, l'armée égyptienne traversa, victorieuse, les deux Nubies, s'empara tour à tour du Sennaar, du Fazoql et du Qamamyl. Elle eût poussé probablement ses conquêtes jusque sur les plateaux abyssins, si les maladies n'avaient ravagé ses rangs, et si Ismayl, son jeune et hardi général, n'avait été massacré à Chendy. Le defterdar Mohammed-Bey le vengea; mais dès ce moment toute nouvelle pointe vers le sud fut abandonnée. Une garnison égyptienne fut seule laissée dans le Kourdafan.

D'autres expéditions vinrent d'ailleurs et coup sur coup occuper l'activité militaire de Mohammed-Ali. La première fut la conquête de l'Yemen; la seconde fut la double campagne de Grèce, dans laquelle le vice-roi, alors plus puissant que la Porte, lui servait d'instrument sans pouvoir rétablir ses affaires. Nul doute que, livrée à elle-même, la Grèce n'eût pu résister aux armes d'Ibrahim qui prit Tripolitza, incendia Argos, et entra après un siége opiniâtre dans les murs de Missolonghi; mais, par une exception à sa politique habituelle, l'Europe coalisée intervint alors dans l'Orient pour que l'émancipation d'un peuple triomphât, malgré les efforts conjurés de ses anciens maîtres. Le canon de Navarin arrêta Ibrahim dans sa conquête, dont la réalisation eût été d'ailleurs pour Mohammed-Ali un fait peut-être impolitique. L'armée égyptienne quitta la Morée.

C'était là le dernier acte de vasselage que la Porte devait obtenir du vice-roi. Plus tard, quand la Russie parut en armes devant les monts Balkan, et que le Divan demanda des secours à l'Égypte, Mohammed-Ali trouva des biais pour décliner toute participation à cette guerre, et pressé, refusa tout contingent. Ily a plus : à quelques années de là, le souverain de l'Égypte ne craignit pas d'opposer drapeau à drapeau, et d'attaquer de front une autorité que jusqu'alors il s'était borné à méconnaître. Quelques démêlés étaient survenus entre l'Egypte et la Syrie, démêlés que Mohammed-Ali voulut trancher avec le canon. Ibrahim franchit le désert de Suez, et après avoir pris en passant Gazzah, Jaffa, Kaiffa, Jérusalem et Naplous, il vint mettre le siége devant la pierre d'achoppement de Bonaparte, devant Saint-Jean d'Acre. La ville résista long-temps; mais, moins heureuse cette fois, elle se rendit. Ce fut alors que la Porte crut devoir intervenir dans la querelle. Après avoir long-temps menacé Mohammed-Ali par la voie de firmans et d'excommunications, le sultan comprit que le seul droit moderne était celui de la force, et il expédia contre Ibrahim son meilleur général, Housseyn, qui fut créé *feld-maréchal* d'Anatolie. Housseyn franchit le Taurus, occupa Adana, et rencontra à Homs l'armée de son adversaire. Une bataille eut lieu, dans laquelle Ibrahim, demeuré vainqueur, conquit toute la Haute-Syrie. Une seconde campagne ne fut pas plus heureuse pour la Porte. Le nouveau généralissime, Rechyd-Pacha, fut entièrement défait dans les plaines de Koniah. Sans la crainte d'une intervention européenne, peut-être Ibrahim eût-il alors marché jusqu'à Constantinople, ou du moins jusqu'aux dernières limites de l'Asie-Mineure. Mohammed-Ali contint le jeune conquérant. C'était assez pour lui d'avoir subjugué cette fois toutes les provinces de la Syrie et le district d'Adana, vieilles annexes de l'Égypte.

Ces soins militaires n'absorbaient pas tellement le vice-roi, qu'il n'eût le temps de songer à des exploitations financières et commerciales. Dès l'an 1818, le sol égyptien avait été mis en ferme et le commerce en monopole. Mohammed-Ali était devenu le seul fermier, le seul négociant de l'Egypte.

Tenant ainsi dans ses mains toutes les ressources et toutes les richesses, il put exécuter, dans une double pensée d'utilité pour le pays et de conservation personnelle, de grands et durables travaux. Ainsi le canal de Mahmoudyéh, qui joint le Nil à la mer en débouchant dans le port d'Alexandrie, fut improvisé et livré à la navigation comme par enchantement. Vingt mille fellahs furent employés à ces travaux, et le canal fut creusé en huit mois. Un ingénieur français, et, sous sa direction, les jeunes égyptiens envoyés dans nos colléges par le vice-roi pour y étudier nos sciences, dotèrent également Mohammed-Ali d'une flotte de guerre avec ses vaisseaux, ses frégates, ses bricks, et tout son matériel accessoire.

La pensée d'un monopole commercial ne vint à Mohammed-Ali qu'à la suite d'un incident survenu dans les marchés européens. En 1816 et 1817, une famine ayant sévi dans nos provinces, des navires de tous les pays allèrent mouiller dans les ports d'Égypte pour y prendre des cargaisons de blé, ce qui fut l'occasion d'une hausse exorbitante. Or, dans ce moment, le plus fort détenteur de grains était Mohammed-Ali, à qui les provinces du Saïd et du Delta payaient leurs contributions en nature. Tout autre souverain eût cru déroger en ouvrant une maison de commerce; Mohammed-Ali y vit une ressource pour l'accomplissement de ses projets; il tint haut son blé, le vendit avec un bénéfice considérable, et trouva dans ce résultat un motif suffisant pour devenir le grand intermédiaire de tous les échanges. Désormais, non seulement le fellah travailla pour lui, mais encore les produits du sol, dont le prix variait au gré de la mercuriale souveraine, furent tous versés dans les entrepôts publics du Kaire et d'Alexandrie.

Quand le blé n'offrit plus les mêmes avantages, ce fut le tour du coton. Un Lyonnais, nommé Jumel, avait naturalisé en Égypte le coton fernambouc, l'un des plus soyeux et des plus beaux qui soient au monde; et ce coton, exploité sur une grande échelle, devint bientôt l'une des plus riches exportations du pays. Armé de ce nouveau produit, le vice-roi établit d'immenses relations avec les négocians d'Europe et ouvrit avec de puissantes maisons de Marseille, de Livourne et de Londres, une correspondance active confiée à son habile ministre, Boghos-Bey, qui serait même en France un homme d'État distingué. Ce fut grâce à cette industrie et à ces crédits ouverts qu'il put garnir ses ports de vaisseaux de guerre, fournir ses arsenaux, organiser son armée; ce fut avec ces ressources qu'il para à de longues et coûteuses guerres, qu'il soumit le Nedj, l'Yemen et le Sennaar, qu'il pourvut aux campagnes de Morée et de l'Asie-Mineure. Maintenant le génie rénovateur de Mohammed-Ali a ouvert de nouvelles voies à l'avenir de l'Égypte. Sera-t-il donné à cette contrée d'y marcher d'un pas ferme et constant? Sa civilisation s'arrêtera-t-elle avant de retrouver l'éclat dont elle a brillé jadis, ou d'atteindre à la prospérité dont notre philosophie cherche à doter tous les peuples du monde? C'est à l'avenir à résoudre ce problème. Mais du moins Mohammed-Ali restera, par l'audace de ses réformes, par la portée de sa politique, la grandeur de ses conceptions, la fermeté de son caractère, l'un des hommes les plus éminens de ce siècle.

GÉOGRAPHIE GÉNÉRALE DE L'ÉGYPTE.

ASPECT PHYSIQUE.

Quoique la terre égyptienne soit, comme l'a dit Hérodote, un produit du fleuve, il est impossible de préciser dans quelle proportion ont eu lieu ses exhaussemens successifs. Alors même que sur l'ensablement de monolithes demeurés debout depuis Menès on trouverait le rapport et la mesure d'un attérissement, il est évident que ce serait là une preuve partielle et locale, d'où l'on tirerait à faux la conséquence que les alluvions ont procédé partout d'une façon uniforme et régulière.

Ainsi, on ne saurait admettre avec trop de réserve les argumens cosmogoniques empruntés à la géologie. L'aspect physique d'un pays ressemble assez à ces mirages trompeurs dans lesquels toute certitude visuelle disparait pour faire place à des illusions toutes personnelles et contradictoires. Là où celui-ci aperçoit un lac, l'autre voit un bois de palmier, un troisième les murs d'une ville. L'œil alors est la dupe et l'esclave d'un désir ardent; le lac est pour la soif, les palmiers sont pour l'ombre, les murs de la ville pour le repos. On voit tout cela, parce qu'on le souhaite : ainsi en est-il pour la géologie. On adapte le terrain à un système, et non un système à un terrain.

Dans l'état actuel et réel, l'Égypte est une longue vallée qui se dirige du sud au nord et décline un peu à l'ouest. Trois grandes régions la partagent. Ces trois régions sont l'Égypte supérieure ou Saïd, dans laquelle se trouve l'ancienne Thébaïde; l'Égypte moyenne ou Heptanomide; la Basse-Égypte ou le Delta, à cause de sa forme triangulaire, qui se rapproche du *delta* grec. Cette vallée est encaissée dans les trois quarts de sa longueur, de Syène jusqu'à la prise du Delta, entre deux chaînes de montagnes, chaînes arides et nues, découronnées de toute végétation. A la hauteur de Philé, s'étendent des sommets granitiques d'où l'on tirait le granit rose des obélisques et des sphinx. Au-dessous commence le grès, et plus loin une charpente calcaire et crayeuse que recouvrent les sables.

C'est entre ces deux digues naturelles que se développe la vallée, tout inégale dans sa largeur. En effet, tantôt les deux chaînes se rapprochent du fleuve, comme dans la région granitique, et viennent se couper sur ses bords en brusques falaises; tantôt, comme dans la région calcaire, la vallée occupe jusqu'à une demi-lieue de terrain sur chaque rive; ou enfin, comme dans la zone calcaire, elle gagne jusqu'à une et deux lieues de terrain à droite et à gauche du fleuve. Ainsi la largeur moyenne de la vallée peut être évaluée à trois lieues et demie.

A la hauteur du Kaire, cet encaissement naturel s'arrête tout-à-coup, et les débordemens du fleuve ne sont plus ralentis que par les pentes douces du terrain et par les sables du désert qui forment des mamelons onduleux. La chaîne arabique finit et meurt; mais la chaîne lybique se jette sur l'ouest, et en longeant les pyramides de Gizéh, en dérivant vers les vallées de Natroun et du fleuve sans eau, elle va se perdre au sein des solitudes lybiques. Dans une de ses coupures primitives, elle a formé le bassin du Fayoum, espèce d'oasis intérieure que féconde un lac célèbre dans les temps antiques.

Telle est l'Egypte, une vallée d'alluvions étendues sur un lit de sable. Partout où les eaux du fleuve ne viennent pas déposer leur limon fécondant, le désert règne avec son arène mouvante et stérile. Entre le désert et le Nil, c'est un combat perpétuel, une lutte incessante, que les anciens Égyptiens avaient idéalisée par le combat allégorique de Typhon et d'Osiris. La vallée appartient à ces deux maîtres qui se la partagent; là où le fleuve parvient elle est cultivable; ailleurs point. Dans les temps de crue, l'Égypte productive est toute sous l'eau. La disposition du Nil aide à ce travail d'immersion. Loin de se trouver, comme les autres fleuves, au point le plus abaissé de la vallée, il a, par l'exhaussement graduel de son lit, élevé le niveau de ses berges au-dessus de celui des terrains limitrophes, de sorte qu'à la moindre crue, il déverse ses eaux jusqu'au pied de la double chaîne arabique et lybique. L'Égypte n'est donc, à proprement parler, que le lit du fleuve.

Quant à l'aspect des lieux, il varie suivant les zones. Vers Syène, et à la hauteur des cataractes, les masses granitiques donnent au paysage une teinte imposante et sévère. Ce fleuve qui se précipite en écumant dans une suite de tourbillons, cette nature nue et déserte, cette charpente de montagnes découpées en aiguilles bizarres, pleines d'anfractuosités et de déchiremens, forment un ensemble qui saisit et qui subjugue. Mais au-dessous de ce point, l'Egypte devient d'une monotonie désespérante; la vallée arabe et le Delta surtout n'offrent pas un site qui récrée le regard, pas un accident de terrain qui le charme. Jamais géologie ne fut plus uniforme et plus triste. A peine les saisons varient-elles le spectacle.

L'Égypte en compte trois. Dès le milieu du printemps, les récoltes, déjà enlevées, ne laissent voir qu'une terre grisâtre et poudreuse, dangereuse à parcourir à cause de ses gerçures profondes. Les eaux en se retirant ont laissé le sol à la merci du soleil le plus actif, et le soleil a fendu la terre. Quand vient septembre, la scène a changé; c'est une inondation immense, une mer déployée sous le regard, une mer rouge et saumâtre du sein de laquelle sortent çà et là des palmiers, des sycomores et des villages, communiquant entre eux à l'aide de digues artificielles, aussi étroites que peu solides. Les eaux une fois retirées, la terre reste à sec; mais c'est un marécage. La nature ne s'anime en Égypte, elle n'est vraiment belle que dans l'hiver. Alors la terre a revêtu sa robe de verdure. Fécondée par son hymen avec le fleuve, elle étale avec orgueil les fruits de son sein, ses beaux champs de riz, de maïs, de sésame et de dourah, ses bois d'orangers et de citronniers, ses bouquets de dattiers et ses allées de sycomores. La même monotonie règne encore dans l'ensemble des lieux, mais il a perdu sa physionomie morne et infertile. Le soleil, moins ardent, fatigue moins la vue, et agit avec moins de force de répercussion. Il y a de l'ombre alors en Égypte, tandis que dans les autres saisons, il n'y a point d'ombre, à proprement dire, quoiqu'il y ait des arbres.

C'est bien toujours la même Égypte qu'a dépeinte Amrou, son premier conquérant arabe. Le kalife Omar avait écrit à Amrou : « Amrou, fais-moi

» de l'Égypte une peinture assez exacte et assez vive pour que je me figure » voir de mes propres yeux cette belle contrée. »

A quoi Amrou répondit :

« O prince des fidèles, peins-toi un désert aride et une campagne magnifique, au milieu de deux montagnes, dont l'une a la forme d'une colline de sables, et l'autre du ventre d'un cheval étique ou du dos d'un chameau. Voilà l'Egypte! Toutes ses productions et toutes ses richesses depuis Assouan jusqu'à Mencha viennent d'un fleuve béni qui coule avec majesté au milieu d'elle. Le moment de la crue et de la retraite des eaux est aussi réglé que le cours du soleil et de la lune. Il y a une époque de l'année où toutes les sources de l'univers viennent payer à ce roi des fleuves le tribut auquel la Providence les a assujettis envers lui. Alors les eaux augmentent, sortent de leur lit, et couvrent toute la face de l'Égypte pour déposer un limon productif. Il n'y a plus de communication d'un village à l'autre que par le moyen de barques légères, aussi nombreuses que les feuilles du palmier.

» Lorsqu'arrive ensuite le moment où ses eaux cessent d'être nécessaires à la fertilité de ce sol, ce fleuve docile rentre dans les bornes que la nature lui a prescrites pour laisser recueillir le trésor qu'il a caché dans le sein de la terre.

» Un peuple protégé du ciel, et qui, comme l'abeille, ne semble destiné qu'à travailler pour les autres, sans profiter lui-même du prix de ses sueurs, ouvre légèrement les entrailles de la terre, et y dépose des semences dont il attend la fécondité du bienfait de cet Être qui fait croître et mûrir les moissons. Le germe se développe, la tige s'élève, l'épi se forme par le secours d'une rosée qui supplée aux pluies, et qui entretient le suc nourricier dont le sol est imbu. A la plus abondante récolte succède tout-à-coup la stérilité. C'est ainsi, ô prince des fidèles, que l'Égypte offre tour à tour l'image d'un désert poudreux, d'une plaine liquide et argentée, d'un marécage noir et limoneux, d'une prairie verte et ondoyante, d'un parterre orné de fleurs variées et d'un guéret couvert de moissons jaunissantes. Béni soit le créateur de tant de merveilles!

» Trois choses, ô prince des fidèles, contribuent essentiellement à la prospérité de l'Égypte et au bonheur de ses habitans. La première de ne point adopter légèrement des projets inventés par l'avidité fiscale et tendant à accroître l'impôt; la seconde, d'employer le tiers des revenus à l'entretien des canaux, des ponts et des digues; la troisième, de ne lever l'impôt qu'en nature sur les fruits que la terre produit. Salut. »

Telle était l'Égypte quand Amrou la subjugua, telle elle est aujourd'hui. Les lieux n'ont point changé; ils sont ce que les fait ce tableau plein d'observations calmes et judicieuses, tout empreint de la gravité et de la sagesse arabes. Quand on arrive en Égypte par le Nil, on voit le pays par son beau côté. La campagne pourtant varie peu : ce sont toujours des palmiers isolés ou réunis, plus rares à mesure que l'on s'éloigne de Rosette; des villages bâtis en terre, une plaine sans limites qui, selon les saisons, est une mer, ou un champ, ou une arène mouvante, puis un horizon dont les lignes se succèdent avec une désespérante uniformité; un pays plat coupé de canaux, animé seulement par quelques troupeaux de chameaux ou de buffles, peuplé de fellahs à demi nus, et dévasté par des hordes nomades. Si l'on ajoute à cela un soleil qui brille dans un ciel toujours serein, des vents modérés, mais perpétuels, on aura une idée à peu près complète de l'état physique du pays.

Et pourtant l'Égypte n'a rien à envier à l'étranger; elle a des charmes qui ne sont qu'à elle, la sérénité immuable de son ciel, la prodigieuse fécondité de son sol. L'air y est si doux, que, dans les lieux favorisés, la végétation n'est jamais suspendue. Sans les inondations du Nil, les campagnes donneraient trois récoltes, et partout où le travail humain a pu arrêter le fleuve et le suppléer, ce résultat s'est produit avec un grand succès.

De toutes les cultures, celles du Saïd ou Haute-Égypte sont les plus riches et les plus belles. Nulle part l'orge et le blé ne croissent avec plus de vigueur et d'abondance, nulle part le lin et la sésame ne donnent de plus sûrs produits. Tout y vient à souhait; les trèfles, les fèves aux têtes fleuries, les lupins, le henneh avec lequel les femmes se teignent les ongles, l'indigo, le tabac et les pastèques rampantes. Si la Haute-Égypte a de moins les rizières qui demandent des terrains bas et noyés, en revanche les cannes à sucre y mûrissent parfaitement; le coton arbuste s'y plaît davantage, et de plus que les plaines littorales, la vallée supérieure peut offrir le carthame à a fleur rouge et précieuse; le bannier qui donne un fruit vert et gluant; mais surtout le doura qui porte dans ses longues panicules la nourriture principale des indigènes de Saïd. La végétation du Fayoum, bien qu'elle continue celle du Saïd, a pourtant sa physionomie et son caractère propres : ce sont des champs de roses, en terre ferme et sur l'eau; les fleurs de lotus, blanches ou bleues, jadis l'objet d'une grande vénération religieuse; les nopals ou raquettes épineuses qui enlacent leurs feuilles d'un vert sombre, de manière à former des haies presque impénétrables; l'olivier, la vigne et le saule, aujourd'hui presque disparus des autres campagnes égyptiennes. Dans la Thébaïde, ce qui frappe le plus, c'est le palmier doum, au tronc bifurqué, aux branches courtes et résistantes, qui portent à leur extrémité des tubercules ligneux et irréguliers.

Il faut dire néanmoins que si les zones de l'Égypte ne sont pas toutes également fécondes, cela ne dépend pas toujours ni du sol, ni du climat. Avec des travaux suivis, on tirera de cette terre tout ce qu'on lui aura utilement confié. Il n'est presque aucun produit du globe qui, essayé en Égypte, n'y ait réussi dans des conditions possibles. On y cultive encore, outre le millet et une foule de légumes et d'herbes potagères, les melons, l'acore, le papyrus, le chanvre, le trèfle, la garance, le safran, l'aloès, le jalap, la coloquinte, la cardamome, le coton, le mûrier, le dattier, l'oranger, le limonier, le grenadier, l'abricotier, le cerisier, le pommier, le sycomore, l'acacia, la plante du séné, et d'autres végétaux dont la nomenclature serait trop longue.

Au nombre des animaux que nourrit l'Égypte, on compte la hyène qui se tient sur la lisière du désert; le chacal très rusé et très hardi; l'hippopotame qu'on ne rencontre guère que vers le sud; la panthère, le renard, etc. Parmi les animaux domestiques, avec l'âne, le cheval, le chien, le chat et le buffle, on y voit le chameau et le dromadaire, espèces particulières à l'Orient. Les oiseaux sont très nombreux; les vautours, les éperviers et les chouettes habitent les hauteurs, tandis qu'on aperçoit dans la plaine, les couars, les coucals, l'hirondelle, la mouette, le merle, l'alouette, la fauvette, le moineau, le bouvreuil, le pigeon, la colombe, le pluvier, le vanneau, l'ibis blanc et noir, le cormoran, le canard, et mille autres variétés. L'autruche parcourt les solitudes du désert. En poissons le Nil n'a guère de remarquable que le *bichir* et le *fahaka*. Le premier, qui a deux pieds de long, tient à la fois du serpent, du cétacé et du quadrupède; le second a la faculté de se remplir d'air et de se gonfler en venant à la surface de l'eau. Parmi les reptiles figure un petit lézard vénéré des Égyptiens, parce qu'il signale la présence du crocodile; enfin le crocodile lui-même, la terreur du Nil, reptile gigantesque et vorace, qui était jadis l'objet d'un culte superstitieux.

Hérodote, qui a vu de ces animaux, en parle longuement, et, à part quelques traits hasardés, la description qu'il en donne diffère peu des observations récentes. Le crocodile est amphibie; il passe volontiers la journée à terre et la nuit à l'eau. Ses œufs ne sont guère plus gros que ceux d'une oie; mais le reptile qui en sort grandit souvent jusqu'à quarante pieds. Il a les yeux d'un cochon, les dents saillantes et fortes; la machoire supérieure tient à la tête comme celle du requin; ses écailles sont dures et presque impénétrables. Sa langue, peu mobile, est presque toujours assiégée d'insectes dont il ne peut se débarrasser par lui-même. Il faut qu'un petit oiseau, le nochilus, espèce de pluvier, vienne le débarrasser de ces ennemis incommodes, en pénétrant hardiment dans sa gueule. Soulagé par cette chasse, le crocodile s'y prête généreusement.

Aujourd'hui le Bas-Nil n'a point de crocodiles. Avant d'en apercevoir, il faut remonter à plus de cent lieues dans le fleuve. Ce reptile est d'ordinaire cruel, farouche, inquiet, audacieux; il guette les femmes qui viennent puiser de l'eau, et enlève parfois jusqu'à des hommes. Les œufs pondus sur la grève y éclosent sous les rayons du soleil. Les deux ennemis du crocodile, le tupinambus et l'ichneumon, révéré des anciens Égyptiens, en détruisent un grand nombre.

Sauf la peste, maladie endémique qui tient moins à des conditions atmosphériques qu'à l'absence des mesures d'hygiène, le climat de l'Égypte est d'une salubrité inaltérable. Si la chaleur dans l'été y est excessive, et si pendant six mois de l'année le soleil y est intolérable pour un Européen, cette chaleur accablante ne semble pas avoir de fâcheux effets pour la santé. Nos soldats s'y habituèrent sans peine. La transpiration y semble même être pour les indigènes une preuve d'état normal, car lorsqu'ils se rencontrent, au lieu de se demander, comme on le fait en Europe: «Comment vous portez-vous?» ils se disent: «Comment transpirez-vous?» Dans l'hiver, quand le soleil s'éloigne, ces chaleurs se tempèrent et diminuent. On va quelquefois jusqu'à recourir aux fourrures pour se défendre contre des froids assez piquans. Alors les Turks endossent la pelisse, qui n'est d'ordinaire qu'un meuble de luxe et de distinction.

Aucune des causes d'insalubrité qui agissent vivement ailleurs ne semblent avoir de dangereux résultats en Égypte. Ainsi, le voisinage de marais et d'eaux stagnantes ne détermine point, comme en Syrie, des fièvres pernicieuses et mortelles. Cela vient peut-être de ce que dans une grande portion de l'année, l'Égypte, à la suite des débordements du Nil, n'est elle-même qu'un immense marécage, et qu'ainsi les localités où dorment des eaux stagnantes se trouvent à peu près dans les conditions de l'économie générale de l'atmosphère. Une autre cause de ce fait particulièrement avantageux à l'Égypte se trouve peut-être dans la siccité extrême de l'air, dans un pays qui, situé entre la Lybie et l'Arabie, est échauffé par les réverbérations d'un double miroir de sables. C'est à cette siccité que l'on doit en grande partie l'état de conservation des momies et des monumens. Si avancés que fussent les procédés d'embaumement chez les Égyptiens, les cadavres ne se seraient pas conservés aussi bien sous leurs bandelettes, sans la pureté constante et la sécheresse habituellè de l'atmosphère. Cette siccité est telle que les viandes exposées, même dans la saison la plus chaude, au vent du nord, ne se putréfient point, mais se calcinent et se durcissent jusqu'à l'égal du bois. Dans les déserts, on a souvent trouvé des cadavres réduits à un tel état de dessiccation, qu'on pouvait soulever d'une seule main la charpente entière d'un chameau. Des émanations salines dont les preuves se trouvent partout contribuent à cette torréfaction universelle. Les pierres sont rongées de natron, qui, en divers lieux, se cristallise en longues aiguilles que l'on prendrait pour du salpêtre.

Cet état de l'air et du terrain doit entrer pour beaucoup dans l'activité presque incroyable de la végétation égyptienne. Partout où la plante trouve de l'eau, elle se développe avec une rapidité qui tient du prodige. On voit presque la tige pousser à vue d'œil. En revanche, les espèces importées sur ce terrain s'y abâtardissent très promptement. Le sol admet et féconde les graines étrangères, mais il ne les perpétue point.

Il est peu de climats au monde qui aient la constance du climat d'Égypte. Chaque vent y a sa saison, et pour ainsi dire son temps de règne. Quand le soleil se rapproche de nos zones, les brises qui se tenaient dans la partie de l'est passent aux rumbs du nord et s'y fixent. Pendant le mois de juin, ils soufflent nord et nord-ouest, passent au nord et nord-est pour sauter au nord pur. Ce sont là les vents que l'on nomme étériens. En octobre, ils adonnent vers l'est, puis deviennent variables en décembre et janvier, pour se fixer au sud en février, et dégénérer parfois en *kamsin* ou vents du désert. Ces vents du désert, appelés en Arabie *semoum* ou poison, ne démentent pas le nom que lui ont donné les indigènes. On a vu comment ils agissent en

Syrie; en Égypte, ils ne procèdent point autrement. Le ciel, quand ils soufflent, devient trouble; le soleil n'est plus qu'un disque violacé. D'abord modérément chaud, le vent prend peu à peu de l'intensité en soulevant une poussière fine qui pénètre dans les organes. Les corps animés le reconnaissent à leur état fébrile et maladif. Le poumon se contracte, la respiration devient courte et laborieuse, la peau est sèche, et rien ne peut rétablir la transpiration. Le marbre, le fer, l'eau, tout participe à cette chaleur. L'atmosphère est du feu; la vie alors y est intolérable. Aussi, tant que règne le kamsin, l'un de ces vents, la population cherche-t-elle à se mettre à l'abri de son influence. Les habitans des villes et des villages s'enferment dans leurs maisons, ceux du désert dans leurs tentes ou dans des puits creusés dans le désert. Quand une caravane est surprise en route par cette haleine meurtrière, elle imite les chameaux qui plongent leurs narines dans le sable; on parvient quelquefois à éviter le kamsin en fuyant devant lui de toute la vitesse des chevaux.

Sous l'influence de ces vents du nord qui maintiennent les nuages dans les hauteurs abyssiniennes, l'Égypte voit rarement la pluie rafraîchir son territoire. Le Delta ne reçoit pas une seule goutte d'eau en été, et il en tombe moins encore dans le Saïd. Un éclat de foudre est un prodige tel, que les populations se souviennent des années où ce phénomène a eu lieu. En revanche les rosées sont perpétuelles et abondantes : plus fortes sur le littoral, elles diminuent à mesure que l'on gagne vers l'intérieur. A Alexandrie, dès le coucher du soleil, en avril, les terrasses sont trempées comme s'il avait plu. Ainsi s'établit une compensation nécessaire à la végétation égyptienne.

Tel est, dans sa physionomie générale, le sol égyptien. Sans accepter aucune des exagérations à l'usage des voyageurs optimistes, on doit dire que, dans des mains plus expertes et moins indolentes, ce pays deviendrait le jardin et le grenier de l'Orient. Les lacs dont il est semé, surtout vers le littoral, le long cours du Nil dans lequel les prises d'eau sont d'une exécution facile, serviraient d'élémens à un grand système de canalisation qui pourrait tripler tout d'un coup la masse des récoltes et les richesses productives de la vallée.

LE NIL.

Créateur du pays qu'il traverse, le Nil ne peut pas être regardé comme un fleuve ordinaire. Le mystère de ses sources, la régularité périodique de ses crues, tout, dans les temps anciens, contribua à en faire un agent de la prospérité de l'Egypte. Il devint un dieu pour elle; on le nomma le *très saint*, *le père*, *le conservateur du pays ;* il était le représentant d'Ammon, et on l'adorait, d'après la version, d'ailleurs suspecte d'Hor-Apollon, sous une double personnification, céleste et terrestre. Le dieu céleste est figuré sur les monumens par un corps humain à tête de bélier; le corps est enveloppé d'une tunique bleue, et la face est d'une teinte verdâtre : le dieu tient dans ses mains un vase duquel s'épanchent les eaux. Quelquefois à ses côtés sont trois vases, l'emblème de l'inondation : l'un de ces vases représentait, croit-on, l'eau que l'Égypte produit elle-même; le second celle qui vient de l'Océan en Égypte; le troisième les eaux pluviales qui, descendues de l'Éthiopie, déterminent le débordement. Le Nil terrestre est aussi un personnage de forme humaine, toujours fort gras, et souvent hermaphrodite. Sur sa tête se balance un bouquet d'iris ou de glaïeul, symbole du fleuve débordé. Dans les peintures hiéroglyphiques, ce personnage fait presque toujours, au nom des rois, des offrandes aux grands dieux de l'Égypte. Il représente sur une tablette, tantôt quatre vases, tantôt des pains, des fruits, des bouquets de fleurs, des céréales et autres produits du sol. Les Égyptiens dans leur langue nommaient ce dieu *Hopi-mou*, c'est-à-dire : *qui se retire à volonté.*

Long-temps le Nil a occupé le monde savant à cause du mystère de ses sources. Au temps d'Hérodote on s'en inquiétait déjà. « Aucune des personnes avec lesquelles je me suis entretenu, dit cet historien, soit parmi » les Égyptiens, soit parmi les Lybiens et les Grecs, ne s'est donnée à moi » comme connaissant ces sources, si ce n'est un Égyptien chargé de tenir » les registres des biens appartenant au temple de Neith à Saïd, et j'ai cru » qu'il plaisantait, quand il m'a assuré posséder là-dessus les renseignemens » les plus précis. » Hérodote s'informa des sources du Nil aux frontières mêmes de l'Égypte, et là on lui assura qu'on pouvait remonter le Nil pendant quatre mois, et qu'à cette distance on arrivait à Méroë, capitale d'un royaume éthiopique, et résidence de transfuges égyptiens.

Après Hérodote, des savans de tous les pays et de tous les siècles s'occupèrent de la recherche de ces sources mystérieuses Le premier de tous, le géographe Erathosthènes obtint quelques renseignemens positifs durant les campagnes de Ptolémée Evergète, qui poussa jusqu'au cœur de l'Ethiopie. On lui doit les mesures exactes du fleuve depuis Méroë jusqu'aux cataractes de Syène. Aujourd'hui on n'en sait pas plus que ce qu'en savait Erathosthènes.

A son tour, Néron envoya à la découverte des sources du Nil deux centurions romains. Ces deux voyageurs racontèrent qu'ils s'étaient avancés jusqu'au pays des Éthiopiens, dont le roi leur avait fait le meilleur accueil; puis qu'étendant leur course plus loin, ils avaient marché jusqu'à ce que des marais infranchissables les eussent forcés à rebrousser chemin. Les habitans mêmes du pays ne connaissent point d'issue au travers de ces eaux stagnantes. Tout ce qu'il fut donné aux centurions de constater, c'est l'existence de deux grands rochers d'où le fleuve paraissait sortir.

Depuis cette époque jusqu'au seizième siècle, on cite peu de tentatives de ce genre; mais, vers cette époque, les jésuites portugais, en mission dans l'Abyssinie, crurent avoir trouvé les sources du Nil, et annoncèrent avec un certain éclat cette importante découverte. Pour dissuader l'Europe, il fallut que le savant d'Anville, par la seule force de ses inductions géographiques, prouvât que les missionnaires avaient pris pour le Nil un de ses mille affluens. En effet, à quelque distance de ses véritables sources, le Nil ou *fleuve Blanc*, reçoit tour à tour le fleuve Bleu et l'Astaboras, rivières très considérables. Les missionnaires avaient pris le fleuve Bleu pour le Nil.

Les voyages modernes n'ont guère éclairé cette question fort importante de la géographie. M. Caillaud est celui de tous nos explorateurs qui s'est le plus approché des sources du fleuve que l'on s'accorde à placer dans les montagnes de la Lune. Il a reconnu l'Astaboras et le fleuve Bleu comme deux affluens du fleuve Blanc ou du Nil. Quant à l'opinion que le fleuve étend entre le Kaire et Tombouctou une communication navigable, et à celle qui voudrait établir une identité entre le Nil et le Niger, ce sont là des puérilités qu'il ne faut pas même répéter sous peine de tomber dans le ridicule.

Dans son cours connu, le Nil forme cinq cataractes qui toutes ont été visitées; dans les temps antérieurs la hauteur de ces cataractes, celle de Syène surtout, a été exagérée par les voyageurs; elles ont joui d'une réputation de merveilleux que des observations récentes ont à peine détruites. La cataracte de Syène en Nubie n'est pas, bien s'en faut, ce que l'ont faite Paul Lucas et Bruce.

Paul Lucas disait:

« Nous arrivâmes une heure avant le jour à ces cataractes si fameuses; elles tombent par plusieurs endroits d'une montagne de plus de deux cents pieds de hauteur. On me dit que les Barbarins y descendaient avec des radeaux, et j'en vis deux en ce moment qui s'y jetèrent de cette manière avec le Nil. Le seul endroit remarquable est une belle nappe d'eau large de trente pieds, qui forme en tombant une espèce d'arcade par dessous laquelle on pourrait passer sans se mouiller, et il y a apparence qu'on prenait autrefois ce plaisir; on y voit en effet comme une petite plateforme où il y a plusieurs siéges pour s'asseoir.... Quand j'eus contemplé assez de temps cet endroit où le fleuve se précipite de si haut, l'élévation et la commodité du lieu m'engagèrent à dessiner le cours du Nil, dont voici en petit la copie de la carte qu'on m'a fait l'honneur de présenter au roi. »

A l'appui de ce récit fantastique, copié sans doute sur des descriptions du Niagara, Paul Lucas produisait une carte du Nil bien autrement fantastique, et dans laquelle les montagnes nubiennes avaient deux cents pieds de haut. C'est ainsi que les voyageurs justifiaient alors la munificence des rois.

A son tour Bruce a écrit :

« Le bruit de la chute est tel, qu'il plonge dans un état de stupeur et de vertige, et que le spectateur n'a plus ses facultés pour observer le phénomène avec attention. La nappe d'eau qui se précipite a un pied d'épaisseur et plus d'un demi-mille de large; elle s'élance d'environ quarante pieds dans un vaste bassin d'où le fleuve rejaillit avec fureur et répand en diverses directions des flots bouillonnans et pleins d'écume. »

Ceci est déjà plus modéré que Paul Lucas, et plus modéré aussi que le récit de Philostrate, dans la Vie d'Apollonius de Thyane.

« Apollonius et ses compagnons, dit cet écrivain, entendaient à quinze stades de là le bruit d'une autre cataracte insupportable à l'ouïe, tellement que la plupart d'entre eux refusèrent d'avancer plus loin; mais Apollonius se rendit à la cataracte accompagné d'un gymnosophiste et d'un timarion. De retour, il raconta aux siens que c'étaient les sources du Nil qui paraissaient suspendues à une hauteur prodigieuse; que la rive était une carrière immense où l'eau se précipitait toute blanche d'écume, avec un fracas épouvantable, et qu'enfin le chemin de ces sources était roide et pénible, et au-delà de tout ce qu'on peut imagier. »

De la concordance de ces récits, on pourrait croire à l'existence d'une chute d'eau semblable à celles du Bogota et du Niagara. Cette chute d'eau n'a existé que dans les rêves des explorateurs, anciens ou modernes, qui se sont copiés en s'exagérant l'un l'autre. La cataracte de Syène est simplement un exhaussement du lit du fleuve et un de ces barrages de rochers si connus en Amérique sous le nom de randales. Le bruit que fait le courant arrêté par cet obstacle, s'entend à quelques minutes de distance. Plus fort pendant l'hiver, on peut le comparer au brisement de la vague sur une côte de récifs. Quand on arrive près de *Chellàl*, le chemin devient impraticable. Dressé à pic, le rocher descend vers le Nil dans une direction perpendiculaire, et semble s'y noyer pour saillir ensuite sous la forme d'aiguilles et d'écueils. Ces écueils qui hérissent le fleuve forment la cataracte. Il y a là étranglement dans le lit du fleuve, qui s'y trouve plus étroit de moitié qu'à Philée et à Syène, et en même temps action turbulente, tourbillon et remous dans les eaux secouées par le jeu de ces roches saillantes ou souterraines.

C'est principalement vers la rive droite, que les îles, plus rapprochées, apportent le plus d'entraves au cours naturel du fleuve. Dix barrages s'y échelonnent, devant lesquels le Nil refoulé forme une suite de petites cascades d'un pied d'élévation. Cet espace est rempli de tourbillons et de gouffres agités dans des directions violentes et souvent contraires. Sur la rive gauche, le fleuve, quoique plus rapide, a un cours plus égal. Pendant les hautes eaux, les écueils étant tous recouverts, il s'y trouve un canal navigable, que les bateaux peuvent remonter même à la voile. Dans les eaux basses, les barques se font remonter à la cordelle. C'est durant cette dernière époque que le Nil, tombant d'une hauteur de cinq à six pieds, rend moins dérisoire le nom de cataracte. Alors aussi les roches, submergées pendant l'inondation, se montrent à découvert, et rendent plus saillantes à l'œil les inégalités de son lit rocheux.

Ainsi l'on voit combien la cataracte de Syène répond peu aux descriptions que nous ont laissées les voyageurs du moyen âge. Maintenant que faut-il croire? L'état des lieux aurait-il changé au point de faire d'une cataracte assourdissante, prodigieuse, immense, une simple chute d'eau, un choc du fleuve contre des brisans? ou bien encore, les récits des anciens qui s'accordent à placer, non loin de Syène, l'une des principales *catadoupes*, sont-ils le résultat d'une erreur de lieu, d'une méprise qui confond la dernière cataracte du Nil avec les cataractes supérieures? Hérodote, Diodore de Sicile, Sénèque, Pline, Ammien Marcellin, n'avaient-ils raconté que des fables? et Strabon seul a-t-il raison quand il dit, en parlant du barrage de Syène : « La petite cataracte est une éminence de rocher au milieu du Nil, qui finit par un précipice d'où l'eau s'élance avec impétuosité? »

D'après l'état des lieux, observé avec soin, Strabon seul est dans le vrai; les autres écrivains sont au moins des exagérateurs. On aurait pu, avant que la Nubie fût moins connue, accorder une importance très grande aux cataractes qui se rencontrent au-dessus de celle de Syène, et admettre que tout ceci est une confusion et un malentendu; on aurait pu croire à l'existence de la cinquième cataracte de Bruce, qu'il nomme cataracte d'Alata; mais malheureusement aucune des excursions récentes ne justifie cette explication hypothétique, et il en résulte plutôt que les cataractes du Nil ont été de tout temps livrées aux fantaisies des poëtes. Le Nil, comme les fleuves du Nouveau Monde, a un cours embarrassé de barrages qui se multiplient dans la partie supérieure, mais il n'a point de véritable cataracte.

Le Nil ne fut pas moins célèbre dans les vieux âges, par ses inondations régulières et périodiques. A voir la manière dont procède encore aujourd'hui le fleuve, on ne saurait s'étonner que les anciens aient attribué à ce fait physique, facilement expliqué aujourd'hui, une cause surnaturelle. Voici comment un savant de l'expédition française raconte l'effet que produisit sur lui ce phénomène : « C'était un spectacle bien digne d'admiration de voir régulièrement chaque année, sous un ciel serein, sans aucun symptôme précurseur, sans cause apparente, et comme par un pouvoir surnaturel, les eaux d'un grand fleuve, jusque là claires et limpides, changer subitement de teinte à l'époque fixe du solstice d'été, se convertir en fleuve couleur de sang, et en même temps grossir, s'élever graduellement jusqu'à l'équinoxe d'automne, et couvrir toute la surface de la contrée; puis, pendant un intervalle aussi régulièrement déterminé, décroître, se retirer peu à peu, et rentrer dans leur lit à l'époque où les autres fleuves commencent à déborder. »

Si les causes de ces crues périodiques ont jeté les géographes anciens dans les voies du merveilleux, elles ont cessé d'être un mystère pour la science moderne. On sait pertinemment aujourd'hui qu'elles sont le résultat des pluies régulières qui commencent en Abyssinie au mois de mars. L'effet ne s'en produit sur le Nil égyptien que vers la fin de juin, époque à laquelle commence la crue du fleuve, et il dure jusqu'à l'équinoxe d'automne. Alors, parvenu au maximum de sa crue, il commence à décroître, et cette décroissance dure pendant trois mois, au bout desquels il rentre dans son lit.

On ne saurait, dans l'état incertain des connaissances géographiques, préciser le cours du Nil pour tout ce qui dépasse le rayon égyptien ou nubien. On croit pourtant que, sorti des montagnes de la Lune sous le nom de *Bahr-el-Abiad* ou fleuve Blanc, il arrose le Donga, le pays des Chelouks et le Denka; puis qu'après avoir baigné à droite le Dar-el-Aïz dans le Sennaar, et à gauche le Kordofan, il reçoit le fleuve Bleu qui vient de l'Abyssinie. C'est après sa jonction avec ce dernier que, devenu le Nil, il traverse la Nubie, entre dans l'Égypte à la hauteur de Philœ, baigne tour à tour Syène, Esnéh, les monumens de l'ancienne Thèbes et les villages arabes Luxor et Karnak, bâtis sur leurs ruines; ensuite plus bas, Keneh, Girget, Syout, Manfalout, Mynièh, les pyramides et le Kaire. Au dessous du Kaire, partagé en deux portions à peu près égales par l'embranchement qui forme le Delta, le Nil va se jeter dans la mer par une double embouchure, l'une au-dessous de Rosette, l'autre au-dessous de Damiette.

Dans tout son cours égyptien, le Nil est coupé par divers canaux dont quelques uns ne sont pas sans importance. Dans le nombre on peut citer le canal Joseph ou Bahr-Jusef, qui unit le fleuve à la vallée du Fayoum, canal de cent milles de long sur une largeur moyenne de cent cinquante pieds, et dont une portion paraît répondre à l'ancien canal Oxyrinchus, cité et vu par Strabon; le Beny-Ady, qui communique au précédent; le Bahr-el-Ouady ou canal de l'Ouest creusé dans la roche calcaire, et long de soixante mille mètres; le canal de Damanhour qui en a quarante mille; le canal de Bahireh qui joint la branche de Rosette au lac Maryout, l'ancien

Maréotis; le canal de Menouf qui se prolonge durant cinquante mille mètres; le grand canal Aben-Mennegy qui traverse Belbeys, et dont on porte le développement à cent soixante mille mètres; enfin le canal El-Mahmoudiéh (ancien canal de Cléopâtre) ensablé naguère, et qui vient d'être recreusé avec une rapidité merveilleuse par Mohammed-Ali. Deux cent cinquante mille Arabes ont été employés à ce travail qui a duré neuf mois : vingt mille ont été enterrés sous les berges. Parmi les canaux anciennement existans et dont le tracé se retrouve, il faut citer celui qui unissait le Nil à la mer Rouge, et qui, creusé par les pharaons, comblé ensuite pendant la période des invasions persane et grecque, fut réparé et remis en activité sous les premiers kalyfes. Aujourd'hui on n'en voit guère qu'un petit nombre de vestiges, à la hauteur du *Birket-el-Hadgi* (lac des Pèlerins), aux environs du Kaire.

A proprement parler, l'Egypte n'a guère que deux lacs, le *Birket-el-Karoun*, ou lac Mœris, et le lac Maréotis ou lac Maryout. Le lac Mœris, s'il faut en croire la tradition, aurait été pratiqué à main d'homme et serait l'ouvrage des pharaons égyptiens, ouvrage immense et non moins gigantesque que les pyramides, puisqu'il a soixante lieues carrées. Grâce à l'accumulation d'eau douce qui s'y maintenait, on pouvait régulariser les inondations du Nil, recevoir son trop plein dans de fortes crues, ou lui fournir un supplément dans les crues mauvaises. C'est dans le même but et dans le même système que le pacha d'Égypte avait songé à équilibrer à l'aide d'un barrage les débordemens inégaux du Delta. Cette grande entreprise n'est toutefois encore qu'en projet.

On a longuement disserté un point de vue de théories systématiques sur l'exhaussement du Nil, et sur la formation de la vallée. Que la terre d'Égypte soit un produit du fleuve, Hérodote le dit et beaucoup de faits le prouvent; mais qu'on puisse établir d'une manière pertinente, soit à l'aide d'un travail mathématique, soit à l'aide d'inductions historiques, où s'arrêtait autrefois le rivage et quelle était précisément la forme du territoire; combien il a fallu d'années, de mois, de jours et d'heures, pour que les alluvions descendues des terres éthiopiennes aient donné quelque consistance à ces marécages inhabités, et forcé le Nil, dont une branche déviait vers la Lybie, à se rejeter tout entier vers la contrée issue de son limon, c'est là, nous le répétons, ce qui ne peut s'admettre qu'avec une grande réserve et une sage défiance.

Ce qui est positif, c'est que de tout temps le Nil fut réputé pour la salubrité de ses eaux, qui sont légères et agréables au goût. Les Égyptiens disent que si Mahomet en eût bu, il aurait demandé à Dieu une vie éternelle pour pouvoir en boire toujours. On va jusqu'à en expédier à Constantinople pour l'usage particulier du sultan et de son sérail.

La crue du Nil est célébrée tous les ans au Kaire avec une pompe religieuse et au milieu d'un grand concours de peuple. Le oualy, ou chef de la police, se rend au kalidji, digue qui contient les eaux et les empêche de pénétrer jusqu'au Kaire; il la coupe solennellement au milieu des cris de la foule et des salves d'artillerie. Au moment où le fleuve se précipite dans l'ouverture pratiquée, les femmes jettent dans l'eau des mèches de leurs cheveux, des bouquets de fleurs, des rubans, des morceaux d'étoffes et des menues pièces de monnaie. Des adolescens et des enfans se jettent de leur côté dans l'eau bénie, afin d'être les premiers à s'y baigner. Grâce à cette coupure, la plus grande partie du Kaire se trouve en peu de temps submergée, et l'on ne peut, dans beaucoup de quartiers, aller d'une maison à l'autre qu'au moyen d'embarcations.

POPULATION DE L'ÉGYPTE.

De toutes les hypothèses ethnographiques dont l'ancienne population de l'Egypte a été l'objet, la plus spécieuse et la moins déraisonnable est celle qui la fait descendre des peuplades nubiennes. Les hommes, dans les âges antiques, ont dû suivre le cours du fleuve; ils ont dû venir d'où venaient ses eaux. Ainsi il n'est point improbable que les Abyssins et les Nubiens fournirent jadis à la vallée du Nil son premier noyau d'habitans. Dans les Barabras d'aujourd'hui, habitans de la Basse-Nubie, on remarque même une foule de caractères physiques qui leur sont communs avec ceux des momies trouvées dans les hypogées. Les Berbers ou Barabras ont les membres proportionnés et robustes, les cheveux à demi crépus, courts et bouclés, ou bien tressés selon l'ancienne mode égyptienne et huilés habituellement. C'est là, disent quelques auteurs, les vrais descendans des peuples d'Égypte; les Cophtes, auxquels on a faussement attribué cette qualité, sont le résultat d'un croisement issu des générations conquérantes.

Telle est entre autres l'opinion de Champollion le jeune : « Les premières » tribus qui peuplèrent l'Égypte, dit-il, c'est-à-dire la vallée du Nil, entre » la cataracte de Syène et la mer, vinrent de l'Abyssinie et du Sennaar. Les » anciens Égyptiens appartenaient à une race d'hommes tout-à-fait sembla- » bles aux *Kennous* ou *Barabras*, habitans actuels de la Nubie. On ne re- » trouve, dans les Cophtes de l'Égypte, aucun des traits caractéristiques » de l'ancienne population égyptienne. Les Cophtes sont le résultat du » mélange confus de toutes les nations qui, successivement, ont dominé » sur l'Égypte. On a tort de vouloir retrouver chez eux les traits principaux » de la vieille race. »

Cette opinion semble d'ailleurs concorder avec la tradition historique. « Les Éthiopiens, écrivait Diodore de Sicile, affirment que l'Égypte est » une de leurs colonies : le sol lui-même y est amené par le cours et par les » dépôts du Nil; il existe des ressemblances frappantes entre les usages et » les lois des deux pays : on y donne aux rois le titre de dieux ; les funé- » railles sont l'objet de beaucoup de soins; les écritures en usage dans les » deux pays sont exactement les mêmes, et la connaissance des caractères » sacrés, réservée aux prêtres seuls en Egypte, était familière à tous en » Éthiopie. Il y avait, dans l'un et l'autre royaume, des colléges de prêtres » organisés de la même manière, et ceux qui étaient consacrés au service » des dieux, pratiquant les mêmes règles de sainteté et de pureté, étaient » également rasés et habillés de même; les rois avaient aussi le même cos- » tume, et un aspic ornait leur diadème. Les Éthiopiens ajoutaient beau- » coup d'autres considérations pour prouver leur antériorité relative- » ment à l'Égypte, et démontrer que cette contrée est une de leurs » colonies. »

A cette autorité historique viennent se joindre les traditions positives, quoique peu précisées, qui accordent aux plateaux d'Axum et du Gondar une civilisation dont la date se reporte aux premiers âges du monde, et l'existence long-temps fabuleuse de cet empire de Méroë, dont les vestiges semblent s'être reproduits sous les pas d'explorateurs modernes. Quelques détails viennent encore à l'appui de cette hypothèse : les Barabras ou Berbers ou Barbarins, tressent encore leurs cheveux comme les tressaient les Égyptiens; ils portent encore des sandales tissues de feuilles de palmier, comme celles que l'on retrouve dans les sépultures égyptiennes, attachées aux pieds des momies. Animaux sacrés chez les Égyptiens, l'ibis noir et blanc se retrouvent dans la Nubie, tandis qu'on ne les voit plus en Égypte. Les Barabras usent encore d'un coussinet en bois à forme circulaire, meuble de leurs ancêtres. Dans d'autres ustensiles, dans les armes, dans les parures, la même forme antique se retrouve.

Il y a plus, les anciens Égyptiens connurent et distinguèrent la race noire, la race africaine, dont quelques ethnologues les font descendre. Dans les peintures hiéroglyphiques, on voit figurer parmi les vaincus des hommes qui appartiennent à ce type. Ils connurent aussi la race grecque, et les races blondes du Nord, s'il faut en croire l'explication de Champollion le jeune à propos d'un tableau allégorique qu'il exhuma des tombeaux de rois (*Byban-el-Molouk*), creusés dans les flancs des montagnes de Thèbes.

« Dans la vallée de Byban-el-Molouk, dit cet archéologue, nous avons admiré, comme tous les voyageurs, l'étonnante fraîcheur des peintures et la finesse des sculptures de plusieurs tombeaux. J'y ai fait dessiner la série des peuples figurée dans des bas-reliefs. J'avais cru d'abord, d'après les copies de ces bas-reliefs publiées en Angleterre, que ces peuples, de race bien différente, conduits par le dieu Horus, tenant le bâton pastoral, étaient les nations soumises au sceptre des pharaons; l'étude des légendes m'a fait connaître que ce tableau a une signification plus générale. Il appartient à la troisième heure du jour, celle où le soleil commence à faire sentir toute l'ardeur de ses rayons, et réchauffe toutes les contrées habitées de notre hémisphère. On a voulu y représenter, d'après la légende même, *les habitans de l'Egypte et ceux des contrées étrangères*. Nous avons donc ici sous les yeux l'image des diverses races d'hommes connues des Égyptiens, et nous apprenons en même temps les grandes divisions géographiques ou ethnographiques établies à cette époque reculée.

» Les hommes guidés par le pasteur des peuples Horus, appartiennent à quatre familles bien distinctes. Le premier est de *couleur rouge sombre*, taille bien proportionnée, physionomie douce, nez légèrement aquilin, longue chevelure nattée, vêtu de blanc. Les légendes désignent cette espèce sous le nom de *Rot-en-ne-rôme*, la race des hommes, les hommes par excellence, les Égyptiens.

» Il ne peut y avoir la moindre incertitude sur la race de celui qui vient après; il appartient à la race des nègres, désignés sous le nom général de Nahari.

» Le suivant présente un aspect bien différent : peau couleur de chair tirant sur le jaune, ou teint basané, nez fortement aquilin, barbe noire, abondante et terminée en pointe; court vêtement de couleurs variées; ceux-ci portent le nom de Namou.

» Enfin le dernier a la teinte de peau que nous nommons couleur de chair ou peau blanche de la nuance la plus délicate, le nez droit ou légèrement voussé, les yeux bleus, la barbe rousse ou blonde, la taille haute et très élancée, le vêtement de peau de bœuf, conservant encore son poil; véritables sauvages tatoués sur les diverses parties du corps : on les nomme Tamhou.

» Je me hâtai de chercher le tableau correspondant à celui-ci dans les autres tombes royales, et en le retrouvant en effet dans plusieurs, je me convainquis qu'on a voulu figurer ici les quatre parties du monde, selon l'ancien système égyptien, 1° les habitans de l'Égypte, qui, à elle seule, formait une partie du monde, d'après le très modeste usage des vieux peuples; 2° les habitans propres de l'Afrique, les nègres; 3° les Asiatiques; 4° enfin (et j'ai honte de le dire, puisque notre race est la dernière et la plus sauvage de la série) les Européens, qui, à ces époques reculées, ne faisaient pas une très belle figure dans le monde. Il faut entendre ici tous les peuples de race blonde et à peau blanche, habitant non seulement l'Europe, mais encore l'Asie, leur point de départ. »

Telle est l'hypothèse de Champollion, qu'il ne faut admettre qu'avec une grande réserve, les illusions de l'ethnographe, à propos de l'Égypte, étant tout au moins aussi suspectes que celles de l'archéologue et du géologue. Ce qui semble ressortir plus évidemment d'observations réelles faites sur des momies, c'est que le vrai type égyptien n'avait aucun des caractères nègres que Volney et d'autres savans lui ont attribués. Chez les autochtones, l'angle facial était beau, les traits étaient réguliers, les lèvres prononcées, mais bien jointes. Leur teint était bruni par le climat, et chose assez bizarre, dans leurs peintures hiéroglyphiques, ils donnent à la femme un autre teint qu'à l'homme : celle-ci tire sur le jaune, celui-là sur le rouge. Dans toutes les recherches faites sur les cadavres des momies, on n'a retrouvé nulle part les traces d'une conformation nègre, et au contraire des cheveux parfaitement lisses adhéraient encore à la peau.

Ainsi, l'on peut rigoureusement déduire de tous ces faits que la population primitive de l'Égypte descendit des plateaux éthiopiens, et sans doute les premiers émigrans ne furent pas l'élite de cette race. Errante d'abord et misérable, elle disputa un terrain marécageux aux reptiles qui l'infestaient, se fixa ensuite dans les localités les moins ingrates, et, dans une double conquête sur le désert et sur le fleuve, amena cette vallée, déserte naguère, à l'état du plus florissant empire du monde. Dans cette progression lente et merveilleuse, la population dut suivre, comme elle l'avait fait au début, le cours du fleuve, poussant plus au nord à mesure qu'elle était surabondante, et passant ainsi de Thèbes à Memphis pour arriver au Delta, cet exhaussement plus moderne.

Comme si ce pays devait procéder en tout par couches diverses et successives, les populations égyptiennes se composent, comme son terrain, d'alluvions et d'agglomérats. Les Perses, les Macédoniens, les Grecs, les Romains, les Éthiopiens, les Abyssins, les Arabes, les Géorgiens, les Turks, les Mamlouks, n'ont pu passer sur cette terre sans y laisser des traits épars et confus de leur passage. De là vient cette race cophte, qui n'est, à proprement parler, que le mélange et le croisement des vainqueurs et des vaincus, type sans caractère, parce qu'il les a tous, peuple sans passé comme sans avenir, produit bâtard et dégénéré dans lequel Volney a vu à tort les indigènes de la vieille Egypte. Les Cophtes ont la peau bouffie, l'œil gonflé, le nez quelquefois écrasé, la lèvre assez forte. Ils sont chrétiens, mais chrétiens schismatiques. Le plus grand nombre vit dans la Haute-Égypte ; mais on en retrouve dans toutes les villes de la vallée, exerçant presque tous des fonctions administratives pour lesquelles ils ont une grande aptitude. Tant que dura l'occupation des Français, les Cophtes furent les seuls percepteurs de l'impôt, comme ils l'étaient d'ailleurs sous les Mamlouks. Sous le nom d'*écrivains*, ils sont les intendans, les secrétaires et les agens fiscaux des autorités égyptiennes. Rusés et intelligens, ils s'acquittent de leurs fonctions avec assez de succès et de zèle pour mériter toutes les haines des pauvres fellahs dépouillés par eux.

A côté des Cophtes, qui sont une minorité peu importante de la population égyptienne, sont les Arabes, classe la plus nombreuse et la plus répandue. Ces Arabes sont de plusieurs sortes et pour ainsi dire de plusieurs dates.

Les uns remontent à la conquête d'Amrou; ce sont les fellahs ou paysans de l'Égypte. Dans le premier siècle de l'invasion musulmane, on vanta tellement aux nomades du désert la fécondité de la vallée du Nil, qu'ils y accoururent par milliers. L'affluence fut telle, que les régnicoles grecs furent effacés et disparurent, absorbés par les nouveaux venus. Les Arabes cultivateurs ont bien conservé leur physionomie originelle; seulement, en se fixant sur un sol plus fécond, ils ont acquis de plus beaux développemens physiques. Les paysans de l'Égypte sont d'une taille élevée; la moyenne est de cinq pieds quatre pouces, et il n'est pas rare de voir des hommes de six pieds. Leur peau hâlée par le soleil est presque noire; leurs membres musculeux sont robustes et souples; le visage est d'un bel ovale, le front large et avancé; l'œil noir, brillant et expressif, se cache sous de beaux sourcils noirs; la bouche bien découpée a presque toujours de magnifiques dents.

A côté de ces Arabes venus des déserts de l'Est, figurent en moins grand nombre des Arabes occidentaux ou Mograbins, venus à diverses époques et sous divers chefs, soit de la Lybie, soit de la Mauritanie. Quoique appartenant à la même race et présentant les mêmes caractères physionomiques, ces indigènes tiennent à être classés à part des autres fellahs; concentrés dans le Saïd, ils y ont des villages et même des princes particuliers. Enfin, il existe autour de l'Egypte, comme autour de la Syrie, une autre sorte d'Arabes que l'on nomme Arabes-Bedouins ou habitans des déserts. Organisés par tribus comme les Bedouins de l'Arabie, ces nomades ont gardé les mœurs et les usages de leurs congénères vagabonds. Dispersés dans les rochers, dans les cavernes, dans les ruines, ou campant au cœur du désert, ils n'abordent les terres cultivables que dans un but de pillage, ou pour y faire pâturer leurs troupeaux. Il est, dans le nombre, des tribus qui arrivent régulièrement chaque année à l'époque de la décroissance du Nil, du fond même de l'Afrique, afin de profiter des herbes nouvelles, et qui, au printemps, quand la sécheresse est revenue, s'enfoncent de nouveau dans le désert. D'autres, au contraire, s'établissent en Egypte à poste fixe et y louent des terres qu'ils ensemencent. Quoique vagantes, ces tribus posent entre elles des limites qu'elles franchissent rarement et seulement en cas de guerre. Toutes ont, à peu de choses près, les mêmes mœurs, les mêmes usages, le même genre de vie, et cette vie, ces mœurs, ces usages, ne diffèrent que par des nuances imperceptibles de ce que nous avons décrit à propos des Arabes du grand désert. On estime que les tribus qui se promènent soit dans les sables lybiques, soit sur le littoral de la mer Rouge et dans l'isthme de Suez, peuvent s'élever à trente mille cavaliers; mais ces forces sont tellement désunies et isolées, qu'elles ne laissent jamais l'Égypte sous le coup d'invasions collectives et formidables.

Parmi les tribus lybiques, les plus connues sont celles des Oulad-Ali, des Qeouby et des Hennabys, que le général Andréossy visita et dont il décrivit les mœurs. Ces Arabes se nomment entre eux *Arab-Kheych* ou Arabes des tentes, en opposition des Arabes sédentaires qui sont des *Arab-Khayt* ou Arabes des murailles.

La richesse de ces tribus consiste en troupeaux et en chameaux, tandis que celle des Arabes des villages est en gros bétail. Les vêtemens des nomades consiste en un hirain ou bernous, manteau de laine blanche presque imperméable, dont l'étoffe se fabrique en Barbarie.

Le gouvernement patriarcal domine parmi ces tribus arabes. Le cheyk, choisi dans une famille ancienne et respectée, n'exerce sur les membres de la peuplade qu'une autorité toute bienveillante et persuasive; son droit le plus réel est celui de paix et de guerre : quand on signe une trève, c'est lui qui revêt la pelisse et reçoit les présents. Les seuls droits sacrés aux yeux de ces Arabes sont ceux de l'hospitalité. Quand un étranger s'est assis dans leur tente, qu'il y a bu, mangé et fumé, il est à l'abri de toute insulte. Quant à la foi du serment, elle est illusoire: un traité juré sur leur tête, fût-ce par Allah, n'est pour eux qu'un engagement sans aucune valeur et parjurable à la première occasion.

Ces Arabes semblent regarder l'Égypte comme leur propriété. Quand on leur reproche leur vie de pillage, ils répondent qu'ils ne font que reprendre leur bien. « Nous avons été chassés par la force, disent-ils, nous repre- » nons par la force ce qui nous appartient. » Aussi la présence d'une de ces tribus est-elle pour les bourgades égyptiennes le plus redoutable de tous les fléaux. Andréossy demandait à un cheyk si son bourg avait eu la peste cette année-là. « Hélas! répondit celui-ci, nous avons eu la peste et les Ara- » bes. » Les armes habituelles de ces nomades sont des piques en fer carré, emmanchées d'une hampe de douze à quinze pieds, dont ils se servent avec la plus grande adresse. Cependant les tribus campées à l'ouest du Nil ont presque toutes des armes à feu. Leur manière de combattre est d'ailleurs désespérante. Évitant une rencontre décisive, ils cherchent à agir par voie de surprises, et quand ils se voient empêchés, ils fuient vers le désert, où la cavalerie la mieux montée ne peut les atteindre. Pour réduire cet insaisissable ennemi, Bonaparte avait imaginé de créer un corps de dromadaires, animal dont la course moins rapide d'abord que celle du cheval, est plus long-temps et plus uniformément soutenue. Au bout de dix heures de course, le dromadaire a vaincu la meilleure jument. A l'usage de ce corps singulier, on avait dressé des dromadaires qui s'agenouillaient pour recevoir leurs cavaliers, et qui obéissaient ensuite à un caveçon. L'escadron étant peu nombreux, on avait imaginé une étrange manière de le multiplier aux yeux des Arabes. Chaque cavalier-dromadaire avait deux ou trois costumes de rechange, en toile de couleur, l'un bleu, l'autre blanc, l'autre jaune, des couleurs saillantes et bien distinctes. Dans le courant d'une poursuite, ils avaient le soin de changer plus d'une fois d'uniforme, afin que la tribu poursuivie crût avoir toujours affaire à des ennemis nouveaux et s'exagérât leur nombre. C'est ainsi que Bonaparte parvint à réduire les peuplades lybiques et à neutraliser leurs invasions funestes et ruineuses.

Quand les tribus sont aux prises, les jeunes filles se montrent à la vue des combattants; elles jouent du tambourin et entonnent des chants propres à exciter le courage. Les blessés sont soignés par les femmes qui font grand cas de la valeur. En temps de guerre, les camps maintiennent toujours des vedettes en observation sur les hauteurs : comme signal, celles-ci élèvent leur turban au-dessus de leurs lances. Si le camp doit avancer, les vedettes marchent vers l'ennemi; dans le cas contraire, elles se replient vers le camp.

Les Arabes portent avec eux, à chaque migration nouvelle, la plus grande partie de leurs richesses et de leurs approvisionnements. Dans les camps à demeure, ils cachent leur grain et leur paille hachée au fond de grands trous creusés dans la terre. Quelques lambeaux de terrain cultivable, le voisinage d'un puits d'eau douce, déterminent le choix d'un emplacement propre à camper. Certaines tribus ont, en outre, à quelques lieues dans le désert, des entrepôts entourés d'une enceinte crénelée, et plus loin encore, des dépôts dans le sable, que les propriétaires seuls peuvent connaître à de certains indices. Ces Arabes ne sont point aussi fanatiques que les Musulmans et les Arabes sédentaires. Souvent même l'intérêt politique dominant l'intérêt religieux, ils ont préféré des infidèles aux croyants. Ainsi quand l'armée française eut renversé la puissance des Mamlouks, on entendit les filles hennadys chanter :

Vive le peuple qui a chassé Mourad du Kaire!
Vive le peuple qui nous a laissé voir les villages!
Vive le peuple qui nous a fait manger des *foutyrs* (1)!

Outre les Cophtes, les Arabes et les Bedouins, l'Égypte compte encore dans sa population quelques Turks qui s'y sont naturalisés depuis la conquête de Sélim, et qui, long-temps en possession des emplois de l'administration de la guerre et du culte, se sont maintenus en partie, même quand la scission entre la Porte et le pacha actuel a été flagrante. D'autres Turks, appartenant à la classe du peuple, exercent au Kaire et dans les grandes villes, les arts qui demandent quelque étude, et les métiers les plus lucratifs. A côté des Turks existait la classe des Mamlouks, classe puissante naguère, mais aujourd'hui entièrement détruite.

Les mœurs de ces diverses races ont pris cette sorte d'uniformité qui se produit toujours parmi les hommes habitant la même zone et vivant sous le même ciel. Chez les fellahs, c'est la patience et la résignation d'hommes de tout temps exploités par la cupidité et par la violence. Pas plus qu'en Syrie, le cultivateur ne jouit en Egypte du fruit de ses sueurs. Il n'y a pour lui, dans l'un et dans l'autre pays, ni sûreté, ni aisance possibles. Placé entre des maraudeurs nomades et des collecteurs impitoyables, le fellah traîne une vie éternellement tourmentée et misérable. Le riz et le blé passent sur la table de ses maîtres; il faut, quant à lui, qu'il se contente de doura, dont il fait un pain sans levain. Ce pain et des ognons crus pour chaque jour, quelquefois du miel, du fromage, du lait aigre et des dattes, puis, dans les grandes fêtes, de la viande : voilà la nourriture habituelle de ces malheureux. Le vêtement est à l'unisson ; il consiste en une chemise de grosse toile bleue et un manteau noir d'un tissu clair et

(1) Sorte de gâteau feuilleté au beurre qu'on mange avec du miel et de la mélasse.

grossier. Un bonnet avec un méchant mouchoir de laine rouge forme leur coiffure. Les habitations ne consistent presque toujours qu'en une hutte de terre où l'on étouffe de chaleur et de fumée. Cette condition du peuple égyptien est à peu près la même dans les villes, où la foule circulant dans les rues offre un spectacle affligeant de misère et de nudité.

Du reste, pour ce peuple, nulle garantie contre l'arbitraire, nulle loi qui le protége. Dans tout l'Orient on verse le sang d'un homme comme celui d'un bœuf. L'officier de nuit dans les rondes, le juge dans ses tournées, jugent, condamnent et font exécuter la condamnation. Les bourreaux marchent toujours avec eux, et au premier ordre la tête d'un malheureux paysan tombe dans un sac de cuir, et son cadavre demeure sur la place. Sous le gouvernement de Mohammed-Ali, cet état de choses a été modifié, il est vrai, par un système de douceur et de tolérance judiciaire; mais que de pas à faire encore avant qu'une civilisation complète ait appris aux Orientaux la valeur de la vie d'un homme!

Si la population actuelle subit ce système d'oppression, ce n'est pas que le courage et que l'énergie lui manquent, comme on le croit en Europe. Les fellahs égyptiens sont des hommes d'une persévérance et d'une activité incroyables; aucun travail ne le rebute, aucune fatigue ne les décourage. On les a vus périr par milliers dans le creusement du canal Mahmoudiét et achever en neuf mois cette gigantesque besogne. Agiles autant que robustes, ils suivent à pied le cheval le plus rapide. A la ville, à la campagne, à la guerre, on voit les saïs, espèce de palefreniers, courir à côté de leurs maîtres et ne point perdre de terrain. Dociles vis-à-vis des supérieurs, ils ne pardonnent rien entre eux et apportent dans leurs vengeances une opiniâtreté arabe. Plutôt que de déceler, ils souffrent la bastonnade, et quand par hasard ils reçoivent une atteinte dans leur honneur de père et d'époux, ils en tirent une expiation inévitable et sanglante. On en a vu égorger leurs femmes de leurs propres mains.

Quant aux autres classes des habitans de l'Egypte, leurs mœurs sont celles de tous les Orientaux, calmes, graves, monotones. Pour les riches oisifs la vie se partage entre les plaisirs du bain et ceux du harem, entre la prière et la conversation, entre la pipe et les sorbets. A peine se donnent-ils, de temps à autre, comme distraction extérieure, le plaisir d'une promenade à cheval, ou d'une excursion dans les jardins qui entourent presque toujours une ville.

La classe moyenne de son côté s'adonne aux arts et au commerce. Quoique fort perfectionnés depuis le règne de Mohammed-Ali, les arts mécaniques sont encore à l'état d'enfance chez les Egyptiens. Les ouvrages de menuiserie, de serrurerie, d'arquebuserie, y sont tout-à fait grossiers. Les quincailleries, les merceries, les canons de pistolets et de fusil viennent tous de l'étranger. On trouve à peine au Kaire deux ou trois horlogers. On y fabrique de la poudre à canon, mais elle est brute et à gros grains; il y a des raffineries, mais le sucre est plein de mélasse. En revanche, la sellerie, la poterie, la fabrication des soieries et l'orfévrerie sont traitées avec toute la perfection désirable et avec un goût particulier au pays. Les tapis, les nattes, la teinture des étoffes, y ont des ouvriers qui savent les adapter aux habitudes et au luxe de l'Orient. Tous ces produits sont en général satisfaisans, surtout à cause de leur durée.

Malgré cette infériorité manufacturière, le Kaire forme le centre d'un commerce assez important. Sa position entre la mer Rouge et l'intérieur de l'Afrique, entre le littoral de la Méditerranée et la région du haut Nil en fait le rendez-vous de caravanes importantes accourues chaque année de toutes les directions. Les plus riches sont celles d'Abyssinie et de Maroc. La caravane d'Abyssinie, plus nombreuse avant que Mohammed-Ali eût promené ses armes victorieuses au-dessus des cataractes, apportait ordinairement au Kaire mille à douze cents esclaves noirs, des dents d'éléphant, de la poudre d'or, des plumes d'autruche, des gommes, des perroquets et des singes. L'autre, celle de Maroc, qui ne semble avoir déchu ni de sa force numérique, ni de son importance commerciale, se forme de tous les pèlerins ou hadgis qui, de l'intérieur de l'Afrique, du pied de l'Atlas, de la Mauritanie, de la Lybie et même du Sénégal, se rendent vers la ville sainte où prêcha et mourut le Prophète. Cette caravane, partie de Maroc, côtoie la Méditerranée en recueillant des recrues à Alger, à Tunis, à Tripoli, à Barqah; puis, après avoir traversé le désert, elle arrive à Alexandrie, forte de quatre mille chameaux, et se rend au Kaire pour se réunir à la caravane d'Égypte. Au Kaire, tous les chefs qui la commandaient jusque là s'effacent devant l'*émir El-Hadgi* ou prince des pèlerins, qui était jadis, ou le pacha lui-même ou le lieutenant du pacha. Ce dignitaire, dont les pouvoirs sont à demi religieux, conduit alors la caravane vers la Mecque, d'où elle revient quatre mois après. Seulement les pèlerins de Maroc, ayant encore six cents lieues à faire pour retourner chez eux, n'arrivent dans leur patrie qu'après douze ou quatorze mois d'absence. Le chargement de ces caravanes consiste en étoffes de l'Inde, en châles, en gommes, en parfums, en perles, en galles, et surtout en café moka ou de l'Yemen. Le Kaire ne garde pas la somme entière de ces marchandises; mais outre les bénéfices qu'il réalise sur la portion qui lui reste, il perçoit encore sur les pèlerins un droit de capitation qui s'élève à une somme assez considérable.

Outre ces deux grandes caravanes, il en arrive d'autres plus petites de Damas avec des étoffes de soie et de coton, des huiles et des fruits secs. Lattaquiéh envoie à Damiette des chargemens de tabac, et reçoit en échange du riz d'Égypte. Constantinople expédie des fourrures, des armes, des vêtemens, des merceries contre du riz et des fèves. Marseille fournit à l'Égypte des draps, des cochenilles, des étoffes et des galons de Lyon, des épiceries, du papier, du fer, du plomb, des sequins de Venise, des dalhers d'Allemagne ou talaris contre des cotons et des indigos, nouvelles et précieuses cultures. Chargées à Alexandrie sur des djermes, ces marchandises remontent le Nil, et vont alimenter le marché du Kaire, qui dessert toute la consommation de la Moyenne et Haute-Égypte.

Dans notre Précis historique, on a vu sous quel régime fiscal l'Égypte est aujourd'hui placée. Au lieu des exactions brutales d'autrefois, règne aujourd'hui un monopole absolu qui n'est que l'expression plus silencieuse et moins violente d'un autre despotisme administratif. Il existe bien encore des agriculteurs et des négocians, mais leur action est à peu près absorbée par celle de l'agriculteur et du négociant unique qui s'est attribué la manipulation de toutes les affaires de l'Égypte. Tout ce qui ne se résigne pas à graviter dans la révolution de cette grande planète est broyé sur son passage. Turks, Arabes, Juifs et Francs, tous les hommes s'occupant de commerce à Alexandrie et au Kaire, ne sont que les agens plus ou moins directs du pacha. Outre cette intervention à peu près exclusive, Mohammed-Ali a encore maintenu une portion de l'ancienne méthode fiscale. L'Égypte a encore son impôt du miry et ses taxes de douanes, comme au temps de la domination turke et mamlouke.

En retour de ce système onéreux et comme sa contre-valeur, Mohammed-Ali a doté l'Égypte d'élémens de force qu'elle n'avait point avant lui. Ainsi, l'Égypte a aujourd'hui une armée de quatre-vingt mille hommes. Elle a quatre vaisseaux de ligne, dont deux de cent canons, douze frégates, quatorze corvettes et treize bricks, sans compter les bâtimens d'un ordre inférieur; elle a une école de médecine à Abou-Zabel, dirigée par un praticien français, le docteur Clot; elle a une école d'administration, où se forment les jeunes gens destinés à des fonctions publiques. Une foule d'élémens de civilisation que le reste de l'Orient connait à peine ont été introduits et propagés par le vice-roi. Aujourd'hui on connaît en Égypte l'imprimerie, les machines et les bateaux à vapeur, les télégraphes et l'éclairage au gaz. C'est au vice-roi que la vallée du Nil doit le plus incontestable élément de sa richesse actuelle, le coton. Un Français nommé Jumel fit le premier, vers 1820, dans un jardin d'Alexandrie, l'essai de quelques plants de Fernambouc, et l'expérience a donné de si beaux résultats qu'aujourd'hui une grande partie des terres fournit des cotons longue soie. L'Égypte est redevable encore à Mohammed-Ali de ses beaux arsenaux, de ses chantiers, de ses manufactures, du percement de quelques canaux, et de la mise en état de tous les autres; et enfin de ponts et de routes, bienfait inappréciable dans un pays où chaque caravane se frayait pour ainsi dire son chemin. Beaucoup d'industries spéciales à l'Égypte, comme l'éducation des abeilles, la préparation de l'eau de rose et du salmiak, la fabrication des cuirs, des tapis, de la verrerie et de la poterie, ont été vivement, efficacement protégées par lui. Enfin, les erremens administratifs laissés jusque là dans le vague, ont été fixés et précisés. Par une division toute récente, les provinces viennent, à l'instar de notre système français, d'être classées en départemens, arrondissemens et sous-arrondissemens. Des assemblées provinciales ont été établies, en même temps qu'un divan général, composé de cent quatre-vingts députés des provinces, se réunissait au Kaire pour délibérer sur les affaires de l'État, sous la présidence du vice-roi. Sans doute cette assemblée n'a ni l'autorité ni les pouvoirs de nos assemblées d'Europe; mais on y parle de la politique de l'Égypte avec toute liberté et les séances en sont publiques. La volonté du vice-roi en est l'âme; mais le chef y gagne du moins de se prononcer en connaissance de cause. C'est dans ce divan qu'ont été discutées la nouvelle loi criminelle, qui spécifie les délits et les peines et la loi civile qui rend tous les indigènes également accessibles aux emplois publics; c'est là aussi que sont portés de temps à autre, le cas épineux de la fiscalité égyptienne et l'examen épuratif des revenus du pays, que quelques évaluations portent à cent millions de francs. Les derniers recensemens de la population, les plus raisonnables du moins, n'en élèvent pas le chiffre au-dessus de deux millions six cent mille âmes.

Cette population, habituée à la main de fer des beys mamlouks et des pachas ottomans, paraît s'accommoder du gouvernement, régulier d'ailleurs, de Mohammed-Ali. Sans doute la présence d'une armée aguerrie entre pour quelque chose dans les élémens de calme et d'obéissance qui dominent aujourd'hui; mais, en dehors même de toute terreur militaire, l'Égypte trouverait dans sa constitution intérieure des gages d'ordre et de sécurité. Les populations orientales, soit indolence, soit habitude, n'ont pas la mobilité passionnée des nôtres; elles se résignent facilement et se font au joug d'un maître. Cela vient sans doute de ce que dans l'Orient la vie est presque toute intérieure; on n'y connaît pas les émotions bruyantes de la place publique, les plaisirs des grandes réunions, et ces jouissances scéniques qui mettent en présence pendant plusieurs heures des milliers de spectateurs inconnus l'un à l'autre. Dans l'Orient, la coutume tend à isoler les hommes; en Europe, elle tend à les rapprocher. Dans l'Orient, il y a peu de distractions, et elles plaisent malgré leur monotonie ou plutôt à cause de leur monotonie; en Europe, il y en a mille, et plus il y en a, plus vite se fait sentir le blasement de toutes. Quand on a, en fait de divertissement, cité les jongleurs, les almés, le psylles; en fait de délassemens qui occupent les heures oisives de la journée, nommé le harem, les maisons de bains ou hamman, la promenade à cheval, le café public, établissemens informes où les hommes importans ne se montrent pas, on a parcouru à peu près tout le cercle de la vie orientale, de la vie égyptienne.

On a vu ce que sont les plaisirs du bain, ce qu'est aussi le luxe intérieur des demeures levantines, les kiosques dont les persiennes s'entr'ouvrent à la brise, les salons pavés en mosaïque, avec leurs bassins en marbre et leurs ruisseaux d'eau courante; leurs divans matelassés, couverts de riches étoffes et semés de coussins moelleux; les divans, trônes de ces sybarites, où ils siégent pendant des journées entières, partagés entre la pipe, le café et le sorbet. Il nous reste à parler des almés et des psylles.

Les almés sont les bayadères de l'empire ottoman. Il n'est point de fête complète sans elles. D'ordinaire elles viennent assister au festin des grands, et circuler dans la salle en récitant des *moals* ou chansons nouvelles. Après le repas, quand les chants ont cessé, elles dansent. La gorge entièrement nue, les cheveux nattés, la robe transparente, et le visage découvert, contre la coutume de l'Orient, elles commencent leur rôle de chorégraphes, dont la perfection consiste à reproduire dans toute leur vérité les gradations du plaisir amoureux. Une musette dissonante et un tambour de basque composent leur orchestre; mais pour ajouter quelque chose à son harmonie, elles-mêmes, en dansant, agitent dans leurs mains, soit des castagnettes, soit de petites cymbales de la même dimension.

Le principal mérite d'une almé, c'est de savoir nouer ou dénouer à propos une ceinture flottante qui dessine leurs contours : il faut qu'en la faisant voltiger autour d'elles, et en la drapant avec grâce, elles ne manquent jamais leur rhythme musical. Quand elles commencent, le mouvement est lent et leur danse seulement voluptueuse; mais quand elles sont sur le point de finir, les instrumens redoublent de vitesse, et alors on les voit, jouant l'ivresse et le délire, agiter tous leurs membres avec une sorte de frénésie. L'œil enflammé, haletantes, ruisselantes de sueur, elles semblent appeler le plaisir par leurs chansons lascives : « Qui veut jouir, jouit, » disent-elles; viens, cher amant, dénoue les cordons de ta ceinture et appro- » che-toi. »

Cependant, en d'autres occasions, ces femmes conservent une certaine décence. Souvent on les appelle dans l'intérieur des harems pour donner aux femmes des grands des leçons de danse et de déclamation; elles figurent, comme conviées, aux fêtes et aux mariages. L'usage habituel qu'elle font de la poésie rend, en général, leur langage correct et sonore; et parfois elles jouent entre elles des espèces de comédies, qui, sans briller par l'invention, ont pourtant le don de charmer les Orientaux, neufs aux combinaisons de la scène. A côté de ces almés de bonne compagnie il y a d'autres almés de bas étage, bacchantes de carrefours. S'adressant à des sens plus grossiers, n'ayant d'ailleurs ni la grâce, ni l'instruction des autres, elles cherchent à les vaincre en indécence. Sur les places et devant les cafés, on les voit, buvant des liqueurs fortes malgré les interdictions de la loi religieuse, provoquant les passans attroupés, et renouvelant leurs saturnales à chaque coin de rue.

Les psylles ou conjurateurs de serpens sont une classe de jongleurs plus spéciale à l'Égypte. Dans l'antiquité la plus reculée, les psylles de la vallée du Nil eurent une réputation fort étendue. Ces psylles prétendent avoir reçu en tradition le don de charmer les serpens et de conjurer leurs morsures. Ils ajoutent que tout homme qui n'est pas descendu d'un psylle de pure race prétendrait en vain à exercer cette périlleuse profession. En effet, de temps immémorial, les psylles ont été constitués en une espèce de communauté industrielle, exploitant la crédulité du peuple et vendant assez cher ses services. Le fond du métier consiste à évoquer les serpens qui peuvent s'être glissés dans une habitation et à les chasser, car les couleuvres sont un fléau des habitations égyptiennes. Pour cela, les psylles imitent, croit-on, le cri d'amour du serpent et parviennent ainsi à les faire sortir de leurs retraites. Quand un habitant soupçonne qu'un de ces reptiles a pu se glisser chez lui, moins par crainte que par habitude, il appelle un psylle, et celui-ci, au milieu de grimaces sans nombre, joue son jeu de conjurateur, quelquefois inutile, quelquefois heureux. Du reste, la présence des couleuvres dans une maison est un fait tellement commun que la plupart des habitans y prennent à peine garde.

Outre cet emploi usuel, les psylles ont le soin de se ménager quelques occasions de se produire d'une manière éclatante. Dans les rues, ils ne marchent jamais que le corps enlacé de reptiles. En les tenant par le col et en les serrant avec force, ils évitent leurs morsures, et passent ainsi aux yeux du peuple pour des êtres surnaturels. Quand arrive une procession ou une fête solennelle, les psylles s'empressent d'y accourir et d'y figurer comme acteurs essentiels. Le groupe part, d'une manière presque statuaire, avec des serpens autour du cou, autour des bras, autour des jambes, les cheveux hérissés et les yeux hors de la tête, ils soulèvent l'émotion du peuple, et la portent à un grand degré d'énergie. D'autres fois, presque nus, affectant des poses d'insensés et portant de vastes besaces, dans lesquelles ils entassent un grand nombre de serpens, ils se font piquer et déchirer la poitrine et le ventre. Puis, comme par représailles, hurlant un cri sauvage, ils se jettent sur l'animal et le déchirent à belles dents. Parmi ces psylles, il en est d'accrédités parmi les gens riches et qui ont le privilége de purger, moyennant un très fort salaire, leurs habitations des couleuvres qui les infestent; mais il en est d'autres plus obscurs qui se contentent d'exercer, dans les carrefours de la ville, le métier de bateleur, et qui après avoir excité, par le jeu de leurs serpents, les terreurs de la foule, demandent à la ronde quelques paras. Le serpent que préfèrent les conjurateurs est la couleuvre que l'on nomme hajé.

Bonaparte, à son arrivée au Kaire, voulut voir ces hommes. Il manda chez lui les plus célèbres, et, après avoir assisté à leurs mystères, il les questionna d'une manière vive et caustique sur les relations qu'ils pouvaient avoir avec les serpens. Ces hommes ne se déconcertèrent point; ils répondirent d'une manière hardie et intelligente. Des questions, on passa à une expérience. « Pouvez-vous savoir, leur dit le général, s'il y a des serpens » dans ce palais, et, s'il y en a, pouvez-vous les obliger à sortir de leur re» traite? » Les psylles répondirent affirmativement. Suivis du général et de quelques officiers, ils parcoururent le palais, et au bout de quelques minutes de recherche, ils déclarèrent qu'il logeait un serpent. Mais où? Là était la difficulté. Enfin, à la suite de quelques mouvemens convulsifs, ils s'arrêtèrent devant une jarre placée dans le coin d'une chambre. « Là» dessous, dirent-ils, il y a un serpent. » On regarda par derrière : l'animal s'y trouvait. Sans doute il y eut, en tout ceci, quelque tour d'escamotage, mais au moins fut-il bien joué.

Telle est la vie de l'habitant de l'Égypte, ses plaisirs, ses joies, et la prière dans la mosquée; c'est ainsi qu'il partage son temps. Cette vie semble du reste favorable à la santé, car la vieillesse n'est liée à aucune de ces infirmités qui l'accompagnent en Europe. Parmi les maladies les plus communes, il faut citer l'ophthalmie qui, dans les premiers jours de l'occupation, frappa une bonne partie de l'armée française. Ce mal est une véritable endémie. Il n'est pas rare de voir au Kaire vingt aveugles sur cent personnes, sans compter celles dont la vue altérée a besoin de se mettre à l'abri d'un bandeau. Ces ophthalmies si communes semblent provenir de l'état de l'atmosphère et de la fraîcheur humide des nuits. L'œil, fatigué et irrité durant le jour de la réverbération des sables, se trouve, le soir venu, saisi par la moiteur de l'air salin, contraste funeste qui doit altérer l'organe de la vue. A cette cause, si l'on joint d'autres causes incidentes, comme l'habitude de coucher sur des terrasses, la mauvaise nourriture, l'habitude du turban qui charge la tête, on se rendra suffisamment compte d'un mal qui donne un air d'hospice des Quinze-Vingts à toute ville égyptienne.

La petite vérole, commune dans la vallée du Nil, y est violente et meurtrière. On y connaît bien l'inoculation, mais on ne la pratique point; le vice-roi a cherché vainement à rendre la vaccine populaire. Pour combattre ce mal qui attaque surtout les enfans, les mères ne connaissent rien de mieux que des amulettes bénies par des santons et qu'elles attachent au cou de ces petites créatures. Ces amulettes n'empêchent pas une mortalité effrayante de régner en Égypte parmi les enfans du peuple.

Une autre infirmité est celle des hydrocèles auxquelles les Cophtes et les Grecs sont plus particulièrement sujets; quelques fièvres malignes signalent le retour du printemps.

Mais de toutes les affections morbides, la plus dévorante, la plus fatale à la population égyptienne, c'est la peste. La peste est endémique en Égypte : d'ordinaire elle éclate d'abord à Alexandrie, passe de là à Rosette, et de Rosette au Kaire, pour se répandre ensuite dans tout le pays. Tantôt c'est Alexandrie qui la réveille à Constantinople; tantôt Constantinople qui la réveille à Alexandrie. Alexandrie et Constantinople sont les deux plus grands foyers de peste qui existent sous le ciel. Avec quelques précautions sanitaires, sans doute, ce fléau ne dévasterait bientôt plus l'Orient; mais en dehors même de leurs habitudes de molle insouciance, les Musulmans rencontrent leur loi religieuse qui leur interdit toute précaution contre l'épidémie. *Allah kerim*, Dieu est grand! voilà quelle sentence fataliste ils opposent aux ravages du mal. Si Dieu a décidé que le croyant sera frappé, le croyant, en se préservant de la peste, irait contre les décrets de Dieu : ainsi raisonnent les Turks. Par suite de ce système, toutes les mesures de lazareth, de quarantaine, pour les individus comme pour les marchandises, sont regardés par eux comme autant d'impiétés, de sacriléges. C'est à peine s'ils se résignent à souffrir que les Franks, dont la loi n'est pas celle de Mahomet, songent à se garder de la contagion. Cependant il est passé en force d'usage que, la peste une fois déclarée, le *khan* ou quartier franc se ferme et se tienne dans une sorte de séquestre volontaire, eux, leurs commis, leurs femmes et leurs domestiques. Dès ce moment, ils ne communiquent plus avec le dehors. Les vivres déposés à la porte du khan, y sont reçus par un portier qui les saisit avec des tenailles en fer, et les plonge soit dans l'eau, soit dans le vinaigre. Quand on veut parler avec des interlocuteurs du dehors, on maintient toujours une certaine distance pour empêcher le contact du vêtement ou de l'haleine. Grâce à ces précautions, la peste atteint rarement les Européens; mais il faut qu'ils sachent observer rigoureusement, pendant cinq ou six mois, cette espèce d'arrêts forcés.

Il a été longuement disserté sur la contagion ou sur la non-contagion de la peste, et ici, comme en toute chose, on a cherché des faits au point de vue du système, et non un système découlant des faits. Mais pour quiconque a vu et habité le Levant, c'est une chose hors de doute, évidente, incontestable, la contagion de la peste. Il n'y a pas à raisonner là-dessus, il n'y a qu'à voir. L'expérience est moins trompeuse que la science. Quant aux causes originaires de la peste, elles sont encore au nombre de ces secrets au sein desquels le regard de l'homme ne pénètre point. En partant de l'hypothèse qu'elle est née en Égypte, les uns ont voulu attribuer le fléau aux inondations périodiques du Nil et aux exhalaisons délétères qu'elles déterminent. D'autres, et c'est le plus grand nombre, la rejettent sur la malpropreté du vestiaire mahométan et sur une espèce de putréfaction née d'un linge trop long-temps porté. Enfin dernièrement le docteur Pariset a émis une troisième opinion qui paraît plus spécieuse que fondée. D'après lui, la peste a dû naître en Égypte le jour où on a cessé d'y embaumer les cadavres; ce qui expliquerait comment cette pratique égyptienne, à laquelle on n'a affecté jusqu'ici qu'un sens religieux, aurait aussi sa signification hygiénique.

Quoi qu'il en soit de ces diverses opinions, dont aucune n'a la valeur d'une réalité, la peste se perpétue en Égypte et dans l'empire ottoman, malgré l'invasion des réformes récentes. L'épidémie offre du reste des phénomènes assez remarquables. A Constantinople, elle règne pendant l'été, et s'affaiblit au contraire pendant l'hiver. En Égypte, très rude l'hiver, elle devient bénigne en été. Ce fait peut s'expliquer, du reste, par la différence des climats et par ce contraste des conditions prédisposantes : en Syrie, la peste n'est qu'accidentelle, et elle y est toujours importée.

Les caractères de la peste sont, depuis la fin du dernier siècle, bien connus de la science européenne. Notre armée de Saint-Jean-d'Acre a fourni assez de sujets à cette fatale expérience. Les symptômes par lesquels s'annonce le mal sont presque toujours les mêmes. On languit d'abord dans un état d'inquiétude, de malaise et de dégoût général de soi-même : tout soin de la vie devient indifférent; si l'on conserve encore quelque désir, c'est de changer incessamment de position, car toutes les positions deviennent pénibles. Le malade se relève comme pour chercher un air plus pur et retombe sans l'avoir trouvé. A ces vagues souffrances succède une longue faiblesse, un complet abattement; après quoi de violentes douleurs éclatent dans la tête; un frisson irrégulier court dans les veines, une pâleur morne saisit le visage, les yeux deviennent mous, fixes et ternes. Ensuite arrive une chaleur fébrile qui part du cœur comme d'un foyer; on tombe en somnolence et de violentes contractions se manifestent dans les muscles du visage.

La fièvre, la fièvre ardente vient de s'allumer, et bientôt elle tourne en délire. Dans cet état on a vu des malades s'élancer du lit de mort et se précipiter vers la mer comme pour y éteindre un incendie; d'autres tombaient de faiblesse au premier endroit pour ne plus se relever. Ceux-ci sont emportés en quelques heures, alors le délire ne cesse qu'avec la vie; ceux-là luttent plus long-temps contre le mal, et quand le délire s'est calmé, ils rendent un sang noir et fétide. Outre ces symptômes effrayans, des tumeurs enflammées se forment dans les aines et sous les aisselles; d'autres fois des charbons surviennent au visage et aux extrémités du corps. La mort ne frappe pas ses victimes avec la même rapidité : tantôt elle ne leur accorde pas un jour, tantôt elle les martyrise pendant une semaine; plus elle est prompte, plus les souffrances sont vives. Dans la campagne de la Syrie, quelquefois elle atteignit le soldat dans une marche militaire ou même sur un champ de bataille, alors le malheureux tombait frappé de convulsions et de contorsions violentes; sa face se décomposait, ses lèvres pantelantes s'écartaient et se contournaient dans tous les sens; sa langue pendait roussâtre et tuméfiée; une salive épaisse et livide coulait de sa bouche béante; ses yeux, sortis de leur orbite, étaient ouverts et immobiles. Le malheureux, s'agitant en d'horribles crispations, semblait se tordre sur lui-même, jetait un cri lugubre, puis rendait l'âme. Quelquefois le malade trouve la force de se relever au moment de mourir et expire presque debout. A Tentourah, lors de la retraite de Saint-Jean-d'Acre, on avait placé sur le bord de la mer, dans de méchantes cabanes, les pestiférés qui ne pouvaient pas suivre l'armée. Quand l'arrière-garde défila devant ces malheureux qu'on abandonnait, faute de moyens de transport, ils poussèrent tous des cris lamentables, et se roulèrent jusque sous les pieds des chevaux. L'un d'eux surtout, entendant le tambour, eut la force de se lever, d'endosser son havre-sac et de marcher. Trois fois, à quelques pas de distance, il tomba roide sur le sable; trois fois il se releva comme par une pression galvanique, puis il expira l'œil ouvert et fixé sur la queue des colonnes, les bras tendus vers elles, dans une attitude à la fois de menace et de regret, de rage et de douleur.

Comme toutes les maladies contagieuses, la peste a ses périodes de croissance et de décroissance, de malignité et de bénignité. Dans le début de l'épidémie, la moindre prédisposition, la plus légère circonstance occasionnelle, suffisent pour la donner, et alors elle est presque toujours incurable, soit que son intensité soit plus forte, soit qu'elle frappe des sujets moins en état de lui résister. Vainement dans cette période épuiserait-on ce que l'art européen possède de ressources médicales. La force des individus peut alors amener quelques guérisons, mais le remède sauve rarement. Dans la peste qui décima notre armée syrienne, les médecins employèrent tour à tour et avec des résultats souvent contradictoires, les toniques, les purgatifs, les acides, les sudorifiques, la saignée, les vésicatoires, les sinapismes. L'emploi de l'huile en friction, comme préservatif et comme curatif, et l'application d'ognons de scille cuits sur les bubons, eurent seuls des succès suivis et incontestés. Cependant peu à peu le venin perd sa force; s'absorbant, pour ainsi dire, dans ses victimes, il frappe avec moins de violence ; il laisse prise aux secours de l'art et aux réactions de la nature ; il faiblit à vue d'œil et dans le nombre de ses atteintes et dans leur caractère.

TOPOGRAPHIE ET ARCHÉOLOGIE.

On a vu que l'Égypte se partageait en trois grandes divisions : la basse Égypte ou Delta (*Bahari*), l'Égypte moyenne ou Heptanomide (*Ouestani*), la haute Égypte ou Thébaïde (*Saïd*), étendues sur une surperficie de 367,000 milles carrés. Outre ces divisions principales, l'état moderne compte vingt-cinq divisions administratives, les mêmes à peu près qu'avait établies l'occupation française.

POUR LA BASSE ÉGYPTE, *quinze divisions* : le Kaire, Kelyoub, Belbeys, Chibet, Mit-Kamer, Man Sourah, Damiette, Mehallet-el-Kébir, Tentah, Melyg, Monou, Negyleh, Fouah, Damanhour, Alexandrie.

Pour la moyenne et haute Égypte, *six divisions* : Girch, Atfyéh, Beny-Soueyf, Fayoum, Miniéh, Manfalou, Syout, Girgéh, Kenéh et Esnéh.

Ces diverses divisions de l'Égypte comptent environ deux mille cinq cents villes ou villages.

BASSE-ÉGYPTE OU DELTA.

(BAHARI).

ALEXANDRIE.

Quand on parle d'Alexandrie, il est impossible de ne pas citer la plus belle page que Volney ait écrite, celle où il rend l'impression première que lui causa l'aspect de la cité d'Alexandrie.

« Le nom de cette ville qui rappelle le génie d'un homme si étonnant, le nom du pays qui tient à tant de faits et d'idées; l'aspect du lieu qui présente un tableau si pittoresque; ces palmiers qui s'élèvent en parasols; ces maisons à terrasses qui semblent dépourvues de toits; ces flèches grêles des minarets qui portent une balustrade dans les airs, tout avertit le voyageur qu'il descend dans un autre monde. Descend-il à terre? Une foule d'objets inconnus l'assaille par tous ses sens; c'est une langue dont les sons barbares et l'accent âcre et guttural effraient son oreille; ce sont des habillemens d'une forme bizarre, des figures d'un caractère étrange. Au lieu de nos visages nus, de nos têtes enflées de cheveux, de nos coiffures triangulaires, et de nos habits courts et serrés, il regarde avec surprise ces visages brûlés, armés de barbe et de moustaches; cet amas d'étoffe roulée en plis sur une tête rase; ce long vêtement qui, tombant du cou au talon, voile le corps plutôt qu'il ne l'habille; et ces pipes de six pieds; et ces longs chapelets dont toutes les mains sont garnies; et ces hideux chameaux qui portent l'eau dans des sacs de cuir; et ces ânes sellés et bridés qui portent légèrement leur cavalier en pantoufles, et ce marché mal fourni de dattes et de petits pains ronds et plats, et cette foule immonde de chiens errans dans les rues, et ces espèces de fantômes ambulans, qui, sous une seule draperie d'une pièce, ne montrent d'humain que deux yeux de femmes. Dans ce tumulte, tout entier à ses sens, son esprit est nul pour la réflexion : ce n'est qu'arrivé au gîte si désiré, quand on vient de la mer, que, devenu plus calme, il considère avec réflexion ces rues étroites et sans pavé, ces maisons basses, et dont les jours sont masqués par des treillages, ce peuple maigre et noirâtre, qui marche nu-pieds, et n'a pour tout vêtement qu'une chemise bleue, ceinte d'un cuir ou d'un mouchoir rouge. Déjà l'air général de misère qu'il voit sur les hommes, et le mystère qui enveloppe les maisons, lui font soupçonner de la rapacité, de la tyrannie, et la défiance de l'esclavage. Mais un spectacle qui bientôt attire toute son attention, ce sont les vastes ruines qu'il aperçoit du côté de la terre. Dans nos contrées, les ruines sont sans objet de curiosité; à peine trouve-t-on aux lieux écartés quelques vieux châteaux dont le démembrement annonce plutôt la désertion du maître que la misère du lieu. Dans Alexandrie au contraire, à peine sort-on de la ville neuve, dans le continent, que l'on est frappé de l'aspect d'un vaste terrain tout couvert de ruines. Pendant deux heures de marche, on suit une double ligne de murs et de tours, qui forment l'enceinte de l'ancienne Alexandrie. La terre est couverte de débris de leurs sommets, des pans entiers sont écroulés, les voûtes enfoncées, les créneaux dégradés, et les pierres rongées et défigurées par le salpêtre. On parcourt un vaste intérieur sillonné de fouilles, percé de puits, distribué par des murs à demi-enfouis, semé de quelques colonnes anciennes, de tombeaux modernes, de palmiers, de nopals, et où l'on ne trouve de vivans que des chakals, des éperviers et des hibous. Les habitans accoutumés à ce spectacle n'en reçoivent aucune impression; mais l'étranger en qui les souvenirs qu'il rappelle s'exhalent par l'effet de la nouveauté, éprouve une émotion qui souvent passe jusqu'aux larmes, et qui donne lieu à des réflexions dont la tristesse attache autant le cœur que leur majesté élève l'âme. »

Alexandrie (en turk Iskanderieh), la ville la plus moderne de l'Égypte ancienne, mais la seule qui ait survécu à ses ruines, réveille en effet, comme Volney le dit, des souvenirs vastes et imposans. Trois époques ont marqué ses vingt et un siècles d'existence, et durant cet intervalle a été tour à tour, l'Alexandrie macédonienne ou romaine, l'Alexandrie sarrasine ou arabe; enfin l'Alexandrie turke. Aux jours des Pharaons, et même après la conquête de Cambyse, Alexandrie n'était qu'une misérable bourgade, peuplée de pâtres à demi-sauvages. Mais l'an 332 avant Jésus-Christ, Alexandre ayant enlevé l'Égypte aux Persans, projeta de lui donner un port de mer pour la tenir sous la dépendance des flottes macédoniennes. Entre le lac Maréotis et la Méditerranée existait une étroite langue de terre, qui, abritée au nord par l'île de Pharos, formait sur cette côte presque toute foraine un havre naturel et sûr. Après avoir calculé tous les avantages d'une position pareille, Alexandre y jeta lui-même les fondemens d'une grande ville. L'architecte Dinocratis en dirigea les travaux, et au bout d'un an elle fut bâtie. Sous son fondateur et sous les Ptolémées, qui lui succédèrent, Alexandrie grandit en force et en magnificence. Ceinte de remparts et de tours dans un circuit de quatre lieues, baignée au nord et au sud, elle devint à la fois une excellente position militaire et un riche entrepôt commercial. Des rues d'une largeur et d'une longueur immenses la coupaient dans tous les sens; elles étaient si régulières que l'œil, plongeant dans leur étendue, découvrait partout à l'horizon la bordure azurée du lac ou de la mer. Sur les places publiques, comme au sein des habitations, mille fontaines ruisselaient sur les dalles de granit, ou jaillissaient en gerbes limpides. L'eau et l'air, double providence des pays brûlans, se jouaient dans cette ville privilégiée, et conjuraient loin d'elle les fléaux d'un ciel d'airain.

Quand des mains d'Alexandre la cité eut passé entre les mains des Lagides, chacun de ces rois tint à honneur d'ajouter quelque chose à ses splendeurs. La vieille Égypte fut dépouillée pour embellir la nouvelle favorite. Des blocs de granit sculptés, enlevés à Thèbes et à Memphis de mystérieux obélisques détrônés de leur base séculaire, voyagèrent à grands frais pour venir s'asseoir sur d'autres piédestaux. La ville grecque fut édifiée avec des matériaux égyptiens, et ses monumens portèrent le cachet de cette double origine. Des places immenses, des palais merveilleux, de vastes portiques, des cirques, des temples, des catacombes, des hippodromes, où le marbre et le porphyre revêtaient mille formes, sortirent tout-à-coup de ce sol fécond en prodiges.

Bientôt, par une conception gigantesque, l'île de Pharos fut attachée au continent par un môle d'un mille de longueur. On le nomma l'*Heptastade* (sept stades). Ce môle coupait en deux le havre d'Alexandrie, et lui donnait ainsi deux ports, l'un appelé le *Grand port*, l'autre *Eunorte* ou port du bon retour. Le premier est aujourd'hui le port neuf, l'autre le port vieux. Pour maintenir entre eux des communications faciles, on jeta vers chaque extrémité du môle, deux ponts sous lesquels les navires passaient à la voile. Un autre port, aujourd'hui comblé, fut creusé à main d'homme; il se nommait *Kibotos* et communiquait avec le lac Maréotis par un canal. Au N.-E. de Pharos était un petit rocher battu des flots; on le joignit à l'île par une digue, et c'est sur sa pointe que Sostrate construisit ce phare admirable, haut de quatre cents pieds, septième merveille du monde, qui se mirait dans la Méditerranée avec ses colonnades étagées et ses galeries aériennes.

A côté de ce monument d'autres s'élevaient qui ne lui cédaient ni en majesté, ni en grandeur; les temples de Neptune et de Sérapis, les palais d'Antirrode et de Lochias, le gymnase, le musée, le bazar, les arsenaux, la tour romaine, le Césarium, le Timonium, et enfin cette ville souterraine, ce pieux Nécropolis, dernier asile que l'Égypte consacrait à la cendre de ses morts. Riche de tant d'édifices, Alexandrie avait aussi ses trésors de sciences. Fille de l'Égypte des Pharaons, elle avait recueilli avec orgueil son héritage de lumières; elle avait réuni en faisceau toutes les traditions primitives qui formaient l'histoire de ces vieux âges si vaguement connus. Par les soins des Ptolémées, une bibliothèque immense fut bientôt fondée, et quatre cent mille manuscrits y prirent place. Une brillante Académie, pépinière de rhéteurs et de philosophes, s'installa au milieu de frais ombrages sur les bords du lac Maréotis; une école célèbre, arène ouverte aux savans de l'univers, eut des chaires pour toutes les connaissances humaines, et le fils de Lagus, élève attentif et silencieux, vint lui-même sous ces voûtes écouter les doctes leçons d'Euclide.

Pour entretenir ce luxe de monumens et de fondations, il fallait de grandes ressources. Le commerce d Alexandrie suffisait à tout. Touchant à l'Inde par la mer Rouge, à l'Europe par la Méditerranée, partie intégrante du continent africain et presque limitrophe de l'Asie, cette ville était alors le point central du monde connu. Les vaisseaux grecs, romains et carthaginois venaient s'y rencontrer avec les caravanes arabes. L'Orient s'y trouvait en présence de l'Occident. Alexandrie avait si bien compris et calculé toute l'excellence de cette position, qu'il fallut pour enlever à l'Égypte son monopole commercial, dix-huit siècles et la découverte du cap de Bonne-Espérance.

Sur les quais de la ville, dans ses marchés, au sein de ses rues, se pressait une population de neuf cent mille âmes, population marchande ou industrielle, exploitant dans des échanges à peu près universels une mine féconde de richesses. Les communications intérieures étaient activées par des canaux et par des lacs. Celui de Canope, navigable du Nil à Alexandrie, servait, dans sa double destination, à l'entretien des fontaines et au transport des marchandises. Ce canal fertilisait le pays qu'il coupait, était bordé de vignes, de dattiers et de sycomores. Tout au long de ses bords se groupaient des maisons de plaisance et des jardins délicieux. C'est ce même canal que Mohammed-Ali vient de faire recreuser.

Telle fut l'Alexandrie des Grecs, ville de bonheur et d'opulence; elle se montra aux jours de sa jeunesse, riante, belle et fraîchement parée. Tout, dans son sein, respirait la joie et l'amour : son histoire elle-même n'est qu'un pompeux roman où tout est grandiose, sauf pourtant les passions humaines qui s'y montrent mesquines et désordonnées. Ce fut dans cette enceinte que régna la dernière des Lagides, cette Cléopâtre, reine encore par sa beauté, qui changeait d'amant chaque fois que le monde changeait de maître. C'est dans ce port qu'elle s'embarqua, lorsque, sommée de comparaître devant le vainqueur de Philippe, elle partit pour Tharse, dans une galère à la carène dorée, aux voiles de pourpre et de soie. C'est là qu'entraînant à sa suite un amant déchu, elle ramena sa flotte fugitive, et vint, avant de mourir, noyer dans ses orgies fastueuses les honteux souvenirs d'Actium.

Devenue Romaine, Alexandrie déchut insensiblement de son éclat et de sa puissance. Prise par Zénobie, reine de Palmyre, en 269, puis rendue à Aurélien, subjuguée plus tard par des aventuriers, et reconquise enfin par Dioclétien en 298 de notre ère, elle passa à l'époque du démembrement de l'empire romain, sous la domination des empereurs d'Orient. Le christianisme y jeta de profondes racines. Des églises et des monastères couvrirent bientôt le sol de l'Égypte et surtout la Thébaïde : les conciles d'Alexandrie, dirigés par l'élite des théologiens, firent autorité en matière de dogmes. Mais ce peuple de néophytes, jeune et bouillant dans la foi, crut devoir immoler à la croyance nouvelle les monumens de l'idolâtrie égyptienne.

On mutila quelques statues, on porta dans les temples un marteau sacrilége, et des peines sévères empêchèrent seules de plus graves excès. D'ailleurs, ce n'était là qu'un prélude, et d'autres fanatiques devaient bientôt continuer, au nom de Mahomet, la dévastation commencée au nom de Jésus-Christ.

Ce fut en 637, qu'Omar, second successeur du prophète, envoya son général Amrou pour conquérir l'Égypte à l'Islamisme. Le farouche délégué parut sur les bords du Nil, le fer et la torche à la main. Après un siége de quatorze mois, Alexandrie, abandonnée de l'empereur Héraclius, est vainement défendue par ses courageux habitans. On sait ce qu'elle devint sous les nouveaux maîtres. Les merveilles des arts furent anéanties; la bibliothèque des Ptolémées livrée aux flammes, lègue au monde savant l'éternel regret de n'avoir point connu ses trésors. Dans l'ère des khalyfes abbassides, Alexandrie continue à marcher vers sa décadence. En 875 de notre ère, elle avait tellement souffert dans sa population, que la ville avait l'aspect d'un désert. Il fallut la resserrer dans un moindre espace. Les murailles grecques furent abattues sous le quinzième Abbasside : une enceinte nouvelle flanquée de remparts et de tours, fut élevée par les soins d'Ebn-Touloun, alors gouverneur de l'Égypte. Dans cette enceinte se rencontra l'Alexandrie sarrasine ou arabe, qui, inhabitée aujourd'hui, a pourtant conservé ce nom. Cette nouvelle cité, édifiée avec les matériaux de l'ancienne, n'était dépourvue ni de régularité, ni de grâce. Coupée en échiquier, elle offrait un singulier contraste de constructions récentes et d'édifices primitifs. Riche malgré toutes ses pertes, elle jouissait encore des bienfaits d'une admirable position, et gardait dans ses mains le sceptre du commerce asiatique. En 868, des lieutenants rebelles enlevèrent la ville aux Abbassides; les Fatimites s'en emparèrent en 969. Conquise plus tard par Salah-ed-Dyn (vers 1171), elle demeura au pouvoir des Mamlouks jusqu'en 1518, où le sultan Sélim la réunit à l'empire ottoman. De cette époque date l'Alexandrie des Turks, misérable débris de la cité d'Alexandre.

Déjà, au commencement de ce siècle, un coup mortel lui avait été porté. Le cap de Bonne-Espérance, doublé par les navires de Gama, venait d'ouvrir au commerce indien une route nouvelle. Désormais, réduite à des échanges d'Arabie et d'Afrique, frappée à mort dans son industrie et dans ses monumens, pressurée par des pachas avides, Alexandrie, dans cette série de trois siècles environ, fut conduite jour par jour au degré d'abaissement où nous la voyons aujourd'hui parvenue. Sa dépopulation a été si rapide, que la ville sarrasine est devenue à son tour trop vaste pour ses habitans. Il a fallu l'abandonner. Les sables empiétant sur la mer avaient agrandi le môle qui unissait l'île de Pharos au continent. C'est là que fut reléguée la moderne Alexandrie, comme un reste impur de ses deux devancières; c'est là, sur un promontoire étranglé, que huit mille âmes représentent les neuf cent mille Alexandrins des Lagides ; c'est là qu'un amas confus de maisons délabrées tiennent la place de la cité des Ptolémées et des khalifes. Toutes les traditions, tous les monumens ont cédé au temps et au fanatisme. Le Phare est tombé sous la pioche mahométane; et à sa place les Turks ont élevé un fort carré, château massif et informe aussi disgracieux à la vue qu'inutile à la défense. (*Voyez les deux gravures représentant le château du Phare.*) Quelques canons sans canonniers y montrent leurs bouches entre les embrasures, comme un appareil à la fois impuissant et vain. De son côté, le Désert, libre dans ses envahissemens, s'est jeté sur la ville comme sur une proie; il a enterré les pilastres, recouvert les colonnades et les chapiteaux, comblé les ports, les canaux et les aqueducs, enfin stérilisé cette campagne jadis si animée et si vivante.

Aujourd'hui, dans cet ensemble de délabrement et de ruines, on reconnaîtrait difficilement les vestiges de la ville d'autrefois, si des monumens presque intacts ne constataient cette existence antérieure. Tels sont, entre autres, la colonne faussement appelé dite de Pompée, et les obélisques ou aiguilles de Cléopâtre.

La colonne de Pompée ou colonne Dioclétienne, située au midi de la ville arabe, se trouvait jadis comprise dans l'enceinte même d'Alexandrie. Dominant les minarets, les obélisques et le château du Phare, elle n'a plus aujourd'hui qu'une utilité, celle de servir de point de reconnaissance aux vaisseaux qui arrivent du large, et aux caravanes qui débouchent du Désert. C'est une colonne haute de quatre-vingt-huit pieds et demi, d'un seul bloc de granit rose, dont l'exécution et le poli sont admirables. Le piédestal, la base et le chapiteau sont d'un granit grisâtre dont le travail est incorrect et lourd, ce qui ferait croire que la colonne, distraite de sa destination primitive, n'a été que plus tard associée à ses accessoires modernes, et pour une érection dédicatoire. Cette opinion, adoptée par les savans, semble se trouver justifiée par l'examen des détails. Mais l'origine des matériaux et la décadence du monolithe ont été l'objet de graves dissidences.

Quelques antiquaires ont prétendu, sur la foi d'auteurs arabes, que la colonne dite de Pompée faisait partie d'un vaste édifice auquel seule elle a survécu; d'autres, affermis dans leurs jugements par ses proportions colossales, n'y ont vu qu'un monolithe isolé. Long-temps on avait cru que le monument, tel qu'il existe aujourd'hui, avait été érigé en l'honneur de Septime ou d'Alexandre Sévère; mais des recherches plus récentes ont rétabli sa vraie date et sa destination réelle. M. de Chateaubriand nous a, l'un des premiers, fait connaître en France l'inscription que porte sa base occidentale, et dans laquelle se trouve une dédicace formelle à l'empereur Dioclétien par un préfet nommé Pomponius ou Pompée. Cette dernière circonstance expliquerait la tradition dominante. « Du reste, ajoute l'auteur de l'*Itinéraire*, » la colonne est plus vieille que sa dédicace. »

Les aiguilles, dites de Cléopâtre, sont situées vers la partie orientale d'Alexandrie sur la même plage où s'élevaient les anciens palais des Ptolémées. Ce sont deux obélisques en granit rose d'Égypte, couverts d'hiéroglyphes de la base au sommet, dont l'un est debout, l'autre renversé. L'obélisque debout a soixante-trois pieds de haut sur sept pieds carrés dans sa plus grande largeur. Si la colonne Pompée accuse dans son exécution le ciseau grec, les aiguilles de Cléopâtre, de pure pierre thébaïque, sont marquées au style égyptien. Transportées de l'Égyte supérieure dans Alexandrie, ces obélisques y reçurent une destination qui jusqu'ici a échappé aux commentaires des savans. Toutefois, un passage de Strabon, qui précise assez bien leur emplacement, donnerait lieu de croire qu'elles ornaient l'avenue du Césarium, palais destiné à César.

Outre ces monumens que le temps a respectés, on rencontre à chaque pas, autour de l'*Iskanderiéh* moderne, des souvenirs de l'Alexandrie antique. Vers la porte de Rosette, cinq colonnes en marbre blanc signalent l'enceinte d'un temple grec; sur les rivages du môle, des fûts granitiques servent d'assises aux maisons consulaires. Dans la ville, des citernes souterraines, réservoirs immenses contenant de l'eau pour deux années, des mosquées sarrasines, exhaussées sur un péristyle égyptien; hors des murs, des thermes arabes, des bains dits de Cléopâtre, une cité sépulcrale, partout enfin des vestiges confus, des murailles pendantes, des chapiteaux informes et mutilés, des statues tombées de leur piédestal et rongées par le sable: voilà tout ce qui reste d'Alexandrie, voilà quel aspect de ruine et de solitude elle présente (*voyez la gravure*). A peine, pour compenser la vue de cette bourgade turke aux maisons de boue et de paille, rencontre-t-on çà et là quelque habitation plus somptueuse et plus riche, demeure des heureux de la contrée (*voyez la gravure*).

Comme centre commercial, Alexandrie a beaucoup grandi en importance depuis le règne de Mohammed-Ali. Les Turks avaient laissé ensabler le port neuf, le seul qui fût autrefois abordable aux Européens, et le port vieux menaçait de devenir impraticable par l'imprévoyante habitude qu'avaient les Turks d'y jeter le lest de leurs navires. Le vice-roi a mis ordre à tout cela : le port vieux, dans lequel Brueys ne crut pas pouvoir abriter sa flotte, circonstance funeste à laquelle on dut la catastrophe navale d'Aboukir; le port vieux contient aujourd'hui les vaisseaux de haut-bord de Mohammed-Ali, qui y entrent et en ressortent avec la plus grande sécurité. Le port neuf est moins sûr; quand les vents soufflent avec quelque violence, les navires y frappent le fond avec leur quille, et, ce fond étant de roche, il arrive souvent que les câbles se coupent, et laissent aller en dérive les bâtimens qu'ils contenaient. Ce port neuf est toutefois, à cause de son entrée et de sa sortie plus faciles, le mouillage préféré par les voiles du commerce. C'est là que se chargent et *s'estivent* ces milliers de balles de coton qui nous arrivent en Europe. On nomme *estivage*, l'action de presser dans la cale du navire les balles de coton, de manière à les réduire à moins de moitié de leur volume.

Avant que le canal Mahmodiéh eût rouvert une communication large et directe entre Alexandrie et le Nil, la ville ne recevait de l'eau que par le Kalidji, canal de douze lieues de long, qui, dans les mois d'inondation, emplissait les citernes de la ville.

Rien de plus triste au regard que les environs immédiats d'Alexandrie : c'est le désert d'Afrique, ce n'est point l'Égypte. La terre, profondément gercée, y nourrit à peine quelques palmiers, dont les premiers anneaux plongent dans le sable, et la plante que les Arabes nomment *qaly*, plante dont on fait de la soude naturelle. D'ailleurs pas un bouquet d'arbres en dehors de la ligne des dattiers qui suit l'ancien Kalyg, pas une maison, pas un village. C'est de tous côtés un spectacle de désolation qui prédispose mal le voyageur, et qui lui communique des impressions tristes, dont les paysages du Nil peuvent à peine le distraire.

II. LES LACS DE NATROUN.

Au nord d'Alexandrie, et dans le cœur même du désert, s'étendent deux vallées importantes pour le géographe autant que pour le géologue. Ce sont celle des lacs de Natroun, et celle du fleuve Sans Eau (*Bahr-bela-Mâ*). Cette région de l'Égypte, domaine de tribus nomades, s'était, avant les jours de l'occupation française dérobée à des investigations précises et complètes. Le père Sicard seul avait parlé du désert de Chaia, et de lacs, espèce de fosse naturelle, de trois à quatre lieues de long sur un quart de large, qui produit par transsudation un sel que l'on détache à coups de barre.

Là se bornaient les détails obtenus dans cette zone, lorsqu'Andréossy y fut envoyé par Bonaparte. Ce général avait l'ordre d'explorer la contrée et comme savant et comme économiste. Il importait en effet, d'un côté, de savoir si les hypothèses d'une déviation dans le cours du Nil, dans des âges très reculés, rencontraient dans l'aspect des lieux des preuves parlantes, et de l'autre si les lacs de Natroun, l'une des richesses de l'Égypte, pouvaient être exploités d'une manière plus égale et plus fructueuse. Dans ce double but, des hommes spéciaux et compétens, parmi lesquels figuraient Berthollet et Fourrier, se joignirent à Andréossy dans cette excursion.

Les lacs de Natroun sont situés au sein d'une vallée qui se développe du N.-O. au S.-E. L'espace qu'ils couvrent a sept lieues de long sur huit cents mètres de large. On compte six lacs, séparés les uns des autres par des landes arides. Les deux premiers, vers le sud, portent le nom de Birket-ed-Dyourah (*lac des Couvens*); les quatre suivans ont des noms qui ne présentent aucune signification particulière. Les eaux de ces lacs haussent et baissent à des époques correspondantes aux crues du Nil, ce qui pourrait faire croire qu'ils sont alimentés par des infiltrations souterraines du fleuve. Ces eaux contiennent des sels qui diffèrent de l'un à l'autre : c'est toujours du muriate de chaux, de soude, de carbonate de soude et un peu de sulfate de soude; mais le carbonate domine dans les uns, et le muriate dans les autres.

L'exploitation des lacs de Natroun est presque toujours affermée aux habitans de Terranéh, et c'est de cette ville que partent les caravanes chargées de leur produit. Chacune de ces caravanes se compose ordinairement de cent cinquante chameaux et de cinq cents ânes, pouvant enlever six cents *kantars* de natroun (environ trente-six mille kilogrammes). La récolte annuelle du natroun paraît s'élever à plus de trente-six mille quintaux. De l'entrepôt de Terranéh, on dirige cet alcali sur Alexandrie et sur Rosette.

La vallée des lacs n'offre en fait de ruines que les débris d'une verrerie dont on ne saurait préciser l'époque, et en fait de monumens que quatre monastères qui appartiennent au IVe siècle. C'étaient le couvent des Grecs (*El-Baramous*), le couvent des Syriens (*Deyr-Saydeh*), le couvent d'*Anbà-Bichay*, et enfin celui de Saint-Macaire (*Deyr-Makoryout*).

Bâtis à peu près sur le même plan, ces couvens ont la forme d'un carré long, dont le grand côté aurait depuis quatre-vingt-dix-huit mètres jusqu'à cent quarante-deux, et le petit côté depuis cinquante-huit mètres jusqu'à soixante-huit, ce qui donne une surface moyenne d'environ mille cinq cent soixante mètres carrés. Les murs d'enceinte ont au moins treize mètres d'élévation, et deux et demi à trois mètres d'épaisseur à la base; ils sont en bonne maçonnerie et bien entretenus. Le mur au-dessus du trottoir a des meurtrières saillantes pour que les moines, assiégés, puissent se défendre à coups de pierres, les lois canoniques leur interdisant l'usage des armes à feu.

L'entrée de ces couvens est si étroite et si basse qu'on ne peut y pénétrer qu'en se tenant courbé. Outre une porte très épaisse, défendue par un machicoulis, il existe deux énormes meules de granit qui ferment hermétiquement l'ouverture extérieure. Avant de livrer passage à qui que se soit, il n'est sorte de précaution dont ces religieux ne fassent usage. La crainte des Arabes les oblige à se tenir sur un *qui vive* perpétuel, et presque toujours un moine demeure en vedette sur le haut des murs pour donner l'alerte au besoin.

Cependant, malgré cet état de surveillance hostile contre les tribus voisines, les solitaires de la vallée de Natroun se voient forcés d'exercer à leur égard les devoirs de l'hospitalité. Quand les Bédouins, dans leurs courses, passent au pied du couvent, l'orge pour les chevaux, le pain et les dattes pour les hommes descendent du haut des murs à la premiere sommation. Ceci, il faut le croire, est moins un acte de charité qu'un acte de conservation et de prudence. Ils craignent, en refusant aux cavaliers du Désert le tribut d'une halte, de se voir exposés dans leurs courses au dehors à de sanglantes représailles. Ces cénobites en sont d'ailleurs encore à la civilisation du ve siècle. Rien, dans ce qui les entoure, ne donne à supposer qu'ils s'occupent ni de travaux d'esprit, ni d'ouvrages manuels. Ils n'ont, pour tous livres, que des manuscrits ascétiques sur parchemin ou sur papier de coton, les uns en arabe, les autres en cophte, avec une traduction marginale en arabe.

La plupart des religieux sont borgnes ou aveugles, la réverbération des sables et la fraîcheur des nuits usant de fort bonne heure l'organe de la vue. Les principaux revenus de ces couvens consistent en aumônes péniblement recueillies, et encore la somme en est si minime qu'ils y trouvent à peine de quoi se nourrir. Leurs alimens ordinaires se composent de fèves et de lentilles préparées à l'huile. Andréossy compta neuf moines au couvent d'El-Baramous, douze au couvent d'Anbà-Bichay, et vingt au couvent de Saint-Macaire. Quand il meurt un membre de la communauté, le patriarche du Kaire pourvoit à son remplacement. Chaque moine a sa cellule, réduit étroit, haut d'un mètre environ, et où le jour ne pénètre que par l'entrée. Les meubles consistent en une natte, les ustensiles en une jarre et une bardaque ou gargoulette, vase en terre destiné à rafraîchir l'eau. Les églises et les chapelles ont un aspect qui rappelle parfaitement les églises du Bas-Empire. Elles offrent au peintre des vues ravissantes, et à l'archéologue des points d'étude importans. Des images souvent tracées par des peintres grecs décorent leurs murs, des lampes ornées d'œufs d'autruche pendent sur la nef; les autels sont garnis des accessoires nécessaires aux cérémonies du culte, dont la forme et le style présentent souvent des sujets très curieux pour l'étude des beaux-arts chrétiens en Orient.

Les trois couvens qui se trouvent les plus voisins des lacs ont des puits creusés dans l'enceinte intérieure : ces puits contiennent un mètre environ d'eau douce, que l'on élève au moyen d'une roue à pots. Ces puits suffisent aux besoins du monastère et à l'arrosage d'un petit jardin où croissent quelques légumes et un petit nombre d'arbres : le dattier, l'olivier, le hennéh et le sycomore. Le couvent des Syriens possède l'arbre miraculeux de Saint-Ephrem, qui a six mètres et demi de hauteur sur trois mètres de tour : c'est le tamarinier de l'Inde (*thamar-hendy*); et quoique cet arbre soit fort commun dans le Saïd, les moines du couvent s'en croient les seuls possesseurs. Ils racontent avec naïveté comment saint Ephrem, pour confondre l'incrédulité d'un jeune néophyte qui se plaignait de l'aridité du Désert, planta son bâton dans le sable, en lui ordonnant de devenir arbre. Le bâton crut en effet; il poussa branches et racines, et depuis lors la tradition du miracle est restée dans le couvent avec l'arbre qui lui donna lieu.

A côté de la vallée de Natroun, étendue dans une direction parallèle, et séparée par une crête de sables, se développe l'autre vallée connue sous le nom de *Bahr-belâ-Mâ* (fleuve Sans Eau), ou de *Bah-rel-Faregh* (fleuve Vide). Encombrée de sables, cette vallée se montre d'une stérilité uniforme, dans un bassin qui a près de trois lieues de développement d'un bord à l'autre. Ce qui donne quelque importance à cette position, c'est qu'à diverses époques les savans ont soupçonné que cet encaissement prolongé pouvait être un ancien lit du Nil ou une forte dérivation de ce fleuve. Le nom populaire que le vallon avait conservé, la disposition du terrain, les bois pétrifiés qu'on y trouve, tout paraît fortifier cette conjecture. Quand on explore la vallée, on y reconnaît à chaque pas les traces des eaux fluviales. Des bois pétrifiés et agatisés, d'autres dans un état moindre de cristallisation, une vertèbre de gros poisson, qui paraissait minéralisée, du quartz roulé, des silex et des pierres siliceuses, des fragmens de jaspe roulé, et des pierres dites cailloux d'Égypte qui parsèment ce bassin, forment autant de preuves de plus à l'appui de l'hypothèse scientifique. La plupart de ces minéraux appartienent aux montagnes primitives de la Haute-Égypte, et les eaux du Nil avaient pu seules les entraîner jusque là.

Ce lit fluvial recevait-il seulement une portion du fleuve, ou le fleuve tout entier? c'est ce qu'il était plus difficile de constater. Pour résoudre cette difficulté, il faudrait remonter toute la vallée et aller rejoindre son point d'attache avec celle du Nil. Jusqu'ici aucun voyageur européen ne l'a fait; mais les rapports concordans des Arabes établissent que la vallée du fleuve Sans Eau va aboutir d'une part au Fayoum, de l'autre au golfe des Arabes. Ainsi, il se pourrait que le fleuve Sans Eau n'eût été qu'un canal de décharge pour le trop plein du lac Mœris, à moins que l'importance du lit et la nature des débris qui le jonchent n'y fassent voir la branche principale du Nil lui-même.

ROSETTE ET LE DELTA.

Tant qu'on demeure dans le rayon d'Alexandrie, ce n'est point l'Egypte que l'on voit, mais la lisière du Désert. L'Égypte commence à Rosette. On passe pour y arriver devant le château et la rade d'Aboukir, nom à la fois d'une triste et glorieuse célébrité. Sa rade vit la grande catastrophe navale où Nelson gagna son brevet de lord et de baron du Nil; son promontoire vit la magnifique victoire que Bonaparte remporta sur quarante mille Osmanlis, refoulés dans la mer qui les avait amenés. Aboukir est un château assez fort qui exigea un siége de la part des Français quand il fallut le reprendre sur les Turks. Au-delà d'Aboukir, et quand on a traversé le lac Mahddieh, l'ancienne branche canopique, paraissent les bouches du Nil et le *Boghaz*, barre dangereuse où périssent souvent les petits navires et les djermes indigènes. A cet endroit, soit par l'effet d'un barrage de sables, soit par suite du choc des eaux du fleuve contre les eaux de la mer, un ressac énorme et dangereux tourmente le bassin du fleuve. Lorsque le vent fraîchit, il s'y élève de vraies tempêtes avec des vagues énormes et courtes. Ce *boghaz* a peu de profondeur : dans une lieue d'étendue, il offre à peine une ouverture de quelques toises pour le passage des navires, et encore cette ouverture varie-t-elle de jour en jour. Les pilotes de l'embouchure sont occupés à toute heure à sonder ces parages, afin de pouvoir guider ces navires. C'est seulement après avoir lutté pendant quelques heures contre le courant que l'on entre dans le lit tranquille du fleuve, qui s'encaisse entre deux rives taillées à pic, et couronnées de palmiers et de sycomores. Ainsi, sous un berceau d'arbres, on arrive à Rosette ou *Rachyd*, qui se cache dans un coude du fleuve, au sein d'une forêt de dattiers, de bananiers, d'orangers et de lentisques.

Rosette fut bâtie vers l'an 870 par le petit-fils du célèbre Haraoun-Rachyd, près de la bouche bolbitine, non loin de Kourat, l'ancienne Naucratis, le plus célèbre port de mer des pharaons. Les ensablemens du Nil, et surtout du canal d'Alexandrie, ayant ruiné peu à peu le commerce de Fouah, située plus avant dans le fleuve, Rosette recueillit cet héritage, et devint l'un des entrepôts le plus actif du littoral. Fondée à l'embouchure même du fleuve, Rosette en est aujourd'hui éloignée de plus de deux lieues. Il y a vingt années, elle avait le monopole du transit entre Alexandrie et le Kaire; mais le canal Mahmoudiéh, creusé par les soins de Mohammed-Ali, l'a fait déchoir un peu de sa position et de son importance.

Rosette se développe sur la rive occidentale du Nil, dans une étendue de demi-lieue environ. On n'y voit point de place remarquable, point de rue alignée; mais toutes les maisons, bien entretenues et pourvues de terrasses, ont un air de propreté et d'élégance qui plaît à l'œil. Les seuls édifices publics que l'on puisse remarquer sont deux mosquées, dont les minarets dominent toute la plaine. La plupart des habitations jouissent de la vue du Delta et du Nil, panorama plein de vie et de fraîcheur, animé par le mouvement des barques qui remontent ou descendent le fleuve.

Ce Delta, que l'on aperçoit alors pour la première fois, peut être appelé le jardin de l'Égypte. La figue, l'orange, la banane, la grenade, y croissent presque sans culture, et y sont d'une qualité exquise. La campagne y a un aspect qui ne se retrouve dans aucun autre pays. C'est une surface immense sans montagne, sans colline, coupée de canaux innombrables et couverte de riches moissons; ce sont des bois touffus sous lesquels s'abritent les huttes en terre des fellahs, des cassiers aux fleurs jaunes, des limoniers aux fruits d'or, qui, serrés l'un contre l'autre, forment une ombre impénétrable au soleil.

La terre du Delta est un limon noir dont la fécondité paraît inépuisable. Son principal produit paraît être le riz, et après le riz le coton. Quand une rizière est préparée, des bœufs, un bandeau sur les yeux, tournent des roues à chapelets qui versent de l'eau dans un bassin, d'où elle se répand sur les champs. Après un séjour d'une semaine, quand la terre est profondément imbibée, hommes, femmes, enfans, marchent dans la boue, et enlèvent sans effort toutes les racines des plantes. Ce travail fini, on arrache le riz haut d'un pied, et on le transplante dans la rizière, où, chaque jour inondé, il croît avec une rapidité surprenante. Planté à la fin de juillet, on le coupe en novembre, et on étend les gerbes sur l'aire. La paille est ensuite hachée à l'aide de roues que l'on promène sur les gerbes; ensuite le van la sépare du grain. La dernière opération consiste à détacher par l'action d'une meule, les pellicules qui enveloppent le riz, et à ensacher la denrée dans des *couffes* faites avec des feuilles de dattier. Le riz des environs de Rosette, fort estimé dans l'Orient, se nomme *Sultani.* Il paraît être destiné à l'approvisionnement des riches consommateurs d'Alexandrie et de Constantinople. Le riz est à peine coupé, que l'on arrache le chaume, et qu'à la suite d'un léger labour on y sème de l'orge qui pousse en très peu de temps. Ceux qui préfèrent des fourrages sèment de la luzerne qui, au bout de vingt jours, s'élève à un pied et demi de haut sur une masse compacte de verdure. On la fauche trois fois avant la saison des riz; ainsi, en douze mois, le même champ donne deux moissons, l'une de riz, l'autre d'orge, ou quatre récoltes, l'une de riz et trois de fourrages.

Tel est le Delta : ses terres, arrosables à l'aide de roues à chapelet, sont bien plus fécondes et bien plus productives que celles de la Thébaïde. Il est vrai que plus on gagne vers les villages de l'intérieur, moins on y remarque de richesse et d'aisance, les cultures suivant plutôt le cours du Nil et des canaux intérieurs. Parmi les localités de quelque importance qui couvrent le territoire du Delta, il faut citer Tantah, chef-lieu de l'une des divisions récentes. C'est une des villes les plus belles et les plus populeuses de la Basse-Égypte. On vante surtout sa belle mosquée, dont le dôme et les minarets semblent être des chefs-d'œuvre d'architecture sarrasine. Cette mosquée est l'objet d'une grande vénération de la part des dévots égyptiens qui, trois fois par an, viennent y visiter le tombeau de Seyd-Ahmed-el-Bedaoui. Ce pèlerinage donne lieu à trois riches foires, dont l'une, celle d'avril, est très considérable. Il faut citer aussi dans le Delta, Mehallet-el-Kebir, ville un peu déchue, située sur le canal Melyg, et autrefois chef-lieu de la province de Garbiéh. On y compte pourtant encore dix-sept mille habitans qui s'adonnent à des industries manufacturières. Fouah, sur la rive droite du Nil, est aussi une ville assez importante, surtout par sa fabrique de bonnets rouges dits *tarbouchs*, la seule qui existe en Égypte. Presque en face, et sur la rive gauche du Nil, est Rahmaniéh, où se trouve la prise d'eau du canal Mahmoudiéh; plus haut, Damahnour que recommandent ses vastes plantations de coton; enfin, dans le Delta même, Sa-el-Hadjat (*Sa de la Pierre*), misérable village près duquel on place les ruines de Saïs, l'ancienne capitale du Delta, mère d'Athènes et tombeau de Psammeticus. S'il faut en croire Hérodote, son corps fut déposé dans le temple de Minerve, édifice imposant dont l'antiquité a célébré l'élévation et l'étendue. Ce temple était orné de statues colossales (*androphinx*) d'une hauteur prodigieuse. Tout près de l'entrée principale était une chapelle monolithe ou formée d'une seule pierre qu'Amasis avait fait transporter d'Éléphantine, distante de près de six cents milles de Saïs : deux mille hommes furent employés pendant trois ans à ce transport difficile. Cette chapelle avait en dehors vingt et une coudées de long, quatorze de large, et huit de haut dans œuvre; sa longueur était de dix-huit coudées sur douze de large et cinq de haut. Du reste, aucune trace de ces fondations antiques n'existe plus aujourd'hui. Ce que l'on remarque, ce sont les restes des circonvallations colossales de ces trois nécropoles, visités dernièrement par Champollion. On sait que Saïs était la ville préférée de Minerve, et qu'on y célébrait avec la plus grande pompe la fête dite des *lampes*, parce que les Égyptiens en allumaient pendant la nuit, et en grand nombre, autour de leurs maisons.

DAMIETTE ET SES ENVIRONS. — LE LAC MENZALÉH.

Au dire des auteurs anciens, unanimes là-dessus, le Nil se jetait autrefois dans la mer par sept embouchures.

C'était en allant d'Orient en Occident :

La branche Pélusiaque ou Bubastique;

La branche Tanitique ou Saïtique, qui porte aujourd'hui le nom d'Om-Farreg ;

La branche Mendésienne ou de Dybéh ;

La branche Phatnitique ou Phatmétique, qui est celle de Damiette;

La branche Sebennytique ou de Bourlos;

La branche Bolbitine ou de Rosette;

La branche Canopique ou d'Aboukir.

L'existence de ces sept branches se trouve constatée dans les plus vieux documens géographiques, et les poëtes eux-mêmes l'ont célébrée dans leurs chants. L'histoire nous enseigne que la branche Pélusiaque était navigable, lorsqu'Alexandre pénétra en Égypte : sa flottille, venue de Gazah, prit cette voie pour remonter le fleuve. Aujourd'hui non seulement cette branche est comblée, mais avec elle ont disparu les branches Tanitique, Mendésienne, Sebennytique et Canopique. Les seules embouchures du Nil sont aujourd'hui la Bolbitine et la Phatnitique, ou soit celles de Rosette et de Damiette. Quant aux anciennes branches, on a cru retrouver la bouche Mendésienne dans le canal d'Achmoun, et la bouche Tanitique dans le canal d'Om-Farreg. En allant de cette bouche à San, on passe à droite des îles de Tounah ou de Tennis, et l'on pénètre dans le canal de Moueys. L'entrée de la bouche a beaucoup d'eau et le fond est de vase noire. On mouille à droite et à gauche des îles de Tennis et de Tounah par seize à vingt décimètres d'eau. La partie de la gauche n'est praticable que pour de très petites djermes, et la ligne de la limite de la navigation du lac Menzaléh ne passe pas loin de leur direction. Les îlots, les bas-fonds qui se rattachent à la partie sud de ces îles font soupçonner un continent submergé. Le canal des Moueys a depuis San jusqu'au lac Menzaléh cinquante à cent vingt mètres de largeur, et de trois à quatre mètres de profondeur. Il communique avec le Nil, et verse, pendant l'inondation, un volume d'eau considérable, qui pénètre assez loin dans le lac sans prendre de salure. Les rives plates de ce canal indiquent d'ailleurs qu'il n'appartient pas aux temps modernes.

Ainsi en faisant concorder ces observations, en s'assurant de la profondeur du lac Menzaléh, dans la ligne qui se prolonge du canal de Moueys à la bouche d'Om-Farreg, en la comparant ensuite aux profondeurs moyennes de ses autres parages, un fait ressort évident, c'est que le canal de Moueys est l'ancienne branche Tanitique qui se prolongeait jusqu'à Om-Farreg, et qui avait sur sa droite les villes de San et de Tennis. D'où il résulterait que le lac Menzaléh n'existe qu'au détriment des anciennes bouches du Nil, et qu'à d'autres époques le terrain sur lequel il se déploie était une côte ferme. La nature du fond de son bassin, où l'on trouve partout la vase du Nil, le peu de profondeur de ses eaux et leur faible salure, seraient au besoin des preuves surabondantes à l'appui de cette assertion. L'anéantissement des bouches Pélusiaque, Tanitique et Mendésienne, a dû arriver le jour où la branche Phatnitique ou de Damiette eut été creusée à bras d'hommes ainsi que le dit Hérodote. Alors en effet, les trois branches, affaiblies dans le volume de leurs eaux, ne se sont plus trouvées en état de résister aux flots de la mer que les vents du nord poussent incessamment contre ces rivages. C'est ainsi que la Méditerranée a reflué dans les terres, et y a formé un vaste lac. Le même incident s'est produit pour le lac de Bourlos, où se déverse l'ancienne branche Sebennytique.

Le lac Menzaléh s'étend aujourd'hui de la presqu'île de Damiette aux dunes de l'ancienne Peluse. Il est compris entre deux grands golfes découpés chacun en petites baies, et une longue bande de terre, basse et peu large, qui le sépare de la mer. Les deux golfes, en se réunissant, rentrent sur eux-mêmes, et forment la presqu'île de Menzaléh, à la pointe de laquelle se trouvent les îles de Mataryéh, les seules qui soient habitées. La plus grande dimension du lac de Damiette à Peluse est de vingt lieues environ; sa plus petite est de cinq lieues; elle se prolonge de l'île de Mataryéh à la bouche de Dybéh.

Le lac ne communique avec la mer que par deux bouches praticables, celles de Dybéh et d'Om-Farreg. Entre ces deux bouches, il en existe une troisième qui communiquerait avec la Méditerranée sans une digue factice formée de deux rangs de pieux, dont l'intervalle est rempli de plantes marines entassées. Une autre bouche semblable, mais comblée, existe au-delà d'Om-Farreg. Ainsi, la langue qui sépare le lac de la mer ne compte que quatre interruptions sur un développement d'environ vingt lieues : elle est très basse, infertile, et d'une largeur variable.

Les îles de Mataryéh sont assez populeuses; mais leurs indigènes n'ont pour s'y abriter que de misérables cabanes bâties en boue ou en briques. Onze cents hommes, outre les femmes et les enfans, y sont occupés à la pêche et à la chasse des oiseaux aquatiques. Dans l'île de Myt el-Mataryéh, les cabanes se montrent pêle-mêle avec les tombeaux; elles ressemblent plutôt à des tanières qu'à des habitations.

Tyrans de leurs voisins, auxquels ils interdisent la pêche du lac, les insulaires de Mataryéh n'ont avec eux aucune communication. Presque toujours nus, et le corps dans l'eau, accoutumés aux travaux les plus pénibles, ils sont vigoureux et déterminés, hardis et intrépides. Leurs formes sont belles, leur physionomie mâle et sauvage, leur peau brûlée par le soleil. Privés de toute industrie territoriale, ils ne vivent que de leur pêche, qui est ordinairement fort abondante. Leur plus grand commerce consiste en poissons frais, poissons salés, et en *boutargue*, mets bien connus des méridionaux, et qui se fait avec les œufs du poisson nommé *mulet*. Nulle part on ne rencontre plus de poissons et d'oiseaux d'une chair exquise, nulle part on ne pêche plus de poissons littoraux, qui, analogues à la perche, s'entassent à l'embouchure des rivières pour s'y repaître d'un limon gras et animalisé. Leur préférence pour le lac Menzaléh s'explique facilement par la sécurité qu'ils trouvent à s'établir dans des eaux d'une si vaste étendue et à si bas-fond.

Les îlots et les attérages du lac favorisent également la multiplication des oiseaux les plus estimés comme gibier, tels que divers canards, sarcelles et souchets, des barges, des bécasses, différentes espèces de bécassines; mais principalement le grand et magnifique oiseau aux ailes de feu, le *flammant* ou phénicoptère. Dans de certaines chasses, on abat de ces oiseaux singuliers une quantité telle, que des barques entières en sont comblées jusqu'aux bords : on ne mange pas la chair de ces animaux, mais on arrache toutes les langues, et on les envoie à Damiette. Du temps des empereurs romains, l'Égypte acquittait une portion de son tribut avec des langues de flammant : Héliogabale est un de ceux qui se montrèrent le plus friands d'une pareille redevance. Alors, comme aujourd'hui, les langues du flammant étaient donc arrachées; mais de nos jours, c'est moins pour en faire un aliment impérial, que pour en exprimer une huile qui remplace le beurre dans l'assaisonnement des mets. L'énorme multiplication des phénicoptères sur le lac Menzaléh tient au nombre des îlots écartés et déserts qu'il renferme, et à quelques accidens dans la forme de leurs rivages. Ces oiseaux sont singulièrement sauvages, et leurs pieds sont si longs qu'ils les obligent à couver assis, les jambes pendantes.

Les bouches du lac Menzaléh sont souvent visitées par des marsouins qui y arrivent de la haute mer, et qui se plaisent au jeu et au mouvement des eaux sur ces confluens. Le fond est d'argile mêlée de sables aux embouchures, de boue noire dans les canaux de Dybéh et d'Om-Farreg, de vase tapissée de mousse, ou de vase mêlée de coquillages partout ailleurs. Les eaux du lac ont une saveur moins désagréable que celles de la mer. Elles sont potables pendant l'inondation du Nil, et cela à une assez grande distance de l'embouchure des canaux. On navigue sur le lac à la voile, à la rame et à la perche; on mouille en s'amarrant à deux perches que l'on enfonce, l'une sur l'avant, l'autre sur l'arrière. Les bateaux pêcheurs du lac ont à peu près la même forme que ceux du Nil, c'est-à-dire que leur proue est plus élevée d'environ deux pieds que leur poupe. La quille est concave sur sa longueur, à cause de l'échouage assez fréquent dans un bassin qui se trouve avoir tant de bas-fonds. L'air du lac est très sain ; la peste arrive rarement sur ses îles nombreuses, dont les seules habitées sont celles de Mataryéh.

La ville de Menzaléh qui a donné son nom au lac est une pauvre bourgade située sur la rive droite du canal d'Achmoun, à trois lieues de Mataryéh et seize de Damiette. Sa population peut s'évaluer à huit mille habitans. On y trouve quelques manufactures d'étoffes de soie et de toile à voile à l'usage des pêcheurs du lac.

C'est non loin de là que gisent les îles de Tennis et de Tounah, les plus importantes de ce petit archipel, quoique maintenant désertes. Il est évident, d'après l'aspect des lieux et des décombres que l'on y trouve, qu'elles ont fait partie d'un continent aujourd'hui submergé. Des débris de tombeaux, des ruines d'habitations et de monumens signalent une existence antérieure. D'après l'analogie des noms et de la position géographique, il faut reconnaître sur ce point l'emplacement de Tennis et de Tounah, autrefois villes méditerranées.

Tennis, ville romaine bâtie sur les débris d'une cité égyptienne, florissait du temps d'Auguste. Une enceinte de murailles, flanquée de tours, faisait sa défense. Aujourd'hui, l'île sur laquelle elle s'éleva ne contient que des vestiges insignifians de la ville antique. Quelques débris de bains, des souterrains voûtés avec art, des fragmens d'une cuve rectangulaire de granit rouge, voilà les seuls objets qui aient une forme au milieu d'un amas de briques brisées, de porcelaines, de poteries et de verreries de toutes les couleurs. Les habitans des pays voisins ont épuisé ces ruines en leur empruntant des matériaux pour bâtir leurs maisons. Touna, Tounah ou Tounch, était moins considérable encore que Tennis. Cependant au milieu de quelques décombres, Andréossy y trouva à la surface du sol, un camée antique sur agate, représentant une tête d'homme qu'il présuma être celle d'Auguste.

Non loin de ces deux positions antiques, et le long du canal de Moueys, se trouve le petit bourg de San, reste de la Tzoan de la Bible, l'ancienne Tanis, qui fut une ville immense aux jours des Grecs et des Romains. Dans l'intérieur de son enceinte, on retrouve les débris d'un forum spacieux, ayant la forme d'un parallélogramme : la grande entrée était du côté du canal, et de petites issues latérales le coupaient dans tous les sens. Aujourd'hui, San n'est important que par un grand commerce de dattes que les Arabes de Salahiéh viennent échanger contre des poissons salés.

Plus loin encore, et vers l'extrémité orientale du lac, quelques ruines marquaient la place d'une autre ville célèbre : c'était Péluse, située entre la mer et les dunes, au milieu d'une plaine rase et stérile. L'extrémité de l'ancienne branche Pélusiaque, réduite à un canal de fange, traverse cette plaine en allant du lac à la mer. Au bord de ce canal, mais assez loin de la plage, s'élève le château de Tynéh, détruit en partie : son origine paraît dater d'une époque antérieure à la conquête de Sélim. Faramah est à l'est de Péluse en gagnant vers la mer. Vainement aujourd'hui chercherait-on à reconnaître, au milieu de quelques décombres, cette célèbre Péluse, où se livra la première bataille entre les Perses conquérans et les Égyptiens envahis. Là où se trouvait une ville importante, à peine reste-t-il quelques colonnes enfouies sous les sables. Au lieu de cette Péluse qui vit assassiner Pompée, au lieu de ce boulevard de l'islamisme, que nos Croisés ruinèrent en un jour d'assaut, ce n'est plus qu'un mamelon désert et silencieux, que couronnent quelques arbustes étiolés.

Tous les villages modernes, échelonnés sur le littoral du lac Menzaléh, sont peuplés d'Arabes indolens et pauvres. La plaine de Péluse, les environs du canal d'Achmoun, de Moueys, n'offrent qu'une suite de landes inhabitables. Les presqu'îles de Damiette et de Menzaléh font seules exception : de belles et vastes rivières s'y déploient, fécondées par des canaux d'arrosage.

C'est là que paraît Damiette, qu'on peut appeler le chef-lieu de l'Égypte orientale. Située au milieu d'une campagne délicieuse sur les rives du Nil, et non loin des bords du lac Menzaléh, elle a le droit de se dire privilégiée entre toutes les villes de la vallée. Sa position à quelques lieues de la mer est pour elle la source de grandes ressources commerciales, tandis que le territoire qui l'entoure lui procure ses richesses agricoles. Des chrétiens d'Alep et de Damas, des Grecs, des Barbaresques, ont su y conquérir sur l'indolence turke le monopole des transactions industrielles. C'est à eux que Damiette doit l'un des marchés fournis des denrées et d'étoffes précieuses; c'est grâce à eux que la Syrie, Chypre et Marseille échangent avec l'Égypte les produits de leur sol et de leurs manufactures.

Damiette, plus grande que Rosette, et non moins riante qu'elle, s'arrondit en demi-cercle sur la rive orientale du fleuve. Une population de cinquante mille âmes se presse dans ses rues et dans ses bazars. Les maisons, celles surtout qui bordent le Nil, sont fort élevées, et au-dessus des terrasses qui les dominent se montrent de riants belvédères, ouverts à la brise fraîche du nord. De là au travers des flèches aiguës des minarets, on découvre d'un côté la mer qui fuit à l'horizon, de l'autre le lac Menzaléh, et plus près de soi le Nil, ruban sinueux qui coule entre deux nappes de verdure. Aucun pays sous le ciel ne jouit d'une température plus heureuse. Jamais, dans les plus fortes chaleurs, le thermomètre ne s'y élève au-dessus de vingt degrés de chaleur, tandis qu'au Kaire on le voit souvent marquer douze degrés plus haut. C'est dans ce rayon que l'on trouve le roseau calamus, dont les Orientaux se servent pour écrire; là aussi croît le papyrus avec lequel les anciens fabriquaient leur papier; enfin, c'est là que l'on aperçoit les premiers lotus, ou nuphars, végétal au large et blanc calice, balançant sa tige avec orgueil et mollesse. Quant aux arbres, on rencontre aux environs de Damiette toutes les espèces déjà citées; mais elles y sont peut-être plus belles. Des bois d'orangers, fleuris depuis la plus basse branche jusqu'au sommet, s'élèvent à une hauteur prodigieuse, tandis que les dattiers, les bananiers, les cassiers et les sycomores abondent dans toutes leurs variétés. Les environs de Damiette sont couverts de villages qu'anime une activité toute manufacturière. C'est là que se fabriquent les plus belles toiles d'Égypte, et surtout des serviettes recherchées au bout desquelles pendent des franges de soie.

Telle est la moderne Damiette, qui n'a rien de commun, pas même l'emplacement, avec la Damiette sarrasine, la Damiette de saint Louis et de Jean de Brienne, à diverses fois conquise ou abandonnée par les Croisés. L'ancienne Damiette, la *Thamiatis* des Grecs, était située à deux lieues au nord de la ville moderne et sur la même rive du Nil. Elle avait un port sur la Méditerranée, à l'embouchure même du fleuve. Malgré cette position si heureuse, Damiette était encore, sous la domination des Grecs du Bas-Empire, peu importante et presque inconnue. Péluse, placée comme elle sur une branche du Nil, écrasait cette rivale naissante: mais lorsque cette ville fréquemment saccagée, eut graduellement déchu de sa grandeur, Damiette recueillit peu à peu de cette puissance qui s'éteignait. Toutefois, elle n'était point une place de guerre, lorsque, vers l'an 238 de l'hégyre, les empereurs de Constantinople la conquirent sur les Sarrasins. Reprise par ces derniers, elle se vit ceindre de murs, et depuis lors sa destinée fut de devenir le point de mire de toutes les Croisades européennes. Quatre fois enlevée aux Musulmans, quatre fois elle retomba en leur pouvoir. Enfin, fatigués d'avoir sur les bras une place qui semblait attirer les plus vaillans soldats de la chrétienté, les sultans prirent le parti de la raser de fond en comble, et de la rebâtir à quelques lieues plus avant dans les terres. Abou'l-Fèda et El-Maqrizy sont tous les deux si précis dans la mention de cet événement, qu'il se trouve avoir acquis la force d'un fait historique incontestable. La nouvelle Damiette se nomma *Menchié;* quant à l'ancienne, son emplacement se retrouve dans un village nommé Lesbéh, bâti sur des vestiges de fondations primitives. La destruction sous les mamlouks a été néanmoins si complète, que rien au-dessus du sol ne témoigne aujourd'hui de cette existence. La découverte de vastes citernes et d'aqueducs souterrains a pu seule ajouter quelques preuves matérielles aux traditions précises des auteurs arabes et romains.

VILLES ET LOCALITÉS REMARQUABLES DE LA BASSE-ÉGYPTE.

Il reste peu de monumens et de souvenirs à citer dans ce rayon où passèrent tant de peuples, et où se succédèrent tant de dynasties. L'aspect actuel des lieux est si confus, que l'on ne pourrait d'ailleurs procéder à une reconstruction de l'état antique, d'après l'état moderne, qu'au moyen des plus grands tâtonnemens, et avec une réserve prudente.

On remarque cependant les ruines de On ou Hon, la *Héliopolis* des Grecs, à cause de son temple magnifique dédié au Soleil. Hon était l'une des plus importantes villes de la Vieille-Égypte; on la citait pour la beauté de ses temples et pour son collége, où les prêtres enseignaient les hautes sciences, collége dans lequel Hérodote, Platon et Eudoxe vinrent s'initier aux secrets de l'Égypte. Là, dans ce temple du Soleil, officiait autrefois comme grand-prêtre, Putiphar, père d'Aseneth, épouse de Joseph. S'il faut en croire les mêmes traditions, Héliopolis vit se dresser dans ses murs deux obélisques de cent vingt coudées de haut sur huit de large à la base, par les ordres du pharaon Sésostris-le-Grand. A Héliopolis appartiennent encore le puits, le jardin et le sycomore trouvés par Joseph et Marie dans leur fuite de la Judée. Hon fut d'ailleurs frappée d'une décadence précoce. Déjà, du temps de Strabon, la ville était presque déserte, et ses monumens, enlevés un à un par Auguste et par Constantin, avaient tous été transportés à Rome, pour l'embellissement de la ville éternelle. Les ruines du temple du Soleil, les débris de sphinx dont parle Strabon, et un obélisque de granit, sont les seuls vestiges qui nous restent de cette antique et belle existence.

Belbeys, petite ville moderne, située à la jonction de plusieurs canaux dérivés du Nil, ne semble pas avoir une importance de tradition; mais dans le voisinage se remarquent quelques ruines de la ville d'Onion, où se trouvait un célèbre temple juif, bâti sur le modèle de celui de Jérusalem, par Onias le grand-prêtre. Des prêtres et des lévites y pratiquaient les mêmes cérémonies que dans le Grand Temple, et Ptolémée Philometor, protecteur d'Onias, avait assigné des terres et des revenus considérables pour l'entretien de ce monument. Après la prise de Jérusalem, Vespasien le dépouilla de ses ornemens et le fit fermer.

Non loin de là, le misérable village de Tel-Bastah, qui aboutit au lac Manzaléh, semble avoir été bâti presque sur les ruines de l'ancienne Bubaste. Bubastis (*Phi-Beseth* de la Bible), l'une des plus anciennes villes d'Égypte, servit de résidence aux rois de la vingt-deuxième dynastie de Manéthon. On y voyait un temple splendide dédié à Bubastis, la Diane des Égyptiens. Cette déesse y était représentée sous la figure d'une chatte, et la fête annuelle qui avait lieu en son honneur attirait, dit-on, sept cent mille étrangers. L'antiquité vante beaucoup les proportions du temple et la richesse de ses sculptures Un autre lieu assez misérable, Abousyr, correspond à l'ancienne Busiris, célèbre par son temple d'Isis, et plus encore par la grande fête que les Égyptiens célébraient tous les ans en l'honneur de cette déesse. S'il faut en croire Hérodote, on y voyait accourir une multitude d'individus des deux sexes, qui, après s'être frappés et lamentés, mangeaient les restes d'un bœuf qui avait été offert à la déesse. Il faut citer encore, dans le même rayon, la petite ville de *Heydéh*, florissante par l'industrie de ses habitans, et par l'excellente culture de leurs terres.

Les dernières localités à citer dans la Basse-Égypte sont Tmay-el-Emdyd, remarquable par un temple monolithe de granit; Mensourah, l'une des principales villes du Delta, comme industrie et comme agriculture, célèbre dans l'histoire sous le nom de *Massoure*, par la bataille qui s'y donna, et par la captivité de saint Louis; El-Ârych, l'ancienne Rhinocorura, à laquelle un siége récent et les négociations entre Kléber et le plénipotentiaire anglais Sidney Smith, ont donné un peu d'importance; enfin, Koum-Zalat, endroit insignifiant, mais situé sur l'ancienne Butis ou Buto, une des localités les plus remarquables de l'Égypte pour son temple monolithe dédié à Latone, et pour un oracle fort vénéré dans la contrée. Le temple de Latone avait, au dire des auteurs anciens, quarante coudées de haut sur autant de long. Une pierre immense, dont les rebords avaient quatre coudées, lui servait de couverture. On dit que les habitans de ses environs, et de tout l'espace marécageux compris entre Rosette et Damiette, parlaient autrefois le dialecte bachmourique, et se distinguaient de leurs voisins par des mœurs presque farouches. Un fait assez singulier, c'est qu'aujourd'hui encore, la même nuance se reproduit entre les naturels de cette zone et les riverains du Nil.

ÉGYPTE-MOYENNE OU OUESTANIÉH.

LE KAIRE.

A l'époque où le musulman Amrou parut sur les rives du Nil, c'est-à-dire dans la vingtième année de l'hégyre (641 de notre ère), l'Égypte n'avait point, à proprement parler, de capitale. Memphis était déjà dans une décadence complète ; dévastée par Cambyse, elle avait ensuite été délaissée pour Alexandrie; son aspect était une vaste ruine Maître de la contrée, Amrou voulut lui donner une nouvelle capitale; il fit bâtir une ville au lieu où il avait d'abord campé, et la nomma *Fostât* (la tente). A ce nom de Fostat, on ajouta celui de Masr, nom complétif attribué tour à tour aux diverses capitales, à Thèbes d'abord, à Memphis ensuite.

Avantageusement placée, et communiquant à la mer Rouge par un canal, Masr-Fostat devint bientôt une cité célèbre. Sous la longue suite des kalyfes abbassides, elle grandit constamment en étendue et en population. Plus tard, Ebn-Touloun, qui, de simple gouverneur de l'Égypte était parvenu à s'en rendre souverain à peu près absolu, modifia la position de la ville nouvelle, et la transporta à quelque distance du fleuve sous le nom d'El-Katayah. El-Katayah participa à la fortune brillante et rapide de ce chef des Toulonides; elle se développa dans une vaste étendue, et vint aboutir aux pieds du Mokattan. Quelques historiens arabes attestent qu'elle avait deux lieues de circuit, et qu'elle renfermait trois cent mille habitans. Cela dura ainsi jusqu'au premier kalyfe fatimite, Moez-le-Dyn-Illah. Mais lorsqu'en l'an 362 de l'hégyre (972), le général des Fatimites, Djouhar, eut enlevé l'Égypte aux Abbassides, un nouveau tracé de capitale vint marquer cette nouvelle prise de possession. Aux environs d'El-Katayah, résidence des Toulonides, il fit construire un palais magnifique, en ordonnant à ses officiers et aux seigneurs de sa cour de venir loger autour de lui. Bientôt des casernes et des habitations s'élevèrent de toutes parts, et on eut tous les élémens d'une ville nouvelle, qui fut nommée *Masr-el-Kahirah* (la capitale victorieuse), dont nous avons fait le Kaire.

Cependant Masr-Fostat, la ville d'Amrou, avait survécu pourtant à ces deux fondations successives. Située sur le Nil, elle avait conservé une importance commerciale que ses rivales ne pouvaient, à cause de leur position même, lui enlever. Mais l'an 563 de l'hégyre (1168), les Français, sous la conduite d'Amaury Ier, firent invasion en Égypte. Maîtres de Belbeys, déjà ils menaçaient Masr-Fostat, quand Chaouar, visir du dernier kalyfe fatimite, livra cette ville aux flammes pour la soustraire à la domination du vainqueur. Les historiens arabes racontent qu'elle brûla durant cinquante-quatre jours. Alors toute question de suprématie fut vidée. Le nouveau Kaire recueillit la population de la ville incendiée, et prit le nom de *Masr*, titre des capitales, tandis que Fostat ne s'appela plus que Masr-el-Atikah (*vieille capitale*), dont nous avons fait improprement le *Vieux-Kaire*. Ainsi le Vieux-Kaire actuel est la Fostat d'Amrou.

Depuis cette époque, l'accroissement du Kaire fut des plus rapides. Le sultan Ayoubite Salah-ed-Dyn (Saladin), célèbre dans l'histoire des croisades, le peupla de monumens et le ceignit de murailles. Ce fut lui qui, en 1166, fit élever sur la croupe du Mokattan la citadelle qui domine la ville et la contrée. « Ce fils d'Aioub, dit le géographe El-Bakouy, bâtit les murs » qui environnent le Kaire et le château placé sous le Mont-Moqattan. » Cette enceinte a vingt-neuf mille trois cents coudées de circuit. On y » travailla jusqu'à sa mort. »

Le château dont il est ici question se trouve situé sur un rocher escarpé. La circonférence est de trois quarts de lieue, et on y monte par deux rampes taillées dans le roc. Le Kaire s'étend à ses pieds en forme de croissant, et sa position serait vraiment forte, si ce château n'était lui-même dominé par la montagne voisine. On y voit encore une foule de monumens que les Ayoubites y élevèrent, et dans le nombre le divan des janissaires, le palais, le divan et le puits de Joseph (prénom de Salah-ed-Dyn). Le palais de

Saladin ne revit plus que par quelques ruines qui témoignent de sa magnificence. Mieux conservé, le divan de Joseph est une vaste salle dans laquelle les Ayoubites rendaient la justice. Trente-deux colonnes de granit la décorent, et ces colonnes, par leurs proportions et par leur style, indiquent qu'elles appartenaient à des monumens antérieurs. (*Voyez la gravure.*) Mais un des travaux les plus étonnans de cette époque est le puits de Joseph, toujours œuvre de Saladin. Taillé dans le roc vif, il reçoit les eaux du Nil, qui, traversant des sables imprégnés de sel, y arrivent un peu saumâtres. Sa profondeur est de deux cent quatre-vingts pieds, et sa circonférence de soixante. Il est coupé en deux parties qui ne sont pas dans la même ligne verticale. Une rampe d'une pente douce, et rendue plus sûre par un parapet de six pouces d'épaisseur taillé dans le rocher, permet d'y descendre à une profondeur de cent cinquante pieds. Des bœufs établis dans le plan intérieur et en dehors du puits, élèvent les eaux jusque dans la citadelle au moyen d'une double roue à pots. D'autres citernes et d'autres puits sont disséminés dans le château, et pour les alimenter, le sultan circassien Qansou fit élever en 1500 un aqueduc immense qui commence près du Vieux-Kaire. Du reste, chaque souverain de l'Égypte contribua pour sa part aux travaux que nécessitait ce grand ouvrage de défense. On y ouvrit deux portes, l'une sur la ville, l'autre sur la montagne (Bab-el-Gebel), et on les mit en état de résister aux assauts d'une soldatesque indisciplinée, ou d'une population en révolte. (*Voyez la gravure.*)

D'autres fondations suivirent ce grand travail militaire. On vit tour à tour s'élever des mosquées, chefs-d'œuvre de l'art arabe, des portes magnifiques, des palais somptueux, des habitations charmantes, des universités, des hôpitaux, des colléges, des prisons, des entrepôts, des bazars. Dans cette ère de prospérité nouvelle, le Kaire était un point central de commerce et d'industrie. Ville intermédiaire entre l'Asie et l'Afrique, elle servait de rendez-vous aux caravanes syriennes et barbaresques, trafiquait avec l'Inde par la mer Rouge, et avec l'Europe par Alexandrie. Cependant peu à peu, sous l'oppression turke, ces élémens de richesse et de grandeur s'affaiblirent, puis disparurent. On laissa se dégrader les vieux monumens sans en reconstruire un seul nouveau. Dans les premiers temps de l'occupation musulmane un canal existait, réunissant la mer Rouge au Nil; on le laissa s'ensabler à tel point qu'aujourd'hui on n'en retrouve pas même le tracé. Les sables du désert interceptèrent la navigation; l'ignorance et le fanatisme tuèrent l'industrie. Le dernier coup qui frappa le Kaire fut la découverte du cap de Bonne-Espérance. L'Europe ayant trouvé le chemin de l'Inde, l'Égypte fut abandonnée à elle-même.

Aussi, sous les derniers Mamlouks, le Kaire était-il arrivé au dernier degré de sa décadence, et à peine alors comptait-il deux cent cinquante mille habitans. Aujourd'hui, à la suite de la régénération opérée par Mohamed-Ali, la population doit dépasser trois cent mille âmes. Cependant tout atteste au Kaire une splendeur ancienne, facile à ressusciter. Des bazars considérables, des okels (entrepôts) garnis de marchandises, où se trouvent étalés des châles de Kachmyr et d'Égypte, des étoffes et des tapis de Perse, des tissus de Barbarie, des plumes d'autruche, de l'ivoire, des dents d'éléphant, de la poudre d'or, des milliers de barques se croisant sur le Nil, une population nombreuse encombrant les berges du fleuve, tout ce mouvement et ce bruit signalent encore une capitale puissante, riche d'élémens d'une inépuisable prospérité.

Peu de villes sont plus favorisées que le Kaire sous le rapport des monumens. Elle compte soixante-onze portes, trois cents mosquées, des palais innombrables, des écoles publiques et des bibliothèques.

En général, les rues du Kaire sont tortueuses et non pavées; quelques unes sont si étroites que parfois les balcons de deux maisons opposées se touchent. Parfois les rues sont couvertes par le haut, et ce cas est fréquent pour les bazars; d'autres ont des embranchemens en zigzag, qui aboutissent à des impasses ou à des entrées facultatives que les habitans d'un quartier ouvrent ou ferment à volonté. La ville se divise en cinquante-trois quartiers ou *harahs*, parmi lesquels on en compte seize principaux. Plusieurs se distinguent par la population qui les habite. Ainsi on a le quartier Cophte, le quartier Juif, le quartier Grec, le quartier Frank. Parmi les places, il en est quatre qui méritent ce nom, celle de Quara-Meydan, de Roumeliéh, de Berket-el-Fil et d'El-Ezbekiéh; mais cette dernière est une des plus belles que l'on puisse voir. La superficie est presque égale à l'hyppodrome intérieur du Champ-de-Mars. Au mois de septembre, quand la crue du Nil arrive à son maximum, cette place est inondée, et alors on la parcourt en bateau. C'est un curieux spectacle, la nuit surtout, lorsqu'on voit voguer sur ce vaste bassin des barques illuminées, et remplies de promeneurs qui viennent respirer la fraîcheur du soir.

Les maisons du Kaire, comme celles de toute l'Égypte, sont ordinairement en terre et en briques. Leur aspect extérieur est triste; on dirait des prisons, quoique la plupart aient deux et trois étages. Cependant les habitations des beys se distinguent de celles des particuliers par une construction plus régulière et moins imparfaite. Le rez-de-chaussée est en pierres de taille, et chacune des assises est peinte, tantôt en rouge, tantôt en vert. Au-dessus et à chaque étage, on aperçoit des balcons saillans, ou kiosques, avec des grillages ou des boiseries travaillées au tour. (*Voyez la gravure.*) Presque toutes ces habitations ont une grande salle ouverte au rez-de-chaussée, salle que l'on nomme *mandar* ou *belvédère*. C'est dans cette pièce que le maître reçoit les visiteurs ordinaires, et d'où il voit tout ce qui entre dans la cour. Ensuite vient, toujours au rez-de-chaussée, une autre grande pièce, pavée en marbre, ornée au centre de jets d'eau, et garnie de divans. Là arrivent les intimes et les personnes reçues avec quelque cérémonie; c'est l'endroit où se tient le propriétaire, et où il consume les heures entre la pipe et le café. Autour de ces appartemens principaux sont distribués les salles de bains, les jardins, le harem et les écuries. Telles sont les maisons des beys; les kachefs, les cheyks, les imans, le muphti, l'aga, l'oualy, le kady, et les autres fonctionnaires ont aussi des demeures proportionnées à leur fortune, à leur rang ou à leur importance. Dans ces logemens, on ne trouve jamais des magasins réservés au commerce et ménagés à l'extérieur. Ces magasins ne se rencontrent que dans les quartiers marchands, dans les rues couvertes, dans les bazars. Du reste, ils sont simples au dehors comme au dedans; peu d'étalage, peu d'apparat, et à peine ce qu'il faut de montre extérieure pour indiquer le genre du commerce du détaillant. Le Kaire compte douze cents cafés, où l'on ne vend absolument que cette boisson, passion de l'Orient.

Rien n'est plus riche et plus beau que l'architecture des mosquées du Kaire. L'art moresque semble y avoir épuisé tous ses arabesques, toutes ses dentelles, toutes ses broderies. Depuis la première époque de cette architecture, qui date de l'invasion jusqu'à son abâtardissement, sous la domination turke, on retrouve toutes les manières, tous les caractères, tous les styles. Sur trois cents minarets, il n'y en a pas un qui ait le même port, le même jet; les trois cents coupoles décrivent toutes une courbe différente. Cependant parmi ces monumens on peut en distinguer quatre: la mosquée de Touloun, vaste édifice qui date du IXe siècle, le plus beau monument arabe qui existe en Égypte, malgré l'état de ruine dans lequel il se trouve;

construction pleine de gracieux détails et de sculptures délicates, remarquables par la hardiesse de ses portiques et le profil de son vaisseau. Ensuite vient la mosquée d'El-Hakem, monument antique, étendu, et richement orné; puis la mosquée Fleurie ou El-Azhar, la plus importante dans le culte islamite. En effet, en dehors de son beau style d'architecture, de sa coupole hardie et noble, El-Azhar a un but d'utilité scientifique et religieuse que les autres mosquées n'ont point au même degré. Là se trouvent des corps de logis tout entiers destinés à offrir un asile aux pèlerins qui font le voyage de la Mecke; là sont aussi les écoles auxquelles accouraient jadis vingt mille élèves de toutes les contrées mahométanes, écoles célèbres par le choix scrupuleux de leurs professeurs, les premiers docteurs de l'Islamisme. De ce collége, illustre dans l'Orient, et auquel est jointe une des plus riches bibliothèques de l'empire turk, sortent chaque année une foule de nouveaux docteurs de la loi islamite, fiers d'avoir puisé leurs grades à une source aussi respectée. Ainsi, El-Azhar est pour le Kaire une espèce de cathédrale. Cependant pour la beauté extérieure, il faut qu'elle cède le pas à la mosquée du sultan Hasan, la plus remarquable de toutes les mosquées du Kaire par la grandeur et l'élévation de sa coupole, par le luxe et la variété des marbres qu'on y a prodigués, par ses ornemens en arabesques, travaillés sur la pierre dure, sur le bois et sur le bronze, enfin par la légèreté gracieuse, par l'élévation merveilleuse des deux plus beaux minarets du Kaire.

C'est en montant sur les galeries aériennes de ces minarets que l'on peut avoir une idée générale du Kaire et de la campagne qui l'environne. Du haut de ces observatoires aériens, l'œil embrasse tout un monde; d'un côté le Mokattan avec ses rochers calcaires, fatigans à la vue, la citadelle et ses monumens; de l'autre le désert lybique dans un rayon de cinq lieues, solitude muette que dominent les pyramides de Gizeh; puis, sur un plan plus rapproché, l'île de Roudah et son nilomètre, Boulaq et ses entrepôts, le Vieux-Kaire et son aqueduc; la ville des Tombeaux, nécropole immense où chaque mort a son monument; enfin, aux pieds mêmes de cet observatoire, la capitale de l'Égypte, hérissée de flèches aiguës et pavée de terrasses unies, laissant à peine entrevoir sur quelques places et dans les carrefours une longue fourmilière d'habitans.

Parmi les constructions exécutées avec quelque soin, il faut aussi compter les maisons de bains, quelques portes de la ville, dont la plus belle est celle de *Bab-el-Nasr* ou porte de la Victoire (*voyez la gravure*); l'aqueduc qui conduit l'eau du Nil à la citadelle, les jardins, et surtout celui de Qassim-Bey qui, lors de l'occupation française, servit de local à l'Institut d'Égypte; les forts que Bonaparte fit construire autour de la ville; enfin, les vastes cimetières qui enceignent un des côtés du Kaire, et qui forment ce que l'on nomme la Ville des Tombeaux. (*Voyez la gravure.*) Parmi les mausolées remarquables, on peut citer ceux de Tarbé-el-Seydéh, Tarbé-el-Karaféh, et Tarbé-Qayd-Bey, qui se distinguent des autres, soit par leur étendue, soit par la profusion des marbres, des sculptures et des colonnades.

A quelque distance du Kaire proprement dit, et sur les bords mêmes du Nil, sont le Vieux-Kaire et Boulaq que l'on regarde comme les deux ports de la capitale. Le Vieux-Kaire a perdu, dans l'incendie qui le dévasta, les monumens qui faisaient son orgueil, et on y voit à peine aujourd'hui quelques mosquées peu remarquables. De ses édifices primitifs, il ne lui reste plus que les greniers vulgairement dits *de Joseph:* ce sont sept tours carrées dont les murs en briques ont quinze pieds de haut; ils renferment des montagnes de blé d'une hauteur prodigieuse. Les okels, ou magasins de Boulaq, sont aussi de très beaux édifices dans lesquels se déposent les denrées descendues de la Haute-Égypte. Rien de plus animé, de plus actif, que l'intérieur de ces okels, et les berges des quais sur lesquels se débarquent les marchandises. Le mouvement alternatif des hommes de peine, l'affluence des marchands et des courtiers, le passage des barques, tout contribue à donner aux deux ports littoraux une physionomie plus vivante que ne l'est celle du Kaire. Parmi les okels, celui des Francs est surtout le centre d'une activité merveilleuse. En édifices religieux, Boulaq possède une mosquée dont les proportions et la richesse ne le cèdent en rien à celles du Kaire. (*Voyez la gravure.*)

L'île de Roudah, située en face du Vieux-Kaire, est un délicieux oasis couvert de jardins et semé de ruines monumentales. Dans le nombre on remarque surtout les restes d'une mosquée qui semble appartenir aux premiers temps de l'islamisme (*V. la gravure*). Sur la pointe de l'île de Roudah se trouvait le célèbre Nilomètre ou Mekyas, que la politique des souverains de l'Égypte entourait jadis d'une mystérieuse obscurité. Sa destination était de mesurer officiellement la hauteur de la crue du Nil. Du temps des pharaons existaient déjà en Égypte des monumens semblables; mais le Mekyas de Roudah n'appartenait point à une époque reculée : tout en lui accusait plutôt une fondation arabe et moderne. C'était une simple colonne octogone en marbre blanc, élevée au milieu d'un bassin carré dont le fond se trouve de niveau avec le lit du Nil. Elle est divisée en coudées qui diffèrent de la coudée habituelle; à son tour la coudée est divisée en doigts. Au sommet du Mekyas figure un chapiteau corinthien, et une galerie règne autour du bassin circulaire. Lorsque l'inondation commence et que les eaux se font jour dans le bassin, le cheyk du Mekyas vient chaque matin examiner à quel degré elles s'élèvent, et des crieurs publics annoncent dans les rues la crue du fleuve. Cette proclamation officielle n'est toutefois ni exacte, ni véridique; entre la crue proclamée et la crue observée, il existe toujours des différences en plus ou en moins, modifiées suivant le besoin des gouvernans. Quand le fleuve est parvenu à son maximum, c'est pour les habitans un jour de fête : on coupe une digue qui ferme le khalyg ou canal du Prince des Fidèles, et le Nil s'y frayant un passage, parcourt et couvre une portion des quartiers du Kaire. Ce khalyg était le même qui liait autrefois le Nil à la mer Rouge. Mais, comblé de sable en grande partie, il n'a plus aujourd'hui que quatre lieues de longueur, et après avoir traversé la ville, il va se perdre dans le lac des Pèlerins (*Birket-el-hag*).

Les environs du Kaire, surtout dans la partie qui avoisine le Nil, offrent des points de vue ou gracieux ou sévères (*Voyez la gravure*). Dans l'île de Roudah et sur la rive qui lui fait face s'étendent des vergers, plantés de hauts sycomores dont les fraîches arcades sont impénétrables au soleil, de dattiers aux grappes pendantes, de cassiers, de citronniers, de bananiers, d'orangers et d'acacias. C'est à tort que l'on a nommé ces ombrages des jardins : rien n'y rappelle notre symétrie européenne. Ce sont des bois où croissent pêle-mêle des arbres de haute et de petite futaie, coupés çà et là par quelques ruisseaux, semés de berceaux et de kiosques, et projetant avec vigueur un luxe de végétation puissante. Le vent du désert, si brûlant au dehors, arrive frais et pur dans ces retraites favorisées. Là, on se sent vivre, on se laisse aller à une existence molle et paresseuse. C'est dans une retraite de ce genre, à Choubra, délicieuse maison de plaisance, que Mohammed-Aly passe une partie de la saison chaude. Rien n'est plus élégant que les constructions modernes exécutées dans cette villa égyptienne : on y voit un kiosque de deux cent quatre-vingts mètres de circonférence, et dont le milieu est orné d'une magnifique fontaine de marbre de Carrare. Les harems, résidences charmantes, sont bâtis au milieu des jardins. Dans le voisinage se trouve l'hôpital d'Abou-Zabel que dirige aujourd'hui un médecin français, le docteur Clot. Cet hospice peut recevoir dix-huit cents malades.

La population du Kaire se compose des élémens les plus confus et les plus mêlés. L'Étiopien y coudoie le Franc; le Cophte, l'Abyssin, le Grec, le Syrien, le Turk, l'Indou, le Maure s'y croisent dans les rues. C'est un congrès où presque toutes les parties du monde sont représentées. Un fait non moins curieux, c'est la variété des métiers et des occupations des habitans. Ici, sur le devant de sa boutique se montre le mégissier de cuirs, l'une des industries les plus parfaites de la ville; plus loin est le cafetier distribuant à la ronde ses tasses de moka, et donnant aux consommateurs la pipe obligée avec son tuyau de roseau ou de jasmin; ailleurs sont les barbiers qui rasent et étuvent la tête de la pratique, ou bien le distillateur surveillant avec patience l'action de son alambic (*Voyez la gravure*), ou le tailleur, ou le boucher, ou le chamelier tenant son animal par une laisse (*Voyez la gravure*); ou bien encore quelques musulmans de qualité; un aga accompagné de ses saïs ou palefreniers, un cheyk, un cady, un iman, un kachef, ou enfin un bey mamlouk avec son caractère martial et superbe (*Voyez la gravure*). Ce bariolage de costumes qui semble caractériser chaque rang, chaque profession, donne aux villes orientales et au Kaire surtout un caractère inconnu à notre Europe, et, à défaut d'autre mérite, au moins celui de la singularité.

LES PYRAMIDES ET LES RUINES DE MEMPHIS.

C'est à la hauteur de Gizéh et presqu'aux portes du Kaire que gisent les pyramides de Chéops, célèbres à la fois et par leur existence séculaire, et pour avoir donné leur nom à une victoire.

Ces pyramides sont assises sur un plateau de roche calcaire, élevé de cent trente pieds au-dessus du niveau du Nil. On en compte, dans le nombre, quatre de plus importantes que les autres. Elles sont sur une ligne diagonale, distantes les unes des autres d'environ cinq cents pas, leurs quatre faces répondant aux quatre points cardinaux. Deux d'entre elles sont surtout remarquables par leur masse et par leur élévation prodigieuse. La plus septentrionale est la seule qui soit ouverte. Les abords sont obstrués par des monticules de sable et de décombres qui servent de chemin pour parvenir à l'entrée située à quarante pieds de la base. Cette entrée regarde le nord et se trouve au niveau de la quinzième assise.

Quand on a vu ces monumens, il est impossible de ne pas conserver d'eux une idée grandiose. Dix lieues avant d'y arriver on les découvre, et quand on en approche, elles semblent fuir devant le regard. Cependant le véritable sentiment de leurs proportions ne se manifeste que lorsqu'on arrive à leur base. Alors on voit combien les pyramides sont hautes, quand on se voit soi-même si petit. La rapidité de leurs pentes, le développement de leur surface, le poids de leur assiette, la mémoire des temps qu'elles rappellent, le calcul du travail qu'elles ont coûté, l'idée que le déplacement de telles masses a été l'ouvrage de l'homme, tout saisit l'âme à la fois d'étonnement et de terreur, d'humiliation et de respect, tout contribue à confondre les prétentions du monde moderne, qui n'a rien créé d'égal, bien s'en faut, à ces merveilles du monde antique (*Voyez la gravure*).

Pour pénétrer dans l'intérieur du monument, il faut, armé de flambeaux et de torches, se laisser glisser par une galerie étroite et rapide qui semble précipiter les visiteurs dans les entrailles de la terre; puis remontant par une rampe roide et ascendante, on arrive, non sans peine, sur un palier horizontal. Ces canaux souterrains sont en pierres calcaires, tirées des carrières de Gebal-Torrah, parfaitement unies et appareillées. Comme tous n'ont que trois pieds et demi de hauteur, on n'y peut marcher que courbé, ce qui rend cette visite très fatigante. A l'entrée de la galerie horizontale se trouve un puits de deux cents pieds de profondeur sur deux pieds de diamètre et entièrement taillé dans le roc. Plus loin et sur le même plan, un corridor toujours étroit et bas conduit à la chambre dite *de la Reine.* Cette pièce, construite en pierres calcaires, est totalement dégarnie, sansornemens, sans inscriptions ni corniches. Elle a dix-huit pieds de long sur seize de large et dix-neuf de hauteur. En dehors de cette chambre et au bout du palier horizontal, continue la rampe ascendante, cette fois plus haute et plus spacieuse, mais aussi plus rapide et plus pénible à gravir. Ses deux côtés sont garnis de banquettes en pierres parsemées de trous. Cette rampe conduit à un deuxième palier, et là, tout annonce que l'on va voir la pièce mystérieuse et sacramentelle du monument. Une clôture compliquée dans sa construction, et qui porte les traces d'une ouverture violente, conduit dans la chambre dite *du Roi*. Cette chambre est un parallélogramme de trente-deux pieds de long sur seize pieds de large et dix-huit de hauteur. Elle est construite en larges blocs de granit d'un poli admirable. Sept pierres énormes traversant d'un mur à l'autre en forment le plafond. Un sarcophage en beau granit s'y fait voir, placé du nord au sud : vide et sans ornemens, on voit qu'il a été violé par la main des hommes et que son couvercle a été arraché.

Voilà tout ce que l'on trouve dans ces monumens: deux petits sanctuaires comme engloutis dans cette masse de pierres. Pour jouir de ce spectacle, le visiteur est obligé d'aspirer durant une heure entière un air rare et méphitique, de se débattre contre des nuées de chauves-souris, qui, se jetant sur les flambeaux, étourdissent les curieux par le sifflement de leurs pattes ailées, et les suffoquent par leurs exhalaisons puantes.

D'après les calculs les plus exacts et les plus récens, la grande pyramide compte sept cent seize pieds et demi d'une angle à l'autre de sa base, et quatre cent vingt-huit pieds de hauteur verticale. Cette hauteur a dû être autrefois de quatre cent quarante-neuf pieds; mais la dégradation des assises a tronqué son aiguille supérieure. On compte deux cent trois assises ou gradins de la base au sommet.

Tout porte à croire, d'après l'état des pyramides avoisinantes, et d'après le témoignage des anciens, qu'il existait autrefois un revêtement extérieur en pierres granitiques, et même en marbre. « La grande pyramide fut revêtue » de pierres polies, dont la moindre avait trente pieds de long, dit Héro» dote. » Selon Diodore de Sicile, on avait fait venir ces marbres des carrières d'Arabie. Mais il est probable que, dans des siècles postérieurs, ces blocs auront été enlevés pour servir à la construction d'autres édifices.

L'aspect de la seconde pyramide confirme cette opinion. Son sommet est revêtu, des quatre côtés, de granit si bien joint et si poli qu'il forme un glacis inaccessible. Ce second monument, intact à sa pointe, et situé sur un plateau supérieur, paraît plus haut que le premier, quoiqu'il soit en réalité moins élevé. Rien n'indique extérieurement que cette pyramide ait été ouverte. Les deux autres, dont la hauteur est successivement moindre, ressemblent entièrement aux premières pour la construction et pour les matériaux.

Malgré tous les documens que nous ont légués les anciens, et les minutieuses recherches des savans attachés à l'expédition française, l'origine de ces monumens est encore problématique. Hérodote nous apprend « que » Chéops, roi d'Égypte, fit élever la plus grande; que cent mille Égyptiens » relevés tous les trois mois y travaillèrent pendant dix ans, et que, sur » l'une de ses faces, on marqua la quantité de raves, d'ognons et d'aulx » consommés par les ouvriers. » Le même auteur ajoute « que la petite » pyramide qui se trouve au milieu des trois fut érigée par la fille de » Chéops, qui avait exigé que chacun de ceux avec qui elle avait eu commerce lui fît don d'une pierre propre à cet ouvrage. »

Une autre version, plus fabuleuse encore, nous dit que la belle Rhodope, étant arrivée à Naucratis, un aigle enleva un de ses souliers et le laissa tomber dans les plaines de Memphis. Le pharaon qui régnait alors, à la vue des formes élégantes de cette chaussure, s'éprit d'amour pour celle à qui elle avait appartenu. Par son ordre, on se mit à la recherche de Rhodope : il la vit et l'épousa. La belle Grecque, par reconnaissance, fit élever ce monument, au lieu même où son soulier avait été trouvé.

Deux de ces *montagnes de main d'hommes* furent élevées aussi, suivant Hérodote, par Chephren et Mycérinus, successeurs de Chéops. Diodore de Sicile est moins affirmatif. « Ni les historiens, ni les Égyptiens eux- » mêmes, dit cet auteur, ne sont d'accord sur l'article des pyramides. » D'après sa version, ce serait le roi d'Égypte Chemmis, qui aurait édifié la plus grande. Quant aux autres, il les attribue aux mêmes fondateurs, Chephren et Mycérinus. D'accord avec Hérodote sur plusieurs points, il indique plus formellement que lui la destination de ces monumens. « Ces deux rois les » ont fait construire pour leur sépulture. » Strabon partage son avis. « A » quarante stades de Memphis, dit-il, sont un grand nombre de pyrami- » des, sépultures des rois. » Pline se trouve d'accord avec ces diverses autorités sur la prodigieuse quantité d'ouvriers qui travaillèrent à ces monumens.

Au milieu de ces traditions diverses, la plus probable et la plus rationnelle est celle qui voit dans les pyramides des tombeaux grandioses élevés à la mémoire des rois d'Égypte. Si l'on considère la forme intérieure de l'édifice ouvert, ses galeries basses et mystérieuses, ses clôtures en pierres granitiques, ses cavaux étroits, propres tout au plus à loger un mort; si l'on compare sa construction à celle des monumens funèbres qui l'avoisinent, sa situation dans une lande stérile, près de la plaine des Momies, nécropole de Memphis, on est amené à adopter l'explication de Strabon, d'Hérodote et de Diodore de Sicile. L'imagination pourrait, à la rigueur, se refuser à croire qu'un homme ait eu assez de pouvoir sur tout un peuple pour le forcer pendant vingt ans de sa vie à entasser pierre sur pierre, afin de lui bâtir un tombeau; mais il ne faut jamais, en fait de mœurs et d'usages, juger par analogie. Tous les abus, toutes les tyrannies ont été possibles dans un temps et dans un pays où la royauté constituait une espece de sacerdoce. Toutefois, des savans qui cherchent en tout des opinions subtiles ont essayé de donner aux pyramides une autre destination. D'après eux, ces monumens ont été à la fois votifs et scientifiques. Les uns y ont vu une érection destinée à perpétuer le système géométrique des Égyptiens, les autres des observatoires d'astronomie. A l'appui de ces deux opinions des faits ont été cités, des remarques minutieuses ont été recueillies; mais rien de positif, rien d'incontestable n'est ressorti de la lutte de ces différens systèmes. Aussi, tant qu'une certitude contraire ne sera point acquise, il sera plus naturel de croire avec tout le monde, qu'environ trois mille ans avant notre ère, Chéops et ses successeurs élevèrent ces pyramides pour leur servir de sépultures.

Divers auteurs arabes concordent avec les auteurs grecs pour leur assigner la même destination; et nous citerons en preuve, un fragment curieux emprunté au géographe arabe El-Bâkoui, écrivain du xve siècle.

« Une des choses les plus merveilleuses et les plus remarquables de l'Égypte, dit-il, ce sont les deux grandes pyramides. L'une et l'autre sont bâties de grandes pierres carrées, et leur hauteur est de trois cent dix-sept coudées (cinq cent quarante-huit pieds un pouce neuf lignes). Les quatre faces, qui vont en se rétrécissant vers le haut, sont égales l'une à l'autre, et leur largeur à la base est de quatre cent soixante coudées (sept cent quatre-vingt-quinze pieds cinq pouces).

» On assure qu'autrefois les pyramides étaient couvertes de diverses sculptures, et même qu'on y lisait une inscription portant « que la construc-

» tion de ces monumens attestait la puissance de la nation égyptienne, et » qu'il était plus facile aux hommes de les détruire que d'en élever de sem- » blables. »

» Les traditions nous apprennent que ces pyramides renferment des sépultures, et que l'an 125 de l'hégire du prophète (839), on y trouva un livre écrit en caractères inconnus, que cependant un vieillard du monastère chrétien de Kalmoun parvint à lire et à interpréter.

» Ce livre faisait mention des observations célestes faites pour la construction des pyramides et d'observations plus anciennes encore, d'après lesquelles en comparant les divers rapports du ciel et de la terre, on avait trouvé une prédiction portant que le monde serait un jour submergé et détruit. « En conséquence de cette prédiction, un roi d'Egypte, nommé » Sourid, fils de Salhoug, voulut faire construire un tombeau pour lui, et » deux autres pour le reste de sa famille..... »

» Et lorsqu'on eut examiné et comparé les époques astronomiques consignées dans ce livre, on trouva que depuis la fondation des pyramides, il s'était écoulé quatre mille trois cent trente et un ans. On rechercha ensuite quel était l'espace de temps écoulé depuis le déluge, et cette période se trouva être de trois mille neuf cent quarante et un ans. Ainsi, ce livre apprit que les pyramides avaient été construites trois cent quatre-vingt-dix ans avant le déluge; mais la vérité de ceci n'est connue que de Dieu et de son prophète. »

Quant à la nature et à l'origine des matériaux qui ont servi à la construction des pyramides, les auteurs anciens se trouvent là-dessus d'accord avec les observateurs plus récents. Ils se réunissent tous pour dire que les pierres calcaires qui les composent ont été extraites de la chaîne arabique du Mokattan, et que les blocs granitiques proviennent des carrières de la Haute-Égypte. De vastes souterrains que l'on trouve aux environs du Kaire indiquent assez que des fouilles prodigieuses ont été faites dans les flancs de la montagne, ce qui concourrait à établir d'une manière à peu près incontestable l'extraction des blocs employés dans l'érection des pyramides.

Les mêmes doutes qui accompagnent l'origine des monumens de Chéops se reproduisent quand on veut préciser la date de leur violation. Un seul fait paraît prouvé, c'est qu'elle eut lieu sous les khalyfes. Les historiens arabes qui en ont parlé l'ont tous fait avec leur exagération ordinaire. Suivant les uns, ce serait le khalyfe Al-Mamoun qui, ayant vu les pyramides, aurait voulu en connaître l'intérieur. Après de longs travaux et de longues peines, il pénétra, dit la tradition, dans une chambre où se trouvait une statue en pierre, renfermant un corps humain, qui portait sur la poitrine un pectoral d'or enrichi de pierreries, et sur sa tête une escarboucle de la grosseur d'un œuf, éblouissante comme le soleil, avec des caractères que nul homme ne put lire. D'autres attribuent l'ouverture de la grande pyramide à Haroun-el-Rachyd, ou à Salah-ed-Dyn; mais il n'existe aucune concordance ni sur la manière dont on força l'entrée, ni sur les objets que l'on trouva à l'intérieur. D'après leurs écrits, c'est tantôt un réduit mystérieux, espèce de sanctuaire sacerdotal, chargé de mystiques inscriptions et de signes cabalistiques; tantôt ce sont des monumens scientifiques; d'autres fois enfin des sépultures royales, dont les flancs étaient remplis de momies, et la partie supérieure de statues en pierres étincelantes, de vases d'or et d'instrumens de guerre. Dans tous ces récits merveilleux perce l'imagination arabe, écrivant l'histoire d'après les contes qui se transmettaient d'une famille à l'autre, d'une génération à une autre génération, et qui se racontaient dans les veillées. Il est toutefois naturel de croire que l'intérieur des pyramides fut toujours nu et dégarni, et que la profane avidité des khalyfes demeura trompée par le résultat des fouilles. Cette opinion acquiert un grand degré d'évidence, quand on songe que les rois d'Égypte qui les firent élever pour leur sépulture, tenant par-dessus tout à ce qu'elles demeurassent à l'abri de toute profanation, n'auraient pas voulu tenter par un luxe d'ornemens inutiles l'avarice de leurs successeurs. Une seconde preuve, non moins convaincante, c'est qu'après une première tentative faite sur la grande pyramide, les khalyfes respectèrent les monumens voisins. Si leur avidité n'avait pas été trompée, si des richesses, des trésors immenses avaient payé leurs efforts, eussent-ils gratuitement renoncé aux dépouilles semblables que leur promettaient les pyramides intactes?

Autour des pyramides principales se groupent quelques monumens du même genre, monumens moins élevés, et que le temps ou la main des hommes ont mis dans un état complet de dégradation. Salah-ed-Dyn en démolit plusieurs, et fit servir leurs matériaux à la construction des murs et de la citadelle du Kaire.

Outre les deux grandes pyramides, la plaine de Gizeh en offre une troisième, attribuée à Mycérinus, plus petite que les autres; mais plus magnifique en ce sens qu'elle paraît avoir eu un revêtement en marbre. Enfin, non loin d'une quatrième pyramide, à peine haute comme un obélisque, se trouve le sphinx libique, le plus grand que l'on ait sculpté, et qui, si l'on en croit Pline, a cent quarante pieds de hauteur. Avant que M. Caviglia l'eût mis à découvert, ce monolithe était englouti dans le sable, quarante pieds étaient à peine hors de terre, et l'on ne pouvait guère mesurer que la tête, haute de vingt-sept pieds, et accusant le type africain. Le nez est écrasé, les lèvres sont épaisses; mais l'expression de l'ensemble est douce, gracieuse et paisible. Les Arabes ont défiguré le visage du sphinx à coups de lance. El-Bakoui dit qu'ils le nommaient *Abou-el-Houl*, le père de la terreur, à cause de son aspect monstrueux. Sur le second doigt de sa patte gauche, M. Caviglia prétend avoir trouvé des vers grecs signés par Arrien. Il y a lieu de douter encore.

Un peu au-delà des plateaux sur lesquels sont assises les pyramides de Chéops ou de Gizeh paraissent les pyramides de Saqquarah, qui, bâties en briques, le cèdent peu en élévation à celles de Gizeh. M. Msara a découvert d'immenses galeries sous la plus grande, et en 1821, le général Minutoli pénétra dans une autre, dans l'intérieur de laquelle il trouva deux chambres, l'une couverte de hiéroglyphes en relief; l'autre de hiéroglyphes tracés en noir. Autour de Saqqarah, se développe la plaine des Momies, nécropole égyptienne qui renfermait dans ses catacombes les corps embaumés des habitans de Memphis. Ces tombes ont conservé les momies qui leur étaient confiées avec une fidélité telle, qu'aujourd'hui les fellahs des environs continuent à faire commerce de cadavres desséchés sous leurs bandelettes. C'est là que se trouve aussi *le puits des Oiseaux*, ainsi nommé parce qu'il servait à l'inhumation des oiseaux sacrés. On descend dans ces puits à l'aide d'une corde, et parvenu au fonds, on découvre plusieurs galeries souterraines, destinées à recevoir les objets de l'ancien culte égyptien. Presque toutes ces sépultures ont été violées. Les Arabes, préoccupés de l'idée que cette terre renferme un trésor, ont successivement forcé les tombes, brisé les vases funéraires, fouillé jusqu'à la bouche des morts pour en extraire l'obole à Caron. Il est rare que cette profanation leur ait procuré des objets d'une valeur réelle, et leurs peines eussent été perdues, si la curiosité européenne n'eût attribué un prix idéal à des objets insignifians pour eux, les momies d'animaux.

C'est entre ces pyramides de Gizeh et de Saqqarah que s'étendait autrefois Memphis, ainsi placée entre deux nécropoles. Effacée du sol par la conquête de Cambyse, puis envahie par les sables du désert, Memphis n'est plus aujourd'hui qu'un souvenir historique. Ce que son enceinte contenait de ruines, à l'époque de l'invasion arabe, fut employé pour la construction des palais de Fostat, d'El-Kataya et du Kaire. Du temps d'El-Maqryzy, les vestiges n'avaient pas tous disparu. « Les ruines de Memphis, dit ce » géographe, occupent une demi-journée de chemin dans tous les sens. » Et il ajoute qu'on y voyait un sanctuaire monolithe nommé *Chambre verte*, sanctuaire orné de figures d'astres, de sphères, d'hommes et d'animaux. Il fut brisé, selon le même auteur, en 1349 de notre ère par le cheyk El-Omary. Des figures d'idoles, et une entre autres de trente pieds, et en granit rouge, et des statues de granit que les fellahs sciaient pour en faire des meules, se voyaient en outre, du temps de Maqryzy, sur l'emplacement de Memphis.

Misérables débris quand on se reporte à ce que disait Diodore de Sicile de la magnifique capitale! Suivant lui, Memphis avait cent cinquante stades de circonférence; on y voyait le palais des pharaons qui s'étendait dans toute la longueur de la ville; le temple de Vulcain avec ses beaux portiques et sa statue monolithe, haute de soixante-quinze pieds de haut; le temple où le bœuf Apis était nourri, celui de Sérapis, avec sa merveilleuse avenue de sphinx, déjà engloutis par les sables du désert quand Strabon les visita.

De toutes ces gloires monumentales, il n'existe plus rien aujourd'hui que des décombres informes. Le seul M. Caviglia prétend avoir trouvé au village de Menf une statue de Sésostris. Quant aux savans de l'expédition française, c'est à peine s'ils purent découvrir auprès des bourgs de Myt-Rahynéh et d'El-Manout, quelques monticules de décombres, cachés au sein d'une forêt de palmiers. Les savans y virent « une longue chaîne de ruines, couvertes » d'arbres et de pierres brisées, les unes de granit, les autres en pierres calcai» res. Une petite plaine sépare ces monticules, et un canal la traverse. » Des blocs énormes en grès et en granit semés çà et là sur le terrain et couverts de sculptures hiéroglyphiques, indiquent la place d'un monument disparu. Cependant au milieu de ces ruines, la Commission d'Égypte retrouva les restes d'une statue colossale en granit rose, et d'un poli admirable, la même peut-être que M. Caviglia pense avoir découverte depuis. Le poignet gauche était le fragment le plus intact, et en calculant d'après ses proportions, la statue pouvait avoir cinquante-cinq pieds de haut. Aux environs de Mat-Rahynéh, paraissent quelques vestiges d'anciennes constructions en briques, des fragmens sculptés et des éclats de granit. Sans doute, si l'on fouillait ce sol, on y trouverait d'autres débris non moins précieux. Toute cette plaine de l'un et de l'autre côté du Nil, quoique silencieuse aujourd'hui, réveille la pensée d'une grande existence antérieure qui aurait marqué sa place entre les villages de Menf, de Myt-Rahynéh, d'Abou-Syr et de Bareinchein. Ce rayon s'étend plus loin encore, mieux caractérisé par des pyramides qui subsistent toujours à Meydoun, à Baqah-el-Qébyr, à El-Métanyéh, à Minchet, à Dachour et à Sakkara. Le village de Dachour dont il est ici question paraît être l'ancienne Achantus dont parlent Strabon et Diodore de Sicile. Achantus, suivant cet auteur, aurait été célèbre par un temple d'Osiris, et par un bois sacré, formé d'achantes ou acacias épineux, arbre vénéré des Égyptiens, parce qu'il défendait le littoral du Nil contre les envahissemens du désert.

HÉPTANOMIDE OU REGION DES SEPT-NOMES.

A Memphis, ville comprise dans le rayon de l'Ouestaniéh ou Égypte-Moyenne, commence la limite d'une division plus ancienne, connue sous le nom d'*Héptanomide* ou des Sept-Nomes. Les nomes formaient les divisions territoriales de l'Ancienne-Égypte. Strabon rapporte que l'on comptait vingt-sept cours dans le labyrinthe de Mœris, et que dans chacune d'elles s'assemblait une des préfectures égyptiennes, pour y délibérer sur les affaires de l'État. La contrée avait donc vingt-sept nomes, dix pour la Thébaïde, autant pour l'Égypte-Inférieure, et sept pour l'Égypte du milieu. Ces derniers ont été les plus célèbres sous le nom d'Héptanomide. On les appelle nomes Memphite, Aphroditopolite, Crocodilopolite, Héracléopolite, Oxyrinchite, Cynopolite et Hermopolite. Le nome Antinoïte, situé sur la rive droite du Nil, formait une province à part. Cette division paraît s'être seulement transformée dans la division moderne. L'Ouestaniéh ou région du milieu s'étend du Kaire à Syout, comme l'Héptanomide des Égyptiens allait de Babylone à Lycopolis. La seule différence qui existe, c'est qu'au lieu de sept nomes, l'Ouestaniéh ne renferme que cinq provinces, Gizéh, Atfiéh, Fayoum, Behneséh et Achmouneyn, mais on a réuni dans la province d'Achmouneyn, le Cynopolite à l'Hermopolite, et dans la province de Beneséh, l'Héracléopolite et l'Oxyrinchite.

NOMES MEMPHITE, APHRODITOPOLITE, HÉRACLÉOPOLITE ET OXYRINCHITE.

On a vu ce qu'était le nome Memphite. En dehors des souvenirs qui se concentrent dans les plaines de Gizéh et de Sakkara, il renferme peu de localités importantes. En partant du Vieux-Kaire, et côtoyant le Nil, on trouve pourtant *l'île d'Or* ou Gezireh-Dahab, longue et riante prairie, couverte de troupeaux. A cette hauteur, sur la rive droite du fleuve, se découvre la grande mosquée d'Âthar-en-Nâby (*les vestiges du prophète*), où les habitans du Kaire accourent en pèlerinage pour adorer l'empreinte du pied de Mahomet. Un cheyk, attaché à ce temple, a le soin d'accréditer une tradition aussi pieuse, et de publier les merveilleuses propriétés de cette relique. Elle consiste en une pierre lisse et imbibée de parfums. Sur la même rive, et au-dessus d'Âthar-en-Nâby, se trouve encore un petit village où les Turks ont une mosquée, et les Cophtes un couvent. Plus loin, sur le sommet de la chaîne arabique, apparaissent des tentes où les Bédouins se retirent pendant l'inondation.

En face du nome Memphite, et sur la rive droite du fleuve, gît le nome Aphroditopolite, aujourd'hui province d'Atfiéh, nome enclavé autrefois entre Babylone au nord, et le nome Cynopolite au midi. Rien dans l'histoire, ni dans les vestiges laissés, ne justifie le nom de ville de Vénus ou *Aphrodite* que l'on avait donné à la capitale. Le culte de Vénus était étranger à l'Égypte, et probablement nous ne connaissons que la dénomination grecque de cette préfecture. Dans tous les cas, c'est un misérable pays. Le désert arabique qui l'étreint de toutes parts a dévoré graduellement toutes les terres cultivables. Aujourd'hui il ne lui reste plus qu'une bande rétrécie fécondée par l'inondation. Atfiéh, capitale actuelle de cette province, est située sur la lisière même du Désert. Ce n'est qu'un gros bourg arabe, souvent visité par les tribus nomades qui parcourent cette riche partie du Nil. Plus au nord, est l'ancienne Troïa, aujourd'hui Torrah. Ce nom de Troïa, provenait s'il faut en croire Strabon, d'une colonie troyenne, qui aurait été conduite en ce lieu par Ménélas. Les carrières que l'on trouve aux environs de la moderne Torrah ont fourni une grande partie des matériaux nécessaires à l'érection des pyramides. Vers le sud, le nome Aphroditopolite se terminait par l'ancienne Timonepsi, aujourd'hui Bayad, village habité par des Cophtes. Située à l'embouchure d'une grande vallée qui conduit à Kolzoun, sur la mer Rouge, et aux monastères de saint Antoine et de saint Paul, Bayad fournit au Kaire à peu près toutes ses pierres à plâtre recueillies dans les montagnes voisines.

En repassant de nouveau le Nil, on trouve sur sa rive gauche le nome Héracléotique. Bordé par le fleuve et par ses dérivations, il formait jadis une espèce d'île; mais aujourd'hui, par suite de l'ensablement des canaux, la province de Béhnesséh, qui a succédé à ce nome, ne se trouve plus baignée que par le Nil. Le nome Héracléopolite était, comme l'indique son nom, dédié à l'Hercule égyptien, ministre d'Osiris, et chef de ses armées. C'était Hercule qui était chargé de reculer les frontières du Fleuve-Dieu, en réalisant des conquêtes sur le désert, ce qui donnerait à penser que sous cet emblème les Egyptiens adoraient les canaux dérivés du fleuve. Héracléopolis était consacrée à Hercule; mais c'est là tout ce que l'on sait de cette ville. Des calculs assez exacts le placeraient auprès du village moderne appelé Ahnâs, qui ne contient cependant que peu de vestiges d'anciennes constructions. Il existait dans Héracléopolis un évêché et un monastère célèbre. Le village d'El-Deyr (le couvent), situé au N.-E. d'Ahnas, semble marquer sa position. La ville de Nilopolis, que Ptolémée place au sud d'Héracléopolis, ne correspond à aucune ville arabe. Mais Cœne, dont parle Antonin dans son Itinéraire, est la moderne Beny-Soueyf, la plus importante ville de la province de ce nom. Beny-Soueyf, située sur la rive du Nil est triste à l'intérieur, bâtie sans élégance et sans goût, mais des campagnes fertiles l'environnent. Le coup d'œil qu'elle offre de loin avec ses flèches de minarets, s'élançant des massifs de verdure, est d'un effet gracieux et pittoresque. Les habitans en sont presque tous cultivateurs ou négocians : ils font un commerce assez considérable avec le Kaire, où ils envoient une grande partie de leurs récoltes, et des tapis d'une fabrication assez grossière. Voisine du Kaire, cette contrée est plus pressurée que celles du rayon plus éloigné. Cependant la plaine est d'une merveilleuse richesse; le blé, le sainfoin, l'orge, les fèves, le dourah la couvrent dans toute son étendue. Les habitans sont aujourd'hui encore ce qu'ils étaient du temps de Diodore de Sicile. « Les Égyptiens, dit cet auteur, se croiraient » dupes de payer ce qu'ils doivent avant d'être battus pour y être contraints. » C'est là un trait commun à tous les fellahs de l'Égypte.

Aux environs de Beny-Soueyf, se font voir les villages et les bourgs bâtis en boue et en paille hachée, méthode de construction usitée dans toute la Haute-Égypte. Dans le nombre sont El-Zaouyéh, l'ancienne *Iseum*, que traverse un large canal; Abou-Syr, l'ancienne Busiris; Tahabouch, qu'on croit être la Nilopolis de Ptolémée; Bouch, où vient aboutir une des branches du Bahr-Yousef, canal de Joseph; El-Meïmoun, bourg riche et populeux; Beny-Ady-el-Afer, village qui recueille de la gomme arabique; El-Zeïtoun, Dallast, Bacher, Kenren-el-Arous et El-Chenaouyéh. Dans ce dernier bourg, se trouve un arbre votif, auquel les habitans du lieu viennent adresser leurs offrandes, sans doute par une tradition du culte égyptien, la loi musulmane prohibant avec rigueur toute adoration semblable. Cet arbre est un vieux tronc pourri, aux branches duquel pendent des cheveux fixés avec des clous, des dents, des petits sacs de cuir, de petits étendards. Ces offrandes impliquaient toutes un vœu et une prière : c'était pour obtenir du dieu, soit la constance d'un mari, soit la fécondité d'une femme, quelquefois des richesses, d'autres fois du succès dans une entreprise.

Au nord du nome Héracléotique et du même côté du Nil, s'étendait le nome Oxyrinchite, qui fait partie également de la province de Behnesséh, composée de deux nomes limitrophes. Tout porte à croire que Behnesséh, capitale de la province, a succédé à Oxyrinchus, la capitale du nome, quoique la première fût située sur la rive gauche du canal de Joseph, tandis que la seconde gisait sur la rive droite. Les sables lybiques ayant envahi la cité ancienne, la ville moderne a pris le canal pour barrière entre elle et le désert.

L'ancienne Oxyrinchus est facile à reconnaître aux ruines qui jonchent son enceinte. Une colonne corinthienne debout à quelque distance du canal, et des fragmens d'autres colonnes renversées, les unes et les autres produit du ciseau grec et romain, arrêtent d'abord l'œil du voyageur comme des jalons pour d'autres recherches. S'il était possible de fouiller aux environs, il est hors de doute qu'on y trouverait de nombreux vestiges d'antiquités égyptiennes et de monumens postérieurs. L'histoire nous apprend qu'aux premiers siècles du christianisme, Oxyrinchus était célèbre par ses monastères. La ville, le désert, les grottes des environs étaient peuplés de moines et de religieuses, qui, suivant de pieuses chroniques, possédaient tous le don des miracles. On comptait, dans le ressort d'Oxyrinchus, douze églises, dix mille moines, et vingt mille religieuses. Rien dans l'état moderne n'indique pourtant que cette région ait pu posséder de grandes ressources territoriales. Limitée à l'Occident par le canal de Joseph, qui creuse comme un fossé entre elle et le désert, et à l'Orient par le Nil, elle est moins fertile que le Fayoum et que les environs de Beny-Soueyf. Les fréquentes incursions des Bedouins obligent les cultivateurs à s'y tenir presque toujours sur la défensive. Les seules positions remarquables sont Abou-Girgéh, l'ancienne *Tamonti*, où les Cophtes avaient un couvent; Feneh, l'ancienne *Fenchi*, et Cheuréh, l'ancienne *Tacona*; mais sur aucun de ces points on ne retrouve de vestiges des villes primitives. L'aspect de ces villages est des plus misérables, leur intérieur des plus dégoûtans. Les maisons ne sont que de vastes colombiers où s'abritent pêle-mêle, hommes, femmes, poules, pigeons, et avec eux la vermine et les insectes dévorans.

NOMES CYNOPOLITE, ET CROCODILOPOLITE OU ARSINOÏTE.

Le nome Cynopolite, qui confinait au nome Oxyrinchite, était coupé en deux portions par le Nil : il comprenait les villes d'Acoris, de Cô ou Cinopolis, de Muson, d'Hypponon, d'Alyi et d'Œlabastronpolis. Aujourd'hui, il constitue une enclave de la province d'Achmouneyn dont il va être question. C'est dans Samallout que l'on croit retrouver l'ancienne Cynopolis, célèbre par le culte que l'on y rendait au chien Anubis. Anubis, d'après Diodore, était un compagnon de voyage d'Osiris, qui se distinguait par son habillement formé de la peau d'un chien. Samallout n'est aujourd'hui qu'une grosse bourgade peuplée d'Arabes et de fellahs. On y voit quelques ruines, et à l'ouest un monastère du même nom, qui semble le reste d'une position ancienne. Près de là, à six lieues au nord, paraît sur le Nil, l'île de Zohrab, avec un hameau dont les toits semblent se détacher d'un massif d'arbres touffus, tandis que de riches moissons forment comme une ceinture verte autour de sa base. Cette île est sans doute celle que Ptolémée place à la hauteur de Cynopolis.

Tahanéh, placée sur la rive droite du fleuve, offre beaucoup plus de restes antiques. On la croit assise sur l'ancienne Acoris, dont les ruines forment une butte très haute. Bien qu'aucun monument intact ne se dessine dans ses décombres, il est à croire que des fouilles bien dirigées conduiraient à d'importans résultats. Des bases de colonnes, des vestiges d'architecture grecque, des entablemens égyptiens, des pierres de soffites calcaires et numismales, des carrières, des grottes, des hypogées ornés des bustes d'Isis et de sculptures hiéroglyphiques; tout atteste qu'une ville importante exista sur ce point. Au nord de Tahanéh est un village, Ouady-el-Teyr, dans le rocher duquel s'ouvrent de profondes carrières. La montagne arabique qui domine le village Gebel-el-Teyr (mont des Oiseaux) est de tout temps couverte de ramiers qui habitent ses flancs, et d'aigles ou d'éperviers qui peuplent son sommet. Sur le même plateau, du côté du nord, on aperçoit le monastère de la Poulie (*Deyr-el-Bakarah*) qui, placé à pic sur le fleuve, y puise de l'eau pour son usage. Ce couvent est l'un des plus peuplés de l'Égypte-Moyenne. La principale occupation des religieux est de demander l'aumône aux voyageurs. Quand une barque paraît au loin, l'un d'eux se jette à la nage, et va faire un appel à la charité du passant.

Au milieu de ces divers gisemens antiques du nome Cynopolite, il en est un qui échappe, celui d'*Alabastria*, situé à l'est du fleuve, et assez avant dans les terres. C'est d'Alabastria que les Égyptiens tiraient la grande quantité d'albâtre que l'on a pu retrouver dans leurs monumens. Quelques savans ont cru reconnaître cette ville dans des ruines qui existent près de Gebel-Khalyl sur le chemin du couvent d'El-Arabah ou de Saint-Antoine. Ce mot d'*Arabah*, qui veut dire *chariot*, et que l'on donne à la plaine voisine, provient sans doute de la grande quantité de chariots qui servaient à transporter l'albâtre. Toute cette route n'est guère aujourd'hui peuplée que de chamois et de gazelles : à peine trouve-t-on sur les bords des torrens quelques sénés et quelques acacias : des brins d'une herbe rare perçant à travers le sable y sont la seule pâture des animaux qui végètent dans ce désert, et ils n'ont pour se désaltérer qu'une eau saumâtre qui suinte du pied du mont Khalyl. Dans la vallée d'El-Arabah se voient, dit-on, des travaux dans le rocher qui témoignent d'une exploitation antérieure. Non loin de là, et sur le sommet du mont Kolzoum se trouve le couvent de Saint-Antoine.

Le nome Crocodilopolite ou Arsinoïte, aujourd'hui province du Fayoum, semble être un pays à part dans l'Egypte, une oasis détachée des ruines du Nil, une contrée distincte et indépendante du fleuve souverain de l'Égypte. Enveloppée d'une chaîne de montagnes, ne livrant passage que par une gorge étroite, elle ne fut connue des Arabes qu'un an après qu'ils eurent conquis l'Égypte. De tout temps elle fut renommée par sa fécondité. « La préfecture d'Arsinoë, disait Strabon, surpasse toutes les autres par sa beauté, » sa richesse et la variété de ses productions. » Toutefois, en jetant les yeux sur les déserts qui l'enceignent, il est facile de voir que son vaste bassin fut autrefois infertile. Voici comment on raconte l'histoire de sa fécondation.

Dans un siècle que l'on ne précise point, un pharaon nommé Mœris, visitant ses États, trouva à l'ouest du Nil une vallée enfermée par la chaîne ybique, et il résolut, en y amenant les eaux du fleuve, d'arracher ce terrain au désert. Sans doute en plusieurs endroits la nature avait commencé ce travail gigantesque : la main de l'homme fit le reste. Des milliers de bras déblayèrent un vaste espace qui allait devenir une plaine d'eau douce, un lac factice, et quand ce travail fut achevé, on creusa, pour compléter l'œuvre, un canal de cinquante lieues de long et de trois cents pieds de large. Ce canal, c'est le Bahr-Yousef ou canal de Joseph; le second, c'est le lac Mœris, aujourd'hui Birket-el-Karoun. Le premier, taillé dans le roc dans de certaines parties, atteste encore les travaux prodigieux qu'il nécessita. Depuis sa prise dans le Nil, à Farout-el-Chérif jusqu'à son embouchure dans le Birket-el-Karoun, on reconnaît son lit tracé entre deux montagnes, parfois taillé dans le roc vif, et combiné au moyen de nivellemens réguliers. Le second, le lac Mœris, conserve moins l'empreinte d'une création humaine. La pensée se refuse à croire que des hommes aient pu creuser un réservoir qui, au temps de Strabon et d'Hérodote, avait soixante-quinze lieues de circonférence, et qui de nos jours encore conserve un circuit de vingt-quatre lieues. S'il est des savans auquels l'aspect des pyramides a enlevé toute incrédulité au sujet de la puissance d'exécution des Égyptiens, il en est de plus sceptiques, qui n'ont vu dans le Birket-el-Karoun, qu'un amas d'eau, déterminé naturellement par la surverse du Nil, et existant de temps immémorial. Quelques uns même ont voulu, avec moins de fondement sans doute, retrouver le lac Mœris dans le lac Bathen, bassin étroit et marécageux situé à l'entrée de Fayoum.

Quoi qu'il en soit de ces diverses opinions, il existe encore assez de vestiges autour du lac actuel pour témoigner, à défaut de renseignemens historiques, que les rois d'Égypte, s'ils ne l'ont pas créé, l'ont du moins fait servir à la culture de la province. « Quand le Nil décroît, dit Strabon, il » rend par les deux embouchures d'un canal l'eau nécessaire à l'irrigation. » A chaque embouchure, il y a des digues au moyen desquelles les archi- » tectes maîtrisent les eaux qui affluent dans le canal et celles qui en sortent. » Des vestiges de ces digues, encore existans, fournissent à l'appui de ce passage une preuve matérielle. On en peut conclure que les eaux du lac, dirigées suivant les besoins du pays, suppléaient aux crues médiocres, ou recevaient l'excédant des crues abondantes. Ainsi, dans son double but, le lac Mœris devait servir soit à l'arrosement des terres, soit à la navigation du Nil auquel il aboutissait par deux canaux de décharge. Il y a plus : en de certaines années, l'inondation pouvait être tellement forte, qu'il y eût lieu de craindre une irruption des eaux. Pour remédier à cet inconvénient, il paraît qu'il existait au travers de la montagne libyque une sortie de décharge creusée à main d'homme, et qui jetait l'excédant des eaux du lac dans les sables du désert. Ce serait à cette circonstance que l'on devrait, selon plusieurs savans, attribuer l'existence du Bahr-Bela-Mâ ou fleuve Sans Eau, et non pas à un détournement du cours du Nil, sous le règne du roi Mœris.

S'il y a quelques doutes à concevoir entre ces diverses hypothèses, il n'en existe point quant à l'identité du lac Mœris et du Birket-el-Karoun. Sans doute depuis Strabon ce réservoir est bien déchu de ses développemens; mais ce fait ressort de l'examen des bords du lac, qui, vaseux et presque liquides, trahissent le séjour des eaux à une époque antérieure. Privé de communication soutenue avec le Nil, et livré à une évaporation active, le lac a dû non seulement décroître, mais perdre la pureté de ses eaux. De là leur goût saumâtre et l'absence de poissons dans un lac jadis si poissonneux. Diodore marque que la pêche du lac Mœris rendait une valeur correspondante à 18,000 francs de notre monnaie affectés aux parfums et à la toilette de la reine. D'autres écrivains ajoutent qu'elle était si abondante, qu'on trouvait à peine un nombre d'hommes suffisant pour saler le poisson. Aujourd'hui tout cela a disparu.

Au sud du lac Mœris ou Birket-el-Karoun, et en gagnant un peu du côté du désert, on trouve le temple de Qasr-Karoun, ruine évidemment égyptienne, et qui a conservé un aspect d'une symétrie et d'une régularité remarquable. Les Arabes nomment la zone où se voit cet édifice *Beled-Karoun*, ou pays de Karoun. Ce nom, commun tout à la fois à des vestiges de ville et au lac voisin, a fourni matière à une fable plus ingénieuse que probable. On a supposé que le batelier chargé de transporter les morts dans une île du lac Mœris, destinée à des sépultures royales, s'appelait Karoun ou Karon, et que ce nom de Caron était non pas individuel, mais générique, s'appliquant, non à la personne, mais aux fonctions. Ainsi la grande communauté des Carons aurait pu, dans ce transport chèrement rétribué, acquérir de grandes richesses, avec lesquelles elle aurait d'abord bâti un palais, puis fondé une ville. De là encore le nom de Caron serait devenu celui de tous les bateliers des morts, et aurait même passé en Grèce, où il serait devenu celui du batelier des enfers. Tout ceci, nous le répétons, n'est guère qu'une subtilité puérile.

Ce qui paraît certain, c'est que l'édifice de Qasr-Qaroun fut plutôt un temple qu'un palais. Dans un étage supérieur du sanctuaire, on a découvert une pièce de neuf pieds de long sur trois et demi de large, pièce obscure, mystérieuse, mais sonore et répercutant la voix avec un éclat extraordinaire. Nest-ce pas le cas de supposer que cette pièce servait à rendre des oracles? Quand le dieu était consulté, le prêtre répondait pour lui du fond de cette niche, et son organe, multiplié par les échos du temple, ne ressemblait plus à un organe humain: c'était la voix du dieu; c'était l'oracle. La disposition des caveaux souterrains viendrait à l'appui de cette hypothèse. On y trouve en effet des cellules longues, basses et étroites, qui pouvaient servir à loger des crocodiles sacrés. Les ornemens qui décorent ce temple, la physionomie du bâtiment, les pièces latérales, son péristyle extérieur, sa corniche, ses assises, tout accuse le caractère des monumens religieux de l'Ancienne-Égypte.

Ainsi, Qasr-Karoun ne serait pas, comme l'ont pensé Paul Lucas, Savary et quelques autres, le fameux labyrinthe dont parle Hérodote. Ce labyrinthe, les savans de l'expédition française ont cru le retrouver auprès de la pyramide d'Harouarah, à deux lieues au S.-E. de Medinet-el-Fayoum, et à une demi-lieue au N. du canal de Joseph. Là, dans une position qui semble concilier les textes de Strabon, d'Hérodote et de Diodore, sur un plateau étendu qui domine la province, se trouve une pyramide en briques cuites au soleil, pyramide dont la base a trois cent trente pieds de longueur. La hauteur perpendiculaire est de cent quatre-vingt-cinq pieds. Au nord et à l'ouest de la pyramide, gisent des ruines considérables, des débris d'une enceinte reconnaissable encore. Ce qu'on en voit ne semble guère constituer que la partie supérieure de l'édifice; le reste a été englouti par les envahissemens du désert ou par la vase du Nil. A l'extérieur, l'œil ne rencontre que des fragmens de murailles, flanquées de tourelles; à peine a-t-on pu apercevoir l'ouverture de quelques salles souterraines; les décombres dont elles sont jonchées en ont interdit l'accès.

C'est là que nos savans ont cru voir le célèbre labyrinthe d'Égypte, et malgré leur autorité, on est saisi de doute en comparant ces misérables débris aux merveilles que nous décrit Hérodote. « Le labyrinthe, dit-il, » l'emporte même sur les pyramides. Il est composé de douze cours couver- » tes, dont les portes sont à l'opposite l'une de l'autre, six au nord et six au » sud, toutes contiguës; une même enceinte de murailles qui règne en dehors

» les renferme; les appartemens en sont doubles; il y en a quinze cents » sous terre, quinze cents au-dessus; trois mille en tout. » Diodore, Strabon et Pline enchérissent sur cette peinture; mais aucun de ces auteurs ne s'accorde sur la destination de l'édifice. Suivant les uns, il devait servir à la sépulture des rois; d'autres, et c'est le plus grand nombre, en attribuant son érection à Menès, disent qu'il contenait vingt-sept péristyles et vingt-sept salles, où les députés des ving-sept nomes égyptiens se rassemblaient pour délibérer sur les affaires importantes de l'État. Enfin, il en est qui ont vu dans le labyrinthe un tombeau, à la fois pour les restes des rois et des crocodiles sacrés. De ces traditions, la plus sensée est celle qui affecte le labyrinthe à une représentation nationale de l'Égypte; on s'expliquerait difficilement sans cela l'existence de ces trois mille salles. La renommée du labyrinthe d'Égypte fut telle dans l'antiquité, que Dédale en fit un semblable pour l'île de Crète, sous le règne de Minos. Du reste, la province du Fayoum est remplie de débris de monumens, parmi lesquels on remarque un bel obélisque en granit rouge et la pyramide d'El-Lahoum, qui portait l'inscription suivante : « Ne me méprise pas en me comparant aux » piramides de pierre : je suis autant au-dessus d'elles que Jupiter est au-» dessus des autres dieux, car j'ai été bâtie de briques tirées du limon » du lac. »

La capitale du nome Crocodilopolite se nomma Crocodilopolis jusqu'à Ptolémée Philadelphe, qui lui donna le nom de son épouse et sœur Arsinoë, jusqu'à ce que les Arabes l'eussent appelée Medinet-el-Fayoum. L'histoire de cette ville est incertaine. On parle vaguement de quelques traditions fabuleuses d'un *temple d'or* et d'une statue de topaze de quatre coudées de hauteur. Du temps d'Abou-el-Feda, Medinet-el-Fayoum avait une certaine importance; elle était entourée de jardins, possédait des bains publics, des mosquées et des colléges. La ville actuelle n'est pas tout-à-fait sur le même emplacement qu'Arsinoë; elle s'en trouve à quelques centaines de mètres vers le sud. De l'ancienne capitale, il ne reste que des fragmens de statues en granit ou en marbre, des vases en terre et en verre gisant sur un monticule de décombres. Medinet-el-Fayoun a une population de cinq mille âmes, dont une portion est chrétienne. Son industrie se borne à quelques manufactures de nattes, de tapis grossiers et d'eau de rose distillée. La campagne qui l'entoure est ravissante. Là point de charrue qui ouvre péniblement la terre. Quand l'inondation s'est retirée, on jette sur le limon déposé par le fleuve quelques poignées de doura, de blé, de millet ou d'orge, et le piétinement de quelques hommes complète l'ensemencement. Les coteaux sont couverts de vignes et d'oliviers; la vallée, de rosiers en fleurs, d'indigo et de cannes à sucre. On y voit des plantations de lin, de carthame, de coton, de hennéh, de tabac; des forêts de dattiers et de figuiers; des haies d'opuntias, des vergers de pruniers, de pêches et d'abricotiers. C'est, en un mot, la province la plus fertile de la plus fertile contrée qui soit au monde. Les richesses de ce sol, provenant toutes des eaux du Nil, l'irrigation est pour le cultivateur l'objet d'une sollicitude perpétuelle. C'est aux environs de Medinet-el-Fayoum que se trouve l'embranchement des neuf canaux qui arrosent la province, à l'aide d'une vanne que l'on lève et que l'on abaisse. Quand un village se refuse à payer le miry, on ferme la vanne de son canal, et il capitule.

NOMES HERMOPOLITE ET ANTINOÏTE.

Le nome Hermopolite, le plus vaste de tous les nomes, est jeté par portions à peu près égales sur les deux rives du Nil. Son ancienne capitale, remplacée aujourd'hui par la bourgade d'Achmouneyn, était Hermopolis-Magna, dédiée, à ce que l'on croit, à Hermès ou à Thoth, le Mercure égyptien, à tête d'ibis. Ce Mercure passait pour avoir inventé le calcul et les sciences, la musique, la grammaire et l'écriture. Plusieurs villes prirent son nom, et dans le nombre Hermopolis, qui, ainsi que l'attestent ses débris, fut l'une des plus puissantes. Le Nil y arrivait par plusieurs canaux; le Bahr-Yousef la traversait, et aujourd'hui même que ces divers moyens d'irrigation n'existent plus, le bassin d'Hermopolis donne encore des preuves de fécondité et d'abondance.

Rien n'est plus imposant que les ruines de la ville égyptienne. Leur étendue, leur couleur sombre et noirâtre frappent d'abord le regard. Partout on remarque des blocs immenses, ornés d'oves et de moulures; des entablemens, des fûts de granit, des bases antiques; mais au milieu de ces débris, ce qu'on remarque surtout, c'est un portique avec douze colonnes debout, et en parfait état de conservation. Ce portique, dont les dimensions sont colossales, garde le caractère des plus antiques monumens égyptiens. On présume qu'il se composait de dix-huit ou vingt-quatre colonnes formant le péristyle d'un temple dont les traces ont entièrement disparu. Les fûts qui restent sont en granit : hauts de quarante pieds, ils en ont environ vingt-quatre de circonférence. Les architraves et les plafonds sont parfaitement conservés, et les pierres qui les composent présentent des dimensions énormes : on n'en compte que cinq dans toute la longueur de la façade, et la plus grande n'a pas moins de vingt-cinq pieds. La frise qui règne à l'entour est chargée de hiéroglyphes; on y reconnaît des figures d'oiseaux et d'insectes, comme aussi des hommes assis, et recevant des offrandes. Le portique était peint en rouge et en bleu : le temps a effacé quelques unes de ces couleurs; mais la corniche et les chapiteaux ont conservé leur dorure. Les étoiles semblent y étinceler comme sur un fond d'azur. Quoique l'ensemble de ces débris soit assez intact, quelques parties ont souffert des outrages du temps et du fanatisme. Les trois quarts de la corniche n'existent plus; les anses ont disparu en entier, ainsi que les dix colonnes de la façade. Sans doute ces mutilations proviennent du fait des Arabes. A diverses époques, ils ont porté le marteau sur ces monumens, dans l'espérance d'y trouver des trésors, et presque toujours rebutés, ils ont reculé devant la difficulté de les détruire. Néanmoins ils demeurent encore convaincus que ces blocs gigantesques recèlent des trésors mystérieux, et c'est avec la plus grande défiance qu'ils voient des voyageurs en dresser le plan géométrique. Le père Sicard raconte qu'au moment où il admirait, presque en extase, le portique d'Achmouneyn, son guide arabe craignit un acte de magie, et lui dit : « — N'allume pas ton encensoir; il nous arriverait malheur. — Que veux-tu dire? Je n'ai ni encensoir, ni feu, ni encens. — Tu te moques; un étranger comme toi ne vient point ici par pure curiosité. — Et pourquoi donc? — Je sais que tu connais par ta science l'endroit où est le grand coffre plein d'or que nous ont laissé nos pères. Si l'on voyait ton encensoir, on croirait bientôt que tu n'es venu ici que pour ouvrir notre coffre par la vertu de tes paroles magiques, et enlever notre trésor. » Ainsi, aux yeux des Arabes, les Européens sont des sorciers qui n'ont d'autre but que de s'approprier par le moyen de sortiléges des richesses cachées dans les monumens.

Aux environs d'Achmouneyn ou Hermopolis, on trouve Taha qui doit être l'ancienne *Ibeum*, et Tounéh qui doit être une Tanis égyptienne. Des murs de briques crues, des fragmens de marbres et d'albâtre travaillés, des pierres numismales signalent ces deux localités. Dans le même rayon, on trouve jetés sur l'une et l'autre rive du Nil les vestiges de Thebaïca-Phylace, d'Hermopolitane-Phylace, de Cusæ, de Pesle, de Psinaula, de Spéos-Artemidos, comme aussi des ruines de divers caractères et de diverses époques dans les villages Establ-Antar, Meylaouy, Atlidem, Zaouyet-el-Meyteyn, Souadéh, Bény-Hassan, etc. Les chaînes arabique et lybique contiennent en outre des carrières, des hypogées et des murailles antiques sur la lisière du désert, des églises du premier temps du christianisme, enfin des buttes de décombres égyptiens qui servent d'assises aux habitations modernes.

C'est à Cusæ (*El-Qoussyeh*), point le plus méridional de la province d'Achmouneyn ou de Myniéh, qu'était jadis adorée Vénus, sous la figure d'une vache. Quelques ruines font seules foi de l'existence de cette ville. Qoussyéh, qui le remplace, est le centre d'un commerce actif où les Ouafi viennent faire leurs emplettes. A de certains jours, il s'y tient un marché où accourent deux à trois mille personnes, et où l'on vend du tabac, des toiles, des dattes, des chameaux, des bestiaux et de la verroterie. Quand les Arabes se sentent les plus forts, ils dictent la loi aux vendeurs, et règlent, la lance à la main, la mercuriale du marché. Dans la montagne arabique et en face de Qoussyéh, on retrouve l'hypogée de Cusæ, qui n'a de remarquable que la découverte de grands dessins tracés à l'encre rouge sur des parois dressées exprès. Ainsi, on aurait, sur ce point seul, retrouvé les épures qui devaient diriger les ouvriers dans la taille des chapiteaux. Ces épures sont dessinées entre des carreaux tracés en rouge, selon la méthode actuellement pratiquée en Europe. La projection est presque toute composée de lignes droites; les courbes sont des arcs de cercle, les uns faits au compas, les autres jetés à la main avec une hardiesse remarquable.

Cette zone est très féconde en couvens. Sur la limite du désert se trouve le *Deyr-Maharrag*, avec vingt religieux et deux cents laïques; près de Sanabon, le *Deyr-Girgis* ou couvent de Saint-George, dans l'église duquel on trouve un tableau représentant saint George à cheval, et quel tableau ! le couvent de Saint-Théodore, aujourd'hui en ruines, celui de Mary-Menah, avec une église voûtée, des salles spacieuses et une citerne ; enfin une foule d'autres monastères moins importans.

A Medinet-Qeyssar, qu'on croit être l'ancienne Pesla, on retrouve les ruines d'un temple et des catacombes qui semblent se prolonger dans la chaîne arabique jusque vers El-Houatah. Plus loin, dans le village d'El-Tell, peuplé d'Arabes soupçonneux, farouches et à demi sauvages, nos savans ont reconnu les restes de Psinola. Melaouy ou Deyrout-Achmoun est l'ancienne Hermopolitana-Philace. Autrefois littorale, cette ville est devenue Méditerranée par suite d'un changement de direction dans le cours du Nil. Melaouy, par suite de cette circonstance, paraît avoir beaucoup déchu. Autrefois capitale de la province, elle a été obligée de céder ce rang à Myniéh, enrichie par le voisinage du fleuve. Cependant Melaouy est encore une des villes considérables de l'Égypte-Moyenne. Elle a cinq grandes mosquées, des rues larges et propres, des bazars opulens. Dans sa décadence, elle a su conserver un commerce étendu qu'elle faisait avec la Mecque, et tous les habitans, turks ou chrétiens, s'y livrent à des professions industrielles. La partie occidentale de la ville est bâtie sur des fûts antiques, des pierres taillées, des blocs de marbre et de granit, dont les habitans font des meules ou des abreuvoirs pour les bestiaux.

Myniéh, la capitale actuelle de la province, renferme aussi assez de débris de ce genre pour qu'on ait cherché à y retrouver une position antique. Les mosquées surtout sont ornées de colonnes en granit et en porphyre qui portent l'empreinte du ciseau grec. Quelques savans ont voulu y retrouver Cynopolis, mais Samallout répond à son gisement d'une manière beaucoup plus précise. La Myniéh moderne est une jolie ville, et une des stations les plus commerçantes de l'Égypte. Sous la domination des Mamlouks, tous les bateaux qui descendaient le Nil étaient obligés de s'y arrêter pour payer un droit au kachef qui y faisait sa résidence. A l'ouest de Minyéh, se trouve un vaste bas-fonds, improprement nommé lac de Bathen. C'est tout simplement une dépression du terrain lente et graduelle, qui a été déterminée par l'exhaussement des rives du Nil, et de celles du canal de Joseph. A l'époque de l'inondation, ce bas-fonds se couvre d'eau : il demeure à sec pendant le reste de l'année.

Toute la chaîne arabique qui fait face à la province de Minyéh est percée de grottes, de carrières et de catacombes. Dans le nombre, on cite l'Establ-Antar (écurie d'Antar, prétendu géant de l'antiquité), et surtout les hypogées de Beny-Hassan, la *speos artemidos* des Grecs. Ces hypogées, situés sur le même plateau et à une même hauteur dans le rocher, sont surtout remarquables par la grâce de leurs tableaux et la fraîcheur vraiment merveilleuse de leurs peintures. Le jaune, le rouge, le bleu, sont restés en divers endroits saillans comme au premier jour; le bleu surtout a gardé un éclat prodigieux. Les sujets que portent ces parois sont presque tous religieux et graves. Ici, quatre prêtres se mettent aux pieds de la déesse Isis en lui offrant des lotus, des poissons et des fleurs. Là, des jeunes gens assis dans une barque font glisser sur le Nil une momie couchée sur son lit funèbre. Sur d'autres parois figurent des scènes de la vie civile. Les travaux de la campagne, les exercices de gymnastique, la chasse aux gazelles, le supplice de la bastonnade, et mille autres sujets variés se reproduisent à chaque pas dans ces galeries souterraines. Les plafonds eux-mêmes sont décorés de peintures : on y remarque des étrusques, des méandres et des enroulemens exécutés avec goût. Les hypogées de Zaouy et de Meyteyn diffèrent peu de ceux de Beny-Hassan; mais celui de Souadéh a ce caractère particulier qu'il semble appartenir à l'architecture romaine. Les chrétiens l'ont, dans l'ère moderne, converti en église.

Il serait trop long de donner ici la liste des localités importantes que renferme le nome Hermopolite. A chaque pas on y heurte l'antiquité; c'est un sol jonché de ruines monumentales. De vieilles fondations en briques, des canaux ensablés, des couvens en ruines, des églises devenues des mosquées, des catacombes, des carrières, des grottes, des hypogées, des digues, des chaussées, des colonnes, des blocs de granit, des statues monolithes, des vases antiques en albâtre ou en marbre, des tombeaux chrétiens et des santons musulmans, voilà ce que le voyageur rencontre dans un territoire jadis si populeux, aujourd'hui livré en partie aux incursions des Arabes et aux envahissemens du désert.

En dehors de l'Heptanomide, préfecture entièrement égyptienne, et sur l'autre rive du Nil, se trouvait, dans l'ère romaine, une préfecture entièrement italique, celle d'Antinoë. L'empereur Adrien fut son fondateur. Ce prince, arrivé en Égypte en 883 de Rome (130 de notre ère) avec son favori Antinoüs et un cortége d'artistes, se plut à visiter dans tous leurs détails les monumens de la Haute-Egypte. Sa barque remontait le fleuve quand, à la hauteur d'Hermopolis, son favori tomba dans le Nil et se noya. De là provint la ville d'Antinoë, monument funèbre élevé à la mémoire du plus vil des courtisans. Adrien traça lui-même avec amour le plan de sa ville; il y fit déifier son favori, lui éleva deux cents statues, et obligea les habitans à l'adorer. Antinoë fut bâtie sur la rive orientale du Nil, en face même de l'endroit où le jeune Bythinien avait péri. En quatre ans tout fut achevé, rues, maisons, portiques, colonnades et sculptures. Dotée des priviléges de colonie romaine, Antinoë compta bientôt une population nombreuse. Adrien y fonda en l'honneur d'Antinoüs des jeux gymniques et des fêtes annuelles qui y attirèrent un grand nombre de curieux. A son tour, Alexandre Sévère la dota de nouveaux priviléges, et plusieurs colonnes élevées en l'honneur de ce souverain attestent la reconnaissance des habitans. Dans la première ère du christianisme, Antinoë n'avait rien perdu de son éclat; elle possédait un évêché dépendant de Thèbes. Pallade assure que l'on comptait dans ses environs douze couvens de vierges, et un nombre incalculable de couvens d'hommes. Cependant cette dernière phase dura peu : les Sarrazins trouvèrent Antinoë déserte au dire d'Aboul-Fêda.

Aujourd'hui elle n'est plus qu'un amas de ruines, dont les frises et les chapiteaux se découpent au-dessus d'un bois de palmiers touffus. Quand on la regarde du sommet d'une butte qui la domine, on distingue les deux rues magistrales qui la coupaient à angle droit; puis, dans la plaine, au-delà du massif des ruines, l'hippodrome et le tombeau du cheyk Abadéh, la montagne arabique et ses excavations; plus au nord, les grandes colonnes triomphales d'Alexandre Sévère; l'arc de triomphe et ses colonnades en granit; enfin, à droite et à gauche de cette vaste enceinte, les restes de deux villes antiques, l'une égyptienne (*Besa*), l'autre chrétienne, remplacée aujourd'hui par le village de Deyr-Abou-Hennys.

Ces décombres sont curieux à détailler. On y voit d'abord un portique de théâtre avec quatre colonnes intactes, chacune d'elles haute de cinquante pieds : la sculpture des chapiteaux est d'un fini rare; les feuilles d'acanthe et les caulicoles sont admirablement fouillées; l'arc de triomphe est plus vaste encore et bien mieux conservé. Situé au milieu d'un bois de palmiers, il ne se découvre en entier que lorsqu'on arrive à sa base. Trois arcades le composent; celle du milieu, haute de trente-cinq pieds, a le double d'élévation des autres. L'épaisseur du monument est divisée en deux par des arcades dirigées perpendiculairement à l'axe, et plus basse que les arcs latéraux de la façade, ce qui partage le monument en huit masses. D'après quelques vestiges, on peut croire qu'une colonnade surmontée de statues entourait le monument. Rien de plus gracieux et de plus pur que l'exécution de diverses parties de cet arc de triomphe : les lignes générales, les angles, les moulures d'archivoltes, tout était d'une correction et d'une élégance rares. Par son fronton, par ses colonnes d'ordre corinthien, ses pilastres et ses entablemens d'ordre dorique, ce monument rappelait l'arc de Marius à Orange.

Les colonnes monumentales d'Alexandre Sévère avaient aussi leurs beautés. Deux sont tombées; la troisième n'existe que dans son piédestal et dans la base du fût : la quatrième est intacte. Il n'y manque à peu près que la statue de l'empereur qui aura été emportée. Ces colonnes semblent avoir eu cinquante-cinq pieds de haut, et leurs statues colossales devaient dominer sur tous les édifices environnans. Une inscription les dédie à Alexandre Sévère, et un ornement à feuilles de chêne ferait croire qu'elles furent érigées en mémoire de son triomphe sur Artaxerxès, l'an 233 de J.-C.

Le rayon d'Antinoë contient aussi les traces d'un hippodrome rectangulaire de mille pieds sur deux cents de large, et des thermes ou bains publics, qui offrent un chaos de murailles, de piliers, de colonnes, au milieu desquels se dessine un bassin circulaire. Ce qui résulte aussi de l'état de ces ruines, c'est que les rues d'Antinoë étaient bordées d'arcades à deux rangs de colonnes, surmontées de statues d'Antinoüs. Du reste, tous ces monumens, qui appartiennent à l'art grec et romain, sont loin d'avoir conservé, dans leurs débris, cette physionomie imposante qui caractérise les édifices de l'Ancienne Égypte. Les Romains, dans leurs érections, visaient plutôt à l'élégance; les Égyptiens aspiraient à la durée, et les résultats prouvent qu'ils ont atteint leur but.

Sur les ruines d'Antinoë est bâti le misérable village du cheyk Abadéh, dont les huttes informes s'adossent à des massifs de palais. On y voit encore aujourd'hui une construction qui a été tour à tour temple, église et mosquée. La population du lieu est mahométane; mais, par une bizarre tradition, elle a conservé le nom d'*Abadéh*, saint évêque, martyr à Antinoë, dont le tombeau se voit encore dans la chaîne arabique. Les indigènes vont prier sur cette tombe; et quand on leur demande si c'est en connaissance de cause qu'ils rendent cet hommage à un chrétien, ils répondent : « Toi, tu le sais ; mais nous, nous n'en savons » rien. »

HAUTE-ÉGYPTE.

SYOUT ET GIRGÉH, — ANTIQUITÉS D'EL-AKMYN, LE SERPENT DU CHEYK EL-HARYDY, — ANTIQUITÉS DE QAOU OU ANTŒOPOLIS.

A Syout commence la Haute-Égypte. Syout est une ville importante, située sur la rive gauche du Nil, à une distance environ de mille mètres dans les terres. Elle a pour port, sur le fleuve, le petit village d'El-Hamrah avec lequel elle communique par une digue qui reste à sec, même dans les années de forte inondation. L'aspect de Syout est agréable ; son commerce, qui consiste en produits du sol et en échanges avec la Nubie, est assez important. Les cultures, très soignées dans toute la province, comprennent le froment, l'orge, le dourah, le lin, les fèves, le coton et l'indigo. Des jardins d'un grand rapport forment autour de la ville une ceinture verdoyante de figuiers, d'abricotiers, de grenadiers, de nabkas et de jeunes sycomores. (*Voyez la gravure.*)

Syout, en fait de vestiges antiques, n'a guère qu'une butte de décombres, et ses hypogées qui, creusés dans la chaîne lybique, montent comme par étages jusqu'à la moitié de sa hauteur. Ces souterrains ont été visiblement pratiqués à diverses époques. Les uns n'ont été exploités que comme carrières, les autres ont servi à la sépulture des Égyptiens ; d'autres enfin ont abrité les chrétiens persécutés. L'hypogée principal est situé en face de la route qui conduit de la ville à la montagne. Quand on y entre, on est frappé de la vue du plafond, que décorent des étoiles jaunes, parsemées sur un fond bleu. Les parois offrent des arabesques disposées en carreaux ou en losanges, et combinées avec des fleurs de toute espèce. Les dessins et les sculptures du lieu représentent presque tous des offrandes de victimes, des sacrifices d'animaux qui rappellent les cérémonies païennes. Les traditions s'accordent à nous donner une idée imposante du culte que les Égyptiens rendaient aux morts. Sans doute à de certains jours de l'année, on se réunissait dans les nécropoles pour y célébrer des fêtes funèbres, et ces monumens souterrains devenaient ainsi tout à la fois des temples et des hypogées. Dans ces caveaux sombres, où pas un rayon du soleil ne pénétrait, quel spectacle plein d'émotions devait présenter ce long cortége de parens et d'amis, qui, une torche à la main, venaient renouveler leurs adieux au mort, dire ses vertus, raconter sa vie, et pleurer sur lui! Combien ces cérémonies lugubres s'accordaient avec le caractère grave et moral des Égyptiens, avec leurs idées d'éternité et de vie future!

L'hypogée principal de Syout est flanqué d'une foule d'hypogées plus petits, qui tantôt ont leur ouverture sur le flanc de la montagne, tantôt n'ont qu'une correspondance intérieure avec l'excavation principale. Ainsi, la montagne forme un labyrinthe souterrain, souvent profané par les Arabes qui y cherchent des momies d'hommes et d'animaux. Plus loin, et en tirant vers le sud, se montrent de vastes carrières d'où l'on tire des blocs calcaires disposés par couches horizontales. Ces catacombes ont été peuplées jadis de chrétiens voués à une vie de solitude et de contemplation. Le ciel de l'Égypte se prêtait plus que tout autre aux extases de l'âme et aux élans vers un monde inconnu.

Au-dessus de Syout commencent les steppes ingrates de la Haute-Égypte. Là le désert commence à se rapprocher du Nil, et à lui disputer l'étroite lisière qui le borde. On passe ainsi devant le couvent Rouge et le couvent Blanc, l'un bâti en briques, l'autre en pierres de taille, situés tous les deux au pied de la chaîne lybique, et à une très petite distance l'un de l'autre. Ces deux monastères ont la forme de vastes bastions s'abaissant en glacis rapide, et couronnés à une grande hauteur d'un double rang de fenêtres, percées sur des lignes parallèles et uniformes; l'un d'eux, le couvent Blanc, fut, dit-on, fondé par sainte Hélène. A peu de distance de ces couvens, paraît la ville moderne de Girgéh, située près le Nil qui la mine chaque jour par la base. La position intermédiaire entre le Kaire et Syène rend cette ville le centre du commerce et de la navigation du fleuve. Elle a une lieue environ de circuit : des bazards, des mosquées, des places publiques ornent son enceinte. A cette latitude, la canne à sucre devient déjà plus commune : on en voit des champs entiers à côté de moissons de lin, et de dourah à feuilles de roseau.

A quatre lieues de Girgéh, les savans de l'expédition française ont reconnu entre El-Kerbéh et Harabah, les ruines d'Abydus, que Strabon nomme la seconde ville de la Thébaïde. Ces ruines consistent en des fragmens de colosses et en une construction ensablée, qui pourraient être le temple d'Osiris, l'une des merveilles d'Abydus. Au nombre des vestiges curieux de cette localité, il faut citer encore la partie inférieure d'un corps humain, sculpté en granit noir. Le costume indique un prince : la ceinture est brisée en zigzags ; sur les cuisses ondulées, un vêtement est figuré par des cannelures délicates ; les jambes et les pieds sont nus ; enfin, le socle et le massif portent une foule d'inscriptions hiéroglyphiques. C'est un morceau achevé. Non loin de ce temple, était le palais d'Abydus, le *regia Memnonis*, composé de deux espèces de pierres, l'une de grès, l'autre calcaire. Par suite de l'ensablement graduel de ces décombres, on n'y pénètre plus par les portes, mais par les terrasses. Au dedans, règne une longue suite de salles avec des colonnes englouties à peu près au tiers de leur élévation. Au dehors, l'édifice est encombré jusqu'à la hauteur des soffites. Quant aux ornemens intérieurs, ils sont dans un état parfait de conservation. Le bleu, le rouge, le jaune, y semblent dater d'hier. Autant qu'il est possible d'en juger, le palais d'Abydus devait avoir deux portiques, l'un de vingt-quatre colonnes, l'autre de trente-six ; ce dernier, semblable à la salle hypostyle de Karnak. Ces portiques, ces colonnes, donnent à l'édifice un aspect royal. La décoration en est sérieuse et simple. On y trouve peu de variétés dans les colonnes, dans les chapiteaux et les corniches. L'architecte a sacrifié les ornemens aux grands effets de la symétrie.

Presque en face des ruines d'Abydus, mais sur l'autre rive du Nil, est El-Ackmyn, l'ancienne *Chemmis* ou *Panopolis*. El-Akmyn est aujourd'hui peuplé de quatre à cinq mille Cophtes, prévenans et hospitaliers. Leur ville, bâtie en briques, est ornée d'assez beaux temples. Les restes de Chemmis sont au N.-O. d'El-Akmyn. Nos savans d'Égypte y reconnurent deux temples, bien caractérisés ; l'un par une pierre zodiacale, l'autre par les emblèmes hiéroglyphiques sculptés en relief dans le creux. L'un et l'autre étaient sans doute dédiés à Pan, la divinité du lieu. C'est non loin de là que l'on montre le tombeau du cheyk El-Harydy et son serpent, célèbre en Europe par les récits de Paul Lucas et de Savary. Savary raconte que le cheyk Harydy, habile dans l'art des psylles, possédait un serpent qui avait dans la contrée la réputation de guérir toutes les maladies. Ce serpent opérait d'abord pour tout le monde, riches et pauvres; mais quand sa clientelle fut faite et son renom établi, il ne se dérangea plus que pour les grands seigneurs. Après avoir ainsi vécu sur la crédulité publique, le cheyk Harydy passa dans un monde meilleur; mais son serpent lui survécut : le peuple lui avait donné un brevet d'immortalité. D'ailleurs les successeurs du cheyk, non moins habiles que lui, renouvelaient de temps à autre une expérience solennelle pour prouver l'origine divine du reptile. Ils coupaient un serpent en morceaux, et le déposaient dans un vase, où il demeurait pendant deux heures. Au bout de ce temps, le miracle était accompli; au lieu de tronçons, on trouvait un serpent en vie. Quand nos savans égyptiens passèrent à El-Akmyn, ils voulurent approfondir cette fable populaire. Ils pressèrent de questions le propriétaire du serpent El-Harydy, qui nia les faits, et prétendit que tout ce qu'on en faisait était de jouer avec des serpens à la manière des psylles, pour divertir les pèlerins qui venaient visiter le tombeau du Santon. Il alla même jusqu'à proposer son serpent immortel à nos voyageurs, qui le lui achetèrent pour cent médins.

C'est au-dessous de Girgéh que se présente le premier échantillon des merveilles de Dendérah et de Thèbes. Cet échantillon, c'est le temple d'Antœopolis, ou plutôt de Qaou, village moderne. Ce temple, dédié à Antée, était bâti en une pierre calcaire très fine, d'un aspect grisâtre, et susceptible d'un beau poli. Comme il est ensablé jusqu'à mi-hauteur, il faut, pour mettre à nu ses colonnes, fouiller assez profondément. La partie la plus intacte du temple est un portique caché au milieu de petits bois de palmiers. Il a dû consister en dix-huit colonnes alignées sur trois rangs : du temps de Pococke, toutes étaient debout. Aujourd'hui les deux derniers rangs sont seuls complets; celui de la façade n'a que trois colonnes au lieu de six, et la chute des trois colonnes a entraîné les architraves et les plafonds. Outre ce portique, on remarque encore un sanctuaire monolithe d'une structure tout-à-fait à part. C'est un sommet en pyramides quadrangulaires, dont l'angle est fort aigu, ne formant pas un prisme droit, mais un prisme à faces légèrement inclinées. L'intérieur est creusé en forme de niche prismatique. La pierre de ce monolithe devait se prêter à une sculpture très délicate, car le travail des ornemens y affecte une finesse extrême; il est en relief, et ce relief est très doux à l'extérieur. Le devant seul se trouve sculpté; les trois autres faces sont lisses et polies. Sur la corniche et sur la frise, figurent deux globes ailés; les trois côtés sont décorés de hiéroglyphes, et l'intérieur de divers sujets religieux. Le monolithe d'Antœopolis est le seul que l'on ait trouvé en Égypte avec le sommet aigu, et figurant la pointe d'un obélisque.

En parcourant ces décombres, nos savans y trouvèrent les débris incomplets d'une inscription grecque, dont une portion gisait sur le sol, et dont l'autre demeurait sur la portion de la frise restée debout. Ce ne fut guère qu'en 1821 que M. Hamilton put rapprocher tous les fragmens, et retrouver l'intégralité de l'inscription suivante : « *Le roi Ptolémée, fils de Ptolé-* » *mée et de Cléopâtre, dieux Épiphanes et Eucharistes, et la reine Cléopâ-* » *tre, sœur du roi, dieux Philometors, ont élevé ce pronaos à Antée et aux* » *dieux adorés dans ce temple.* »

Et au-dessoui :

« Les empereurs César, Aurelius Antoninus et Verus, Augustes, en ont » réparé la corniche, l'an quatrième des Augustes, le 9 de paini. »

Ainsi, trois dates existaient sur ce monument; la date égyptienne, la date grecque et la date romaine.

DENDÉRAH ET SON ZODIAQUE.

Le village de Dendérah, l'ancienne Tentyris, est situé sur la rive gauche du Nil, en face de Kenéh, petite ville de cinq mille âmes, qui s'étend sur la lisière droite du fleuve. Le site moderne n'offre rien de saillant, si ce n'est le grand nombre de dattiers qui l'entourent. Les fruits de ces arbres, renommés pour leur bonté, font sa principale richesse.

De tout temps Dendérah fut célèbre par ses temples et par ses monumens astronomiques. Paul Lucas, Savary, Norden, le père Sicard, Forbin, Bruce, Brown, Sonnini, le visitèrent tour à tour dans un siècle antérieur au nôtre. Ensuite arriva Denon, qui le vit en artiste, et en compagnie de l'officier d'artillerie La Tournemine. Ce dernier, en quittant ces belles ruines, écrivait : « Depuis que je suis en Égypte, blasé sur tout, j'ai vécu mélancoli- » que et malade. Tentyra m'a guéri; je ne regrette plus rien, et quoi qu'il » arrive, je me réjouirai de mon voyage. » Jollois et Devilliers arrivèrent après Denon, et c'est à eux que l'on doit la description la plus détaillée et la plus exacte de Tentyris et de ses temples.

Les restes de Tentyris sont à trois milles au sud-ouest de Dendérah, où ils couvrent un espace de dix-sept cents pas de longueur sur à peu près huit cents de largeur. Là, quand on cherche à réédifier ces divers débris, on reconnaît d'abord une construction qui n'a jamais été achevée, et à laquelle nos explorateurs donnèrent le nom d'édifice du Nord : il est terminé par une porte vraiment incomparable par la beauté de ses proportions et de ses sculptures. Rien de plus gracieux et de plus élégant que sa corniche décorée d'ornemens d'un travail plus parfait que tout ce qu'on remarque dans les autres monumens de l'Égypte.

Ensuite vient un *Typhonium*, petit temple non achevé, et élevé sans doute en l'honneur de Typhon, le génie du mal. Le sanctuaire de ce typhonium contient encore des débris de langes et de momies. Mais de toutes ces constructions, il n'en est aucune qui approche, pour les proportions et pour les beautés de détail, du grand temple de Tentyris. Six énormes colonnes, ayant pour chapiteaux des têtes gigantesques de la déesse Isis, placées sur chaque face, soutiennent l'entablement d'un immense portique. Ces figures sont pleines d'un sentiment grandiose, sévère et religieux.

L'ensemble de l'édifice a la figure d'un T, formé de deux parties, le portique et le temple. La longueur totale est de deux cent cinquante-huit pieds. La largeur de la façade, qui dépasse de chaque côté le reste du monument, est de cent trente-six pieds, et la hauteur de soixante. De chacune des faces latérales, sortent trois grandes figures de lion, à mi-corps posées sur des socles qui font saillie.

L'intérieur des portiques formant un rectangle de trente-sept pas sur vingt, est soutenu par vingt-quatre colonnes, distribuées en six rangées de quatre chacune. Tous les murs sont couverts de sculptures, et le plafond est à la fois sculpté et peint. C'est dans ce plafond que Jollois et Devilliers découvrirent un *zodiaque* plus grand que le zodiaque devenu depuis si célèbre. Ce zodiaque montre d'abord une double figure d'Isis à peu près nue, figure dont la pose et les proportions sont inusitées, et qui semble représenter l'emblème de la *nature*. Les soffites qu'embrassent ces deux figures énormes forment deux grands tableaux divisés et subdivisés en bandes hiéroglyphiques, et produisant dans une des bandes six des signes du zodiaque :

Le *Lion* sous la forme de cet animal; la *Vierge*, désignée par une femme qui tient un épi, et qu'accompagnent d'autres femmes à tuniques striées; la *Balance*, figurée par deux bassins entre deux figures d'Harpocrate et d'Horus; le *Scorpion*, précédé par deux femmes, dont l'une à tête d'épervier, et d'une grande figure à pied d'animal et à queue de scorpion; le *Sagittaire*, moitié homme, moitié cheval, et à queue de scorpion; le *Capricorne*, à tête de chèvre et à corps de poisson, accompagné de deux femmes.

Les six autres signes, dans une bande latérale, sont disposés comme il suit :

Le *Verseau* représenté par un homme couronné de lotus, et suivi par un Horus à tête d'épervier; les *Poissons*, au-dessus et au-dessous d'un bassin rectangulaire; le *Bélier* courant à la suite de deux femmes et d'un Horus à tête d'épervier; le *Taureau* menaçant de ses cornes, précédé par deux femmes, et suivi par deux hommes; les *Gémeaux*, figurés par un homme et une femme qui se donnent la main; enfin, le *Cancer*, qui n'est point à sa place dans la bande, mais qu'il faut aller chercher hors de ligne sur les jambes de la figure colossale d'Isis.

Du portique si l'on passe dans l'intérieur du temple, on trouve une vaste salle, dont le plafond porte sur deux rangs de colonnes, puis dans une seconde salle, suivie d'un vestibule comme la première, et donnant entrée dans le sanctuaire. Ce sanctuaire, isolé au milieu des quatre galeries, a trente-deux pieds de long sur vingt de large, et vingt-deux de hauteur. Les sculptures qui le décorent forment divers tableaux de l'histoire d'Isis.

Quand on a pénétré dans l'intérieur de l'édifice, on se perd dans le nombre des salles qui composent ces deux étages et ses profonds souterrains. Des escaliers pratiqués sur tous les points conduisent aux appartemens supérieurs et aux terrasses qui les dominent, dominées elles-mêmes par les ruines d'un village arabe. Toutes ces pièces sont décorées avec plus ou moins de soin de tableaux hiéroglyphiques, représentant des scènes de guerre ou des scènes religieuses, quelquefois même de sacrifices humains. C'est dans l'une d'elles que l'on a trouvé le zodiaque qui se trouve aujourd'hui à Paris, dans l'une des salles basses de la Bibliothèque royale. Ce planisphère diffère peu de celui du portique : comme lui, il commence par le signe du *Lion*. On sait à quelles discussions scientifiques a donné lieu ce monument. MM. Volney, Dupuis, Saint-Martin, Visconti, Testa, Tardieux, Ferlus, Saulnier, d'Ayzac, Paravey, Halma, Chabert, Gussman, Fourrier, Biot, Champollion, Richardson, ont tour à tour expliqué et commenté ses signes, en cherchant à y trouver les preuves historiques de l'âge du monde et des connaissances de l'Égypte en matière d'astronomie. Nous allons y revenir.

La dernière particularité saillante qu'offre le temple de Tentyris, c'est le *propylon d'Isis*, espèce de porte, qui, de ce côté, coupe une grande enceinte quadrangulaire en briques. Sur chacun des listels de la corniche, on trouve répétée l'inscription suivante, en trois lignes de beau caractère grec :

« *Pour la conservation de l'empereur César, fils du divin* (César) *Jupiter,* » *libérateur, Auguste; Publius Octavus étant préfet, Marcus Clodius Posthumus étant épistratège; Tryphon étant stratège; les habitans de la métropole et du Nome ont dédié ce Propylon à Isis, déesse très grande, et* » *aux dieux adorés dans ce même temple, la trente-unième année de César,* » *au mois de thoth, le jour d'Auguste.* »

Tel est le tableau que nous ont donné des temples de Dendérah, deux explorateurs judicieux, Jollois et Devilliers. Des voyageurs plus modernes, et Champollion jeune dans le nombre, ne les ont pas vus avec le même enthousiasme. Voici quelles impressions résultèrent de la visite de ce savant :

« Le 16 novembre 1828, dit-il, nous arrivâmes le soir à Dendérah. Il faisait un clair de lune magnifique, et nous n'étions qu'à une heure de distance des temples. Pouvions-nous résister à la tentation? Souper et partir sur-le-champ furent l'affaire de quelques minutes : seuls et sans guides, mais armés jusqu'aux dents, nous prîmes à travers champs, présumant que les temples étaient dans la ligne droite de notre *maasch*. Nous marchâmes ainsi, chantant les airs variés des opéras les plus nouveaux, pendant une heure et demie sans rien trouver. On découvrit enfin un homme; nous l'appelons; mais il s'enfuit à toutes jambes, nous prenant pour des Bédouins; car, habillés à l'orientale, et couverts d'un grand burnous blanc à capuchon, nous ressemblions, pour l'Égyptien, à une tribu de Bédouins, tandis qu'un Européen nous eût pris, sans balancer, pour un chapitre de Chartreux bien armés. On m'amena le fuyard, et le plaçant entre quatre de nous, je lui ordonnai de nous conduire aux temples. Ce pauvre diable, peu rassuré d'abord, nous mit dans la bonne voie, et finit par marcher de bonne grâce; maigre, sec, noir, couvert de haillons, c'était une momie ambulante; mais il nous guida fort bien, et nous le traitâmes de même. Les temples nous apparurent enfin. Je n'essaierai point de décrire l'impression que nous fit le propylon, et surtout le portique du grand temple. On peut bien le mesurer; mais en donner une idée, c'est impossible. C'est la grâce et la majesté réunies au plus haut degré. Nous y restâmes deux heures en extase, courant les grandes salles avec notre pauvre fallah, et cherchant à lire les inscriptions extérieures au clair de la lune. On ne rentra au maasch qu'à trois heures du matin, pour retourner aux temples à sept heures. C'est là que nous passâmes toute la journée du 17. Ce qui était magnifique à la clarté de la lune, l'était encore plus lorsque les rayons du soleil nous firent distinguer les détails. Je vis dès lors que j'avais sous les yeux un chef-d'œuvre d'architecture, couvert de sculptures de détail du plus mauvais style. N'en déplaise à personne, les bas-reliefs de Dendérah sont détestables, et cela ne pouvait pas être autrement; ils sont d'un temps de décadence. La sculpture s'était déjà corrompue, tandis que l'architecture, moins sujette à varier, s'était soutenue digne des dieux de l'Égypte et de l'admiration de tous les siècles. Voici les époques de la décoration : la partie la plus ancienne est la muraille extérieure à l'extrémité du temple, où sont figurés, de proportions colossales, Cléopâtre et son fils Ptolémée César. Les bas-reliefs supérieurs sont du temps de l'empereur Auguste, ainsi que les murailles latérales extérieures du *Naos*, à l'exception de quelques petites portions, qui sont de l'époque de Néron. Le pronaos tout entier est couvert de légendes impériales de Tibère, de Caïus, de Claude et de Néron; mais dans tout l'intérieur du Naos, il n'existe pas un seul cartouche sculpté: tous sont vides et rien n'a été effacé; mais toutes les sculptures de ces appartemens, comme celles de l'intérieur du temple, sont du plus mauvais style, et ne peuvent remonter plus haut que les temps de Trajan ou d'Antonin. Elles ressemblent à celles du propylon, qui est de ce dernier empereur, et qui, étant dédié à Isis, conduisait au temple de cette déesse, placé derrière le grand temple, qui est bien le temple de *Hathor* (Vénus), comme le montrent les mille et une dédicaces dont il est couvert, et non pas le temple d'Isis, comme l'a cru la Commission d'Égypte. Le grand propylon est couvert des images des empereurs Domitien et Trajan. Quant au Typhonium, il a été décoré sous Trajan, Adrien et Antonin-le-Pieux. »

Ainsi, d'après Champollion le jeune, on aurait, même dans l'ère romaine, c'est-à-dire à une époque où l'Égypte avait subi les invasions persanes et grecques, élevé des monumens qui, pour l'architecture du moins, sont encore des modèles et des chefs-d'œuvre. Cette explication de la part de l'archéologue semble toutefois moins le résultat d'observations précises, que d'une sorte de système nécessité par l'explication des signes zodiacaux figurés sur le plafond du temple.

En effet, d'autres savans, d'après la disposition particulière des zodiaques et de la place qu'y occupe le *Lion*, ont calculé que pour justifier sa position dans le planisphère de Dendérah, il fallait affecter quatorze mille ans à la fondation de ce temple. A cela d'autres archéologues ont répondu par un calcul différent, quoique toujours emprunté à la configuration du zodiaque. Ils ont rappelé que l'année religieuse des anciens Égyptiens, ou, en d'autres termes, l'année du *thoth vague*, n'était que de trois cent soixante-cinq jours complets, sans heures ni minutes de surplus, et que, par conséquent, le premier jour de l'année avait dû, dans une période de 1460 années, correspondre successivement à tous les jours de l'année solaire; que les Égyptiens qui, d'ailleurs, avaient une *année civile* pour la vie ordinaire, avaient fidèlement conservé l'*année vague* dans leurs cérémonies religieuses, afin que chaque jour fût successivement consacré par chaque diverse fête. Ainsi donc, en supposant que le temple de Tentyris ait été bâti à l'époque où le premier jour de l'année vague correspondait au lever héliaque dans le signe du Lion, il ne fallait pas chercher cette époque dans un temps plus éloigné de nous que depuis l'an 12, à peu près jusqu'à l'an 132 de l'ère chrétienne.

Aux deux thèses contraires les argumens n'ont pas manqué. D'un côté, on a dit que pendant que les monumens des époques connues de l'Égypte se présentent dans un état de ruine, qui en rend la réintégration mentale fort difficile, il serait absurde de croire que des monumens antérieurs, des monumens sans date précise, offrissent une conservation et une apparence meilleures. On ajoute que l'air de fraîcheur de ces décombres, l'exécution des sculptures, le dessin des figures, et surtout le mouvement du terrain sur lequel le temple est situé, assignent à ces constructions une origine fort peu éloignée de nous. D'autre part, on établit qu'il est difficile de croire à de grandes érections égyptiennes du temps des Romains, et surtout à de grandes inaugurations religieuses, puisque sous Elius Gallus le rite ancien était déjà tombé en désuétude! D'ailleurs aucun historien latin ne parle de ces grands travaux, qui eussent suffi pour honorer le règne d'un empereur. L'inscription grecque trouvée sur le propylon n'est pas, ajoutent les défenseurs d'une origine plus ancienne, cette inscription grecque n'est pas une preuve à l'appui d'une érection récente. D'abord le propylon sur lequel elle se trouve, détaché du temple, semble en être un hors d'œuvre; sa date pourrait bien ne pas être celle du monument; ensuite sa place n'est pas celle que lui aurait donnée l'architecte; elle est une surcharge et une faute au lieu où le regratteur romain l'a placée; enfin, la dédicace elle-même ne dit pas que les Romains ont *bâti*, mais seulement *dédié* ce temple, circonstance fréquemment reproduite à propos des plus vieux monumens de l'Égypte.

Ce que l'on peut conclure de tout ceci sans s'engager dans des hypothèses cosmogoniques, dont la base est toujours mouvante, c'est que le caractère des temples de Tentyris paraît être plus égyptien que romain, et que leur date semble devoir se reporter à une ère égyptienne incertaine encore, et non à une période romaine, comme le croit Champollion. Cela n'implique rien pour la question bien plus obscure des signes du planisphère, question à propos de laquelle les archéologues seront obligés de verser de nouveau autant de flots d'encre qu'il s'en est versé. Les explications modernes n'ont pas plus éclairé le fait que les hypothèses antérieures.

RUINES DE THÈBES, — HYPOGÉE BIBAN-EL-MOLOUK, — KARNAK, — LOUQSOR, MÉDYNET-ABOU, — LE MEMNONIUM, — LES COLOSSES.

Nous voici arrivés à la ville monumentale de l'Égypte, à la ville par excellence, que l'armée française salua en battant les mains. Cette ville est Thèbes, la cité d'Homère, la ville aux cent portes, la *Diospolis-Magna*, avec ses sphinx et ses obélisques. Quand on approche de ce bassin, et qu'on voit au loin les deux colosses projetant leur ombre immense, il est impossible de ne point se rappeler les textes de Strabon, d'Hérodote et de Diodore, cette statue d'Osymandias, si belle dans Hécatée, ce cercle d'or d'une coudée d'épaisseur et de trois cent soixant-cinq coudées de circonférence, sur lequel, pour chaque jour de l'an, se trouvait indiqué le lever et le coucher du soleil, la salle hypostyle et ses colonnades, le memnonium et ses merveilles hiéroglyphiques, les hypogées de rois, le colosse de Memnon, harmonieuse statue; enfin, tous les prodiges de l'art et de la patience jetés sur l'une et l'autre rive du fleuve.

Le bassin de l'antique Thèbes se développe dans une étendue à peu près égale sur l'une et l'autre rive du Nil. Borné d'un côté par le roc lybique, de l'autre par les montagnes d'Arabie, il se compose, comme toute la vallée d'Égypte, de couches de sable et d'argile qui se succèdent alternativement. A partir des bords du fleuve, le terrain monte suivant une inclinaison qui est sensible à l'œil; et il en résulte que la plaine, peu arrosée, marche vers un état de stérilité. A peine trouve-t-on çà et là sur la lisière même du fleuve quelques champs de blé, de dourah et de cannes à sucre. Ce vaste bassin est semé de villages modernes. Le premier est El-Aqaltéh, près duquel se trouve un qasr ou château, résidence du fonctionnaire de la contrée. Plus loin est Abou-Hammoud, cachée par des palmiers, puis El-Beyrat, bâtie sur les décombres de l'ancienne Thèbes; Médynet-Abou entièrement désert, ensuite

Qournah, peuplé de Troglodytes qui se sont creusé des logemens dans le roc. Telles sont les localités de la rive gauche; la rive droite offre Louqsor, que caractérisent ses maisons basses, surmontées de colombiers; Louqsor, la plus importante bourgade de la plaine, puis Kafr-Karnak, Karnak et Naga-el-Qariéh, dont les habitations modernes n'occupent qu'un très petit espace au milieu de vastes ruines. Encore plus loin, dans la même direction, et vers le pied de la chaîne arabique, sont situés Myt-Aamoud et le village moderne d'El-Byadyeh.

Dix à douze villages, voilà ce qui remplace la Thèbes antique, vivante encore dans ses débris. Des fûts solitaires, des colosses, des colonnades, des obélisques sont là debout, comme autant de jalons de sa magnificence détruite; et dans les flancs de la montagne, sa cité mortuaire garde aussi le souvenir des phaarons qui ont régné dans cette enceinte.

Pour arriver à ces hypogées, il faut gravir des sentiers étroits pratiqués dans le roc. Quand on approche de leurs ouvertures, il est essentiel de se tenir sur ses gardes, car des Arabes maraudeurs y ont établi leur résidence. Ces cavernes sont leurs domaines; quand ils n'y détroussent pas le voyageur, ils l'exploitent dans la vente de petites statuettes ou de momies apocryphes. Le nombre des galeries souterraines que présentent ces hypogées est prodigieux, et leur intérieur est dans un état de dévastation difficile à peindre. Les momies ne sont ni dans leurs caisses, ni à leur place; elles jonchent le sol au point que le passage en est obstrué; on marche sur elles, et comme elles cèdent sous le poids du corps, on a souvent quelque peine à retirer le pied embarrassé dans les ossemens et dans les langes. Le séjour dans ces caveaux mortuaires est très fatigant; l'air y est chargé d'exhalaisons bitumineuses. Du reste, rien ne distingue les hypogées ordinaires de Thèbes, de ceux que l'on a parcourus dans l'Égypte-Moyenne. Ce sont toujours des galeries jonchées d'amulettes, de statues, de statuettes en albâtre ou en granit, de morceaux de bronze, de porphyre, de terre cuite, de bois peint et doré, de petites images de momies, de figurines votives, sculptées en pâte ou en terre cuite, d'images d'hommes, d'animaux, ou de dieux, dans les proportions les plus informes; de divers objets, tels que lampes, vases, grains, tubes, et boules percées. Ces hypogées diffèrent beaucoup de grandeur; les uns ont six cents pieds de long, d'autres quatre cents, d'autres trois cents.

L'un des plus curieux objets que l'on y trouve, c'est une masse énorme de papyrus, manuscrits égyptiens qui sans doute gardent le mot de leur existence énigmatique et mystérieuse. Ces papyrus sont placés d'ordinaire sous les bandelettes des momies, entre les cuisses ou entre les bras. La hauteur et la longueur des rouleaux est variable. Chaque volume est roulé sur lui-même de gauche à droite; il est aplati et lourd à cause de la double couche du liber, de la présence de la gomme et de la peinture intérieure. Sec et cassant, on ne peut dérouler le papyrus qu'après l'avoir humecté. C'est à l'aide de ces manuscrits que l'on a pu reconnaître plusieurs sortes de caractères égyptiens, le caractère hiératique ou hiéroglyphe, le caractère alphabétique ou cursif, le caractère démotique ou épistolographique.

L'aspect des hypogées conduit aussi à l'examen du système d'embaumement chez les Égyptiens. Cet art, poussé si loin autrefois, n'a laissé aucune tradition dans le sein des localités. Les Arabes en ignorent les procédés autant qu'ils en dédaignent l'usage. Les anciens seuls, Hérodote et Strabon, parlent de l'art de conserver les corps. Il paraît, d'après des observations récentes, que l'embaumement des corps était de deux sortes: l'un plus parfait, et qui comportait une incision à l'aine gauche; l'autre plus imparfait; les uns étaient conservés à l'aide de substances balsamiques, les autres à l'aide du bitume. Ces dernières momies résistaient mieux que toutes les autres à l'action de l'air. Une fois l'embaumement achevé, on entourait les corps de bandes de toile au nombre de quinze ou vingt épaisseurs. Il y a peu de différence d'une momie à l'autre dans l'arrangement des bandelettes. Toutes ces toiles sont aujourd'hui devenues d'un jaune foncé. Les cheveux des momies sont nattés ou tressés, ou disposés en touffes et en anneaux. On rencontre aussi des têtes rases. De toute la momie, la tête seule a un aspect à peu près humain : le reste est à l'état de squelette. A côté des momies d'hommes, on voit dans les hypogées, des momies d'ibis, d'éperviers, d'oiseaux de proie, de chiens, de bœufs, de chacals, de béliers, de chats, de crocodiles et de serpens.

Les hypogées ainsi jonchés de débris, étaient sans doute la nécropole banale de la population thébaine. Mais du côté de Qournah, dans une gorge de la chaîne lybique qui surplombe Medynet-Abou, existent d'autres souterrains connus sous le nom de Byban el Molouk (*portes ou tombes de rois*). Du temps de Strabon, on ne comptait que onze catacombes de rois; Jollois et Devilliers en reconnurent une douzième. Visitées avec détail à cette époque de l'occupation française, ces sépultures royales ont été revues depuis par Champollion jeune, au mois de mai 1829. Écoutons son récit :

« La vallée de Byban-el-Molouk, dit-il, était la nécropole royale, et on avait choisi un lieu parfaitement convenable à cette triste destination, une vallée aride, encaissée par de très hauts rochers coupés à pic, ou par des montagnes en pleine décomposition, offrant presque toutes de larges fentes occasionnées par l'extrême chaleur, soit par des éboulemens intérieurs, et dont les croupes sont parsemées de bandes noires, comme si elles eussent été brûlées en partie. Aucun animal vivant ne fréquente cette vallée de morts : je ne compte point les mouches, les renards, les loups et les hyènes, parce que c'est notre séjour dans les tombeaux et l'odeur de notre cuisine qui avaient attiré ces quatre espèces affamées.

» En entrant dans la partie la plus reculée de cette vallée par une ouverture étroite évidemment faite de main d'homme, et offrant encore quelques sculptures égytiennes, on voit bientôt au pied des montagnes, ou sur les pentes, des portes carrées, encombrées pour la plupart, et dont il faut approcher pour apercevoir la décoration : ces portes, qui se ressemblent toutes, donnent entrée dans les tombeaux des rois. Chaque tombeau a la sienne; car jadis, aucun ne communiquait avec l'autre; ils étaient tous isolés; ce sont les chercheurs de trésors, anciens ou modernes, qui ont établi quelques communications forcées.

» Il me tardait, en arrivant à Byban-el-Molouk, de m'assurer que ces tombeaux, au nombre de seize, étaient bien, comme je l'avais déduit d'avance de quelques considérations, ceux de rois appartenant tous à des dynasties thébaines, c'est-à-dire à des princes dont la famille était originaire de Thèbes. L'examen rapide que je fis alors de ces excavations, et le séjour de plusieurs mois que j'y ai fait à mon retour, m'ont pleinement convaincu que ces hypogées ont conservé les corps des rois des dix-huitième, dix-neuvième et vingtième dynasties, qui sont toutes trois, en effet, des dynasties diospolitaines ou thébaines.

» On n'a suivi aucun ordre de dynastie, ni de succession dans le choix de l'emplacement des diverses tombes royales. Chacun a fait creuser la sienne sur le point où il croyait rencontrer une veine de pierre convenable à la sépulture et à l'immensité de l'excavation projetée. Il est difficile de se défendre d'une certaine surprise, lorsque après avoir passé sous une porte assez simple, on entre dans de grandes galeries ou corridors, couverts de sculptures parfaitement soignées, conservant en grande partie l'éclat des plus vives couleurs, et conduisant successivement à des salles soutenues par des piliers encore plus riches de décorations, jusqu'à ce qu'enfin on arrive à la salle principale, celle que les Égyptiens nommaient la *salle dorée*, plus vaste que toutes les autres, et au milieu de laquelle reposait la momie du roi dans un énorme sarcophage de granit. La vue de ces tombeaux donne seule une idée exacte de l'étendue de ces excavations, et du travail immense qu'elles ont coûté pour les exécuter au pic et au ciseau. Les vallées sont encombrées presque toutes de collines formées par les petits éclats de pierre, provenant des effrayans travaux exécutés dans le sein de la montagne. Plusieurs mois m'ont à peine suffi pour rédiger une note détaillée des innombrables bas-reliefs que ces tombeaux renferment, et pour copier les inscriptions les plus intéressantes. Je donnerai cependant une idée générale de ces monumens par la description rapide et succincte de l'un d'entre eux, celui du pharaon Rhamsès, fils et successeur de Meoumoun. La décoration des tombeaux royaux était systématisée, et ce que l'on retrouve dans un reparaît dans presque tous les autres. »

Selon Champollion, le bandeau de la porte d'entrée est orné d'un bas-relief qui est la préface ou le résumé de toutes les décorations des tombes. C'est un disque jaune au milieu duquel est le soleil à tête de bélier, c'est-à-dire le soleil couchant entrant dans l'hémisphère inférieur à côté du soleil, et dans le disque est sculpté un scarabée, symbole de la régénération. Le roi est agenouillé sur la montagne céleste, sur laquelle portent aussi les pieds des deux déesses. Le sens général de la composition se rapporte au roi défunt : soleil de l'Égypte durant sa vie, il était à sa mort le soleil couchant qui doit reparaître à l'aube suivante. C'est toujours, comme on le voit, le système de transmigration et de rénovation cosmogonique. Dans ce tableau figure ordinairement une légende comme celle qui suit : « Je t'ai accordé une demeure dans la montagne sacrée de l'Occident comme aux autres » dieux (rois) grands, à toi, Osirien, roi, seigneur du monde, Rhamsès, etc., » encore vivant. » Cette dernière expression prouverait que les travaux d'une sépulture pharaonienne commençaient même du vivant du destinataire.

Cependant comme pour rassurer l'esprit du pharaon contre ce spectacle d'une destruction prochaine, d'autres tableaux avaient soin de lui promettre une longue vie et une parfaite santé. Ces tableaux constituaient ainsi une sorte d'antidote aux précautions que l'on prenait d'avance pour que le mort fût, au moment de sa dernière heure, convenablement logé.

Ceci est figuré dans le corridor qui sert comme de pièce d'entrée aux tombes. Au-delà paraît une petite salle contenant les images sculptées et peintes de soixante-quinze parèdres du soleil, précédées ou suivies d'un immense tableau dans lequel on voit successivement l'image abrégée de soixante-quinze zones et de leurs habitans.

A ces tableaux d'ensemble succède le développement des détails, figurés dans une série de sculptures représentant la marche du soleil dans les deux hémisphères; après quoi d'autres salles se présentent toutes également ornées de sculptures et de peintures dont il est impossible de comprendre le sens, et auxquelles chaque visiteur peut donner une signification de fantaisie. La salle qui précède le sarcophage est en général consacrée aux quatre génies de la mort : elle figure, dans des tableaux vraiment complets, la comparution du roi devant le tribunal des quarante-deux juges divins, qui devaient décider du sort de son âme. Une paroi entière de cette salle, dans le tombeau d'un Rhamsès, offre les images de ces quarante-deux assesseurs d'Osiris, mêlées aux justifications que le roi est censé présenter ou faire présenter en son nom à ces juges sévères, lesquels paraissent chargés de faire, chacun en particulier, la recherche d'un crime ou d'un péché spécial, et de le punir dans l'âme soumise à leur juridiction. Voici une portion de cette formule de confession négative : « O Dieu! (un tel roi) soleil modérateur de » justice, approuvé d'Ammon, n'a point commis de méchancetés, n'a point » blasphémé, ne s'est point enivré, n'a point été paresseux, n'a point en» levé des biens consacrés aux dieux, n'a point dit de mensonges, n'a point » été libertin, ne s'est point souillé par des impuretés, n'a point secoué la » tête en entendant des paroles de vérité, n'a point inutilement allongé ses » paroles, n'a pas eu à dévorer son cœur, etc. »

A côté de ce texte, figuraient parfois, comme dans le tombeau de Meïamoun, des images plus curieuses encore des péchés capitaux, la luxure, la paresse, la voracité, figurés par des têtes de boucs, de tortues et de crocodiles.

De toutes ces salles, la plus magnifique sans contredit est celle du tombeau de Rhamsès V. Le plafond, creusé en berceau et d'une très belle coupe, a conservé toute sa peinture; les parois de la salle sont couvertes, du soubassement au plafond, de tableaux sculptés et peints, et chargés d'hiéroglyphes explicatives. La plupart de ces légendes appartiennent au système général des Égyptiens en astronomie et en cosmogonie. D'autres représentent des offrandes aux divinités de l'Égypte, et surtout à celles qui président aux destinées des âmes.

Telles sont les décorations générales des tombeaux de Byban-el-Molouk, qui ne sont pas tous également achevés. Les uns, en effet, se terminent à la première galerie qui devient ainsi la grande salle sépulcrale; d'autres ont deux salles seulement; quelques uns enfin ne sont qu'un petit réduit creusé à la hâte, grossièrement peint, et dans lequel on a déposé le sarcophage du roi, grossièrement ébauché. Cela prouve qu'à son avénement au trône le premier soin d'un roi était de se choisir une sépulture convenable et d'y faire travailler jusqu'à sa mort. Si elle le surprenait, les travaux cessaient, et le travail demeurait à mi-chemin. On peut ainsi juger de la durée d'un règne par l'état plus ou moins avancé de l'excavation sépulcrale. Les tombeaux des princes qui régnèrent le plus long-temps sont les plus ornés et les plus somptueux.

De Byban-el-Molouk, si l'on se porte vers la rive droite du Nil, on y aperçoit les palais des rois dont on vient de décrire les tombeaux. Les pharaons mettaient ainsi le fleuve entre leur vie présente et leur vie future. Au nombre de ces palais, celui de Karnak paraît avoir été le plus beau. Il servait sans aucun doute de résidence habituelle aux souverains.

La butte factice sur laquelle s'élèvent les ruines de Karnak est au milieu d'une plaine cultivable de deux lieues de circuit. Karnak, au milieu des débris de Thèbes, frappe d'abord le coup d'œil. Sa longue avenue de sphinx, qui semble jadis avoir abouti au fleuve, ses pylones, ses propylées, ses obélisques, ses colonnes, ses pans grandioses de constructions en ruines, tout saisit et commande l'examen. Des sphinx de cette longue avenue, deux seulement ont survécu : ils sont distans l'un de l'autre de quatre coudées, couchés, les jambes de devant étendues, celles de dessous repliées; ils ont des têtes de béliers placées sur des corps de lion, avec une coiffure symbolique, qui, couvrant la tête, leur retombe sur le dos et sur la poitrine.

Au bout de l'avenue des Sphinx se rencontre le pylone, dans un développement de trois cent quarante-huit pieds, et sur une hauteur de cent trente-quatre. Cette construction, comme on peut le voir aux faces saillantes des pierres que l'ouvrier devait placer, n'a jamais été achevée. La porte doit avoir eu soixante pieds d'élévation, la plus belle dimension de ce genre que l'on ait reconnue en Égypte. Ce pylone donne passage vers une vaste enceinte ornée de deux galeries, l'une au nord, l'autre au sud avec des colonnes couronnées de chapiteaux en forme de boutons de lotus. Ces deux colonnades, quoique d'un bel effet, sont dans le même état d'inachèvement que le pylone et la cour qui le continue, ce qui donnerait lieu de croire que ces constructions sont d'une date postérieure à celle des autres parties du palais. On sait que le système des Égyptiens était de procéder, dans leurs érections, peu à peu, selon les époques et selon les besoins, en augmentant les attenances, et les raccordant sans symétrie quand la convenance des distributions le voulait ainsi. Cette enceinte inachevée, par une particularité assez rare, semble avoir eu dans le milieu une allée de colonnes colossales non couvertes. Les deux qui en restent ont soixante-trois pieds dans toute leur hauteur, et dans leur ensemble, elles offrent la figuration presque exacte de la fleur du lotus. Leur décoration se compose d'anneaux faits de croix à anse et de bâtons anguraux à têtes de renard ou de chakal.

En laissant de côté un petit temple qui se trouve engagé dans la première enceinte, on passe sous un second pylone, et l'on traverse une seconde cour ornée de piliers cariatides pour arriver à la seconde partie du palais de Karnak, signalée par des monolithes en granit rouge, dont l'un, debout encore, représente un homme en marche.

Au-delà de ce point, un magnifique pylone de quatre-vingt-onze pieds de haut donne l'entrée des vieux palais de Karnak et de cette salle hypostyle, la merveille de l'ancienne Thèbes. Pour s'en faire une idée, il faut se figurer un vaste rectangle de cent cinquante-neuf pieds sur trois cent dix-huit. Les pierres du plafond y reposent sur des architraves portées par cent trente-quatre colonnes encore debout. Les plus grosses n'ont pas moins de onze pieds de diamètre, et de soixante-dix pieds de haut. Les chapiteaux ont près de soixante-quatre pieds de développement, et leur partie supérieure présente une surface où cent hommes pourraient aisément tenir debout. Cette salle hypostyle est l'une des plus belles merveilles que l'imagination humaine puisse concevoir. Pour s'en former une idée exacte, il suffit de dire que l'une de nos plus grandes églises, Notre-Dame de Paris, y tiendrait tout entière. C'est là sans doute que les souverains d'Égypte donnaient audience au peuple, et peut-être y voyait-on les trois cent quarante-cinq statues de pontifes-rois que les prêtres égyptiens montrèrent à Hécatée de Milet.

La salle hypostyle est comme partagée en trois parties, dont la portion intermédiaire, renfermant les plus grosses colonnes, forme une sorte de nef entre les deux distributions latérales. Les grosses colonnes, dans leur circonférence de trente pieds, sont d'un port à peu près égal à celui de la colonne Vendôme ; les autres n'ont guère que quarante pieds de hauteur. Aucune d'elles n'a cédé aux efforts du temps; leur plus terrible ennemi est le Nil, qui, dans ses crues, venait baigner et miner leur base. Dans l'un des murs de la salle hypostyle, Jollois et Devilliers rencontrèrent des pierres toutes dressées et sculptées, et qui étaient employées là comme simples matériaux. Ainsi, le palais de Karnak, déjà si vieux, aurait été construit lui-même avec les débris d'un temple plus ancien, ce qui supposerait deux âges d'architecture. Le même incident a été reconnu dans les temples de Philœ, limite actuelle de l'Égypte.

Après avoir passé sous un troisième pylone, on arrive dans une espèce de cour où figuraient autrefois deux obélisques en granit, hauts de soixante-neuf pieds. Un seul reste encore debout. Un autre obélisque, le plus grand qui existe en Égypte, se trouve à peu de distance au milieu d'une vaste cour ornée de piliers cariatiques et au-delà d'un autre pylone. Cet obélisque a quatre-vingt-onze pieds de haut : ces sculptures, d'une exécution parfaite, ne sont pas inférieures à ce que l'art européen pourrait produire en ce genre. Enfin, une dernière porte conduit à des constructions en granit qui semblent être les petits appartemens du palais de Karnak. C'est là sans doute que le pharaon venait oublier, au sein des joies de la famille et des distractions domestiques, le poids d'une royauté toute pleine de cérémonial et d'étiquette. A la suite de ces constructions, il s'en révèle encore une foule d'autres, comme aussi d'autres colonnes et d'autres appartemens, dans lesquels on remarque des sculptures qui brillent du plus vif éclat; une porte triomphale, d'autres avenues de sphinx, d'autres débris d'obélisques. En nul autre endroit ne se font voir plus de restes d'édifices antiques.

C'était évidemment là que résidaient les pharaons : la tradition le dit, l'aspect des lieux le prouve. Diodore et Strabon parlent de la salle hypostyle et des petits appartemens de granit, et d'ailleurs la distribution intérieure accuse la destination des monumens. La salle aux trois cents colonnes gigantesques était la salle d'audiences royales, le théâtre des fêtes publiques et religieuses, des cérémonies du couronnement, et celles de l'initiation. Un local vaste et magnifique à ce point ne pouvait servir à des choses banales; il fallait, pour le remplir, des pompes insolites, des célébrations grandioses. Pour la vie ordinaire, on avait les appartemens de granit. Là, tout était mieux approprié aux besoins de chaque jour; les pièces étaient plus petites, mieux divisées, plus élégantes. Aujourd'hui encore, en les parcourant, il est aisé de voir que l'architecture y a sacrifié ses idées d'ensemble à l'utilité et à la grâce de détail. Comme effet général, le palais de Karnak, vu à quelque distance, ne satisfait point le regard. C'est un jeu confus de fragmens de murs, d'obélisques renversés, de colosses en débris, de portiques croulans; c'est une forêt de colonnes, de pylones, de galeries, de portiques et de péristyles.

Les perspectives de Louqsor ne sont ni plus arrêtées, ni plus régulières. Ce qui frappe d'abord, ce sont ses pylones et ses obélisques, ou plutôt son obélisque, car l'un de ceux qu'on y voyait s'élève maintenant à Paris sur la place de la Concorde. L'obélisque qui demeure à Louqsor est situé en avant du pylone. Comme celui que nous possédons, il porte sculpté sur le granit la dédicace du roi qui l'a érigé. C'est, s'il faut en croire Champollion jeune, Rhamsès III ou Sésostris qui acheva cette double érection. Rhamsès II avait commencé les obélisques en l'an 1570 avant l'ère chrétienne. Aussi assure-t-on que les faces de granit portent les noms de ces deux souverains, et qu'on y lit l'éloge de Sésostris: « L'Aréoris puissant, » ami de la vérité, roi modérateur, très aimable comme Thmou, chef né » d'Ammon ; » ou bien encore : « Grand par ses victoires, fils préféré du » soleil, celui qui réjouit Thèbes comme le firmament du ciel; » ou bien enfin : « L'Aréoris, prince des grands, jouissant du pouvoir royal comme » Tmou, puissant dans les panégyries. »

Quoi qu'il en soit de cette explication, les obélisques de Louqsor ont une hauteur de soixante-dix à soixante-douze pieds. Leur poids est de quatre mille cinq cents quintaux environ.

Quand on a dépassé l'obélisque et le pylone décoré de sculptures militaires, on arrive au palais même de Louqsor, dont l'intérieur renferme deux cents colonnes de différentes proportions, et presque toutes intactes. Les diamètres des plus grosses ont jusqu'à dix pieds. Du reste, nulle part autant que dans cet édifice, ne règne la confusion des ruines. Il faut s'isoler pour ainsi dire de ce que l'on voit, pour reconstruire par la pensée cet ensemble de palais engagés les uns dans les autres, et qui ne devaient point avoir une ordonnance régulière. En sortant de ces divers édifices, on arrive sur une butte factice qui formait jadis tout un quartier de Thèbes. Çà et là se montrent des débris de piédestaux et des restes de sphinx. Plus on se rapproche de Karnak, plus ces fragmens se multiplient, jusqu'à ce qu'à Karnak même paraissent des sphinx entiers à corps de lion et à têtes de femme. Ainsi, de Louqsor à Karnak, c'est-à-dire dans une étendue de mille vingt-six toises, on suit une avenue qui a dû compter plus de six cents sphinx. Comme le terrain contenu entre ces deux rangées de décombres est encore sujet aujourd'hui à l'inondation, il faut croire que, dans les temps antiques, cette avenue était un canal dans les époques de crues, et une promenade pendant les basses eaux. Une déviation de l'allée des sphinx conduit à une avenue plus large formée de béliers accroupis, élevés sur des piédestaux, et terminée par un arc de triomphe. Ces constructions précèdent deux temples, l'un d'une architecture massive et caractérisée par l'empreinte noire et sombre de sa colonnade; l'autre, petit temple consacré à Isis, remarquable par le ton brillant de la pierre, par le fini coquet de ses sculptures.

Maintenant si l'on repasse sur la rive gauche du Nil, d'autres merveilles se présentent. C'est d'abord l'hyppodrome d'El-Aqualtéh, qui a semblé justifier aux yeux de quelques savans le surnom d'*Hécatompyle* (aux cent portes) qu'Homère donne à la capitale thébaine. D'autres ont vu dans ce mot les portes de divers quartiers, qui alors auraient été séparés d'après l'usage en vigueur encore dans les capitales turkes. Nulle enceinte particulière n'enveloppant la ville, on est fondé à admettre ce système d'enceintes particulières, isolant et enveloppant les monumens publics.

Au nord de l'hyppodrome, et placées sur une butte au pied de la chaîne lybique, apparaissent les ruines de Medynet-Abou, amas confus de monumens de toutes les époques et de toutes les dynasties. Un petit temple se montre d'abord au premier pied des décombres, mais il frappe peu le regard attiré par les restes imposans d'un palais de pharaon. Deux étages, des fenêtres carrées, des murs couronnés de créneaux, révèlent une construction qui ne se rapproche en rien des temples consacrés au culte. C'était évidemment une résidence royale, embellie tour à tour par les rois lagides et les empereurs romains. Dans aucun lieu on ne retrouve plus de scènes de batailles, de combats sur terre et sur mer, de courses en chars, d'initiations, de jeux gymniques. On attribue la fondation du palais à Rhamsès-

Meïamoun, le plus illustre guerrier des dynasties pharaoniennes, après Sésostris-le-Grand. Plus loin, vers l'ouest, et presque au pied de la montagne, se groupent d'autres édifices non moins curieux. Un pylone très élevé conduit dans une grande cour presque carrée, dont les galeries septentrionale et méridionale sont formées de colonnes et de gros piliers carrés auxquels sont adossées des statues colossales. Ces espèces de cariatides impriment au monument un caractère de gravité et de grandeur dont il est impossible de n'être point frappé : elles semblent placées là pour rappeler aux hommes le recueillement et le respect. Un second pylone termine cette première cour, et conduit à un superbe péristyle, dont les galeries latérales sont formées de colonnes, et dont le fond est terminé par un double rang de galeries, soutenues par d'autres colonnes et par des piliers cariatides. Ce péristyle offre des restes de toutes les religions qui ont successivement prévalu en Égypte. Les chrétiens y ont élevé une église où l'on voit encore de beaux fûts monolithes en granit rouge. Ils ont peint sur les murs, des bienheureux avec l'auréole autour de la tête. Quelquefois, à l'aide de légères altérations, ils ont même réussi à transformer en saints du christianisme, des dieux, des héros et des prêtres de l'Ancienne-Égypte. A leur tour, les mahométans sont venus, et ont fait une mosquée, en sculptant quelques versets du Koran sur ces emblèmes déjà chrétiens ou égyptiens à demi.

Au sortir de Medynet-About, si l'on suit le chemin tracé sur la limite du désert, on foule aux pieds une suite non interrompue de statues brisées, de troncs, de colonnes et de fragmens de toute espèce; puis, à gauche du chemin, on rencontre à fleur du sol des fondemens en briques crues, qui ont jadis formé une enceinte rectangulaire, remplie aujourd'hui encore de débris de colosses et de membres d'architecture, chargés de hiéroglyphes. Ce sont les restes d'un édifice renversé jusque dans ses fondemens. A droite du même chemin, la vue se repose sur un bois touffu d'acacias, dont la verdure contraste avec la sécheresse du sol environnant. Là encore se retrouvent des restes antiques, des bras, des jambes, des troncs de statues d'une grande proportion. Tous ces colosses étaient monolithes, de marbre, de granit noir ou rouge. Leur nombre est tel, qu'ils suffiraient à décorer une ville considérable. Sur les mêmes lieux, des restes de colonnes à ras du sol signalent l'emplacement d'un temple ou d'un palais. C'est aussi dans ce rayon, et à l'extrémité du bois d'acacias que paraissent les décombres du *Memnonium* ou *Amenophium* de Thèbes, avec les deux colosses qui leur servent d'indicateur.

«Qu'on se figure, dit Champollion jeune, un espace d'environ dix-huit cents pieds de longueur, nivelé par les dépôts successifs de l'inondation, couvert de longues herbes, mais dont la surface, déchirée sur une multitude de points, laisse encore apercevoir des débris d'architraves, des portions de colosses, des fûts de colonnes et des fragmens d'énormes bas-reliefs, que le limon du fleuve n'a pas enfouis encore, ni dérobés pour toujours à la curiosité du voyageur. Là ont existé plus de dix-huit colosses, dont les moindres avaient vingt pieds de hauteur : tous ces monolithes, de diverses matières, ont été brisés, et l'on rencontre leurs membres énormes, dispersés çà et là, les uns au niveau du sol, d'autres au fond d'excavations exécutées par les fouilleurs modernes. Sur ces restes mutilés, on lit les noms d'un grand nombre de peuples asiatiques, dont on voyait les chefs captifs entourant la base de ces colosses représentant leur vainqueur, le pharaon Aménophis, le troisième du nom, celui que les Grecs ont voulu confondre avec le Memnon de leurs mythes héroïques.

» C'est vers l'extrémité des ruines et du côté du fleuve que s'élèvent encore, en dominant la plaine de Thèbes, les deux fameux colosses d'environ soixante pieds de hauteur, dont l'un, celui du nord, jouit d'une si grande réputation sous le nom du *colosse de Memnon*. Formés chacun d'un seul bloc de grès brèche transporté des carrières de la Thébaïde supérieure, et placés sur d'immenses bases de la même matière, ils représentent tous deux un pharaon assis, les mains étendues sur les genoux, dans une attitude de repos. Les inscriptions hiéroglyphiques ne laissent aucun doute sur la nature et le rang des deux personnages. L'inscription du dossier porte textuellement : « L'Aréoris puissant, le modérateur des modérateurs, le » roi soleil, seigneur de vérité, le fils du soleil, etc. Amenoph, le bien- » aimé d'Ammon-Râ, a érigé ces constructions en l'honneur de son père » Ammon; il lui a dédié cette statue colossale en pierre dure, etc. »

» Ces deux colosses décoraient, suivant toute apparence, la façade extérieure du principal pylone de l'Amenophium, et malgré l'état de dégradation où la barbarie et le fanatisme ont réduit ces antiques monumens, on peut juger de l'élégance, du soin extrême, et de la recherche que l'on avait mise dans leur exécution par celles des figures accessoires formant la décoration de la partie antérieure du trône de chaque colosse. Ce sont des figures de femmes debout, sculptées dans la masse même de chaque monolithe, et n'ayant pas moins de quinze pieds de haut. La magnificence de leur coiffure et les riches détails de leurs costumes sont parfaitement d'accord avec le rang des personnages dont elles rappellent le souvenir. Les inscriptions hiéroglyphiques gravées sur ces statues, formant en quelque sorte les pieds antérieurs du trône de chaque statue d'Aménophis, nous apprennent que la figure de gauche représente la reine du pharaon représenté; la figure de droite, sa femme. »

Les deux colosses dont vient de parler Champollion sont nommés dans le pays *Tamâ* et *Chamâ; Chamâ* est le colosse du sud, *Tamâ* le colosse du nord. Ces deux statues se trouvent dans un grand état de dégradation. (*Voyez la gravure.*) Dans celle du sud, la figure entière a disparu; celle du nord a été rompue par le milieu; la partie supérieure a été rebâtie par assises; la partie inférieure est d'un seul bloc assez bien conservé. Par suite de l'exhaussement de la plaine, les piédestaux se trouvent enfoncés en partie dans la vase du Nil. Malgré cet affaissement, les statues ont encore quarante-huit pieds de la base au sommet, à quoi ajoutant douze pieds pour le piédestal, la hauteur totale des monumens est de soixante pieds. La largeur aux épaules est de dix-neuf pieds. Chaque piédestal renferme deux cent seize mètres cubes, et pèse cinq cent cinquante-six mille quatre-vingt-treize kilogrammes : chaque statue monolithe contient deux cent quatre-vingt-douze mètres cubes, et pèse sept cent quarante-neuf mille huit cent quatre-vingt-dix-neuf kilogrammes; de sorte que chaque piédestal et chaque colosse réunis pèseraient un million trois cent cinq mille neuf cent quatre-vingt-douze kilogrammes (vingt-six mille quintaux, plus une fraction). La base des monolithes est entourée d'une ligne de hiéroglyphes; le piédestal sur lequel ils sont assis vont s'allongeant en dossier jusqu'à la hauteur de la coiffure. En avant du siége de chaque côté des jambes, et dans l'intervalle qui les sépare sont des petites statues isiaques, de rondes bosses, debout, et très mutilées.

Ce qui caractérise la statue du nord, c'est une foule d'inscriptions grecques et latines qui couvrent les jambes et les pieds. On en a compté soixante-douze, toutes postérieures à la conquête des Romains. La plus grande partie date du règne d'Adrien; et Sabine, femme de cet empereur, est au nombre des crédules visiteurs qui ont tracé leur nom sur le piédestal. Presque toutes ses inscriptions portent que les signataires *ont entendu la voix de saint Memnon; que Memnon leur a parlé d'une manière distincte.*

Les savans modernes ont interprété de diverses manières cette voix de la célèbre statue. Quelques uns, avec Rozières, ont cru y voir un effet d'acoustique qui paraît se produire aussi dans les petits appartemens de Karnak; d'autres n'y ont vu qu'une mystification sacerdotale. On ne s'accorde pas davantage sur ce qu'était le Memnon du colosse du nord. Les uns y ont voulu voir le Memnon grec; mais les autres, et Champollion jeune dans le nombre, en ont fait le Memnon égyptien ou Amenoph, prince éthiopien qui régna sur ces peuples durant cinq générations. Le palais qui accompague ces colosses portait son nom de Memnonium. Plus loin, est ce que l'on nomme le tombeau d'Osymandias, avec sa statue colossale en granit, sur laquelle se lisait l'inscription suivante : *Je suis Osymandias, roi des rois; si quelqu'un veut savoir quel je suis et où je repose, qu'il détruise quelques uns de mes ouvrages.* Cette statue monolithe, dont les proportions se rapprochaient de celles des colosses de la plaine, en différait par la matière. Ce n'était plus du grès-brèche, mais du magnifique granit de Syène. Au N.-O. du tombeau est un petit temple d'Isis, coquet et gracieux; puis dans la chaîne même s'ouvre une de ces syringes célèbres, dans l'antiquités, dédales de puits et de cavernes profondes. Plus loin, deux fragmens de statue en granit noir, indiquen tl'avenue de Qournah, où l'on retrouve les restes d'un palais qui semble avoir servi d'habitation royale. Son portique, formé d'un seul rang de colonnes, a plutôt l'air de ne point avoir été achevé que de tomber en ruines. En montant sur la lisière des palmiers qui courent de Qournah aux bords du fleuve, on trouve dans un enfoncement carré qui a été pratiqué de mains d'hommes, un grand nombre d'ouvertures creusées au sein du rocher. A l'intérieur se déroulent de doubles et triples galeries, de vastes chambres souterraines, peuplées d'Arabes troglodytes.

Voilà ce qu'est Thèbes de nos jours. Du haut de la crête lybique, entre ce bassin jadis si vivant et le désert montueux de la Lybie, l'œil saisit un spectacle magnifique par ces contrastes. Le regard plonge à pic sur le Memnonium et sur le palais d'Osymandias. A gauche est le temple de Qournah, à droite sont les deux statues colossales, plus loin, Medynet-Abou se dessine avec son palais à deux étages, ses pylones grandioses et son hippodrome imposant; de l'autre côté du Nil, Karnak déploie ses colonnades, Louqsor ses obélisques; et le Nil, roulant au milieu de ces merveilles d'architecture, tranche sur l'ensemble du tableau avec la verdure de ses îles et le ton jaunâtre de ses eaux.

Que si, au milieu de ces belles perspectives, l'imagination se reporte aux souvenirs qu'inspirent ces lieux, quelle source d'idées et d'émotions fécondes! Ces pierres renversées, ces débris de granit, ces colonnes frustes, ces colosses défigurés, étaient des palais, des temples réguliers, des statues de la plus belle exécution! Cette plaine, stérile aujourd'hui, se couvrait de riches moissons; cette enceinte habitée par des chacals fourmillait d'hommes. Là où tout est muet, on entendait jadis les bruissemens de la foule, les roulemens des chariots, et tous ces sons étranges et confus qui sortent du sein d'une ville industrielle. Au lieu même où règne le néant, le commerce avait fondé autrefois ses plus riches échanges. Là, dans cet espace de quatorze mille mètres, où l'on ne voit aujourd'hui que des villages, s'étendait la ville de Thèbes, foyer merveilleux des arts, reine de la civilisation antique. Quel sujet de vastes et mélancoliques réflexions!

HERMONTHIS, — ESNÉH, — EDFOU, — OMBOS, — EL-KALB OU ELETHYA, — SYÈNE, — ELÉPHANTINE ET PHILOE.

Herment, bourg arabe de quatre à cinq cents âmes, est bâti sur l'emplacement d'une des plus anciennes cités de l'Égypte, Hermonthis, jadis chef-lieu d'un nome, Hermonthis se révèle encore de nos jours par les ruines d'un temple qui, isolé sur un monticule, ne dissimule rien de sa hauteur, et rappelle à l'Européen des proportions d'architecture qui lui sont familières. Ce temple se compose d'un massif en grès et d'une colonnade extérieure. Le massif est très bien conservé; mais il ne reste dans tous les péristyles extérieurs que quelques fûts intacts, les autres sont rasés; leurs architraves, leurs corniches et le plafond même qui surplombait la galerie, gisent pêle-mêle sur le sol. Cette destruction a été faite de main d'homme.

Le temple d'Hermonthis est évidemment un petit temple d'Égypte, ce que l'on nommait un typhonium. Un détail remarquable des trois salles qui le composent, c'est le triple ordre de colonnes qui y est employé; celui de la galerie plus petit, celui du dehors plus grand, celui de l'enceinte intermédiaire entre l'un et l'autre. Des tableaux hiéroglyphiques couvrent les parois de ces salles. Non loin du temple est une église cophte, construction moderne, faite de matériaux antiques. Cette église consiste en deux galeries à deux rangs de colonnes en granit de Syène.

Esnéh, l'ancienne Latapolis, est située sur la rive gauche du Nil entre Thèbes et la première cataracte. Entourée d'une campagne généralement ingrate, elle offre pourtant un coup d'œil assez pittoresque avec ses maisons de briques et sa berge bordée de barques. Le courant du fleuve y est tel, qu'il mine la berge, et la fait ébouler graduellement. Esnéh, quelque peu commerçante, a des fabriques de toiles de coton et des châles dits Melayéh, dont on fait un grand usage en Égypte; des fabriques de poteries et d'huile de laitue. Le monument antique le plus remarquable que l'on trouve à Esnéh est le portique d'un temple, morceau admirable entre tous les appendices de ce genre. Par une bizarrerie singulière, ce portique, composé de vingt-quatre colonnes, engagées jusqu'au tiers de leur hauteur, ce portique n'est suivi d'aucune apparence de temple. Dans le plafond se trouve figuré un zodiaque qui, comme celui de Dendérah, a eu l'avantage de soulever des discussions scientifiques. Les savans de l'expédition d'Égypte l'ont cru antérieur à la fondation de Thèbes; Champollion jeune l'attribue aux Romains. La surface intérieure et extérieure des parois du portique, d'environ cinq mille mètres, est toute couverte d'hiéroglyphes. Ainsi, en supposant qu'un sculpteur ait pu exécuter par jour un dixième de mètre carré de cette décoration, il aurait fallu cinquante mille journées d'hommes pour l'achever. Ce portique est en grès; les pierres du plafond ont de sept à huit mètres de largeur sur deux de longueur. Un de ses plus admirables détails, c'est l'exécution et la variété des chapiteaux. A trois quarts de lieue au nord, gisent les débris d'un temple qui semble avoir été la succursale de celui d'Esnéh.

Edfou, gros village de Saïde, a d'autres antiquités comme héritière d'Apollinopolis-Magna. Les deux débris principaux que l'on y trouve sont ceux que nos savans ont nommé le Grand Temple, et le Petit Temple. Le grand temple domine le village et toute la contrée; aussi le nomme-t-on *El-Qalah* (la citadelle); il est si vaste, qu'une grande portion du village moderne a pu se grouper sur ses terrasses. L'édifice est d'ailleurs dans un parfait état de conservation; seulement il a été peu à peu envahi par les sables, de manière à être aujourd'hui enfoncé aux trois quarts. Les portiques et les péristyles se trouvent maintenant embarrassés des décombres que jettent les fallahs arabes habitans des terrasses. Le premier portique est magnifique encore, bien qu'enterré. Ces chapiteaux gigantesques sortant du milieu de ces décombres infects, cette belle ordonnance d'architecture et de dés, ces sculptures si profondes et si fines, ces ornemens si légers et si bien entendus, tout cela, ensemble et détails, transporte l'imagination aux jours où ces chefs-d'œuvre furent réalisés. Les décorations hiéroglyphiqnes ne le cèdent à aucunes. Les détails du grand temple sont aussi parfaits que son ensemble. Quant au petit temple, c'est un typhonium semblable à ceux que l'on a décrits.

Au-dessus d'Edfou, en remontant le Nil, se trouvent les carrières de *Gebel-el-Selséléh* (montagne de la chaîne) qui ont fourni des blocs de grès à tous les édifices de la Thébaïde. Ce grès est une pierre à grains quartzeux, dont l'assimilation la plus exacte est ce qu'on nomme à Paris le grès de Fontainebleau, et à Genève les molasses. On voit encore dans le roc les traces de cette exploitation.

Ombos, située un peu plus haut, n'est, à proprement parler, qu'une colline de décombres, au bas de laquelle le Nil fait un coude et forme une espèce de port. Le sable semble régner dans ce rayon; il a englouti la ville ancienne, il envahit chaque jour les habitations des fellahs, et descend même jusqu'au Nil pour lui disputer son lit. Le sable est si brûlant sur ce point, que nos soldats y purent faire cuire des œufs. Une île fertile avec ses six villages fait face à Ombos.

On trouve aussi sur ce point deux temples autour desquels court une enceinte en briques. Le grand temple se distingue des autres temples par sa division en deux parties symétriques dans le sens de la longueur. L'axe du monument, au lieu de passer par une suite d'ouvertures, traverse des colonnes et des massifs à droite et à gauche desquels existent deux suites de portes parallèles. Cette disposition paraît être sans exemple dans l'architecture ancienne. Le premier portique avait quinze colonnes; le second dix; les deux sanctuaires ont disparu. Quant aux décorations, elles diffèrent peu de celles de Thèbes. Une inscription grecque que l'on a trouvée sur un listel de corniche signale une dédicace à Apollon ou Aroéris de la part de Ptolémée Philométor, et de sa sœur Cléopâtre. Le petit temple d'Ombos était aussi un typhonium, corollaire du grand temple.

Dans ce même rayon, mais de l'autre côté du Nil, se trouvaient au village arabe d'El-Kab, les hypogées de l'ancienne Elethya, dans lesquels Costaz releva une foule de tableaux hiéroglyphiques qui retracent les scènes principales de la vie domestique des Égyptiens, les travaux des vendanges et de la moisson, les danses champêtres, les fêtes, les jeux, les funérailles, enfin tout ce qui pouvait distraire ou occuper la vie de ce peuple religieux et moral.

Nous voici arrivés maintenant presque aux limites de l'Ancienne-Égypte, à Syène, célèbre dans les fastes de l'occupation romaine. Sa position aux derniers confins de l'empire en avait fait un lieu d'exil, et Juvénal alla expier sous cette zone brûlante quelques vers satiriques contre l'histrion Pâris, cher à Domitien. Syène était célèbre aussi dans le monde astronomique comme formant la limite tropicale dans la mesure de la terre attribuée à Ératosthène. Il n'était bruit dans les temps anciens que du puits de Syène qui, le jour du solstice d'été, à midi, était éclairé jusqu'au fond par un soleil perpendiculaire. Depuis les âges anciens, par suite de la variation de l'écliptique, cet état de choses a changé, et Syène est aujourd'hui en dehors de la limite du tropique.

La ville antique était au S.-O. de la ville actuelle, bordée par le Nil d'une part, et de l'autre par des rochers de granit. Elle est aujourd'hui entièrement ruinée. Sur son emplacement a été bâtie une seconde ville que l'on peut appeler la ville arabe, car elle remonte aux jours de l'invasion mahométane. Celle-là se présente avec ses habitations étagées et ses palmiers en parasol, qui sortent du sein de blocs de granit. Ce granit est partout, sur la terre et au milieu du Nil; en aiguilles, en masses rondes, en angles brisés; tantôt plein d'aspérités, tantôt lisse et poli à tel point, que les Égyptiens l'ont couvert de sculptures et de hiéroglyphes. La plage, couverte de sable et de limon, offre plusieurs arbustes remarquables, comme *l'asclépias gigantœa*, dont les fruits sphériques et vésiculeux ont quatre pouces de grosseur, et une espèce d'acacia, haut de cinq à six pieds, que caractérisent ses feuilles violettes, ses grappes de fruits velus, et d'un jaune doré, mais surtout la propriété sensitive qu'il possède à un degré rare. Au-dessus de la ville arabe, pleine de débris de monumens, paraît la ville moderne, Assouan, que l'on croit avoir été bâtie du temps de Sélim Ier. Son emplacement est un peu plus au levant dans la vallée. Des jardins et un bois de dattiers la ceignent au N.-E.; au midi est la montagne escarpée et remplie de carrières; au levant, un grand espace occupé par des maisons rasées jusqu'au sol. Les habitations sont en terre. Le port de Syène a un côté fermé par une barre d'écueils. De nos jours le commerce de ce port n'est pas ce qu'il était sous les Grecs, les Romains et les Arabes. Les caravanes ont pris une autre direction, et Syène est réduite à quelques échanges de séné et de dattes. En sortant de Syène pour aller à Philœ, on trouve les carrières dans lesquelles les Égyptiens ont puisé leurs colosses et leurs obélisques. Il est aisé d'y reconnaître à des indices parlans des traces de l'exploitation ancienne. Ici des rocs immenses ont été arrachés, et leur place reste vide; là le travail n'est qu'ébauché, et l'on cherche dans les premiers coups de ciseau la pensée finale de l'artiste; ailleurs les masses sont presque détachées de la montagne, et à les voir ainsi pendantes, on dirait qu'elles attendent une destination. Parmi les pièces ainsi inachevées, on remarque surtout une colonne, un dessus de porte et un obélisque.

Vis-à-vis de Syène est l'île d'Eléphantine, capitale prétendue d'un royaume dont l'existence est encore un doute. Eléphantine ou l'île Fleurie est une position charmante. Des mûriers, des dattiers, des acacias, des napecas sont, avec le dourah et le dattier, les arbres que l'on y rencontre le plus fréquemment. Les Égyptiens, les Grecs, les Romains, les Arabes ont tous entretenu une garnison à Eléphantine, qui a toujours passé pour l'une des clefs de l'Égypte. Aujourd'hui il ne reste plus sur l'île que deux hameaux peuplés de Barabras. En fait de ruines, on y voit les débris d'un temple, chef-d'œuvre de pureté, de grâce et de simplicité, et les restes d'un nilomètre qui a été célèbre dans les âges anciens.

Nous touchons aux confins de l'Égypte en abordant à l'île de Philœ, limite de la domination romaine et de la conquête française. Philœ (*Gézi-ret-el-Birbeh* ou l'île du Temple) est comme le chef-lieu d'un petit archipel que forme le Nil à la hauteur des cataractes. Elle est quelquefois déserte, quelquefois peuplée de Barabras nomades qui viennent loger au sein de ces ruines. Le nord de l'île avait autrefois des constructions dont il ne reste plus que des décombres; mais vers le S.-O. existent des temples qui méritent l'attention du voyageur, même après ceux de Thèbes. Ces temples, flanqués de deux petits obélisques en grès, se composent d'une première enceinte de quatorze ou seize colonnes, suivie d'une longue colonnade formant galerie, et opposé à une autre colonnade qui ne lui est point parallèle. Le grand pylone vient ensuite, immense porte avec deux massifs semblables : des obélisques et des lions en granit rouge devaient exister devant ce pylone ; on n'en voit aujourd'hui que les fragmens. Quand le pylone est franchi, on trouve le péristyle du grand temple, qui, comme le premier, manque de régularité dans la position des colonnades. De ce péristyle on arrive à un second pylone, puis au portique, enfin au temple, lequel se compose de trois salles principales et du sanctuaire avec sa niche monolithe. Cette niche, haute de sept pieds, figure une espèce de cage : c'était celle de l'épervier sacré, emblème d'Osiris, à qui ce temple paraît avoir été dédié. Sur les terrasses qui surplombent ces constructions, est assis un petit village barabras, qui, comme les fellahs de Thèbes, campent aussi sur des monumens. A côté des constructions principales et comme attenances, paraissent une foule de petits temples, comme engagés dans les galeries et dans les colonnades du grand, et qui devaient sans doute avoir des divinités spéciales, telles qu'Isis et Horus. Tous les décors de ces édifices représentent des sujets religieux et symboliques, comme dans les édifices les plus saints et les plus mystérieux de la ville thébaine. Philœ devait être un collége de prêtres, une sorte de pépinière sacerdotale, où les jeunes néophytes étudiaient loin du bruit de la vallée les secrets du culte et les détails du rite égyptien.

Mais, de tous ces édifices, il n'en est point de comparable à celui que l'on a nommé l'édifice de l'Est. La colonnade percée à jour frappe de loin le regard, et comme elle peut être vue de tous les côtés, elle sert de point de reconnaissance à l'île du Temple. Les colonnes de cet édifice sont les plus grosses que l'on trouve à Philœ. D'après leur forme, il est visible qu'on les avait destinées à demeurer sans toiture. C'était peut-être l'avenue d'un temple ou non terminé ou disparu. Du reste, la colonnade elle-même est dans un état d'inachèvement évident.

Tels sont les souvenirs que la domination égyptienne a laissés à Philœ. Les Grecs et les Romains du Bas-Empire y sont représentés par une espèce d'arc de triomphe qui se trouve dans un délabrement complet. De leur côté, les légions romaines ont gravé sur les parois des pylones l'attestation de leur passage, et notre armée française ne voulant pas être en reste, y a écrit ces lignes : *L'an* VI *de la République, le* 13 *messidor, une armée française, commandée par Bonaparte, est descendue à Alexandrie. L'armée ayant mis, vingt jours après, les Mamelouks en fuite aux Pyramides, Desaix, commandant la première division, les a poursuivis au-delà des cataractes, où il est arrivé le* 13 *ventose de l'an* VII; *les généraux de brigade Davoust, Friant et Belliard; Donzelot, chef de l'état-major; Latournerie, commandant l'artillerie; Eppler, chef de la* 21e *légère, le* 13 *ventose an* VII *de la République*, 3 *mars, an de J.-C.* 1799.

Plus loin, sur la face du mur qui ferme le temple à l'Orient, on lit :

R. F.
An 7.

Balzac, Coquebert, Coraboeuf, Costaz, Coutelle, Lacipilère, Ripeault, Lepère, Méchain, Nouet, Lenoir, Nectoux, Saint-Genis, Vincent, Dutertre, Savigny.

Long. depuis Paris, 30, 34, 16.
Lat. boréale, 24, 1, 34.

OASIS ET NUBIE.

Depuis que les armes de Mohammed-Ali ont pénétré dans le cœur du Désert et au-delà des Cataractes, on peut regarder les Oasis et la Nubie comme deux annexes de l'Égypte.

Parmi les Oasis on cite :

El-Quargéh, nommée aussi l'*Oasis de Thèbes*. Dans son voisinage, on a découvert les décombres de trois beaux temples, dont le plus grand avait trois enceintes comme celui de Jupiter Ammon. Le toit était formé de blocs immenses, dont quelques uns ont trente-cinq pieds de long sur dix-neuf de large. On y voit, parmi ces restes, des statues colossales et des sculptures hiéroglyphiques. Non loin de là est une nécropole qui a de deux à trois cents édifices construits en briques non cuites. Cette Oasis est traversée par les caravanes qui vont au Darfour.

L'Oasis de Syouah, récemment visitée par M. Caillaud, et qu'on croit être l'ancien *Ammonium*, ou temple de Jupiter Ammon, célèbre par son oracle. Cette Oasis, jadis si belle, n'a plus qu'une population de deux mille Arabes, farouches, soupçonneux et intolérans. Tout étranger qui aborde chez eux est considéré comme un ennemi. A un quart de lieue de la bourgade actuelle, dont toute la richesse consiste en un commerce de dattes; on voit Qoum-el-Beydah, que l'on croit être l'ancien temple de Jupiter Ammon. Ce temple, composé de blocs énormes, est, s'il faut en croire MM. Drovetti, Minutoli et Caillaud, orné comme les temples égyptiens de sculptures hiéroglyphiques. La statue du dieu, faite d'émeraudes et d'autres pierres précieuses, avait la forme d'un bélier depuis la tête jusqu'au milieu du corps. A cinquante milles au N.-O. de Syouah est un lac avec une île sur laquelle les habitans de Syouah débitent les contes les plus extraordinaires. Plus près, et à un mille des ruines d'Ammon, on a retrouvé dans un bois de palmiers la célèbre fontaine du Soleil, encore douée des alternatives de température qui l'ont rendue célèbre. Dans une colline voisine on trouve de vastes catacombes, dans lesquelles les Arabes se sont creusé des habitations.

Parmi les autres annexes de l'Égypte qui ne gisent pas dans la vallée du Nil, on peut citer Bérénice sur la mer Rouge, ville ruinée, découverte récemment par M. Belzoni, qui a décrit ses temples chargés de hiéroglyphes égyptiens; le Mont-Zabarah, célèbre par ses mines d'émeraudes aujourd'hui délaissées; Kosseyr, port moderne que peuplent douze cents marchands qui font le commerce de la mer Rouge; puis au-dessous Myos-Hormos (*le port de la Souris*), qui, à l'époque de la décadence de Bérénice, devint un des points importans de ce littoral; enfin, Suez qui dépend de la préfecture du Kaire, misérable ville ruinée, habitée aujourd'hui par une colonie de marins arabes. Autrefois, quand elle se nommait Arsinoë ou Cléopatride, un canal de jonction avec le Nil lui donnait une autre activité et une autre importance. Ce canal, commencé par Necos, achevé par Ptolémée Philadelphe, avait, selon Danville, soixante-quinze mille mètres de long, vingt-huit et demi de large sur une profondeur de quarante pieds. Bonaparte en reconnut lui-même les traces, à la hauteur d'Adjeroud, en se rendant aux sources de Moïse dans la montagne arabique. De nos jours il a été fait bien des projets et bien des plans pour le creusement de l'isthme et la jonction des deux mers; mais aucun n'a paru encore ni assez satisfaisant, ni assez exécutable pour qu'on se livrât à cette gigantesque entreprise.

Depuis la conquête d'Ismayl-Pacha, la Nubie peut être regardée aussi comme l'une des annexes de l'Égypte, surtout la Basse-Nubie ou pays de Barabras, et la Nubie maritime.

Les Barabras, voisins immédiats de l'Égypte, sont un peuple à part, comme mœurs et comme type. D'un caractère tranquille et doux, ils ne se dérobent aux attaques des Arabes qu'en se réfugiant au sein des rochers presque inaccessibles. Les Barabras sont mahométans et fort zélés pour leur religion; ils ont de la répugnance pour les étrangers. Leur couleur tient le milieu entre le noir d'ébène des Éthiopiens et le teint basané des peuples du Saïd. Leurs traits se rapprochent beaucoup plus de ceux des Européens que de ceux des nègres : ils ont les cheveux longs et légèrement crépus, la peau fine et cuivrée. Leur vêtement est pour les hommes une chemise bleue ou rouge; pour les femmes un ample vêtement dans lequel elles s'enveloppent. Cependant elles ne se voilent pas le visage comme les Musulmanes. Leur chevelure, distribuée en une multitude de petites boucles, frisée en tire-bouchons, flotte sur le front et sur le contour de la tête.

La langue des Barabras est douce; elle n'a aucun des sons gutturaux de l'arabe. Le commerce du pays, presque nul, consiste en quelques dattes qu'ils chargent sur des embarcations légères pour aller les vendre à Esnéh. Leur gouvernement est entre les mains de *Séméliés*, magistrats qui ont à peu près la même autorité que celle des cheyks égyptiens. Tributaires de Mohammed-Ali, les Barabras lui paient un tribu en esclaves et en dattes. La contrée est du reste si misérable, que ces naturels quittent en foule leurs rochers pour venir chercher de l'occupation dans les villes de la vallée. Ce sont, à proprement parler, les Auvergnats de l'Égypte, fidèles et actifs comme eux, rêvant toujours aux rocs granitiques de leur patrie ingrate. Les Barabras sont très nombreux au Kaire, où les négocians européens les connaissent sous le nom de *Barbarins*. On a en eux la confiance la plus entière : presque tous sont portiers des maisons et des bazars, emploi fort important dans un pays sujet à tant de révolutions, et où presque toujours l'émeute commence par le pillage. Les habitudes d'ordre et de probité sont générales chez ces peuples nubiens, parce qu'elles font partie de leurs traditions paisibles et pastorales.

Le pays des Barabras s'étend entre les cataractes d'Assouan et celle d'Ouady-Alfa. Parmi les localités importantes que la campagne d'Ismayl-Pacha y a fait relever, il faut citer :

El-Derr ou Derri, bourgade de trois mille habitans, capitale de la Basse-Nubie. Ses environs fourmillent de ruines ; on y voit surtout un temple taillé dans le roc, dont M. Champollion attribue la fondatiou à Sésostris. (*Voyez la gravure.*)

Oualy-Halfa, remarquable par sa cataracte, qui a, en dépit de toutes les exagérations, à peine sept à huit pieds de haut.

Ebsamboul, misérable hameau, auprès duquel sont les plus magnifiques excavations de toute la Nubie ; monument merveilleux assez semblable à ceux de Thèbes, et que tour à tour nous ont révélé Drovetti, Burkhard et Belzoni ; puis Richardson, Rifaud, Gaud, Caillaud, Champollion et Rosellini. Le plus petit est le temple d'Hathor, décoré extérieurement d'une façade contre laquelle s'élèvent encore six colosses hauts de trente-six pieds, taillés aussi dans le roc. Le grand temple, ouvrage de Sésostris, est un travail qui atterre l'imagination humaine. Malheureusement il est en butte aux envahissemens du sable qui obstrue incessamment son entrée. La façade est décorée de quatre colosses assis, de soixante et un pieds de hauteur. A l'intérieur, dans la première salle, paraissent huit autres colosses de trente pieds, adossés à huit piliers. Sur les parois de cette vaste enceinte, règne une longue file de bas-reliefs historiques, relatifs aux conquêtes de Pharaon en Afrique. Celui qui représente son char de triomphe, accompagné de groupes de prisonniers nubiens de grandeur naturelle, offre une composition de toute beauté. Les autres salles abondent en bas-reliefs religieux, dont les couleurs sont aussi fraîches que si elles dataient d'hier. Le temple est terminé par un sanctuaire, avec quatre belles statues remarquables par le fini de l'exécution.

Les autres localités sont :

Ibrim, la *Prennius* de Strabon, a aussi quatre *speos* ou excavations dans le roc, dont la plus ancienne remonte à Thoutmosis Ier, la plus récente à Sésostris ; Amada, avec un temple de Thoutmosis II encombré de sable ; Seboued avec un grand *hemi-speos*, c'est-à-dire édifice moitié pierre de taille, moitié excavation dans le roc, mauvais ouvrage du temps de Sesostris, qu'accompagne une avenue de sphinx; Dakkeh, la *Pselcis* des anciens, remarquable par un très beau temple orné de magnifiques sculptures mythologiques (*voir la gravure*); Kirgeh avec un *hemi-speos* du temps de Sésostris, dégradé par les Perses, et où se montrent à côté de bas-reliefs d'une belle exécution des colosses d'un art à demi barbare; Kalabschi (le *Talmis* des anciens), le plus grand village entre Assouan et Derr, avec un temple informe qui n'a jamais été achevé; Beyt-Oually, où l'on trouve de très beaux bas-reliefs historiques; Teffah Kardasset et Debour, chacun avec temple; enfin, Dendour, où l'on remarque une construction non achevée du règne d'Auguste. C'est un petit temple dont les détails sont des plus gracieux que l'on puisse voir. (*Voyez la gravure.*)

La *Nubie orientale* ou maritime a peu d'endroits sur lesquels on doive et l'on puisse s'arrêter. Cette contrée appartient à des espèces de troglodytes que l'on nomme *Bichariens*, *Haderdoas* ou *Hammadebs*. En fait de villes, Souakim sur la mer Rouge, peuplée de huit mille Bichariens, est la seule qui ait quelque importance.

Au-dessus de cette zone, la plus rapprochée de l'Égypte, viennent la Nubie-Moyenne et la Haute-Nubie, l'Oaudy-el-Hadjar, contrée stérile, étendue le long du Nil, le pays de Sokkol et l'île de Lays, le pays des Matres tous jonchés de ruines d'anciens monumens plus communs au-dessus qu'en dessous des cataractes; le pays de Dongolah, jadis la puissance prépondérante de la Nubie, aujourd'hui bien déchue, à la suite de la longue oppression des Chakyéhs. La ville de Dongolah n'est plus aujourd'hui qu'une bourgade de deux cents âmes.

Le pays des Chakyéhs, conquérans du Dongolah, forme une espèce de république militaire, gouvernée par des meleks. Ces peuples sont toujours en armes, à cheval, et se battent bravement. Ibrahim-Pacha eut quelque peine à les soumettre. Parmi ces antiquités, il faut nommer les ruines du *mont Barkal* que M. Caillaud regarde comme les ruines de l'ancienne Napata, capitale de la Nubie après Méroë. On y voit encore deux groupes formés par des pyramides plus petites que celles d'Égypte, puis un grand temple très ruiné, mais l'un des plus beaux de la Nubie par son étendue, par le grand nombre de ses colonnes, par ses sphinx, ses autels de granit, couverts de belles sculptures, et par sa grande salle hypostyle. Un *Typhonium*, placé à mi-versant, est le plus beau reste de ces magnifiques ruines, que

Wadington regarde comme les plus anciennes des constructions religieuses de l'Égypte. CHENDY, la capitale, peut avoir de sept à huit mille âmes; elle est l'entrepôt du commerce de la Nubie et le marché principal des esclaves du Sennaar. Son rayon abonde en antiquités. A NAGA, on trouve les ruines de sept temples; à MACOURAT, celles de huit, que M. Caillaud croit avoir dépendu du grand collége sacerdotal de Méroë; enfin, auprès d'ASSOUR ou d'HACHOUR se voient, suivant le même voyageur, les restes de Méroë elle-même; cette ville dont l'antiquité latine et grecque ont parlé sans la connaître, et dont le nom, après avoir retenti dans les siècles, est arrivé jusqu'à nous entouré d'un prestige fabuleux. Les ruines trouvées sur ce point ne semblent justifier pourtant ni cette célébrité, ni cette splendeur.

Au-dessus de Chendy viennent le pays d'Halfay et le royaume de Sennaar; ce dernier, l'un des États les plus puissans de la Nubie. Avant l'invasion d'Ismayl-Pacha, tous les pays que nous venons de citer au sud et au nord, le Fazoql et le Bouroum, étaient ses tributaires. A cette hauteur pourtant les ruines antiques sont plus rares, et les villes modernes comme Sennaar ne forment qu'un amas confus de cabanes rondes, couvertes en chaume, d'autres en argile, et surmontées assez ordinairement par une terrasse. On estime sa population à huit mille âmes. Parmi les décombres figure un ancien palais des rois, construction en briques, et assez délabrée.

A Sennaar finit la Nubie; au-delà on foule la contrée abyssinienne, limite de notre exploration.

FIN.

TABLE DES MATIÈRES

CONTENUES DANS CE VOLUME.

Dauzats del. — Bon Taylor, dir. — Finden sc.

VUE GÉNÉRALE D'ALEXANDRIE. | GENERAL VIEW OF ALEXANDRIA.

EXPLICATION DES GRAVURES

CONTENUES DANS CE VOLUME.

VUE GÉNÉRALE D'ALEXANDRIE.

Cette ville, que Diodore de Sicile dit être la première du monde, est aujourd'hui bien déchue de son antique grandeur. Il ne reste de l'ancienne Alexandrie qu'un vaste monceau de ruines. Quant à la nouvelle cité, rien n'est plus triste que son aspect. Vous n'apercevez hors des murs que des sables éblouissans, coupés de temps à autres par quelques rares palmiers, des capriers, et la soude qui tapisse le sol. Du reste, point de promenade d'un certain charme; nulle avenue ombrée dans ces plaines monotones et désolées. Il faut en excepter toutefois quelques jardins particuliers et le couvent des moines chrétiens. Une ligne redoutable de fortifications construites depuis peu par le vice-roi Mohammed-Ali entoure la ville nouvelle, au milieu de laquelle l'île d'Antirrode se trouve enclavée. Des ruines qui se montrent sur une hauteur la font reconnaître.

En arrivant par mer, Alexandrie semble sortir du sein des eaux. Deux monticules apparaissent d'abord au loin, comme deux montagnes dans l'enceinte de la ville arabe; bientôt la colonne de Dioclétien, connue plus particulièrement sous le nom de colonne de Pompée, se découvre aussi avec son chapiteau colossal. Ces points servent de reconnaissance aux navires.

Les monticules situés dans la ville arabe sont appelés *Rhacotis;* leur hauteur est de cinquante à soixante mètres. Celui qui domine le port Vieux se distinguait par une tourelle élevée à son sommet, dont l'usage était de servir de vigie. Les armées françaises couronnèrent ces collines de forts. Il est vraisemblable qu'elles ont été formées successivement de décombres et de déblais de toute espèce amoncelés dans cet endroit. On y découvre en grande quantité des fragmens de marbre, de porphyre, de brique, de granit, et des tessons de poterie.

Alexandrie possède une trentaine de mosquées principales. Comme la ville manque d'eau, on a cherché à y suppléer par les citernes. Chaque mosquée en a une. Leur capacité réunie peut contenir environ quinze mille quatre cents charges de chameau ; la charge est estimée à deux cents pintes, pesant quatre cents livres. Une pareille provision d'eau suffit pour abreuver toute la population pendant l'espace de cent vingt-huit jours. On rencontre partout sur les quais, dans les maisons particulières, dans les *okels* ou magasins publics, des débris de colonnes, de brèche, de verre antique, d'albâtre, qui gisent sur le sol, ou ont été employés dans la construction des nouveaux bâtimens. Les rues de la ville sont étroites, sales et non pavées ; les unes désertes, les autres encombrées de population. Les maisons sont blanchies sur les faces extérieures, surtout celles qui appartiennent aux Francs. Celles des négocians réunissent à l'intérieur des décorations et des meubles qui rappellent un peu l'Europe. Alexandrie n'a point d'édifices modernes dignes d'être cités. Cependant l'ancienne île de Pharos, réunie au continent par une chaussée, en possède plusieurs d'assez remarquables. On y distingue entre autres les palais du pacha et de sa famille. C'est dans cette île que les Européens, lors de l'expédition de Bonaparte, construisirent un lazaret. Elle est appelée par les Arabes *Roudah-el-Tyn*, c'est-à-dire le jardin des figues. Cette dénomination lui vient de la grande quantité de figuiers qu'on y cultive, lesquels donnent un fruit excellent. L'étendue qu'elle a est de plus d'une demi-lieue de longueur. Son terrain est blanchâtre et peu fertile. Une digue percée d'arches qui laissent aux vagues de la pleine mer une libre communication avec le port Neuf, joint la presqu'île de Pharos au rocher, où se trouvait l'antique phare d'Alexandrie. Sur les arêtes des revêtemens de la jetée se dressent des murs crénelés dans le genre mauresque, qui défendent un chemin couvert d'environ cinq cent cinquante mètres de longueur.

Une des commodités particulières à la ville d'Alexandrie, ce sont les ânes sellés et bridés que l'on trouve en station au coin de chaque rue, et qui vous conduisent, comme au Kaire, pour quelques paras d'un bout de la ville à l'autre. Les étrangers et les gens du pays n'ont pas d'autres moyens de transport pour faire leurs courses, soit dans la cité, soit hors des murs.

Les bazars sont très animés à Alexandrie, mais on n'y fait qu'un commerce de détails. C'est dans les *okels*, espèce de khans où l'on entrepose les marchandises provenant de l'Éthiopie, de l'Inde et de l'Europe, que l'on peut juger de l'importance commerciale de cette ville.

Par le nombre de sa garnison, par les fortifications dont elle est entourée, et le mouvement de ses troupes, la physionomie d'Alexandrie est peut-être encore plus militaire que commerçante. Sa population est loin d'être homogène. On y trouve des Arabes, des Turks, des Cophtes, des Barbaresques, des chrétiens de Syrie et des juifs. On les voit dans les rues se presser d'un air affairé, et courir plutôt que marcher. Deux personnes en pourparler pour conclure un marché de peu d'importance, crient d'une telle force, leurs gestes ainsi que leurs traits expriment une agitation si grande, qu'on croirait qu'elles vont se battre. Au reste, l'habitude de hausser la voix en parlant n'est pas seulement particulière aux Alexandrins; tous les Orientaux à cet égard ont une analogie commune, à l'exception des Turks, dont la gravité, la lenteur et quelquefois la dignité sont caractéristiques.

Le climat d'Alexandrie est le plus frais de l'Égypte; une brise de mer s'y fait régulièrement sentir tous les soirs. On trouve dans la ville plusieurs cafés, dont un seul est passable; ils sont généralement tenus par les Francs. Quoique Alexandrie soit envahie par le désert, elle n'en a pas moins ses jardins. A la vérité, ils ne sont ni aussi beaux ni aussi variés ni aussi ombragés que ceux de Rosette, de Damiette et du Kaire; toutefois, par le contraste qu'ils offrent avec la nudité et l'aridité du sol environnant, ils ne laissent pas d'être très agréables pour ceux qui les possèdent. On y cultive l'oranger, le citronnier, le sébestier, le jujubier, le henné, le figuier et quelques mûriers; rarement on y voit le grenadier, le prunier et l'abricotier. En revanche les plantes potagères, telles que la fève, le pois, la laitue, la chicorée, l'artichaut, le chou, le céleri, et surtout la ketmie, la molochie et l'aubergine y viennent en grande abondance.

Notre planche représente Alexandrie vue de la cité des Arabes. Sur le premier plan s'élève une mosquée au milieu d'une espèce d'esplanade, où l'on a représenté quelques unes des huttes que nos troupes construisirent pour se mettre à couvert du soleil et de l'humidité des nuits. A gauche, en se rapprochant de la ville, est un palais arabe converti en un établissement de bains. Un bois de palmiers se montre un peu plus loin;

vient ensuite la ville qui s'étend de l'est à l'ouest, et se perd derrière une colline appelée le grand morne, où l'on a établi des fortifications. Sur la droite et au fond vers le rivage, se dresse l'une des deux aiguilles de Cléopâtre. Derrière est le soubassement faisant partie des ruines du palais des Ptolémées avec la porte de Rosette un peu plus à l'orient. Au milieu de la mer, en face, est le château du petit pharillon. C'est là, selon quelques uns, qu'était bâtie la célèbre bibliothèque brûlée par Amrou, général du khalife Omar. (*Voyez*, pour la partie historique, les détails nombreux que nous avons donnés pages 98 et suiv.)

DEUX VUES D'INTÉRIEUR DE MAISONS PARTICULIÈRES A ALEXANDRIE.

De même que dans tout le Levant, les maisons à Alexandrie ont leurs combles en terrasses, dont le sol est en terre ou en ciment. Point de fenêtres larges et hautes comme dans nos villes d'Europe. Les jours qui en tiennent lieu sont fermés par des grillages en bois de différentes formes, et disposés en saillie sur la rue. Ces treillis ou croisillons se trouvent si serrés qu'il est impossible de voir à travers les personnes qui habitent les appartements. Quelques unes de ces maisons présentent intérieurement un aspect assez élégant et pittoresque. Un ou plusieurs salons composent le logement principal ; les autres pièces de l'appartement ont des dimensions fort exiguës, mais assez commodes. Ce sont pour l'ordinaire de petits cabinets disposés de chaque côté des salles.

Le grand salon est couronné d'un dôme carré, dont le haut est ouvert pour donner passage à l'air et à la lumière. Des balustrades légères et souvent gracieuses courent tout autour, et forment une espèce de balcon au-dessous ; d'autres fois elles bordent simplement des terrasses abritées du soleil par une charpente. L'ameublement du salon consiste en des sofas placés aux extrémités. C'est dans cette pièce qu'on se tient constamment. Elle est tout à la fois la chambre à coucher et la salle de réception. On ne la trouve jamais située par bas, car les Égyptiens considèrent le rez-de-chaussée comme malsain. Ils n'emploient guère cette partie de la maison que pour serrer leurs provisions et les différens objets à leur usage. C'est toujours une espèce de magasin ou d'office.

Si les murs extérieurs des maisons ne présentent qu'une façade blan-

Dauzats del. B.on Taylor dir. Finden sc.

INTÉRIEUR D'UNE MAISON PARTICULIÈRE A ALEXANDRIE. | INTERIOR OF A PRIVATE RESIDENCE AT ALEXANDRIA.

Dauzats del. Finden sc.

ALEXANDRIE, INTERIEUR D'UNE MAISON. | ALEXANDRIA, INTERIOR OF A HOUSE.

châtre et sans ornemens, en revanche les murs intérieurs sont ouvragés d'un travail fort original. Lambrissés à la hauteur de six ou sept pieds tout autour avec des panneaux de bois encadrés ou enjolivés de marqueterie, ils présentent une variété de figures bizarres. La plupart des planchers entre les sofas sont aussi en marqueterie de marbre ou de bois.

Du reste, bâties en pierres, les maisons d'Alexandrie ont plusieurs étages dans les quartiers populeux. La partie supérieure est généralement en charpente. La forme des fenêtres est un carré oblong sans aucun ornement. A cause de la saillie qu'on leur donne, il est difficile de voir dans la rue. Quant aux portes, elles sont surmontées d'un plan incliné avec une espèce de sculpture. Les pierres dont se composent les jambages et les cintres sont taillées en voussoirs, et emboitées de manière à ne pouvoir se détacher.

Nous ne devons pas omettre parmi les maisons qui se distinguent à Alexandrie, celle qui fut occupée par notre consul-général, M. le chevalier Drovetti, dont les lumières et l'expérience ont été du plus grand secours au pacha d'Égypte dans le mouvement de civilisation qu'il a imprimé à cette contrée. Cette maison est sans contredit l'une des plus remarquables. Entre autres souvenirs qui s'y rattachent, la gloire d'avoir servi d'habitation à Napoléon pendant son séjour à Alexandrie, reflète sur elle un intérêt qui suffit pour la signaler à la curiosité des voyageurs. Lors de son premier voyage, M. le baron Taylor eut la satisfaction d'y occuper un appartement.

A cause de la disette d'eau que la ville éprouve, chaque maison particulière possède une citerne et un puits dont l'eau, trop saumâtre pour être potable, n'est employée qu'aux besoins les plus ordinaires de la vie. Celle de quelques uns d'entre eux cependant est meilleure. Les citernes sont entretenues par les propriétaires, qui les alimentent au moyen d'outres portées à dos de chameau, d'âne ou de mulet. Quant aux habitans pauvres, comme ils n'ont ni citerne ni puits dans leurs habitations, ils sont obligés d'aller dans les grandes citernes de la ville des Arabes puiser l'eau dont ils ont besoin. Contrairement à ce qui se pratique dans les cités musulmanes, plusieurs familles à Alexandrie logent dans la même maison. Nous avons donné deux dessins différens d'intérieur, afin d'en faire mieux apprécier le caractère.

ALEXANDRIE, RUE CONDUISANT AU PORT VIEUX.

Cette rue, l'une des plus larges et des mieux bâties de la ville nouvelle, peut compléter ce que nous avons dit précédemment des maisons d'Alexandrie. Nous les avons présentées sous le rapport de l'intérieur, on peut se faire ici maintenant une idée de leur extérieur. Murs élevés bâtis en pierres, blancs et lisses; treillis saillans ou croisillons aux fenêtres qui interceptent presque les rayons de la lumière; terrasses au-dessus des maisons; bâtiment à plusieurs étages, tel est l'aspect qu'elles offrent pour la plupart.

Quelques maisons situées dans la rue représentée sur ce dessin, se distinguent par un luxe d'ornement fort rare dans les autres quartiers de la ville. En général, celles qui ont un peu plus d'apparence appartiennent à des Francs riches ou à des négocians. Mieux distribuées à l'intérieur, plus élégamment meublées, elles sont aussi au dehors façonnées avec plus de recherche. On en rencontre quelquefois où l'on a mêlé dans la bâtisse des débris de monumens antiques. Une de ces maisons dans notre planche est élevée sur un portique dont les arcs sont supportés par des colonnes corinthiennes. On la voit à gauche, à côté d'une boutique de marchand. Cette rue est très populeuse et très animée par le nombre des magasins ouverts où sont étalées les productions variées dont on fait le commerce à Alexandrie.

COLONNE DE POMPÉE, A ALEXANDRIE.

Parmi les ruines de l'ancienne Alexandrie, le monument le plus imposant, celui qui attire le plus l'attention des voyageurs, c'est la colonne dite de Pompée. Elle est située à la distance d'un quart de lieue environ de la porte méridionale de la ville des Arabes. Sa hauteur totale avec le chapiteau et la base est de cent quatorze pieds selon quelques uns, et de quatre-vingt-huit pieds six pouces selon les mesures prises lors de l'expédition d'Égypte par Napoléon.

Si nous nous en rapportions à la première évaluation, le fût, formé d'un seul morceau de granit rouge parfaitement bien poli, aurait quatre-vingt-

Dauzats del. | Bm Taylor dir. | Finden sc.

ALEXANDRIE.
RUE CONDUISANT AU PORT VIEUX.

ALEXANDRIA.
A STREET LEADING TO THE OLD PORT.

Dauzats del.t Bon Taylor dir.t Finden sc.

COLONNE DE POMPÉE À ALEXANDRIE.

THE COLUMN OF POMPEY AT ALEXANDRIA.

Dauzats del. Bon Taylor dir. Finden

LES AIGUILLES DE CLÉOPATRE À ALEXANDRIE.

THE NEEDLES OF CLEOPATRA AT ALEXANDRIA.

dix pieds de long, y compris le tore supérieur de la base qui a été sculpté dans le même bloc. Le diamètre serait de neuf pieds. Elle est un peu éclatée dans la partie qui regarde au levant. Une masse carrée de vingt mètres de circonférence lui sert de base. Deux assises de pierres liées ensemble avec du plomb la supportent. Cette solidité n'a pas été une garantie contre la rapacité des Arabes, chercheurs de trésors, qui au moyen de la mine en ont détaché plusieurs fragmens, et ont ainsi dégradé le piédestal. Une vaste échancrure existe maintenant à la base. On est effrayé quand on songe que cette colonne, dont le poids est si énorme, ne repose que sur un bloc de poudingue siliceux d'environ quatre ou cinq pieds de diamètre, ce qui n'est guère plus du tiers de la largeur du piédestal. On remarque même qu'elle a dévié un peu de la verticale.

Quoique d'un style lourd et peu correct, le chapiteau ne laisse pas néanmoins d'être d'un bel effet. Sa hauteur est de neuf pieds. Il est d'ordre corinthien à feuilles de palmier sans dentelures. Une statue colossale surmontait autrefois ce monument. Si l'on en juge par les fragmens d'un colosse trouvés au pied de la colonne par M. de Choiseul-Gouffier, la statue aurait été en porphyre. On voit encore au-dessus du chapiteau l'encastrement destiné à la recevoir. C'est une entaille circulaire de six pieds trois pouces de diamètre et de deux pouces de profondeur. Plusieurs personnes sont parvenues à s'élever sur le faîte par divers moyens. (Voyez pour la discussion historique du monument, pages 104 et suiv.)

Notre gravure représente la ville des Arabes derrière la colonne; à gauche, un bois de palmiers avec une de ces huttes bâties par nos soldats dont nous avons déjà parlé, et à droite le monticule factice appelé *Rhacotis*. Des volées de cigognes et de grues traversent fréquemment ces parages. Nous avons figuré quelques uns de ces oiseaux voltigeant autour de la colonne.

LES AIGUILLES DE CLÉOPATRE, A ALEXANDRIE.

Deux de ces monolithes colossaux dardaient autrefois leurs pointes pyramidales vers le ciel, aujourd'hui un seul reste debout; l'autre est renversé, et enseveli dans le sable. Ils sont situés au nord-est de la ville des

Arabes, et à l'orient de l'antique palais des Ptolémées. Formé d'un seul bloc de granit oriental, celui qui est encore debout a soixante-trois pieds de haut sur sept pieds de côté à sa base. Ses faces quadrangulaires sont chargées d'hiéroglyphes dans toute leur étendue. Celle du nord est un peu endommagée. Les trois autres sont assez bien conservées. On remarque parmi les figures dont l'obélisque est couvert, celle du bœuf, du serpent, du hibou, de l'épervier, de la chouette, du scarabée, du canard, de la cigogne, de l'ibis, du lézard, et de plusieurs autres oiseaux et insectes ailés. Ces figures sont sculptées en creux, et enfermées dans des cadres formant des tableaux symétriques.

La base du monolithe est aujourd'hui entièrement cachée dans le sable. On peut juger, par celui qui est renversé, du système d'après lequel l'autre est fixé sur son socle. Quatre cavités carrées que l'on remarque au-dessous feraient présumer qu'il est retenu au moyen de quatre tenons, comme au reste on l'a pratiqué pour l'obélisque égyptien de l'hyppodrome de Constantinople. Nous avons aussi trouvé une de ces entailles sous l'obélisque de Louqsor.

Le monument représenté dans notre planche, derrière l'aiguille, est de construction mixte. Il est élevé sur l'emplacement du palais des Ptolémées sur le bord de la mer. Cette circonstance, qui coïncide avec ce que dit Strabon du palais, a fait croire à quelques uns que ces fabriques en étaient une portion. Leur style est moitié arabe, moitié grec. Ce que l'on voit étendu dans le sable, au pied de l'obélisque, est le second monolithe renversé.

LE PHARE, CHATEAU D'ALEXANDRIE.

La tour du Phare, construite sous le règne de Ptolémée Philadelphe, datait de l'an 283 avant J.-C. Elle s'élevait sur la croupe d'un rocher au nord de la ville nouvelle, dans le voisinage de l'île de Pharos, et en occupait toute l'étendue. Depuis, on réunit cette île au rocher du Phare au moyen d'une digue étroite jetée sur des récifs à fleur d'eau, et formée de fragmens de colonnes, de blocs de marbre et de granit. Cette digue, défendue par des murs crénelés de cinq cent cinquante mètres de long,

90

Mayer del. — Finden sculp.

LE PHARE.
CHATEAU D'ALEXANDRIE.

LIGHT HOUSE.
CASTLE OF ALEXANDRIA.

est percée d'arches pratiquées dans l'épaisseur de la chaussée, à l'effet de diminuer la violence des vagues venant du large, qui peuvent ainsi se répandre librement dans le port Neuf.

Dès les premières années de sa construction, la tour du Phare fut considérée généralement comme l'une des sept merveilles du monde. Un vaste corps de bâtiment en marbre blanc ouvert de tous côtés composait le premier étage. Ce palais était surmonté d'une immense tour carrée également en marbre avec des galeries étagées les unes au-dessus des autres formant les plus gracieuses colonnades. La hauteur totale du monument était de quatre cents pieds. Au sommet se trouvait un grand miroir d'acier poli qui réfléchissait les vaisseaux avant que l'œil pût les apercevoir à l'horizon. Des feux étaient entretenus la nuit au sommet pour guider les navires. Si l'on en croit l'historien Josèphe, ces feux auraient éclairé les navigateurs jusqu'à la distance de trois cents stades ou dix lieues marines; mais certainement cette distance est exagérée. Une pareille puissance de lumière est d'autant moins croyable, que ce n'était qu'un feu de bois ordinaire qu'on employait.

Jusque vers la fin du premier siècle de l'hégire, le Phare se conserva dans son entier, mais sous le règne du sultan Oualyd-ben-A'bd-el-Melek, l'an 705 environ de J.-C., il commença à subir les effets de la destruction. En 793 un tremblement de terre fit crouler la partie supérieure. Ahmed-ben-Touloun le répara vers l'an 873, et le fit couronner d'un vaste dôme en charpente. Plus tard, en 1274, plusieurs piliers et colonnes des étages les plus élevés s'écroulèrent. Vers cette même époque on y construisit une mosquée qui fut détruite en 1303 par un tremblement de terre, dont le Phare eut encore à souffrir. Cette fois ce monument disparut presque entièrement.

Après la chute d'un enduit appliqué sur la face tournée vers le nord, on découvrit une inscription dont chaque lettre en plomb n'avait pas moins d'une coudée de haut sur un palme de large. Elle portait ces mots : *Sostrate de Gnide, fils de Dexiphane, aux dieux protecteurs, favorables aux navigateurs.*

D'après le récit de quelques historiens, Sostrate, auteur du monument, ayant reçu l'ordre d'y graver le nom de Ptolémée Philadelphe, pour immortaliser son règne par cet ouvrage, y mit le nom de ce prince sur un enduit, lequel étant tombé au bout de quelques siècles, laissa voir alors celui de l'architecte caché dessous.

En 1517, le Phare étant alors entièrement ruiné, le sultan Sélim fit construire sur l'emplacement une mosquée et le château que l'on y voit aujourd'hui. Les Francs désignent cet édifice par le nom de *grand pharillon,* pour le distinguer du *petit pharillon*, élevé sur le cap *Lochias*; les Alexandrins l'appellent *Qasr* (château fort). Il consiste en une enceinte considérable au milieu de laquelle se trouve le fort, qui n'occupe qu'une très petite partie des constructions. Malgré la vaste surface de cette enceinte, elle ne paraît pas être à beaucoup près aussi spacieuse que l'était le soubassement du phare grec. L'îlot même sur lequel est bâti le château a perdu de son étendue par l'effet de l'action des vagues, qui usent et corrodent le rocher.

Le fort d'Alexandrie est d'un aspect assez pittoresque. C'est une tour carrée, flanquée aux angles de quatre tourelles, et portant au-dessus de la plate-forme un donjon couronné par une lanterne où l'on allume des feux la nuit pour servir de guide aux vaisseaux. Une triple enceinte fortifiée à la moderne lui sert de remparts; toutefois, par le dénûment d'artillerie où il se trouve, il ne saurait résister à la moindre attaque. La mosquée bâtie dans le fort est tombée en ruine; le minaret, qui existe encore, est l'un des plus élevés d'Alexandrie. On peut se faire une idée de cet édifice par la gravure où nous l'avons représenté, vu au loin sur la mer. Les pierres que l'on aperçoit debout et répandues le long du rivage, sont des monumens tumulaires. A droite, est une colonne élevée à l'entrée du port pour en indiquer la passe aux vaisseaux qui arrivent, de même que celle que l'on voit de l'autre côté en face.

INTÉRIEUR DU CHATEAU DU PHARE D'ALEXANDRIE.

Ce monument, dont nous avons déjà donné la description, paraît mieux conservé extérieurement qu'intérieurement. L'insouciance musulmane semble aussi bien appliquer la maxime fataliste de l'islamisme aux choses qu'aux personnes; elle verrait tout crouler qu'elle ne réparerait rien. Pour le musulman, il est écrit qu'il faut que tout périsse, et il laisse tout périr. Le château du Phare se ressent considérablement dans l'intérieur de cet abandon. Des pans de murs, des portions d'édifices sont tombés dans

Dauzats del. Finden sc.

INTERIEUR DU CHATEAU DU PHARE D'ALEXANDRIE. | INTERIOR OF THE CASTLE OF LIGHT HOUSE AT ALEXANDRIA.

Finden sc.

RUINES DE L'ANCIENNE ALEXANDRIE. | RUINS OF OLD ALEXANDRIA.

Dauzats del.   Finden sc.

RUINES D'ALEXANDRIE. | RUINS OF ALEXANDRIA.

plusieurs endroits. Mais où le ravage s'est plus particulièrement fait sentir, c'est dans la mosquée : elle est presque entièrement ruinée aujourd'hui. Le minaret qui subsiste encore est assez bien conservé ; il domine de beaucoup par son élévation les murs du fort. Sa forme grêle et élancée, embellie par des galeries étagées qui tournent en dehors des murs, ajoute à l'aspect général du monument.

L'architecture du fort est du style arabe. Comme ce style a pris naissance à la même source que l'architecture chrétienne du moyen âge, ce monument, aux yeux des personnes qui n'ont pas étudié sérieusement ces questions, semble avoir quelque analogie avec nos châteaux féodaux. Du reste, le délabrement où il se trouve et le mauvais état de son artillerie ne le rendent nullement redoutable. Toutefois le prince Mohammed-Ali s'est occupé de le relever.

DEUX VUES DES RUINES DE L'ANCIENNE ALEXANDRIE.

Comment donner une idée des ruines de cette ville où l'on trouvait des places d'une demi-lieue de tour, des rues de deux mille pieds de large, droites, tirées au cordeau et à perte de vue, où l'on rencontrait à chaque pas des monumens de marbre, de porphyre et de granit. Là, rien de petit, de mesquin ; toutes les constructions y avaient des proportions grandioses, colossales. Le phare, les digues qui liaient les îles au continent, les ponts sous lesquels les navires passaient à pleines voiles, les obélisques, les temples, les colonnes, et jusqu'aux tombeaux, y attestaient la puissance de ces temps. Que reste-t-il aujourd'hui de tant de grandeur ? quelques colonnes debout et mutilées, des monceaux de ruines, la solitude du désert muet et aride avec ses sables brûlans.

L'ancienne Alexandrie, selon Strabon, était baignée au sud par le lac Mareotis, et au nord par la Méditerranée. Deux isthmes étroits étaient les seules communications qu'elle eût par terre. L'île de Pharos la couvrait au nord et y formait un vaste port, qui fut divisé en deux après qu'on eut lié cette île au continent par un môle de sept stades de longueur, ce qui le fit nommer *Heptastadium*. Suivant Hirtius, cette chaussée avait neuf cents pas. Du côté de l'île, de même que du côté de la cité, elle se terminait par un beau pont dont un fort défendait la tête. Celui qui joignait le môle à la ville aboutissait à une grande place située au pied des murailles. Ces deux ponts se distinguaient autant par leur solidité que par le gigantesque de leurs proportions. Formés l'un et l'autre d'une seule arche, ils reposaient dans la mer sur de hautes colonnes, dont l'exhaussement au-dessus des eaux permettait aux navires à voiles de passer dessous librement.

A droite en entrant dans le port du nord-est s'élevait la tour du Phare, bâtie au sommet d'un îlot dont elle occupait toute l'étendue. Sur la gauche du même port, un château fortifié, construit à l'extrémité d'un promontoire, en défendait l'entrée. Dans cette même direction en suivant la gauche, on trouvait le quartier du palais qui s'étendait le long de la mer. C'est là qu'un petit port fermé donnait entrée seulement aux bâtimens de la marine royale. Le palais des Ptolémées avec les faubourgs de sa dépendance embrassait, dit-on, plus du quart de la ville. Tous les historiens ont parlé de la magnificence de ce monument. On y trouvait dans son enceinte des jardins, des bosquets délicieux, un musée célèbre, des édifices somptueux, et un temple où l'on avait déposé le corps d'Alexandre dans un cercueil d'or. Seleucus Cibyo Factès, cédant à la cupidité, enleva ce cercueil auquel il en substitua un autre de verre. Auguste étant venu à Alexandrie, visita le tombeau du roi macédonien, et en témoignage de sa vénération, le couvrit de fleurs, et lui dédia une couronne d'or.

C'est près de ce palais que l'on voit les obélisques dont nous avons donné la description. Plusieurs autres monumens gisent encore le long des bords de la mer, mais ils sont évidemment postérieurs aux règnes des Ptolémées et de Cléopâtre. Dans une étendue d'environ deux lieues, entourée de murailles, on trouve ainsi des ruines de toute espèce : ici des pilastres de marbre, de porphyre ou de granit couchés par terre; là des colonnes d'une dimension colossale, les unes fracturées, les autres dressant encore vers le ciel leur fût découronné; partout des portions de socles, des débris d'obélisques, des fragmens de chapiteaux, d'entablemens pêle-mêle, enterrés, entassés dans la poussière ou dans le sable, qui attestent à chaque pas la grandeur de l'ancienne cité.

Les murs d'Alexandrie à l'époque de sa première prospérité enfermaient un espace beaucoup plus étendu. Ils n'avaient pas moins alors de quatre lieues de circuit et de sept à huit lieues selon quelques uns. Les pierres qui entraient dans leur construction étaient brutes et paraissaient d'une grande ancienneté. Des tours demi-circulaires, espacées d'environ cent trente pieds, en défendaient les abords. La capacité de ces tours était de vingt pieds de diamètre; quelques unes subsistent encore. Des créneaux en couronnent le faîte au haut duquel l'on arrive par un escalier pratiqué dans l'intérieur. Les parapets des créneaux sont soutenus par des arcades en plein cintre. Ce système est au reste celui qu'on rencontre le plus souvent dans les fortifications d'Alexandrie. Il n'y a pas d'apparence que le palais des rois ait été compris dans la circonvallation des vieux remparts; son enceinte s'étendait depuis l'angle du sud-est en allant vers l'Occident jusqu'à la porte de Rosette.

On remarque une différence entre les murailles extérieures de l'ancienne ville et les murailles intérieures; celles-ci sont plus hautes et plus fortes que les autres; elles sont flanquées d'un grand nombre de tours. On trouve encore avec les matériaux qui ont servi à les élever des quartiers de marbre et des fragmens d'édifices mêlés à la pierre ordinaire, ce qui témoigne de l'origine de leur construction. Parmi les tours qui bordent cette enceinte plusieurs se distinguent par leur grosseur. Les plus belles font face à la mer dans la partie qui s'étend du nord-est au nord-ouest. Deux surtout l'emportent sur toutes les autres par la supériorité de leur dimension. L'une d'elles a trois étages; l'autre, qui appartient à l'aga, et qui est située au nord, servait autrefois de douane. Dans les grandes tours, l'escalier est une vis de Saint-Gilles à noyau. Leurs voûtes, composées de matériaux hétérogènes et mal appareillés, sont pour l'ordinaire des voûtes angulaires en arc de cloître, demi-sphériques et formant des dômes. Toutes ces tours ont une plate-forme en saillie à la partie supérieure avec des machicoulis. Une poterne s'ouvre à leur pied, et a sa sortie dans le fossé qui entoure les murailles. Le seuil de la plupart de ces poternes est élevé au-dessus du fond du fossé de deux mètres environ. Des massifs de maçonnerie masquent aujourd'hui l'entrée d'un grand nombre d'entre elles. Depuis que nous avons fait cette description sur les lieux mêmes, nous croyons que la plupart de ces monumens ont subi des changemens.

On pénétrait dans la ville par cinq portes pratiquées dans des tours, dont deux sur le front de la nouvelle cité; une donnant sur le port Vieux, appelée *bâb-el-Bahr* ou porte de la Marine; une autre à l'est, dite *porte de Rosette*, et la porte de la Colonne située au sud. Les battans de ces portes sont solidement construits en bois de sycomore et recouverts à l'extérieur par des lames de fer tenues avec des clous saillans et à facettes. La rouille a dévoré complétement les lames de fer, tandis que le bois est dans un bon état de conservation. On lit sur les faces des portes des inscriptions en caractères arabes et koufiques qui indiquent l'époque de leur construction. Outre les portes que nous venons de désigner, quelques brèches pratiquées dans les murs pendant notre séjour dans cette ville servaient aussi de passage.

Au nombre des antiquités de l'ancienne Alexandrie qui pouvaient, il y a encore quelques années, exciter l'intérêt des voyageurs, nous signalerons deux monastères des premiers temps du christianisme; une synagogue, la mosquée des mille colonnes, désignée sous le nom de *basilique des Septante*, à cause de la traduction de la Bible hébraïque, que Ptolémée, fils de Lagus, y fit faire par soixante-dix interprètes, et enfin la mosquée de Saint-Athanase.

C'était près de cette dernière mosquée que l'on rencontrait encore debout, trois colonnes monolithes de granit rouge, dont le fût avait douze ou treize mètres d'élévation sur un mètre quarante centimètres de diamètre. Peu de voyageurs ont parlé de ces ruines. L'entre-colonnement était de quinze à vingt pas. D'après un espacement aussi extraordinaire, il est difficile de concevoir qu'elles fussent là dans l'ordre de leur destination primitive. Leur alignement se dirigeait sur la rue qui va de la porte de Rosette à la porte occidentale du port Vieux.

La façade intérieure des premières maisons à droite, en entrant dans le village près la porte de Rosette, présentait sept à huit autres colonnes également de grande dimension, engagées dans la bâtisse du mur. Ce village est aujourd'hui presque entièrement détruit. On pense que ces ruines qui se trouvent sur l'emplacement de l'ancien gymnase, ont vraisemblablement appartenu à la colonnade du portique de cet édifice, auquel on donne six cents pieds de long.

Alexandrie offre encore à la curiosité des voyageurs un vaste monument souterrain situé vers l'occident, à quatre mille mètres des murailles. Par le caractère de grandeur et la régularité qui en distingue l'architecture, il appartient évidemment à la belle époque de cette ville célèbre. Quelques uns pensent qu'il était destiné à servir de sépulture aux rois. L'entrée donne sur les bords de la mer. On y pénètre par une baie de soixante mètres de profondeur sur vingt-six de large, fermée par deux gros rochers qui laissent à peine un passage pour les canots. A l'extrémité de la baie, le terrain s'élève en pente roide; au milieu de cette pente est un trou étroit par lequel on descend dans une première salle de huit mètres et demi de long sur huit mètres quatre-vingts centimètres de large. De chaque côté sont de petites chambres carrées où, malgré le sable qui les encombre, on peut distinguer de belles voûtes supportées par des pilastres avec des corniches de fortes proportions. Un enduit cristallisé en recouvre les parois sur lesquelles on a tracé des lignes rouges convergeant vers la clef de voûte, où l'on voit l'image d'un soleil. Des niches en berceau et ornées également de pilastres supportant une corniche, sont pratiquées dans les murs de ces petites chambres, et étaient destinées sans doute à recevoir des cercueils. Une porte de trois mètres et demi de large conduit de là à une salle plus vaste, mais encombrée de sable jusqu'au plafond. De même qu'à la première, on y remarque de petites chambres à droite et à gauche parfaitement semblables aux précédentes.

Plusieurs autres pièces non moins curieuses existent dans le voisinage. Enfin, on arrive à une belle salle de cinquante-cinq mètres carrés, ouverte aux quatre faces par quatre portiques, dont trois enrichis de pilastres, sont surmontés par des frontons ornés de denticules et de modillons, et dominés par un croissant. La façade de gauche a de chaque côté une petite porte, dont une corniche denticulée décore la partie supérieure. Cette salle précède une belle rotonde de vingt pieds de diamètre sur près de dix-huit d'élévation. Une riche corniche règne sous le pourtour du dôme qui en forme le haut. Le bas est décoré d'une bordure de pilastres dont l'ordonnance est particulière. Neuf tombeaux semblables pour les décorations à ceux que nous avons décrits dans la première salle, sont pratiqués tout autour dans les murs. Cette rotonde semble être le centre et le but spécial du monument. Une foule d'autres salles et de corridors, dont nous passons les détails, forment avec ce que nous venons de voir l'ensemble le plus vaste et le plus imposant.

D'après Suétone, ce serait là le tombeau des Ptolémées que les habitans d'Alexandrie étaient si jaloux de faire voir à Auguste, quand ce prince eut visité celui d'Alexandre. Rollin prétend que c'est dans ce tombeau que Cléopâtre s'était réfugiée après la mort d'Antoine, et que Proculéïus, lieutenant d'Octave, la fit saisir.

Les bains de cette reine, quoique situés dans le voisinage de ce monument, n'ont point de rapport avec lui. Pour un poete ou un artiste, rien de plus pittoresque et de plus délicieux que ces bains. De chaque côté d'un grand bassin creusé dans l'un des rochers du rivage, on a taillé deux jolies grottes avec des bancs en pierre qui en occupent la largeur. L'eau de la mer y arrive pure et limpide par un petit canal sinueux, dont les zigzags empêchent que le sable poussé par le flot ne vienne encombrer les salles. Assis sur les bancs de pierre, l'on a de l'eau à peine au-dessus de la ceinture. Un fond de sable fin et moelleux s'étend et frémit doucement sous vos pieds, chaque fois que la vague en s'introduisant dans le canal vous soulève, et ressort pour revenir encore vous apporter avec une eau toujours nouvelle une voluptueuse fraîcheur.

De tous les monumens d'Alexandrie qui ont échappé à une destruction complète, les citernes sont ceux qui offrent le meilleur état de conservation. Dans un pays où l'eau est rare on dut donner beaucoup de soins à ces constructions; aussi celles d'Alexandrie sont-elles remarquables à cet égard. Vastes et profondes, elles s'étendaient sous la ville à des niveaux de cinq ou six mètres au-dessous des eaux de la mer. Bâties en voûtes, elles ont deux et trois étages d'arcades supportés par de belles colonnes. Un ciment imperméable à l'eau recouvre entièrement les parois intérieures. Aux angles, on remarque des puits demi-circulaires où l'on a pratiqué des échancrures en forme d'échelons, pour faciliter aux ouvriers le moyen d'y descendre dans les cas de réparation et de curement nécessités par les dépôts de vase que les eaux du Nil y font tous les ans. Autrefois les citernes étaient très nombreuses. Il n'y a pas long-temps qu'on en comptait encore trois cent soixante en état de recevoir les eaux. Aujourd'hui ce nombre n'est guère que de deux cent sept, et il diminue tous les jours.

Alexandrie a été la seconde métropole de la chrétienté. Les anciens, pour exprimer d'un seul mot tous les agrémens, le charme de cette ville et les délices de son séjour, l'avaient appelée le Paradis. Les deux planches qui font le sujet de cet article représentent les colonnes et les deux mosquées, dont nous avons parlé, un casin arabe situé au milieu d'un jardin, des restes d'édifices en ruines, et l'un des monticules factices déjà décrits précédemment.

Dauzats del. Bon Taylor dir. Finden sc.

ROSETTE. ROSETTA.

ROSETTE.

Après avoir quitté le désert, l'aspect de Rosette a quelque chose qui plaît aux yeux du voyageur fatigué d'être au milieu des sables. Ces murailles de briques rouges dont la ville est entourée, cette forêt de palmiers qui lui forme une ceinture de verdure, et à travers laquelle on voit percer de temps en temps les flèches élancées des minarets; la beauté du Nil roulant ses ondes majestueuses dans un lit large et encaissé, la variété et la fraîcheur de ses jardins en font une des villes les plus agréables de la basse Égypte. Tous les ans, les eaux du fleuve viennent baigner le pied des maisons sans les endommager. Nous avons dit, page 111, l'origine de cette ville, l'époque de sa fondation; nous avons déterminé la position qu'elle occupe sur le Nil; nous allons maintenant ajouter quelques nouveaux détails pour compléter les premiers.

Rosette paraît avoir été beaucoup moins restreinte autrefois qu'elle n'est aujourd'hui. On juge de l'étendue de sa première enceinte par les restes de ses anciennes murailles ensevelis sous les sables. Ils forment, assure-t-on, le noyau des dunes qui s'élèvent autour d'elle dans la direction de l'ouest au sud. Chaque année les sables du désert, poussés par les vents d'est et de sud, augmentent ces attérissemens au point de faire craindre qu'ils n'envahissent un jour la ville. Les dattiers enfermés dans ces monticules présentent le phénomène curieux d'une croissance proportionnelle à l'exhaussement des dunes. Ils suivent le progrès des sables, et portent leurs cimes à des hauteurs incomparablement plus grandes que celle où ils seraient arrivés sans cette circonstance.

La ligne de monticules qui s'étend le long du Nil du côté du sud, paraît d'une formation antérieure aux autres buttes sablonneuses. La plus élevée, qu'on nomme Abou-Mandour, à cause d'un santon enterré à sa base, est dominée par une tour carrée entourée de plusieurs sépultures. Des colonnes trouvées au pied de ce monticule ainsi que quelques autres fragmens de ruines, ont fait présumer que c'est là qu'a dû exister la ville de Bolbitine, qui, selon la tradition historique, fut bâtie dans le coude de la seconde branche du Nil.

Les alentours de la ville de Rosette sont renommés par leurs nombreux jardins entrecoupés de ruisseaux et de petits lacs. Quoique plantés sans symétrie, ils répandent un ombrage délicieux où chaque propriétaire vient respirer la fraîcheur pendant les heures brûlantes du jour dans des kiosques plus ou moins élégans. Là, dans des enclos formés par des haies vives, vous trouvez confondues ensemble les espèces d'arbres les plus diverses. Tous y croissent pêle-mêle comme dans une forêt. Le branchage du bananier, de l'oranger, du citronnier, du cédrat, se mêle à celui de l'abricotier, de la bigarrade. Le sébestier vient au milieu des myrtes; le sycomore étend ses vastes rameaux parmi les dattiers, dont le feuillage domine au-dessus des autres arbres. Point d'allée ni de chemin sablé comme en Europe. Ce serait donner au grave musulman la tentation de la promenade, et le jardinier coupable d'un pareil crime serait impitoyablement chassé.

Les terres situées à l'est dans le Delta et celles au nord de la ville sont semées en trèfle et en riz. On y cultive le sésame, la colocasse, le lin, l'abélasis et plusieurs plantes potagères. La pastèque et le melon y viennent aussi. Les dattiers y sont plantés en quinconce, et espacés de douze ou quinze pieds les uns des autres.

Rosette ne se compose que d'un petit nombre de rues; elles sont tortueuses, étroites, et le plus souvent pleines d'ordures comme dans toutes les villes d'Orient. Les chiens y errent en grandes troupes sans que l'on y fasse attention. C'est surtout sur les quais qu'on les rencontre en quantité plus considérable.

En vain, après la prière du soir, chercherait-on une personne dans les rues de la ville; tout le monde est rentré chez soi, et Rosette alors paraît solitaire comme une place abandonnée. Le système d'éclairage public, pendant la nuit, consiste dans des lampes que les propriétaires suspendent devant leurs portes. Les habitans ne sont point dans l'usage de réparer jamais leurs maisons. Quand ils jugent qu'elles ne sont plus logeables, ils les quittent pour en occuper d'autres, qu'ils abandonnent de même à mesure qu'elles tombent de vétusté. Quoique mieux bâtie en général qu'Alexandrie, Rosette a des maisons si peu solides, que dans tout autre climat plus destructeur il n'en existerait déjà plus rien depuis long-temps. Ces maisons du reste sont généralement beaucoup plus élevées que celles d'Alexandrie.

Toutefois, les masures et les ruines n'y sont pas rares. La partie occidentale de la ville en est remplie. Ce ne sont partout que pans de murs tombés, façades lézardées, fenêtres et toits à demi écroulés, et dont les fragmens, soutenus en l'air comme en équilibre, menacent constamment les passans dans la rue. Les maisons y ont si peu de valeur, que dans les plus beaux quartiers même, le prix de la vente n'égale pas la moitié de ce qu'ont coûté les matériaux employés dans la bâtisse. Elles sont généralement construites en briques de couleur rouge foncée. Quelquefois il entre dans leur décoration des fragmens d'anciens édifices que l'architecte a employés d'une manière bizarre. On y voit des colonnes dont les bases servent de chapiteaux, et réciproquement des chapiteaux qui tiennent la place des bases. L'absence de goût et la malpropreté caractérisent l'habitant de Rosette. Ici, de même qu'à Alexandrie, le rez-de-chaussée est regardé comme malsain, et on n'y séjourne point. On s'en sert de magasin à fourrage, d'écurie, de cuisine, de cellier, d'office; ou bien, si l'on y pratique des chambres pour être habitées, ce ne sont que les gens de service qui les occupent.

En l'absence de fontaines publiques sous un ciel brûlant, les propriétaires aisés entretiennent des jarres pleines d'eau dans des fabriques attenantes à leurs demeures, où les passans peuvent venir se désaltérer au moyen d'un vase destiné à cet usage. Dans quelques maisons, c'est à l'aide d'un siphon que l'eau est offerte à la soif des passans. Ce siphon, dont l'une des branches plonge dans une cuve placée à l'intérieur, laisse sortir extérieurement le bout de l'autre branche, en sorte qu'il suffit d'aspirer pour amener l'eau à l'orifice qu'on tient dans la bouche.

Si nous en exceptons celles des gens riches, toutes les maisons à Rosette ont l'escalier placé en dehors, et construit ordinairement en pierre. Une grande cloison l'enveloppe en guise de garde-fous, et sert à dérober les femmes à la vue quand elles montent ou descendent.

Le plus beau quartier de la ville est situé le long du Nil. Les maisons dans cette partie s'y montrent plus élégantes et mieux bâties; elles sont pour la plupart occupées par des négocians étrangers à qui elles appartiennent. D'un côté, elles ont vue sur la navigation du Nil et sur les bords rians du Delta, ce qui rend leur situation délicieuse. Quant aux autres quartiers, composés de bâtimens en encorbellement, ils n'offrent que des rues sombres et sales. C'est un spectacle pourtant assez curieux que ces maisons, dont chaque étage avance en saillie au-dessus de celui qui précède, de telle sorte que les murs qui se font face aux deux côtés de la rue, quoique assez éloignés au rez-de-chaussée, finissent presque par se toucher à la hauteur des terrasses. Une pareille disposition facilite le moyen de couvrir entièrement les bazars de manière à les garantir constamment des rayons du soleil.

Parmi les édifices de Rosette d'une certaine importance, il faut surtout citer les *okels*. Ces vastes magasins, bâtis pour servir d'entrepôt à toute espèce de marchandises, offrent une architecture particulière à leur destination, et qui n'est pas sans luxe. De forme oblongue, ils ont en longueur de quatre à cinq fois leur largeur. C'est une cour entourée d'une galerie soutenue au rez-de-chaussée par des colonnes, et surmontée de plusieurs étages. Des arcs en ogives décorent les entre-colonnemens. Les magasins sont disposés sous cette galerie; chacun d'eux est éclairé par une fenêtre pratiquée au-dessus de la porte. Le premier étage diffère du bas, en ce que la galerie est remplacée par un long corridor percé d'une grande quantité de fenêtres en ogive avec de petites ouvertures carrées au-dessus, servant à donner du jour aux magasins, disposés de la même manière qu'au rez-de-chaussée. Les fenêtres du second étage sont ordinairement rectangulaires, et en bien plus grand nombre qu'aux étages inférieurs.

En donnant une idée de la principale mosquée de Rosette, on concevra facilement ce que doivent être les autres. Ce monument, qui est très vaste, n'offre point une forme régulière dans son plan; cependant l'ensemble a quelque chose qui impose. Le minaret est élancé et gracieux; il s'élève dans les airs avec quatre rangs de balustres. L'intérieur de la mosquée est décoré de rangées de grosses colonnes entremêlées de colonnettes. Des nattes recouvrent le pavé. De beaux grillages en fer travaillés à Constantinople ferment les fenêtres pratiquées au-dessous du dôme pour éclairer l'intérieur. Les privés, les piscines où les musulmans font leurs ablutions, sont réunis dans un bâtiment attenant à la mosquée, ainsi que d'autres bassins destinés au même usage.

Tous les bazars sont réunis dans la rue qui parcourt la ville d'occident en orient; ils sont fournis de marchandises et de productions assez variées; mais leur malpropreté est telle, qu'on n'est nullement tenté d'entrer dans les boutiques. De très belles casernes ont été bâties depuis peu de temps par l'ordre du pacha. Il y a introduit également plusieurs autres innovations qu'il a empruntées à notre industrie. Des forges maritimes, une filature de coton, un moulin à vapeur pour la préparation du riz, et beaucoup d'autres nouveautés semblables commencent à donner à Rosette une phy-

Dauzats del. | Bon Taylor dir. | Finden sc.

UNE RUE DE ROSETTE. | A STREET AT ROSETTA.

sionomie européenne. Intermédiaire entre Alexandrie et le Kaire, elle est devenue l'entrepôt de ces deux villes, ce qui la rend aujourd'hui assez florissante; aussi le mouvement de son port est très animé.

Le cimetière de Rosette est dans le voisinage des jardins à l'ouest de la ville. Il renferme des monumens dont les formes particulières se distinguent de ce qu'on voit en ce genre à Alexandrie et à Abouqyr, bien que ces lieux en soient peu distans. La vue que nous avons dessinée de la ville, est prise du côté d'une mosquée près des bords du Nil.

UNE RUE DE ROSETTE.

Les rues de la ville de Rosette sont peu nombreuses ainsi que nous l'avons dit; celles qui avoisinent le désert n'offrent que des ruines envahies par les sables. En général, le côté occidental est le moins agréable. Il faut se transporter dans le quartier qui longe les bords du Nil pour apprécier la beauté de Rosette. C'est là que l'on trouve les rues les mieux bâties, les maisons les plus élégantes et les monumens les plus importans. La physionomie de ces rues principales plaît précisément par la bizarrerie et l'irrégularité de l'architecture. Dans aucune ville peut-être il n'existe des disparates et des contrastes plus singuliers. Toutefois, on ne peut s'empêcher de reconnaître une sorte d'uniformité dans l'irrégularité même qui en caractérise les constructions. Presque toutes les maisons de Rosette sont exécutées sur un même type. Elles sont généralement en briques de couleur rougeâtre; le faîte est terminé en terrasse, et ces terrasses ont toutes une pente avec des gouttières pour l'écoulement des eaux des pluies qui tombent en grande abondance durant certains hivers.

Les chambres de l'intérieur des maisons ne communiquent point de plain-pied. Pour passer d'un appartement à l'autre, on rencontre souvent deux ou trois marches à monter ou à descendre. Les étages extérieurement sont ou en saillie les uns au-dessus des autres, ou bien quelquefois la façade entière à partir du rez-de-chaussée avance de trois ou quatre pieds sur le nu du mur. Cette saillie présente une surface de planches parfaitement unie, laquelle est supportée par l'extrémité des poutres qui débordent la maçonnerie, et sont elles-mêmes soutenues par des consoles. De grandes fenêtres éclairent les étages supérieurs; elles sont fermées par un châssis en bois à grands carreaux. Au-dessus des fenêtres est une petite ouverture également fermée par un treillis, mais dont le grillage est plus serré. Dans quelques maisons, ces croisillons avancent en saillie sur la façade, et se distinguent des autres par plus d'élégance. Il est des fenêtres qui, en outre du grillage, ont aussi des volets. Celles des gens riches possèdent intérieurement des châssis avec des vitres. L'étage supérieur de certaine maison forme une espèce de pavillon de plain-pied avec la terrasse qui couronne le corps central du bâtiment. C'est ordinairement sur ces terrasses que les femmes viennent prendre le frais, et qu'elles peuvent se promener sans crainte d'être vues.

La rue dont nous donnons ici le dessin, offre les principaux genres de constructions particulières à la ville de Rosette avec leur bizarrerie pittoresque. On voit au fond des maisons telles que nous venons de les décrire; à droite, un bâtiment avec son escalier extérieur, et enfin sur la gauche, une galerie comme on en rencontre dans ce pays avec sa colonnade, ses arcs et son faîte en charpente; mélange hétérogène de débris d'anciens monumens et de l'architecture arabe.

MOSQUÉE D'ABOU-MANDOUR.

Le nom de cette mosquée, qui signifie *père de la lumière*, lui vient d'un santon qui s'y trouve enseveli, et dont le tombeau est l'objet de nombreux pèlerinages. Une foule de musulmans atteints de l'ophthalmie y viennent chercher leur guérison. Non seulement le saint a le pouvoir de rétablir la vue à ceux qui sont menacés de la perdre, mais les femmes stériles deviennent fécondes en intercédant son pouvoir. Les neuvaines se font sous la direction du derviche de la mosquée. C'est à lui que les pèlerins remettent leurs offrandes. Il ne passe point de bateau devant le lieu consacré sans que les passagers et les mariniers ne remettent un don au derviche pour leur rendre le saint favorable.

On trouve la mosquée d'Abou-Mandour sur la rive occidentale du Nil à une demi-lieue environ de Rosette, dans un enfoncement formé par le coude d'une branche du fleuve; elle est bâtie au pied d'un monticule de sable sur le

Dauzats del.t Bon Taylor dir.t Finden sc.

MOSQUÉE D'ABOUMANDOUR. | MOSQUE OF ABOUMANDOUR.

Dauzats del.t Bon Taylor dir.t Finden sc.

VILLAGE SUR LA BRANCHE DU NIL DE ROSETTE.
PIGEONNIERS.

VILLAGE ON A BRANCK OF THE NILE AT ROSETTE.

sommet duquel on voit une tour carrée de construction arabe. Quoique peu ancienne, cette tour est presque entièrement ruinée aujourd'hui. Quelques personnes l'ont appelée tour de Canope, parce qu'on a supposé, à tort selon nous, que la ville de Rosette s'était élevée sur l'emplacement de l'ancienne Canope. Une espèce d'ermitage mahométan est annexée à la mosquée. L'air de propreté et d'arrangement qui y règne, contraste singulièrement avec la saleté des habitations réunies dans les vilains quartiers de Rosette. Notre vue représente la mosquée avec son minaret sur la rive du Nil; au fond, vers la droite, on aperçoit un petit village situé sur l'autre côté du fleuve; et à gauche un peu en avant des murs de la mosquée, s'élève la colline de sable dont on voit la base. Ce site dans la nature est d'un effet délicieux.

VILLAGE SUR LA BRANCHE DU NIL DE ROSETTE. — PIGEONNIERS.

Ce qui distingue surtout les villages des bords du Nil dans la basse Égypte, c'est le contraste qu'offre la beauté de la végétation qui les entoure avec l'air misérable des habitations. En Syrie, nous rencontrions des villages vastes comme de grandes villes, des maisons en pierres solidement construites; ici la terre a remplacé la pierre, de telle sorte qu'on serait tenté de prendre toutes ces huttes dont se composent les bourgs et les villages, pour des monceaux de bouc desséchée.

Si quelquefois dans les constructions l'on emploie la brique, c'est dans les cas exceptionnels; aussi les maisons ainsi bâties forment le petit nombre. Elles ne sont jamais bien élevées au-dessus du sol; les plus hautes n'ont guère que douze à treize pieds et un seul étage : plusieurs d'entre elles sont surmontées par des pigeonniers qui s'élèvent en cônes à d'assez grandes hauteurs, et dont les parois percées d'ouvertures tout autour, offrent un aspect bizarre.

La culture de la terre et l'éducation des pigeons composent en général toute l'industrie des habitans de ces villages. Les pigeons y viennent en si grande quantité, qu'on les voit quelquefois sortir des colombiers par essaims innombrables. Du reste, l'intérieur des habitations répond parfaitement à la misère des gens qui les occupent. Ce sont de sales et vilaines cahuttes formées avec des troncs de palmiers et des roseaux recouverts de terre, où vivent à demi nus de pauvres agriculteurs. Le village représenté dans ce dessin est situé près de Rosette, dans l'île de Farcheh. Il est bâti sur une pointe qui avance dans le fleuve, et dont les bords de ce côté sont très escarpés. Une végétation riche, magnifique, qui attire et charme le voyageur, le dédommage amplement de l'aspect misérable des habitations.

ARABES FELLAHS.

Dans tous les pays de la terre la fortune établit une différence dans le vêtement des hommes, et ces différences sont d'autant plus marquées qu'il règne moins d'égalité dans les institutions d'un peuple. En Égypte, autant le costume des classes supérieures est majestueux et riche, autant celui des basses classes est simple et peu gracieux. Les hommes des rangs inférieurs portent tous, à l'exception des plus pauvres, une paire de caleçons avec une longue et ample chemise ou robe de toile soit de coton bleu, soit de laine brune, et quelquefois rayée. On appelle la première *eree*, et la seconde *zaaboot*. Le zaaboot est principalement porté en hiver. Ces robes sont ouvertes depuis le cou jusqu'au milieu du corps, et ont de larges manches. Beaucoup de gens serrent la robe sur leurs reins avec une ceinture de laine rouge ou blanche.

Quant au turban, il est généralement composé d'un châle de laine blanche, rouge ou jaune, ou d'une pièce de coton grossier, entortillée autour d'un *turbootsh*, sous lequel est une calotte de feutre brune ou blanche, appelée *libdeh*. La plupart des fellahs sont si pauvres, qu'ils n'ont que la simple calotte. Un grand nombre d'autres n'ont ni turban, ni caleçons, ni souliers, mais ont seulement la chemise bleue ou brune; souvent même ils ne sont recouverts que de quelques haillons. Les souliers sont ordinairement de maroquin rouge ou jaune, ou de peau de mouton.

Dauzats del. Bon Taylor dir. Finden sc.

ARABES FELLAHS. ARABIAN FELLAHS.

Dauzats del.t Bon Taylor dir.t Finden sc.

VILLAGE DE FOUEH SUR LE NIL. | THE VILLAGE OF FOUEH ON THE NILE.

VILLAGE DE FOUEH SUR LE NIL.

Foueh ou Fouah était une des villes les plus importantes de la basse Égypte avant que Rosette fût devenue l'intermédiaire et l'entrepôt du commerce entre Alexandrie et le Kaire. Autrefois tous les navires de l'Europe abordaient dans son port; aujourd'hui, réduite à n'être plus qu'un simple bourg, les nombreux avantages dont elle jouissait n'existent plus pour elle. Il y a à peine un siècle et demi qu'elle était très florissante. Sa population et sa splendeur ont diminué avec son commerce; elle possède cependant encore quelque industrie. On y fabrique des maroquins, des toiles, des ustensiles de ménage et des cordages. Les habitans s'adonnent surtout à la navigation, et passent pour d'excellens marins.

Le site où s'élève le village de Foueh est réellement l'un des plus pittoresques des rives du Nil. Bâti sur le bord oriental du fleuve, il se trouve presque en face de l'embouchure du Mamoudieh, qui semble se diriger perpendiculairement sur lui, et présente ainsi l'aspect d'un immense canal. Le bras du Nil dans cet endroit forme en avant du village une île délicieuse où croissent en grande quantité des arbres à fruits, l'oranger, le citronnier, le dattier, le henné. En général, le territoire de Foueh est couvert de vergers, qui donnent à ses alentours une physionomie riante et fertile.

Malgré la décadence où il est tombé, ce village se distingue encore par les nombreuses mosquées qu'il possède, l'élégance et la diversité de ses minarets. Les Almées y habitent un quartier particulier, et ont le privilége d'y vivre en toute liberté. Ces courtisanes qui font trafic de leurs charmes, paraissent y avoir exercé de tout temps la même séduction. Sous les croisades, comme plus récemment lors de l'expédition d'Égypte, les Français éprouvèrent l'influence voluptueuse des dames musulmanes.

Quelques voyageurs pensent que Foueh a été bâti sur l'emplacement de l'antique Métélis. Belon qui visita cette ville dans le XVIe siècle, en fait, après le Kaire, la première cité de l'Égypte.

Du reste, les rues de Foueh ont toujours été fort étroites; aujourd'hui elles n'offrent plus que des masures. La plupart des maisons qui les bordent tombent en ruines: les unes sont construites en briques cuites, et les autres en pierres. On n'y voit plus de bazars fournis de toutes sortes de marchandises comme jadis; ils sont tous abandonnés. Un seul moulin y est en activité pour la préparation du riz. Il y a aussi une filature de coton qui fonctionne pour le compte du pacha. Notre planche représente Foueh partagé par un bras du Nil; la ville est à l'orient, et l'île à l'occident. Les nombreuses barques qui naviguent sur le fleuve donnent à ce site l'air le plus animé.

ALMÉES.

L'Égypte a été long-temps célèbre par ses danseuses publiques; les plus fameuses appartiennent à une tribu du nom de *Ghawazy*. Une femme de cette tribu est appelée *Ghazyeh* et un homme *Ghazy*. La plupart des voyageurs confondent les Ghawazy avec les Almées; selon d'autres, les Almées seraient uniquement des chanteuses. Nous qui avons visité deux fois l'Orient, nous nous sommes convaincus que les Almées chantaient et dansaient. Leurs danses, qui sont plutôt de la pantomime, rappellent les traditions de l'antiquité. Elles en ont conservé la sévérité, tout en acquérant la grâce des danses orientales.

Le costume qu'elles portent en public ne diffère pas essentiellement de celui des femmes égyptiennes des classes moyennes. Dans l'intérieur de leur maison, elles sont vêtues du *yelek*, espèce de long habit ou de l'*antezy*, veste courte, et du *shintiyen*, grand pantalon. Afin de relever leur parure, elles y ajoutent divers ornemens, tels que colliers, bracelets et bijoux de toute sorte. Des sequins d'or, disposés en couronne ou en guirlande sur leur tête, ornent leur chevelure. Quelquefois elles s'attachent un anneau au bout du nez. Leurs paupières sont peintes en noir sur les bords pour donner plus de vivacité à leurs yeux. Les extrémités de leurs doigts, la paume de leurs mains, leurs orteils, et d'autres parties de leurs pieds sont teints en rouge, suivant la coutume pratiquée par les femmes des hautes et moyennes classes en Égypte. Il est rare qu'elles ne soient pas accompagnées par des musiciens appartenant à la même tribu qu'elles.

Les Ghawazy exécutent souvent leurs pas dans les cours des maisons, dans les rues, devant les portes et sans voile pour amuser la populace; elles dansent aussi en certaines occasions, comme, par exemple, dans les réjouissances d'un mariage ou la naissance d'un enfant, dans l'intérieur d'un

Dauzats del.t Bon Taylor dir.t Finden sc.t

ALMÉES. | DANCE OF ALMEIAN WOMEN.

harem. Toutefois, lorsque le harem est d'une certaine importance, elles n'y sont point admises. Il arrive souvent qu'on les loue pour venir amuser une société d'hommes. Dans ce cas, leurs danses sont extrêmement lascives; elles n'ont pour tout vêtement alors que le pantalon avec une robe de gaze de couleur transparente.

Ces femmes passent pour être les courtisanes les plus licencieuses de l'Égypte. Un grand nombre d'entre elles sont fort belles et richement habillées. La plupart ont le nez légèrement aquilin. Du reste, elles sont assez semblables aux autres femmes du pays. A les en croire, elles appartiendraient à une race distincte ; elles s'appellent elles-mêmes *Baramike* ou *Barmaky*, et se vantent de descendre de la célèbre famille de ce nom, qui fut tour à tour l'objet de la faveur et de la capricieuse tyrannie de *Haroun-el-Rashid* l'un des héros des *Mille et une Nuits*.

Sur beaucoup de tombes d'anciens Égyptiens, on voit des femmes représentées dansant à des festins particuliers au son de divers instrumens, à peu près comme les modernes Ghawazy. Quelques unes de ces danseuses sont dans un état complet de nudité, quoiqu'elles se trouvent au milieu de personnes des hautes classes. D'après les inscriptions qui recouvrent ces tombes, il paraîtrait qu'elles étaient en usage même avant l'époque où les Israélites habitèrent l'Égypte.

Le rapport des danses espagnoles avec celles des Almées ne permet pas de douter que les Arabes n'aient introduit leurs danses en Espagne. Cependant on sait que les femmes de *Gades* (Cadix) étaient déjà célèbres pour cette espèce de danse du temps même des empereurs romains.

Les Ghawazy, ainsi que les Almées, se gardent avec soin de contracter des alliances avec les autres classes; elles ne se marient en général qu'avec des hommes de leur tribu. Pourtant il arrive de temps en temps qu'une Ghawazy repentante épouse quelque respectable Arabe, qui n'en est pas moins bien regardé pour cela. Toutes les Ghawazy sont élevées pour la prostitution; mais toutes ne sont point danseuses. La plupart se marient après avoir déjà exercé leur métier de courtisane. Le mari est alors soumis à la femme, et lui sert pour ainsi dire de domestique. Si la femme est danseuse, il fait l'office de musicien. Quelques maris cependant gagnent leur vie en faisant le métier de forgeron ou de chaudronnier.

Le langage ordinaire des Ghawazy et des Almées est le même que celui de tous les Égyptiens; pourtant elles se servent quelquefois d'expressions qui leur sont particulières pour rendre leur discours inintelligible. Quant à la religion, elles suivent celle de Mahomet. Souvent elles accompagnent les caravanes égyptiennes à la Mekke. Dans presque toutes les villes où on les trouve, elles habitent le quartier assigné aux femmes publiques. Pour la plupart, leurs demeures sont des huttes assez basses ou des espèces de tentes temporaires qui conviennent parfaitement à leur vie presque nomade. Néanmoins quelques unes d'entre elles occupent de vastes maisons, et possèdent des esclaves noires qu'elles dressent à la prostitution, ce qui leur rapporte beaucoup d'argent; elles ont aussi des chameaux, des ânes, des vaches, et s'adonnent au commerce. On les voit suivre les camps, voyager d'une ville à l'autre, et paraître à toutes les fêtes publiques, que leur présence ne contribue pas peu à animer. Beaucoup d'Égyptiens même ne s'y rendent qu'à cause d'elles.

Bien des gens au Kaire trouvant que la danse des Ghawazy ne convient pas à des femmes, vont voir des danseurs mâles pour ne pas se priver du plaisir de ce spectacle, qui plaît généralement aux Orientaux. Ces danseurs, appelés *Kowels*, exécutent absolument les mêmes gestes et les mêmes postures. Leur nombre est très restreint; ce sont pour la plupart de jeunes Égyptiens.

VUE GÉNÉRALE DE DAMANHOUR.

Cette ville, que Strabon place à tort sur le Nil, se trouve située sur le canal d'Alexandrie entre ce fleuve et le lac Mariouth. Par sa distance et par la position qu'elle occupe, on ne saurait l'apercevoir des bords du Nil. Damanhour a joui dans le passé d'une importance plus grande que celle qu'elle a aujourd'hui. Elle compte parmi les villes anciennes de l'Égypte. Ptolémée lui donnait le nom d'*Hermopolis parva*. Elle est appelée *Damanhour du désert* par Abul-Feda, écrivain du XIIIe siècle. Ce dernier en fait la capitale du Bahireh. Grande, mais mal bâtie, elle ne se distingue pas en cela des autres villes de cette contrée. C'est toujours le même système de construction, aussi peu solide que mal commode, et désagréable à l'œil. La plupart des maisons y sont bâties en terre ou en briques; un très petit nombre y est en pierre; quelques unes plus apparentes ont un petit bel-

Baron Taylor dir.

DAMANHOUR. | DAMANHOUS.

védère au-dessus de la terrasse qui termine le faîte de chaque maison.

En général, les Orientaux ne s'appliquent point à embellir les habitations particulières, ce qui vient du peu de sécurité dont jouissent les sujets des États despotiques. Quand l'existence et la fortune des individus ne sont point garanties, que des démonstrations d'opulence peuvent être cause d'une ruine complète, il est naturel que chacun cherche à conserver ce qu'il possède en le dissimulant. Ce n'est guère que dans les édifices publics et religieux qu'on remarque plus d'élégance et de recherche. Les mosquées, les okels, les khans, les bazars, présentent sous ce rapport dans plusieurs villes de l'islamisme des monumens aussi imposans que gracieux, et où l'architecte souvent ne laisse pas d'avoir fait preuve d'une certaine entente de l'art.

Toutefois, l'aspect général de Damanhour n'est nullement triste Ces. bouquets de palmiers qui balancent leurs touffes verdoyantes au-dessus des maisons et parmi les flèches élevées de ses nombreux minarets, lui donnent un air d'animation et de fraîcheur qui n'est pas sans charme. Au reste, l'eau qui la baigne presque de tous côtés entretient au dedans et au dehors de la ville une végétation abondante. De vastes et belles plaines s'étendent autour d'elle, et alimentent, par les récoltes de coton qu'elles donnent tous les ans, un commerce considérable. A cause de cet avantage, Damanhour jouit d'une sorte de prospérité. La plus grande partie des habitans s'occupent aux différentes branches de cette industrie. Les uns épluchent le coton, les autres le battent, d'autres le cardent et le filent.

Malgré cette application au travail qui semblerait être une sauve-garde contre les vices, les mœurs y sont fort dissolues. Les femmes publiques y vivent en grand nombre, et affichent beaucoup d'effronterie.

Lors de l'occupation de l'Égypte par l'armée française, en 1798, Damanhour essuya les effets de la guerre. Un fanatique musulman qui se disait *l'ange* ou *l'Iman-el-Mahdy* (le conducteur), ayant provoqué le soulèvement des Arabes de Barka, se rua sur la province de Bahireh à la tête de nombreuses populations, pénétra la nuit dans la ville de Damanhour, et incendia la mosquée dans laquelle s'était réfugié un détachement de soixante hommes de la légion Nautique, qui périrent tous au milieu des flammes. Revenues à Damanhour, et usant de représailles, les troupes françaises ruinèrent la ville et en massacrèrent tous les habitans.

Grâce à sa situation au milieu des cultures de coton qui en font un centre de commerce, elle s'est un peu relevée de ses ruines. Sa population se compose encore en grande partie, aujourd'hui comme autrefois, de Cophtes et de Mahométans. Notre planche peut donner une idée de l'aspect qu'elle présentait à l'époque où nous l'avons vue. Un pont jeté sur le canal apparaît sur le plan de devant. Plus loin, au pied d'un monticule et de l'autre côté de l'eau, est un monument funéraire.

INTÉRIEUR DE LA COUR D'UNE MOSQUÉE A DAMANHOUR.

Le caractère de l'architecture arabe semble plus nettement tranché dans les mosquées de Damanhour que dans celles des autres petites villes. Le galbe des dômes, la distribution intérieure, les arceaux, les colonnades, tout y a une physionomie native. Ainsi qu'on peut le voir dans la planche, les arcs ne décrivent point l'ogive pure comme dans une foule d'autres monumens de la même contrée. Ceux qui s'ouvrent sur le côté de la galerie donnant sur la cour, sont une portion du demi-cercle arabe.

Cette forme de courbe se répète aussi dans les ornemens extérieurs ; on la voit sculptée sur le cordon qui sert de couronnement aux arceaux. Quelquefois l'arc décrit un plein cintre. En général, la colonne y est basse et affaissée sous un chapiteau analogue au chapiteau Roman, ce qui imprime à ce mode de construction un caractère de tristesse très propre au sentiment religieux.

Les pilastres qui décorent la façade du bâtiment carré qu'on aperçoit sur la gauche, quoique peu gracieux, considérés isolément, s'harmonisent assez bien avec l'ensemble de l'édifice, et sont tout-à-fait dans le goût arabe. Damanhour, par l'exubérance de sa végétation, qui se mêle à tous les monumens, est d'un aspect très agréable.

Dauzats del.   Bon Taylor dir.   Finden sc.

INTÉRIEUR DE LA COUR D'UNE MOSQUÉE
A DAMANHOUR.

INNER COURT YARD OF A MOSQUE
AT DAMANHOUR

Dauzats del.t Bon Taylor dir.t Finden

BENY SALÂMEH.

VILLAGE SUR LES BORDS DU NIL. | A VILLAGE ON THE BANKS OF THE NILE.

Dauzats del.ᵗ — B.ᵒⁿ Taylor dir.ᵗ — Emden

RUE DE DAMIETTE. | DAMIETTE'S STREET.

BENY-SALAMEH. — VILLAGE SUR LES BORDS DU NIL.

Les bords du Nil, jusque là si fertiles, prirent un caractère de nudité que nous ne leur connaissions point encore; aux rivières verdoyantes succédaient les sables arides. Probablement l'élévation du terrain sur lequel repose Beny-Salâmeh l'empêche d'être fertilisé par les eaux du fleuve, même dans ses plus grandes crues. Ce qui semblerait confirmer cette opinion, c'est que nous distinguions à peu de distance des groupes de palmiers qui balançaient leurs vertes aigrettes au souffle du vent du nord.

Beny-Salâmeh est entouré de murailles en terre peu élevées et percées de quelques portes. Les maisons, peu nombreuses, sont couvertes de coupoles semi-sphériques, qui de loin donnent à ce village l'aspect d'une immense ruche. Deux maisons seulement, plus élevées que les autres, sont terminées par des terrasses; probablement elles servent de demeure au cheyk. Ce village est presque entièrement privé de population. On le rencontre sur le bord occidental du Nil à peu de distance de Schabour, assis dans le désert libique. Nous remarquâmes en face des volées d'oiseaux aquatiques qui se posaient au-dessus des eaux, se laissaient entraîner par le courant, puis reprenaient leur vol pour revenir au point d'où ils étaient partis, paraissant se plaire à ce manége.

RUE DE DAMIETTE.

Damiette la moderne, dont la fondation ne remonte que vers l'an 1250, peut passer pour l'une des villes les plus remarquables et les mieux bâties de la basse Égypte. Ses maisons sont belles et spacieuses, ses rues régulières et ses avenues larges et commodes. De loin on la reconnaît aisément à ses hauts minarets blancs.

La partie qui borde le Nil présente une longue suite de maisons alignées dans une étendue considérable. La variété, la grâce, la fraîcheur qui les distinguent impriment à Damiette une physionomie particulière. Ces balcons à balustres, ces pavillons légers, ces terrasses surmontées de belvédères qui dominent sur le fleuve et sur la campagne, sont loin d'offrir l'insipide monotonie de la plupart des villes de l'Égypte, le Kaire excepté.

Chaque habitation particulière a son débarcadère pour faciliter aux embarcations de toute espèce le moyen d'aborder. Le commerce étendu que fait la ville nécessite la multiplicité de ces arrivages. On est agréablement distrait par une foule de canges élégamment décorées qui montent et descendent le fleuve, abordent le rivage ou s'en éloignent; tandis que pour contraster avec cette activité, des groupes de Turks assis gravement devant leurs portes, les jambes croisées sur de riches tapis, fument leurs longues pipes d'un air impassible.

Les rues de Damiette ne sont ni étroites, ni sales, ni tortueuses. En général, les maisons y paraissent construites avec élégance ; elles ont des salons délicieux pour leur fraîcheur. Placés sur les terrasses au-dessus des toits, ce sont de jolis belvédères ouverts de tous côtés à la fraîcheur des brises du soir et du matin, et d'où la vue jouit d'un panorama magnifique.

Plusieurs monumens publics méritent de fixer l'attention à Damiette. Elle possède des bains revêtus de marbre, des mosquées et des minarets d'un beau travail. Trois mosquées s'y distinguent entre autres par les proportions de la masse et la richesse des détails. L'une d'elles était originairement une église chrétienne. Un grand nombre de colonnes de marbre en soutient l'intérieur. Cinq ou six cents pauvres aveugles ou paralytiques sont nourris dans une de ces trois mosquées. On peut se faire une idée du mode de leur architecture par celle que nous avons représentée dans le dessin que nous donnons ici. Les colonnes qui supportent le portique au-dessous de la tour semblent d'ordre corinthien, et proviennent vraisemblablement de quelque ruine.

Non seulement on n'a point l'air de regretter à Damiette les fenêtres aux façades des maisons, mais elles y sont quelquefois multipliées outre mesure. Il en est qui en ont jusqu'à deux rangs l'un sur l'autre. On voit au sud de la ville le champ de bataille où saint Louis fut fait prisonnier par les Sarrasins. On sait que ce prince se racheta l'an 1249, en donnant pour sa rançon l'ancienne Damiette, que les Arabes détruisirent aussitôt après. La ville moderne fut bâtie à deux lieues au sud de l'ancienne, qui se trouvait alors sur la Méditerranée. Mais l'embouchure du Nil est aujourd'hui beaucoup plus septentrionale qu'à cette époque. Faute

Dauzats del.^t Robt Taylor dir.^t Finden sc.

TOMBEAUX A DAMIETTE. | TOMBS AT DAMIETTA.

d'eau, les vaisseaux ne pouvant remonter le fleuve pour venir à Damiette, ils sont obligés de s'arrêter dans la rade à l'embouchure où ils prennent leur mouillage. Cette circonstance fait que la ville n'a point de port, quoiqu'elle ait un commerce très animé, et qu'elle soit l'entrepôt de tout le Delta.

TOMBEAUX A DAMIETTE.

Le cimetière de Damiette se trouve situé à quelque distance de la ville. Des murs en ruines y tiennent le champ des morts enfermé dans une espèce d'enclos. Çà et là des pierres tumulaires dressées sur de petits tombeaux murés y désignent le lieu de la sépulture; tout différent en cela des autres lieux que nous avons vus, où les pierres surmontaient de petits monticules. Quelques uns de ces tombeaux sont plus ornés que les autres. Un petit coffre de pierre carré, terminé au-dessus par un couvercle pyramidal ou couronné du turban, distingue entre eux ceux qui reposent dans la même enceinte. Du reste, point de verdure, point d'arbres parmi les tombes pour couper la nudité de la pierre; mais souvent des vieillards et des femmes s'y montrent assis dans un grand recueillement.

Quoique les Égyptiens modernes n'embaument plus leurs morts ni ne creusent plus de catacombes comme autrefois pour les y déposer, ils n'en conservent pas moins une grande vénération pour ceux qui ne sont plus. Il n'est pas rare de rencontrer dans les plus pauvres villages, des tombeaux en pierre, tandis que les habitations sont seulement construites en terre et en boue. Diodore de Sicile nous apprend que les anciens Égyptiens mettaient plus de richesse et de magnificence dans leurs sépultures que dans leurs habitations, parce que les maisons des vivans, selon eux, n'étaient que de simples hôtelleries ou des lieux de passage, tandis qu'ils considéraient les tombeaux comme des demeures éternelles. Cependant le cimetière de Damiette n'offre aucun monument funéraire bien remarquable. Les plus apparens appartiennent en général à des santons, auxquels on accorde toujours l'honneur des mausolées. Le peu de difficulté qu'il y a en Égypte à devenir saint, fait que ces monumens y sont très multipliés.

MAISON A MANSOURAH OU SAINT LOUIS FUT DÉTENU PRISONNIER APRÈS LA PERTE DE LA BATAILLE LIVRÉE AUX PORTES DE CETTE VILLE.

Les souvenirs qui se rattachent à ce monument l'ont rendu si célèbre dans l'histoire des croisades, qu'une pareille omission eût été un vide important dans la collection nombreuse des dessins que nous avons réunis sur l'Égypte. En lisant l'épisode de la détention de saint Louis à Mansourah, quel lecteur n'a pas cherché à se faire une idée du lieu où ce prince gémit pendant plusieurs mois dans les fers de l'esclavage? La maison qui lui servit de prison appartenait à Fakreddin-ben-Lokman, secrétaire du sultan; elle est située à l'extrémité de la pointe qui partage le Nil en deux branches, dont l'une se rend à Damiette, et l'autre se dirige, sous le nom de canal d'Achmoun, vers la ville ainsi nommée. Dans le pays, on appelle ce point de séparation *Iftirâq-en-Neyleyn*, c'est-à-dire division des deux Nils. Un immense sycomore se voit encore dans la partie qui fait tête au fleuve, et étend sur les eaux son gigantesque branchage. Quelques palmiers à hautes tiges s'élèvent devant la façade de la maison qui fait l'objet de cet article, et en atténuent un peu le caractère sombre de l'architecture, qui la fait plutôt ressembler à une prison qu'à un palais. Une petite porte cochère lui sert d'entrée; le marche-pied est un gros bloc de granit rose. Les fenêtres sont en saillie comme à Alexandrie, mais disposées avec plus de symétrie. L'ensemble du monument présente le style arabe dans toute sa simplicité. L'ordonnance en est sévère, et annonce le goût de l'époque où il a été construit. On montre encore dans la maison, la salle où saint Louis fut enfermé sous la garde de l'eunuque Sabih. C'est une grande pièce carrée et obscure de vingt à vingt-cinq pieds de côté. Elle est située au rez-de-chaussée, et n'est éclairée que par une seule fenêtre au-dessus de la porte. La hauteur de cette fenêtre est de deux pieds sur dix-huit pouces de large. Elle est grillée avec des barreaux de fer. Dans ces derniers temps, cette salle basse et humide servait à y entreposer des peaux de bœufs et de buffles. Un peu plus loin, vers le nord, gisent encore les restes de la voûte dite *Bazar-el-Gadim* où tous les généraux furent détenus et où Saint-Louis signa la reddition de Damiette.

Selon Abd-er-Rachyd, la fondation de Mansourah remonterait à l'année 336 de l'hégire. Elle aurait été bâtie par le sultan Al-Mansour-Billah,

Dauzats del. — Finden

Maison à Mansourah,

où S.t Louis fut détenu prisonnier après la perte de la bataille donnée aux portes de cette ville.

Bon Taylor dir.

BELBEYS. | BELBEYS.

d'où lui serait venu le nom de Mansourah. Mais on sait plus positivement que Mansourah fut fondée l'an 1217 de notre ère, par le sultan Malek-Kamel, fils du célèbre Malek-Adel, lorsque les chrétiens se furent emparés de Damiette et qu'ils se disposaient à marcher sur le Kaire. Le mot Mansourah signifie victorieuse. Le sultan donna ce nom à la nouvelle ville, parce qu'il espérait y arrêter les Francs au passage. Elle est assez grande, mais privée de fortifications, et plus d'à moitié ruinée. Les rues en sont étroites, et la plupart des maisons construites en briques, ainsi que nous l'avons déjà vu dans plusieurs autres localités. En somme, la ville est triste, et ne saurait passer pour un séjour agréable, comme quelques voyageurs l'ont dit. On la distingue de loin par la hauteur de ses minarets et les bois de palmiers dont elle est entourée.

BELBEYS.

A quelques milles d'Onion, ville célèbre par le temple que le grand-prêtre Onias y avait fait bâtir sur le modèle de celui de Jérusalem, se trouve la petite ville de Belbeys. Entourée de murailles, et située à la jonction de plusieurs canaux dérivés du Nil, sa position est très pittoresque. Partout dans l'intérieur les palmiers se mêlent aux habitations particulières. Quoique basses et à toits plats, les maisons y ont toutes des fenêtres sur les façades, ce qui donne à Belbeys quelque air de ressemblance avec certains villages maritimes du midi de la France.

Un monticule peu élevé domine la ville au nord-ouest. A son sommet est une mosquée qu'au mode de son architecture on prendrait volontiers pour un de ces châteaux, tels qu'on en rencontre quelquefois dans nos provinces de l'ouest. La ville s'étend dans la longueur du nord au sud. Les Français la fortifièrent en 1798, lors de l'occupation de l'Égypte par Napoléon. Sa population est évaluée à cinq mille âmes. C'est la résidence d'un aga, dont le château est auprès de la mosquée.

GRANDE MOSQUÉE DE BOULAQ.

Quand on pénètre dans Boulâq, que l'on voit ce pauvre village avec ses maisons d'argile ou de briques desséchées au soleil, et presque toutes sans toit, on se fait difficilement une idée de la beauté des monumens qu'il renferme. Il y a à Boulâq une belle douane, des bains magnifiques, un vaste bazar construit par Ali-Bey, de nombreux okels destinés à recevoir l'impôt en nature que les provinces y envoient, des fabriques de soieries et d'indiennes où travaillent plus de huit cents ouvriers, et une filature de coton que Mohammed-Ali y a fait bâtir. On doit encore à ce prince une grande école où l'on enseigne les mathématiques, le dessin, et les langues française et italienne. Nous devons citer aussi l'imprimerie turke, persane et arabe qui s'y fait remarquer.

Situé sur la rive droite du Nil, à cinq lieues du Delta, et à une demi-lieue du Kaire, Boulâq présente l'aspect le plus riant, qu'il emprunte de ses édifices et de ses jardins. Ces derniers sont d'une grande magnificence. La végétation s'y montre avec une vigueur extraordinaire. Avant 1799, ce village possédait de très beaux monumens religieux. Tous les plus remarquables ont été la proie des flammes pendant le siége du Kaire par les Français.

La mosquée qui reste encore, et dont nous avons tracé le dessin, peut donner une idée de l'élégance et de la majesté des édifices qui ont péri. Le style brillant de l'architecture arabe se développe ici dans toute sa richesse. Ces nombreuses coupoles ondulant à la base de la rotonde comme un feston de broderie, ces galeries découpées en arcades légères et ouvragées à leurs seuils d'ornemens gracieux, ce dôme gigantesque qui semble s'élever du milieu de l'enceinte, et porter au ciel le croissant dont il est surmonté, et ce minaret délié, lancé dans les airs comme une flèche, seraient dignes sans contredit d'embellir la capitale de l'Égypte. Boulâq est le port du Kaire. Tous les navires du Delta et de la basse Égypte y viennent débarquer. Sa population est évaluée à dix-huit mille âmes, dont la majeure partie vit du produit des dattes qu'elle y vend.

GRANDE MOSQUÉE DE BOULÂQ | GRAND MOSQUE AT BOULÂQ

Mayer del.

Vue du vieux Kaire.

VUE DU VIEUX KAIRE.

C'est en face de l'île de *Rauda* ou *Roudah*, au sud de la ville moderne, qu'est situé le vieux Kaire; il s'étend le long d'un petit bras du Nil parallèlement au fleuve, dans une étendue de mille toises de longueur sur deux cent quatre-vingts toises de largeur. Il reste fort peu de chose à admirer de la célèbre *Masr-el-Atikah* ou *Babylon*, ainsi que le vieux Kaire s'appelait autrefois. Ce n'est plus aujourd'hui qu'un simple faubourg de la cité qui lui a ravi le sceptre. Le khalife Hakem, dans la vue de hâter l'agrandissement de la ville nouvelle, fit incendier l'ancienne. Cent cinquante ans après, un second embrasement acheva de la ruiner. Cependant outre les greniers dits de Joseph dont nous avons déjà parlé (page 130), il existe encore, comme monumens de quelque intérêt, le couvent de Saint-George, celui de la Propagande et le couvent *Deïr-el-Nassara.* Ce dernier offre une enceinte assez vaste, dont les murs élevés de plus de soixante pieds paraissent fort anciens. Quelques voyageurs ont supposé que c'était une des forteresses de *Babylon.*

On remarque dans cet enclos une petite église précieuse surtout aux chrétiens, à cause d'une espèce de grotte qui fut anciennement un four, où, selon les religieux, saint Joseph et la Vierge se réfugièrent avec l'enfant Jésus, pour échapper à la persécution qui les poursuivait jusqu'en Égypte. Un ancien tableau représentant la Vierge sur la rive gauche du Nil, cache ce monument, objet de la vénération des fidèles. La décoration intérieure de l'église est dans le goût turk. Son principal ornement consiste en des lampes de différentes grandeurs, les unes en bois et les autres en verre, suspendues à la voûte avec des cordes. Des cloisons d'un genre bizarre séparent le grand autel des autres qui l'avoisinent.

A peu de distance de Deïr-el-Nassara, en tournant vers le sud, on rencontre une belle porte ou *arc* d'architecture romaine. Les constructions en sont en pierres de taille, et bien conservées. De chaque côté de la porte on voit encore les moulures de deux fenêtres carrées actuellement masquées. Ces moulures sont profilées avec beaucoup d'art, et l'ensemble de ce morceau d'architecture se distingue par une élégante simplicité.

Plusieurs beys possédaient autrefois au vieux Kaire de petites maisons charmantes, où ils allaient ensevelir leur nonchalance et leurs loisirs. C'étaient des lieux de plaisance délicieux, réservés à la sensualité des maîtres. Aujourd'hui ces *villas* n'existent plus : des ruines les ont remplacées. Les seuls *inghénéné* ou jardins qui s'y trouvent encore appartiennent à des Cophtes et à des Grecs.

On pourrait sans doute ajouter à cette description plusieurs autres monumens qui ont eu de l'importance, mais ce ne sont plus que des ruines ou des décombres sans intérêt. Notre vue est prise de l'île de Roudah, séparée du vieux Kaire par un bras du Nil qui est à sec la moitié de l'année. En face est une mosquée délabrée. Voyez pour les détails historiques relatifs à l'ancienne capitale, ce que nous avons dit pages 124 et suiv.

AQUEDUC DU KAIRE.

Au nord du vieux Kaire, entre cette ville et la ville moderne, on rencontre un très bel aqueduc qui servait autrefois aux besoins de l'ancienne capitale, et à l'arrosement de ses magnifiques jardins. Il alimentait aussi la citadelle. Sa direction s'étend de l'ouest à l'est dans une longueur d'environ mille soixante toises. Il entrait dans le Kaire par la porte de Qarâfeh, et arrivait près de la cour du Pacha. Son architecture est d'un caractère rustique. On y compte 289 arches, et 320 selon quelques uns. Elles ont depuis dix jusqu'à quinze pieds d'ouverture. En quelques endroits il n'y a qu'une simple muraille sans arche. Celles du côté du fleuve sont plus basses à cause du terrain qui est plus élevé. Cet ouvrage, dirigé par un architecte chrétien, date de la fin du IXe siècle. On l'attribue à Ahmed Ben-Touloun, qui dépensa à sa construction plus 40,000 dynars (environ 600,000 francs). Le bâtiment de la prise d'eau est situé sur la route qui borde le petit bras du Nil à l'est de l'île de Roudah. Il a été bâti, dit-on, par Campion, le prédécesseur immédiat du dernier des rois mamlouks. C'est une tour très élevée de forme octogone, au haut de laquelle on faisait arriver l'eau au moyen d'un chapelet à pots, que des buffles mettaient en mouvement.

Bras du Nil vis-à-vis l'île de Raudha aux environs du Kaire.

Dauzats del. — Bon Taylor dir. — Finden sc.

VUE DE LA CITADELLE DU KAIRE, DU COTÉ DE LA PORTE DE MOCATAM.

VIEW OF THE CITADEL AT CAIRO, FROM THE GATE OF MOCATAM.

Mayer del. — Finden

LE KAIRE, CITADELLE, PORTE DE BAB-EL-GEBEL. | CAIRO, THE CITADEL, THE GATE BAB-EL-GEBEL.

La machine n'existe plus aujourd'hui. Plusieurs inscriptions sont au bas : l'une d'elles est en caractères *koufiques*.

Lors de l'occupation de l'Égypte par les Français, une batterie fut dressée par eux à la partie supérieure de la tour. Ils construisirent aussi une espèce de tambour sur le prolongement de l'ancien chemin, en sorte qu'on est obligé aujourd'hui de passer sous la première arcade. Afin de pouvoir observer les Arabes, qui, à l'abri des monticules multipliés qui sont aux environs du Kaire, s'approchaient fréquemment, on établit un poste sur le haut de la tour. Le chemin que l'on trouve en sortant par la dernière arcade, vers la partie occidentale, conduit directement au Kaire en longeant en grande partie le canal, qui en est séparé par un tertre. La planche représente l'aqueduc vu de l'île de Roudah. Un pont de bateaux est jeté sur cette branche du Nil, pour établir une communication entre les habitans de l'île et ceux du vieux Kaire.

VUE DE LA CITADELLE DU KAIRE, DU COTÉ DE LA PORTE DE MOKATTAM. — CITADELLE, PORTE DE BAB-EL-GEBEL.

Située au nord-est du vieux Kaire, et à l'extrémité de la croupe la plus avancée du Mokattam, la citadelle présente un tel assemblage de tours, de murailles, d'édifices, de cours et de bâtimens, d'espèce et d'âges différens qu'on la prendrait pour une grande ville. D'immenses murailles l'entourent dans une circonférence d'environ trois mille mètres. Par sa position elle domine la ville nouvelle, mais elle est dominée à son tour par le Mokattam, colline stérile dont les flancs jaunâtres fatiguent la vue par la réverbération du soleil. Aboul - Feda nomme ce monument le *château des lumières*. Il est appelé la *nouvelle Babylone* par nos chroniqueurs du moyen âge, et les habitans du Kaire lui donnent le nom de *El-Khala*. Quoique la citadelle soit fermée par une même enceinte, elle est cependant divisée en trois quartiers principaux dont chacun a ses remparts et ses portes. Un de ces quartiers domine tous les autres, c'est celui du sud, appelé *citadelle du pacha*, parce qu'il a toujours été la résidence des représentans du sultan. On donne le nom de *citadelle des Odjaqlys* à celui du nord; enfin, le troisième, qui occupe le centre, est appelé *citadelle des Janissaires*. Il s'avance en double saillie vers la principale chaîne des monts arabiques à l'opposite du Kaire.

Un quatrième quartier nommé *El-Azab* est sur le versant de la citadelle qui regarde la ville. Il forme par son mur inférieur l'un des côtés de la place de Roumeyléh. Cette partie de la forteresse est si escarpée qu'on n'a pu y élever qu'un petit nombre de constructions. Quelques magasins, en partie souterrains, des casernes et des mosquées entourent le divan des Azabs.

Au reste ce côté ne présente guère que des masures, des rochers et des ruines. Un chemin profond traverse ce quartier dans toute sa longueur. Il commence à une esplanade au haut de la citadelle où donnent les entrées intérieures des quartiers du pacha et des janissaires, descend vers la ville en zigzags, et vient aboutir sur la place de Roumeyléh, presque vis-à-vis la mosquée du sultan Hasan. Il débouche dans cet endroit par une porte demi-ogive, exhaussée de quinze à vingt marches, taillées dans le roc vif. De chaque côté de la porte s'élève une tour avec des meurtrières dans le genre de celles qui flanquent les places fortes du moyen âge. L'espèce de sentier qui vient joindre cette porte, nommée Bab-el-Azab, est étroit, anguleux et creusé dans le roc. Sa pente était si rapide qu'en plusieurs endroits on avait été obligé d'y pratiquer des gradins à la chute des sinuosités. Il est encaissé entre deux parois de roche abrupte d'une vingtaine de pieds de hauteur. Au-dessus de ces parois se dressent des murs de bâtimens servant de casernes ou de magasins, au pied desquels court, ainsi que le long de la crête du rocher, une espèce de terrasse assez large pour que deux hommes puissent y circuler.

Aujourd'hui ce chemin ne présente plus les mêmes difficultés. Le vice-roi en a fait adoucir la pente et aplanir les aspérités. Il est devenu célèbre dans les relations des voyageurs par l'extermination des Mamlouks, qui eut lieu dans cet endroit en 1811. C'est la route principale pour arriver à la citadelle. Une seconde porte existe plus étroite, et taillée dans le roc; on la désigne sous le nom de porte des Arabes. La porte des Janissaires et la porte des Arabes sont situées au nord de la citadelle, la première à l'orient et la seconde à l'occident. En outre de ces deux portes, il en existe encore deux autres extérieures et cinq intérieurement. La principale entrée est fermée par deux énormes battans ferrés. De larges bandes rouges et blanches sont peintes à sa surface extérieure, ce qui se voit également dans les cours des palais et sur les enceintes extérieures des mosquées.

Les murs de la citadelle sont très élevés et suivent le mouvement du terrain. Une partie de l'enceinte est de construction romaine. Elle se distingue par des portions de murs formées de briques et de moellons cimentés avec un mortier de Pozzolane. La partie de l'enceinte qui est moderne ne paraît pas construite avec autant de soin. Des fossés entourent les murailles. Ceux du côté du Mokattan ont été creusés dans le roc. Trente-deux tours tant rondes que carrées s'élèvent autour du rempart. Elles sont bâties par assises régulières et très solidement construites. On compte dans l'enceinte douze mosquées et quatorze citernes. Celle appelée *Sibyl Kykhych*, située derrière la ville des Janissaires, est la plus considérable. A elle seule elle suffirait pour conserver la quantité d'eau nécessaire à la consommation de 10,000 personnes pendant un an.

Mohammed - Ali a son palais dans la citadelle où il fait sa résidence habituelle. La façade de ce monument approche beaucoup du style de l'architecture européenne. Elle est ornée d'un petit portique léger avec une terrasse élevée dans le goût oriental. Un second portique, décoré de légères et élégantes colonnes, orne la partie où se trouvent les principaux appartemens. La salle d'audience, embellie de peintures et de sculptures, est d'une grande richesse. Grâce aux soins de Mohammed-Ali, le palais incendié a été rétabli. Ce prince l'a fait entourer de jolies terrasses garnies d'orangers et de fleurs, d'où l'on jouit d'un panorama magnifique. Plusieurs améliorations intérieures ont eu lieu dans la citadelle. C'est là que siège le divan, qu'on bat monnaie, que se fabrique la poudre et que l'on fond les canons. Le pacha y a fait établir une imprimerie et une lithographie à son usage. Il y existe aussi un journal intitulé la *Gazette du Kaire*, que l'on imprime en turk et en arabe.

Notre première planche représente la citadelle du côté de la porte de Mokattam; dans l'autre on aperçoit une portion des fortifications, les tours et la face extérieure de la porte de Bab-el-Gebel. On trouvera dans le texte, pag. 125 et suiv., la description de plusieurs autres monumens renfermés dans la citadelle, et dont nous nous sommes abstenus de parler ici pour éviter les répétitions.

MAMLOUK.

L'époque de la création des Mamlouks remonte vers la première moitié du XIIIe siècle. Ils durent leur origine à la formation d'une garde appelée *Haulqua*, destinée à rester auprès du soudan de *Babylone* ou du Kaire. D'abord ce fut avec les fils de quelques prisonniers de guerre que l'on composa cette garde; on l'entretint ensuite au moyen de jeunes esclaves achetés dans différentes contrées de l'Orient, mais surtout en Géorgie et dans l'Asie-Mineure. Ils étaient en général de très beaux hommes, distingués autant par la taille et le type de la figure que par leur valeur dans les combats. Les Mamlouks de la première dynastie portaient le nom de *Baharites* et de *Turkomans*. Un fait remarquable, mais qui ne leur est cependant point particulier, c'est qu'une fois transplantés sur le sol de l'Égypte, ils ne purent jamais y propager leur race. Ceux d'entre eux qui avaient des enfans parvenaient rarement à les élever au-delà du premier âge.

La milice des janissaires, instituée par Amurath Ier, eut à peu près la même origine que celle des Mamlouks. Les uns et les autres devinrent redoutables aux princes qui les employèrent à leur service. Dès les premières années de leur organisation, les Mamlouks manifestèrent leur humeur dominatrice par l'assassinat du soudan même qui les avait créés. Le but de cette institution était de former auprès des sultans, dont chaque Mamlouk était l'esclave, une garde dégagée des affections et des liens de famille, et par cela même entièrement dévouée à leur personne. Mais les sultans ne tardèrent point à s'apercevoir qu'ils avaient créé à côté d'eux une puissance dangereuse, et dont plusieurs fois ils eurent occasion de redouter les effets. Aussi dans maintes circonstances employèrent-ils toutes leurs forces pour détruire ces redoutables rivaux. Ils y réussirent jusqu'à un certain point, car déjà au commencement du XVe siècle les Mamlouks n'existaient presque plus que dans le souvenir. On parlait d'eux comme de gens qui avaient été jadis puissans, et dont l'indépendance ne respectait que le pouvoir du bacha. Ce dernier avait seul la prérogative de nommer le *sangiac-beïg*, qui devait être le chef de la caravane de la Mekke. Plus récemment cette nomination était faite par les chefs du sénat des beys, que l'on tirait toujours du corps des Mamlouks.

Quoique compris sous une même dénomination, et guidés souvent par le même esprit d'ambition ou d'entreprise, il est cependant vrai de dire que les Mamlouks ne formaient point un corps homogène et soumis à un même chef. Chaque bey en possédait autant que ses moyens le lui permettaient. Au reste les Mamlouks n'avaient ni règlemens ni solde; seulement ils obéissaient aux ordres de quelques *kachef* ou officiers intermédiaires entre les beys et eux.

Une éducation extrêmement sévère préparait les jeunes Mamlouks à la carrière qui les attendait. Pendant plusieurs années on les exerçait au maniement du sabre. Rapprochés le plus possible d'un mur contre lequel ils s'appuyaient avec un pied pour conserver la distance nécessaire aux évolutions du sabre, ils devaient faire voltiger la lame dans tous les sens, sans être gênés par le voisinage de cet obstacle. Un pareil exercice donnait à leur poignet une souplesse et une force qui leur permettaient de détacher de ces coups extraordinaires qui avaient fait leur réputation. On les a vus souvent d'un seul coup de revers séparer un homme en deux. Toute la vie du Mamlouk se passait à cheval; aussi étaient-ils d'excellens cavaliers.

Autrefois la principale ville du Fayoum était leur lieu de retraite. Ils y possédaient des maisons vastes et conformes à leur genre de vie; aujourd'hui la plupart de ces maisons tombent en ruines. La fortune de ces milices a subi de nombreuses vicissitudes. Tantôt puissantes et redoutées, tantôt forcées de se cacher dans le désert, elles ont toujours été un objet d'épouvante pour les souverains de l'Égypte qui n'ont cessé de conspirer leur ruine. Avant leur dernière extermination par Mohammed-Ali, les Mamlouks composaient au Kaire une force de huit à dix mille hommes de troupes choisies, soumises au commandement de plusieurs beys.

Le costume du Mamlouk est noble et magnifique; il réunit la richesse à la majesté : turban de châle roulé autour de la tête; habit en petit drap plus ordinairement jaune ou pourpre; veste à longues manches en satin rayé ou en velours; culotte d'une grande ampleur, et descendant jusque sur les pieds, lesquels sont renfermés dans des chaussettes en cuir jaune avec des sandales de même couleur; ceinture en châle serrée autour du corps, tel est le costume de cérémonie.

Lorsque le Mamlouk est en course, il porte un cangiar, un sabre, un poignard, et à sa gauche une giberne remplie de cartouches. Souvent il joint à cet équipage un sac contenant des talismans, des reliques, de la vieille huile pour les blessures ou un exemplaire du Koran, qui, dans sa pensée, est également propre à prévenir ou à remédier aux accidents de la guerre. Celui que nous avons représenté est un bey qui fume gravement la pipe dans un appartement.

ARMES DE MAMLOUK.

Les armes des Mamlouks sont très diverses et très multipliées; elles se distinguent autant par la richesse que par la finesse du travail et la solidité. Nous n'avons pu en présenter ici qu'une partie; mais elle suffira pour donner une idée de la variété et de l'élégance des formes. Ils ont emprunté des armes à tous les peuples. On a trouvé dans leurs dépouilles, des pistolets français du siècle dernier; des tromblons fabriqués dans la Grande-Bretagne; des sabres aux lames de Perse avec des montures africaines; des cottes de mailles et des boucliers indiens; des flèches et des arcs chinois, et plusieurs autres armes offensives et défensives venant de contrées différentes.

Dans cette planche, nous avons représenté des tromblons, des pistolets, des haches et des masses d'armes, des piques, des yatagans, des poignards, un casque, un bouclier, et diverses parties du harnachement du cheval. Le bouclier est ordinairement en cuir de rhinocéros. Cette arme, dont on voit la structure au nº 27, est recouverte d'un vernis, et quelquefois ornée de dorures; elle est à l'épreuve du coup de sabre, et garnie d'un petit coussinet pour garantir la main du contre-coup. Les nºs 10 et 13 sont des masses d'armes ou bâtons de commandement. Cette marque de dignité sert dans la mêlée à briser les boucliers et à assommer les combattans. Elle est en fer damasquiné en lame, et d'un travail exquis. Dans le manche on met souvent une javeline de fer renfermée dans une gaîne, et damasquinée en argent. Les nºs 3 et 4 sont des sacoches pour les pistolets avec une giberne pour les cartouches. Toutes les armes offrent une grande richesse, les haches surtout et les sabres : la hache est en fer damasquiné en or avec une inscription persane indiquant le pays où elle a été fabriquée. Quant au manche, formé en cuir et en argent, il est travaillé dans les manufactures du Kaire. On n'a pas moins lieu d'admirer l'ouvrage des yatagans et des piques. Parmi l'équipement des Mamlouks est aussi un carquois dans

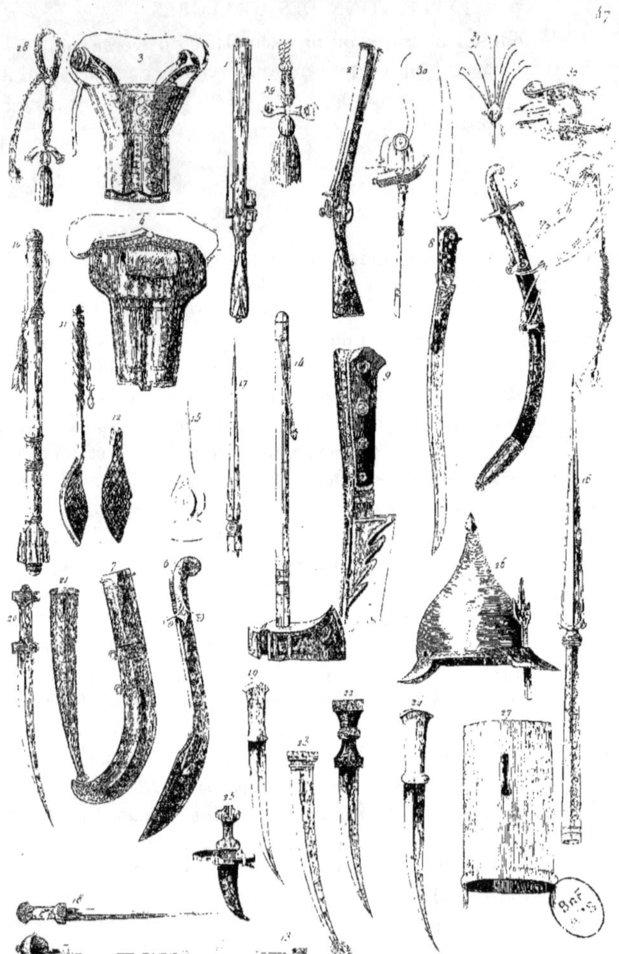

ARMES DE MAMELOUK. [illegible]

1...4 Tromblons, Pistolets. 5...9 Sabres et Coutelas. 10...17 Masses d'arme, Hache, Pique. 18...25 Yatagans, Poignards.
26, 27 Casque, Bouclier. 28...32 Harnachement.

[illegible] DU PACHA
EN COSTUME MILITAIRE MODERNE.

[illegible] OF THE PASHA
IN THE MODERN MILITARY COSTUME.

lequel ils mettent trois javelots. Ce carquois est en velours de couleur éclatante. Avant d'en venir au sabre, le Mamlouk est dans l'habitude de lancer ses javelots. Si le coup ne porte point et que l'arme tombe à terre, un domestique est chargé du soin de la ramasser à travers les combattans, et de la lui rapporter. Il est encore quelques autres armes dont nous ne parlons point, mais qui rentrent dans les désignations générales de la gravure.

NIZAM, OFFICIER DU PACHA, EN COSTUME MILITAIRE MODERNE.

Les troupes du vice-roi d'Égypte, instruites par des officiers français ou italiens, évoluent maintenant à l'européenne; leur costume seul diffère des nôtres : il a été taillé de manière à conserver une partie de l'ampleur du vêtement oriental. C'est un moyen terme entre l'uniforme simple mais étriqué de nos soldats, et le luxe majestueux, la pompe des anciens Mamlouks.

Nous avons esquissé le portrait d'un officier de la nouvelle milice; voici les détails de son costume : gilet rouge collant, boutonné sur la poitrine par des boutons en or; large pantalon rouge retombant au-dessous du genou, et serré au bas de la jambe; cette partie du vêtement est enrichie de broderies d'or. Les coutures du pantalon et les endroits les plus apparens sont brodés en violet. Une ceinture en drap d'or étreint fortement la taille et maintient les reins.

La veste est rouge; les manches sont ouvertes et retombantes. Une broderie d'or et de soie violette couvre toutes les coutures. A son côté pend un sabre recourbé, suspendu à un cordon rouge; un poignard à manche d'ivoire est enfoncé dans la ceinture. Quant à la coiffure, elle est restée la même : c'est toujours le tarbouche qui couvre le sommet de la tête, pardessus lequel on roule un large châle blanc.

Les troupes ont un bel aspect; leur brillant uniforme étincelle aux rayons du soleil, et leur teint coloré leur donne l'apparence de vieux soldats.

Nous voyions souvent, le soir ou le matin, défiler des régimens entiers de la plus belle tenue. Leurs tambours et leurs fifres jouent des marches françaises, qu'ils ont apprises de nous pendant le séjour que nos armées ont fait en Égypte, lors de l'expédition.

DIVAN DE JOSEPH DANS LE CHATEAU DU KAIRE.

Plusieurs opinions ont été émises sur la destination du divan de Joseph sans que pour cela rien ne soit encore bien arrêté à son égard. A en juger par le rapport qui existe entre ce monument et les églises d'Égypte, on serait tenté de le prendre pour un édifice chrétien; mais d'autres raisons s'opposent à ce qu'on adopte cette assertion avec certitude : il est probable que c'était une mosquée. Quoi qu'il en soit, le divan de Joseph est évidemment la ruine la plus remarquable de toutes celles que les voyageurs visitent dans la citadelle. Son nom lui vient du sultan *Yousef-Salah-ed-Din*, le fameux Saladin. Composé de trente-deux colonnes d'un seul bloc en granit rouge, on admire à la fois leur beau poli, un reste de plafond, et les grandes murailles qui justifient toujours leur réputation, malgré l'état de délabrement où se trouve l'ensemble du monument.

Les colonnes sont hautes d'environ huit mètres sans les chapiteaux; toutes n'ont pas la même dimension dans l'épaisseur du fût; plus ordinairement elles ont trois pieds de diamètre. Cette irrégularité dans les proportions prouverait qu'elles n'ont pas été faites pour cet édifice. Les mêmes dissemblances existent aussi dans les chapiteaux dont le galbe approche plus de l'ordre corinthien que d'aucun autre. Les sculptures n'y sont presque point en relief. On dirait de légers dessins tracés d'une manière superficielle et représentant des nœuds, des filets, des palmes lisses avec des volutes dans les angles un peu plus en saillie. Les colonnes reposent sur des bases en grès d'un travail assez grossier. Elles portent des arcades en plein cintre et en pierre avec des frises où l'on remarque des inscriptions arabes en lettres d'une grandeur extraordinaire. Dans les angles des plafonds à peu près de la même manière que dans nos pendentifs, sont des ornemens en bois en forme d'encorbellement, présentant plusieurs étages.

Il règne dans le plan de ce monument une entente plus savante que dans la construction des plus belles mosquées du Kaire, bien qu'il n'offre pas les mêmes dimensions. La date de son érection ne remonte pas au-delà du XIIe siècle de notre ère. On peut juger par sa disposition du grandiose qu'avait alors le style de l'architecture arabe. En vain chercherait-on dans les siècles suivans quelque chose qui rappelât cette sévérité dans les proportions. Aussitôt après le règne de Saladin, il y a manifestement

Pl. 26.

Mayer del. Finden sc.

DIVAN DE JOSEPH DANS LE CHATEAU DU KAIRE. | JOSEPH'S DIVAN IN THE PALACE AT CAIRO.

Dauzats del.   J.^{ne} Taylor dir.   Fosden sc.

MOSQUÉE DE KALAOŬM AU KAIRE. | THE MOSQUE OF KALAOŬM AT CAIRO.

décadence. Ni les ayoubites, ni les sultans mamlouks n'ont rien laissé de comparable au divan de Joseph, quoique pourtant plusieurs édifices pleins de magnificence et de hardiesse aient été élevés par ces princes. Peu de monumens au Kaire pourraient être comparés à celui représenté dans notre planche, tant pour la correction du style que pour la pureté du goût. La porte de Bab-el-Nasr et la mosquée El-Hakim, située dans le voisinage de cette porte, offrent seules quelque analogie avec lui sous le rapport de l'art. La mosquée El-Hakim surtout possède des arcades en plein cintre d'un galbe assez semblable, mais qui sont soutenues par des piliers au lieu de colonnes.

MOSQUÉE DE KALAOUM AU KAIRE.

Plusieurs mosquées ont été bâties par le sultan *Kalaoûm* ou *Qualaoum*. L'une d'elles, située dans la citadelle du Kaire, est après le divan de Joseph l'un des plus beaux monumens renfermés dans cette enceinte. Cet ouvrage, selon quelques archéologues, serait de la fin du XIIIe siècle, et selon d'autres du commencement du XIVe. Il affecte dans son plan la forme rectangulaire ayant soixante-trois mètres sur cinquante-sept de côté. Chaque face offre le long des murailles deux rangées de dix colonnes. Cependant l'édifice n'en possède en tout que soixante-douze, à cause du vide laissé devant la niche de l'adoration. Ces colonnes sont en granit. Les quatre que l'on voit aux angles de la cour sont plus grosses que les autres.

Comme dans toutes les mosquées, celle de Kalaoûm a une cour au milieu. Simple dans son architecture extérieure, les murs intérieurement sont incrustés de mosaïques. Le galbe de ses deux minarets est élégant. Ils sont bâtis avec solidité et ornés de sculptures gracieuses.

On trouve une autre mosquée de Kalaoûm dans le Kaire, auprès de l'hôpital appelé *Mouristân*, où les aliénés des deux sexes se trouvent réunis ainsi que d'autres malades. La fondation de celle-ci date de l'année 1282 de notre ère. Elle est appelée *El-Mansouryeh*. Le style de l'architecture et la forme du plan rappellent le même goût et la même pensée que la précédente.

MOSQUÉE DE MAHMOUDIEH ET PORTE DE LA CITADELLE DU KAIRE.

La mosquée de Mahmoudieh est située sur le côté oriental de la grande place du sultan Hasan ou Roumleyed. Son architecture est élégante; mais le voisinage de la gigantesque mosquée qui donne son nom à la place l'écrase par son caractère imposant. Au sud, deux tours rondes et crénelées pressent la porte de la citadelle. Ces tours sont construites en pierres rouges et blanches, superposées alternativement. Un chemin rapide conduit jusqu'au sommet de la citadelle qui domine le Kaire. Le vice-roi actuel a fait construire au point culminant un palais qu'il habite souvent pendant son séjour dans cette ville.

C'est sur la grande place du sultan Hasan que se réunissent les faiseurs de tours, les marchands ambulans et les oisifs qui composent des groupes plus nombreux et plus compactes que ceux qui encombrent quelquefois les places de Paris. Les rochers qui saillent au milieu de la place servent d'appui aux boutiques ambulantes des petits marchands qui débitent du tabac, des cannes à sucre, du vieux fer, etc. C'est également sur cette place immense que les jeunes seigneurs vont s'exercer à lancer le djerid, ou essayer leurs chevaux. C'est le lieu le plus animé et le plus pittoresque de toute la ville.

DEUX VUES DE LA MOSQUÉE DU SULTAN HASAN.

De toutes les mosquées de l'islamisme, celle du sultan Hasan passe pour la plus remarquable et la plus célèbre, tant pour les dimensions de l'édifice que pour la beauté de son architecture; elle fut érigée en 1356 par Hasan Melik-el-Nasry, qui régna deux fois, et mourut vers l'an 1360 de notre ère. On évalue les dépenses nécessitées pour sa construction à près de mille *mitqâls* d'or ou 15,000 francs par jour, pendant l'espace de trois ans qu'on y travailla. Un des minarets s'étant écroulé peu de temps après l'achèvement de l'édifice, trois cents orphelins occupés à l'étude y furent écrasés. Cet événement fut regardé par le peuple comme un funeste présage contre le fondateur; et, en effet, selon la tradition, Hasan périt trente-trois jours après.

MOSQUÉE DE MAHMOUDIEH ET PORTE DE LA CITADELLE DU KAIRE.

MOSQUE OF MAHMOUD BEY AND A GATE OF THE CITADEL OF CAIRO.

Mayer del.t — B.on Taylor dir.t — Finden sc.

MOSQUÉE DU SULTAN HASAN. | MOSQUE OF SULTAN HASAN.

Dauzats del. | Bon Taylor dir. | Finden sc.

LE KAIRE.
MOSQUÉE DU SULTAN HASAN.

CAIRO.
THE MOSQUE OF SULTAN HASAN.

La richesse et l'originalité du style arabe se montrent ici dans toute leur pureté. On ne peut s'empêcher d'admirer la hardiesse de la coupole, la grandeur du vaisseau et la hauteur de ses minarets. Les murailles intérieures et les pavés y sont incrustés de marbres d'une grande beauté. Partout les ornemens paraissent répandus avec prodigalité. Ils ont ce caractère de simplicité qui est le propre de ce genre d'architecture. Des dessins d'arabesques, des lettres d'écriture dans des dimensions gigantesques et formant des passages du Koran, sont les seules peintures qu'on y voit. Ces dessins, ordinairement de toutes couleurs, présentent surtout par la combinaison du bleu, du vert, de l'or et du rouge, un effet très pittoresque. Quant aux sculptures, il n'y en a point d'autres que des figures capricieuses exécutées en pierre dure, en bronze et en bois, dans le goût turk.

Les faces extérieures du monument sont aussi incrustées en marbre de différentes couleurs, couronnées d'une corniche dont la saillie est considérable; elles ont des inscriptions comme celles que nous avons décrites plus haut, et des sculptures imitant des feuillages, des enroulemens de formes variées empruntées des végétaux. Un art exquis se fait remarquer dans le travail des grillages et des portes. Tout décèle dans l'exécution des moindres choses le goût qui régnait alors. On arrivait à la mosquée par plusieurs marches qui n'existent plus. Comme dans les temps de révolte elle servait d'asile au peuple, on en a muré les portes. Sa position est si forte qu'on y entretenait constamment une garnison de janissaires, dont les casernes sont contiguës aux bâtimens. Intérieurement les tribunes, les piscines et les bassins y ont une perfection qui correspond à l'ensemble de l'édifice. Quoique d'une décoration simple, le sanctuaire est plein de majesté. Cette multitude de lampes toutes ruisselantes de lumière qui descendent de la voûte des dômes, et éclairent la mosquée dans les grandes cérémonies, produisent un spectacle qui tient de la féerie orientale. Au-dessous des dômes sont les tombeaux des fondateurs.

On trouve la mosquée du sultan Hasan sur la vaste place dite *El-Roumleyed* et en face de la citadelle du Kaire. Elle est de forme carrée. Sa plus grande longueur est de cent cinquante mètres, et la hauteur de son grand minaret de quatre-vingts mètres environ. L'entrée du côté de la rue *Souq-el-Selâh* (le marché des armes) est d'un caractère fort imposant malgré son irrégularité, ce qui provient sans doute de la difficulté du terrain sur lequel l'architecte a été obligé de bâtir. On peut regretter que la place n'entoure point cet édifice de tous côtés. De misérables habitations basses et étroites gâtent par leur voisinage mesquin l'effet grandiose de cette belle architecture. On voit adossées contre les murs de la mosquée de sales cahutes arrondies, de six pieds de diamètre sur quatre pieds de haut, dans lesquelles une famille entière vient s'entasser. Depuis quelques années pourtant on remarque des améliorations sensibles. Construites en terre mêlée de quelques pierres, ces étroites cahutes étaient ouvertes par le haut pour recevoir le jour et laisser échapper la fumée; aujourd'hui la plupart ont des fenêtres, et présentent un aspect moins misérable, quoique non moins choquant. L'une de nos planches offre la vue de la mosquée du sultan Hasan, prise du côté de la porte qui donne sur la rue *Souq-el-Selâh;* l'autre la montre dans son développement le plus favorable avec ses minarets, son dôme, et l'une de ses faces latérales embellie d'ornemens moresques. La principale façade regarde du côté de la citadelle dont elle est séparée par une place.

COUR DE LA MOSQUÉE DE TEYLOUN AU KAIRE.

La mosquée de Teyloun ou Touloun passe pour la plus ancienne et la plus grande de toutes les mosquées du Kaire; elle fut bâtie, l'an 238 de l'hégire (850 de J.-C.) par Ahmed-ben-Touloun, premier sultan d'Égypte, qui mit trois ans pour l'achever. Il dépensa à cette construction cent vingt mille dynâr ou un million huit cent vingt mille francs. L'architecte chargé de ce travail fut un chrétien, le même qui construisit l'aqueduc et la fontaine. Comme on manquait de colonnes, il fit supporter les portiques par des piliers de forme carrée, en sorte que la beauté du monument résulta de l'ordonnance du massif, exécuté, suivant quelques uns, sur le modèle de la mosquée de Samarrah, ou, selon d'autres, sur celle de la Mekke. Ne voulant pas que l'édifice qu'il faisait élever pût être altéré par l'humidité, ni susceptible d'être détruit par le feu, Ahmed-ben-Touloun prescrivit de n'employer dans les constructions d'autres matériaux que la chaux et la brique. Il désigna lui-même le mont Yechkar pour le lieu de l'emplacement. Un minaret séparé de la mosquée par une espèce d'enceinte fut construit d'après ses idées, et façonné sur le dessin qu'il indiqua.

Quoique dénaturé par des réparations postérieures, ce minaret, qui

Dauzats del.　　　Bon Taylor dirt.　　　Finden sc.

COUR DE LA MOSQUÉE DE TOULOÛN AU KAIRE. | THE COURT YARD OF THE MOSQUE OF TOULOÛN AT CAIRO.

Mayer del.   Bon Taylor dir.   Finden sc.

VUE EXTERIEURE DE LA MOSQUÉE | EXTERIOR VIEW OF THE MOSQUE

existe encore aujourd'hui, peut donner une idée de sa forme originale. On y montait au moyen d'un escalier extérieur pratiqué en spirale, ainsi qu'on le voit dans la planche. Selon un auteur arabe qui nous a laissé une foule de détails sur Ahmed-ben-Touloun, ce prince aurait fait faire la corniche qui régnait tout autour avec de l'ambre pétri, pour flatter l'odorat de ceux qui viendraient prier dans le temple; mais ce n'est là qu'une fiction digne des *Mille et une Nuits*.

C'est presque en face de ce minaret qu'on perça la porte principale de la mosquée; elle fut placée sous une arcade transversale, tournée vers le nord-ouest. Deux autres portes latérales, ouvertes entre les deux angles, partagent la façade en trois parties à peu près égales où l'on voit trente-trois petites fenêtres terminées en ogive, et aussi larges que hautes, lesquelles forment comme un attique au-dessus des portes. Leurs ouvertures correspondent dans les galeries intérieures à dix-sept entre-colonnemens. Ces galeries courent tout autour d'une cour carrée, sur laquelle elles ouvrent par un grand nombre d'arcades. Tout l'édifice, c'est-à-dire la mosquée avec son enceinte, peut avoir environ quatre-vingts mètres de long sur soixante-seize de large. La masse extérieure est très imposante dans son ensemble.

Vu de dehors, l'aspect du dôme n'a rien de bien remarquable; mais, intérieurement, les parois sont d'un riche travail. Les frises, les arceaux des voûtes sont couverts de sculptures, d'arabesques et de versets du Koran en relief. Des lampes d'airain appendues aux arcades des galeries illuminent le temple. Au-dessous du plafond étincellent des étoiles d'or, tandis que le pavé est formé d'une précieuse mosaïque, recouverte de nattes de Samana. Un superbe jet d'eau jaillit en gerbe au milieu du parvis sous un pavillon élégant. Comme accessoires à l'édifice, Ahmed y fit encore bâtir un réservoir pour les ablutions légales, et une pharmacie pour les indigens. Il chargea ensuite un médecin de régler le choix et l'application des remèdes. Vers cette époque, la mosquée de Teyloun possédait un collége dans lequel existait un grand nombre de chaires. Plus tard, le sultan mamlouk Hoceyn-el-Dyn, qui régnait en 1297, en fonda neuf, dont une fut destinée à la partie de l'astronomie, ayant pour objet la marche de la lune, et les autres s'occupaient de la médecine et de l'étude des lois.

L'inauguration du temple se fit avec une magnificence extraordinaire. Pendant la cérémonie, l'enceinte fut jonchée de pastilles d'ambre qui enveloppèrent tout-à-coup les fidèles dans un nuage odorant. On aperçoit dans notre planche une partie des parois intérieures des galeries, la cour avec sa bordure d'arcades, et la coupole de la mosquée avec son minaret.

RUE DU KAIRE.

Les rues du Kaire, ainsi que nous l'avons dit page 127, sont remarquablement étroites, et la ville, par la disposition de ses maisons, a une physionomie particulière. Ce dédale de ruelles qui n'ont pas de nom, où vous ne voyez que solitude, ruines et murailles grisâtres qui vous enferment dans un espace de quatre ou cinq pieds de large, donnerait une bien fausse idée de la capitale de l'Égypte, si au sortir d'une de ces ruelles resserrées et désertes, on ne se trouvait tout-à-coup au milieu d'une population pressée et active, ou sur des places immenses, dont quelques unes sont trois ou quatre fois vastes comme celle de l'obélisque à Paris. Toutefois, il ne faut pas chercher, même dans les quartiers les plus populeux du Kaire, une rue tant soit peu large et aérée. Les plus spacieuses n'ont guère que huit ou dix pieds, ce qui semblerait avoir été calculé à dessein de préserver des trop grandes ardeurs du soleil. En revanche, rien n'y garantit des effets terribles du *khamsyn*. Ce vent, lorsqu'il souffle, remplit l'air d'une poussière subtile et suffocante, qui, se trouvant enfermée dans ces étroits passages, a les résultats les plus funestes pour la vue. Aussi, près d'un huitième de la population du Kaire est complétement aveugle.

Au premier aspect, la ville paraît monotone. Toutes les rues, toutes les maisons s'y ressemblent. Cependant, examinée avec plus d'attention, on reconnaît bientôt en elle une cité monumentale. La majeure partie des maisons est en pierre. A chaque instant on rencontre des portes sculptées dans le goût arabe, des mosquées en grand nombre, et dont la hardiesse des coupoles, l'élégance des minarets et la richesse des arabesques donnent à cette capitale un air à la fois très varié et imposant.

On est étonné en parcourant ces rues étroites, sombres et sinueuses, de voir qu'une foule considérable puisse y circuler sans encombre au milieu des ânes, des mulets, des chevaux et des chameaux chargés qui s'y succèdent sans cesse. En l'absence de voitures, à l'usage desquelles la disposition de la ville ne se prêterait guère, les habitans se servent de baudets de louage pour le transport d'un lieu à un autre. Le prix de la course d'un âne

Dauzats del.t   B.on Taylor dir.t   Finden sc.

RUE DU KAIRE. | A STREET AT CAIRO.

Dauzats del. Bon Taylor dir. Finden sc.

PORTE DE BAB-EL-FOTOUH AU KAIRE. | BAB EL FOTOUH GATE AT CAIRO.

est de cinquante à soixante paras. Des chevaux sont aussi destinés au même usage; mais les baudets sont préférables, à cause de leur force et de la douceur de leur train, qui est ordinairement l'amble.

La ville est divisée par quartiers, et chaque quartier est fermé par des portes, les unes en pierres dans le goût de l'architecture arabe, les autres avec un guichet, et ressemblant assez à une porte de prison. On ne voit point sur la rue de beaux étalages, de boutiques brillantes; celles que l'on rencontre sont des ouvertures carrées, n'ayant guère que quatre pieds de largeur sur six de haut, et autant de profondeur. Jamais ces boutiques ne contiennent beaucoup de marchandises. Le marchand, assis sur une natte étalée devant la porte, fume sa pipe en attendant les chalands, exhaussé sur une espèce de trottoir en maçonnerie de trois pieds et demi de haut sur deux de large. A la chute du jour, il ferme sa petite boutique avec une tringle de bois qu'il assujettit au moyen d'un tasseau creusé et de pointes de fer mobiles. Le mode des serrures en bois est fort ancien en Égypte; celles en fer y sont très rares. On peut se faire une idée, par la planche, de la structure des maisons, et de l'effet qu'elles produisent dans ces immenses ruelles, où elles empiètent presque les unes sur les autres par le haut du bâtiment.

PORTE DE BAB-EL-FOTOUH AU KAIRE.

Le Kaire possède plusieurs portes qui se font distinguer par leur architecture. Dans le nombre, il en est deux surtout plus importantes que les autres: *Bab-el-Fotouh* et *Bab-el-Nasr*. Toutes deux appartiennent à une vieille enceinte qui occupe la partie septentrionale de la ville, et se trouve aujourd'hui intérieurement. Cette enceinte fut bâtie par le visir Bedr-el-Gemâly. La porte Bab-el-Fotouh, qui s'y trouve percée, remonte à Saladin. Son nom signifie porte de secours; elle est située dans le voisinage de l'ancienne mosquée El-Hakim, la plus considérable après celle de Teyloun.

Quelques personnes considèrent l'architecture de Bab-el-Fotouh comme supérieure à Bab-el-Nasr; mais il suffit de comparer l'une à l'autre pour s'assurer aussitôt que cette dernière est d'un style plus correct. Quoi qu'il en soit, Bab-el-Fotouh est un monument d'une fort belle construction. Les tours qui la flanquent de chaque côté sont de forme elliptique, mais trop saillantes pour concourir avantageusement à sa défense. Les sculptures qui lui servent d'ornemens paraissent négligées, et la masse même de l'édifice est un peu lourde et massive. Toutefois, on ne voit point au Kaire dans les constructions des siècles postérieurs de monument qui l'égale.

La hauteur de la porte, mesurée sous la clef de voûte, est inférieure à celle de la porte Saint-Martin à Paris; son ouverture même n'en est guère que la moitié. On compte vingt-deux mètres pour l'élévation totale de l'édifice. Des inscriptions ornent cette porte; elles sont en caractères koufiques.

PORTE DE BAB-EL-NASR.

C'est peut-être ici le premier monument du Kaire sous le rapport du style et du goût. *Bab-el-Nasr*, ou porte de la Victoire, est d'une architecture incontestablement supérieure à *Bab-el-Fotouh*. De même que celle-ci, elle est percée dans les murs qui formaient l'ancienne enceinte de la ville, et qui sont maintenant intérieurs. Sa construction date du XIe siècle de l'ère vulgaire; elle est attribuée au khalife fatimite Mostanser Billah: on la trouve au nord-est du Kaire près de la mosquée El-Hakim qu'elle semble flanquer avec Bab-el-Fotouh.

Quoique un peu lourde dans sa masse, elle n'en est pas moins d'une grande beauté; elle a très peu de rapport avec le caractère de l'architecture arabe, telle qu'on la conçoit vulgairement. Son style est plus régulier, plus pur; il rappelle quelque chose des édifices moresques de l'Espagne. Les deux tours qui s'élèvent de chaque côté de l'entrée sont carrées. Les faces planes et lisses qu'elles présentent reposent agréablement l'œil, et le charment par la distribution bien entendue des parties. Tous les ornemens s'aperçoivent sans fatigue, et concourent ainsi à relever l'effet de l'ensemble. Le travail des moulures et des corniches est d'une exécution pleine de délicatesse. On y remarque des écus et des boucliers sculptés par une main habile. Comme la porte de Secours que nous avons décrite dans l'explication de la planche précédente, elle a des inscriptions en caractères koufiques. Son ouverture est un peu plus haute que celle de Bab-el-Fotouh, et moins large, ce qui lui donne plus de grâce et de majesté. Quant à l'éléva-

ÉGYPTE.

Pl. 23

Danzats del.

Finden

PORTE DE BABEL NASR.

GATE OF BABEL NASR.

Mosquée près de Bab-el-Nasr au Kaire.

tion du monument depuis le sol jusqu'au faîte, elle est d'environ soixante-dix pieds.

C'est par cette porte que Napoléon fit son entrée triomphale dans la capitale de l'Égypte, en 1799, suivi de toute son armée. Jamais la ville n'avait eu sous les yeux spectacle plus magnifique. Le héros de l'Orient fut accueilli par des transports unanimes. Les terrasses, les kiosques, les minarets étaient encombrés d'une foule brillante, et parée de rubans de toutes couleurs. Sur la droite de la planche, au pied des murs de Bab-el-Nasr, sont des tombeaux musulmans, dont quelques uns se distinguent par leur élégance.

MOSQUÉE PRÈS DE BAB-EL-NASR, AU KAIRE.

Cette mosquée est située au nord-est de la ville du Kaire, près des murs de l'ancienne enceinte bâtie par le visir Bedr-el-Gemâly, dont nous avons déjà parlé; elle est appelée El-Hakim; autrefois on la nommait *Gâmah-Ennoreh* (la mosquée lumineuse). C'est le plus grand édifice religieux du Kaire et le plus ancien après la mosquée de Teyloun ou Touloun. Elle est à peu près de forme carrée, ayant environ quarante-cinq mètres de côtés. Ses voûtes ne retentissent plus de la prière des fidèles, qui venaient autrefois frapper de leur front les dalles du sanctuaire. Aujourd'hui elle est déserte et abandonnée; ses arceaux tombent en ruines. Une grande portion de la frise qui forme le couronnement des galeries n'existe plus; les murs s'écroulent, et chaque jour cette détérioration s'augmente.

On peut juger par le dôme de la mosquée et par le minaret qui existent encore, du goût qui a présidé à cette imposante construction. Le minaret surtout est d'un fort beau travail : sa forme est octogone. Des ornemens pleins de richesses sont distribués sur ses faces, et peuvent faire regretter la dégradation dont il est menacé, et qui a commencé d'attaquer sa base.

LE KAIRE, MAISON D'OSMAN-BEY.

Nous avons dessiné la vue de la maison d'Osman-Bey-el-Tanbourgy comme un modèle de cette architecture pleine de détails et de richesse qui distingue les maisons ou les palais des grands au Kaire, et dont nous avons donné une description étendue page 128. Ce monument, remarquable par l'élégance de certaines parties, la variété et la commodité des distributions intérieures, est situé près d'une mosquée vers le côté méridional de la ville.

Notre planche représente la partie de la façade principale qui donne sur la cour. Les assises de la galerie ouverte par une colonnade sont peintes selon l'usage, et relevées par des sculptures finement travaillées. Des lambris de marbres incrustés dans la bâtisse, et formant différens dessins, ajoutent encore au luxe de ce genre de construction. Les fenêtres ne sont pas moins historiées. C'est sur des colonnes de marbre que reposent les arcs des voûtes de la galerie, ainsi que l'architrave de l'autre pavillon. Un escalier circulaire à sa base conduit dans l'intérieur par une espèce de tour prise dans l'angle du bâtiment. Des auvents surmontent le faîte, et tournent leur ouverture vers le nord, afin de faciliter l'introduction des vents de la région boréale qui viennent rafraîchir les corridors et les appartemens. L'aspect de ces palais est d'un effet qui plaît à l'œil, plus par la variété des détails que par la majesté de l'ensemble.

MAISON D'UN ANCIEN BEY, AU KAIRE.

Dans la planche précédente on a pu se faire une idée de l'architecture des maisons des beys vues du côté de la cour; dans celle-ci, nous avons voulu représenter l'aspect du côté qui donne sur le jardin. C'est en général la partie où l'architecte a déployé le plus de magnificence. Une terrasse avec des dalles de marbre, des murs lambrissés avec des panneaux en marqueterie ou en mosaïque, des kiosques élégans, des colonnes en bois ou en marbre avec des chapiteaux dans le style arabe, ouvragés de moulures gracieuses; des salles ouvertes aux brises du nord, et ombragées par le feuillage du dattier et de l'acacia d'Égypte; enfin, des portes, des

Dauzats del. Finden sc.

LE KAIRE, MAISON D'OSMAN BEY. | CAIRO, THE HOUSE OF OSMAN BEY.

[illegible] | [illegible] HOUSE OF A [illegible]

Dauzats del. — Bⁿ Taylor dirᵗ — Finden sc.

VUE DU JARDIN DU PALAIS D'UN ANCIEN BEY AU KAIRE.

VIEW OF THE PALACE GARDEN OF A BEY IN FORMER TIMES AT CAIRO.

balcons richement ornés, telle est la physionomie de ces demeures aussi luxueuses qu'agréables.

Dans toutes les maisons des grands, il y a toujours deux salons; l'un de cérémonie, et l'autre pour l'usage ordinaire. Comme ils possèdent habituellement quatre femmes, chacune d'elles a aussi un salon entouré d'appartemens qui ne communiquent avec les autres pièces de la maison que par des passages à l'usage des domestiques qui les servent. Ces communications sont fermées avec soin. Quant à l'entrée particulière, le maître seul en a la clef. Afin que les femmes ne soient point vues, chaque salon a un tour à peu près semblable à celui qu'on pratique dans les maisons religieuses. Les pièces qui communiquent de l'une à l'autre n'y sont point de plain-pied comme en Europe : on est toujours obligé de monter ou de descendre quelques marches.

C'est au-dedans des appartemens que se montre toute la somptuosité orientale. Les murs intérieurs n'offrent pas moins d'enjolivemens que ceux du dehors. De riches tentures; des divans en étoffes brochées de soie et d'or; des tapis magnifiques, et une multitude de coussins aux couleurs cramoisies distribués tout autour des salles, composent l'ameublement, auquel il faut ajouter de grands et beaux vases du Japon qui décorent l'entrée des pièces principales. Quant aux autres meubles à notre usage, ils sont inconnus dans les salons égyptiens.

VUE DU JARDIN DU PALAIS D'UN ANCIEN BEY AU KAIRE.

Les jardins qui accompagnent la demeure des grands au Kaire, comme au reste dans tout l'Orient, ressemblent bien peu à ceux que nous nous construisons en Europe. Là nulle promenade, point d'allées ni de gazons; mais des bosquets touffus où le figuier-sycomore, l'acacia-lebbek, le dattier, le grenadier, le mûrier, le myrte, le napeca, croissent pêle-mêle et sans distribution.

Au milieu de massifs d'orangers et de citronniers, parmi des berceaux de vigne et le feuillage gigantesque du bananier, s'élèvent de charmans kiosques, tantôt couverts en treillages, tantôt surmontés de coupoles où l'on respire un air embaumé des plus suaves parfums. Des cours d'eau limpide murmurent sous les ombrages frais qui vous garantissent pendant toute l'année des ardeurs d'un soleil brûlant. On appelle ces jardins *geneyneh* ou *inghénéné*. Ce sont les lieux de délices des habitations et des palais auxquels ils tiennent, et le séjour de repos de ceux qui les possèdent.

PROCESSION DE LA CIRCONCISION.

C'est à l'âge d'environ cinq ou six ans, et d'autres fois plus tard, que l'enfant est circoncis en Égypte. Parmi les paysans, on ne pratique guère la circoncision que vers l'âge de douze ou treize ans. Avant l'accomplissement de cette cérémonie, les pères des jeunes garçons, à moins qu'ils n'appartiennent à des familles absolument indigentes, les promènent en procession dans les rues qui avoisinent leur demeure.

Généralement on saisit l'occasion d'une procession nuptiale pour diminuer les dépenses de la cérémonie. Dans ce cas, les parens et l'enfant conduisent la procession. Ce dernier porte ordinairement un turban de kachmyr rouge. Quant au reste du costume, il est vêtu comme une jeune fille, avec le *yalek*, le *saltah*, et autres ornemens de femme. Toutes ces parures sont le mieux possible. On les emprunte souvent à quelques dames de connaissance, aussi sont-elles toujours beaucoup trop grandes pour l'enfant. On se procure également de la même manière un cheval richement caparaçonné pour porter l'enfant. Dans la main de ce dernier est un mouchoir brodé qu'il appuie continuellement sur sa bouche avec sa main droite. Il est précédé par un garçon barbier chargé de faire l'opération, par trois musiciens et quelquefois davantage. Les instrumens dont jouent les musiciens dans cette circonstance sont communément le hautbois et le tambour.

La première personne de la procession est, selon l'usage, le garçon barbier portant son *hheml*, espèce de case de bois de forme quadrangulaire avec quatre courtes jambes. La partie supérieure du hheml est couverte de petits miroirs et d'ornemens de cuivre en relief. Un rideau recouvre la partie inférieure. C'est tout simplement l'enseigne de la boutique que le garçon barbier porte de la manière représentée dans la planche. Les musiciens viennent après lui. Il est des cas pourtant où ils précèdent le hheml.

Dauzats del. Bon Taylor dir. Finden sc.

PROCESSION DE LA CIRCONCISION. PROCESSION OF THE CIRCUMCISION.

Dauzats del. Bn Taylor dir. Finden sc.

BOUTIQUE D'UN BARBIER AU KAIRE. | A BARBER'S SHOP AT CAIRO.

Derrière les musiciens s'avance l'enfant, dont le cheval est conduit par un saïs. A la suite de l'enfant marchent plusieurs femmes de ses parentes et amies. On y voit aussi des Ghawazy ou des almées qui exécutent des danses.

BOUTIQUE D'UN BARBIER AU KAIRE.

Rien de curieux comme la boutique d'un barbier en Orient. Celles du Kaire se distinguent encore par un luxe d'ornemens qui surpasse les boutiques de leurs confrères des autres villes. Des dalles de marbre, un plafond historié par des dessins bizarres, des miroirs et des rasoirs tout autour des murs; de chaque côté de la salle des stalles étroites et serrées où se place la pratique qui confie sa tête aux mains de l'opérateur; des fenêtres en colonnade et en arcades dentelées, surmontées d'un grillage avec des ouvrages de sculpture; enfin, un divan devant la fenêtre pour jouir de la fraîcheur de l'air du dehors, voilà rapidement quel est l'aspect de cet établissement, dont l'importance ne saurait être comprise dans nos villes du nord de l'Europe. L'enseigne de la boutique du barbier est aussi une pièce très remarquable dont nous avons donné la description avec la figure dans la *procession de la circoncision*.

L'habileté du barbier égyptien est étonnante; il vous rase la tête entière en beaucoup moins de temps que n'en mettent nos barbiers européens pour raser le menton. Une des principales qualités de son talent consiste à arranger la barbe de chaque personne selon son âge, sa figure et sa condition. Il a coutume, lorsque l'opération est terminée, de parfumer celle des gens riches avec des eaux aromatiques. Une longue bande de cuir est constamment suspendue à sa ceinture pour repasser ses rasoirs, qui coupent toujours très bien. C'est aussi le barbier qui fait les ongles des mains; il se sert pour cela du rasoir avec une grande dextérité.

Presque tous les barbiers en Orient font de la médecine et de la chirurgie. C'est chez eux que se débitent les nouvelles, que la médisance et la chronique scandaleuse ont leur cours; mais, en cela, ils ne diffèrent point des barbiers des autres pays. Ils vendent une pommade épilatoire dont les deux sexes font un grand usage. On assure qu'elle fait tomber le poil très promptement et sans douleur, quelle que soit la partie du corps où on l'applique. C'est une composition de chaux vive et d'oxide d'arsenic.

HABITANS DU KAIRE.

Les élémens dont se compose la population du Kaire sont très hétérogènes. C'est la ville d'Égypte où l'on voit les bigarrures les plus singulières. Parmi les habitans, on trouve des Turks, des Arméniens, des Grecs, des Cophtes, des juifs, des Nubiens, des Arabes et des Égyptiens. Les Européens y sont en très petit nombre. Naturellement, un pareil peuple doit présenter une foule de différences notables dans les mœurs. En effet, si l'on jugeait des habitans du Kaire par le Turk, on n'aurait certes aucune idée du Cophte, du Grec, du Juif ni du Nubien, dont le caractère et les habitudes sont tout opposés. On ne serait pas moins éloigné d'une appréciation exacte si l'on choisissait comme type un des autres indifféremment. Le Turk est fier, grave et indolent; l'Arménien est l'homme du commerce; le Grec, fin et rusé, manque en général de dignité; le Cophte a les mœurs monacales; le Juif est, comme partout ailleurs, avide et rampant; le Nubien est par profession servile; quant à l'Arabe et à l'Égyptien, ils tranchent d'une façon particulière au milieu de tous les autres.

Toutefois il y a un point où tous ces élémens divers s'harmonisent dans les grandes villes; c'est sous le rapport de l'élégance des manières et de la corruption des mœurs. A voir ces groupes d'hommes parés avec recherche, parcourant les rues ou causant entre eux avec dignité et politesse, on croirait être au premier abord au milieu de la civilisation raffinée des hautes classes de l'Europe. Mais il faut bien l'avouer, ce n'est là qu'une apparence. Quand on étudie un peu la population du Kaire, on ne tarde pas à voir qu'elle est encore la continuation des mœurs du bas-empire, qui se sont perpétuées en Orient jusqu'à nos temps modernes.

Chaque classe, chaque originaire d'une contrée différente s'y distingue par des habitudes spéciales.

Les personnes aisées parcourent les rues de la ville sur des ânes. A chaque instant on rencontre des Arméniens montés sur des mulets couverts de riches tapis, des femmes voilées et des Turks à cheval précédés de leurs esclaves qui ne cessent de crier dans ce dédale de rues étroites et encombrées : *In-bara! in-bara!* (garde à vous! garde à vous!) Une foule de nations, de peuples divers, se heurtent, se coudoient ou s'injurient parmi des

Bon Taylor dir.

HABITANS DU KAIRE. INHABITANTS OF CAIRO.

Dauzats del. Bon Taylor dir. Finden

FEMME FELLAH ET FEMME RICHE AU KAIRE.

WOMAN FELLAH AND RICH WOMAN OF CAIRO.

files de chameaux et de dromadaires. Le Métoualis, l'Albanais, armés de leur grand sabre courbe et de leurs pistolets, affectent un air important, toisent la foule avec insolence, tandis que le Bédouin se prosterne devant le mufti au riche cortége, et que la populace maltraite un pauvre juif qui n'a pas eu le temps de se réfugier dans un bazar.

Si nous passons aux classes ouvrières, nous trouvons un nombre de quinze mille travailleurs à la journée, divisés en trois catégories. La première, composée de dix mille ouvriers, comprend les plus misérables : à peine le prix modique de leur salaire suffit à leurs besoins les plus pressans. La seconde est au nombre de trois mille. Ceux-ci sont un peu moins malheureux, quoique guère mieux rétribués. Ils sont cependant considérés comme des espèces de sous-conducteurs de travaux. Enfin, la troisième catégorie, qui réunit un nombre d'environ deux mille ouvriers, est la plus aisée de toutes. Ces derniers remplissent le rôle de chefs d'ateliers.

Au-dessous des ouvriers journaliers, on trouve encore les domestiques. En général, cette classe se recrute chez les Nubiens : leur race est mulâtre. Ils ont une espèce de gouvernement exercé par un chef qu'ils élisent entre eux, lequel ensuite se charge de placer les nouveaux-venus, et les soutient de son argent lorsqu'ils sont malades ou hors de condition. Toujours les débours du chef lui sont fidèlement rendus par ses obligés, dès que ceux-ci sont en état de s'acquitter.

Presque tous les Européens établis au Kaire sont des marchands. Leur existence est assez agréable. Après avoir donné la matinée aux affaires, ils emploient le reste du jour à se promener à cheval dans les jardins et dans les champs situés au nord de la ville, où ils peuvent errer l'espace d'un mille sans danger. A l'époque de la crue du Nil, ceux que les affaires laissent libres se rendent dans leurs maisons de plaisance au vieux Kaire, et sont charmés d'y recevoir les étrangers. Dans la gravure, nous avons représenté un bey mamlouk avec plusieurs autres personnages importans.

FEMME FELLAH ET FEMME RICHE AU KAIRE.

Quoique les femmes des classes moyennes et les femmes des classes élevées diffèrent entre elles par la mise, leur habillement n'en est pas moins également beau et élégant. Leur chemise est très ample, semblable à celle des hommes, mais un peu plus courte. Elle ne descend pas tout-à-fait jusqu'aux genoux. Elle est aussi généralement de la même étoffe que les chemises d'homme. Quelquefois elle est en crêpe de couleur ou bien absolument noire. Un très large pantalon en soie, et plus ordinairement en coton rayé, est attaché d'une part autour des hanches sous la chemise avec un *dik'keh*, et de l'autre au-dessous du genou avec des cordons. Ainsi fixé il est assez long pour pendre sur le pied, et même pour traîner par terre.

Chez les personnes riches, ce pantalon, appelé *shintiyen*, est en mousseline blanche unie, imprimée, ou brodée. Par-dessus la chemise et le pantalon, les dames mettent encore un *yalek*, espèce de long habit de la même étoffe que le pantalon. Cet habit ressemble à celui des hommes appelé *kouftan*, seulement il est plus juste au corps et aux bras. Les manches sont aussi plus longues. Il est fait de manière à boutonner devant dans la partie qui s'étend du sein à la ceinture; le reste tombe en s'écartant également de chaque côté depuis la hauteur des hanches.

En général, le yalek est coupé de manière à laisser à nu la moitié du sein, sans autre voile que la chemise ; mais beaucoup de dames la portent très ample dans cet endroit. La mode exige maintenant que cet habit soit assez long pour tomber jusqu'à terre, et même on le laisse traîner de trois ou quatre pouces. On porte souvent, au lieu du yalek, une veste courte appelée *antery*, qui ne descend pas plus bas que le milieu du corps. Un châle carré, ou un voile brodé plié en pointe, est attaché d'une manière lâche autour de la taille en guise de ceinture. Les deux coins liés ensemble pendent par derrière. Sur le yalek on ajoute aussi un *gebbeh* ou *jubbé*, espèce de surtout de drap, de velours, ou de soie, brodé généralement en or ou en soie de couleur. Il diffère pour la forme du gebbeh des hommes, principalement en ce qu'il n'est pas si large. La partie antérieure est différente aussi. La plupart au lieu du gebbeh portent une jaquette appelée *saltah*, qui n'est ni moins riche ni moins bien travaillée.

Quant à la coiffure, elle consiste en un *tarbouch* surmonté d'un voile

carré de crêpe, de mousseline imprimée ou peinte, qu'on serre tout autour de la tête. Deux ou plusieurs de ces voiles se portent à la fois, et forment pour les femmes une espèce de turban de forme plate, bien différent de celui des hommes. Il est aisé de distinguer dans la gravure la femme riche de la femme d'une condition inférieure. La ville que l'on aperçoit dans le lointain est une portion du Kaire.

SAÏS NUBIEN.

Déjà au sujet des habitans du Kaire nous avons parlé des Nubiens. Ils adoptent généralement l'état de domesticité. On compte au Kaire à peu près trois mille personnes dans cette classe, savoir : les *saïs*, les *farrâchyn* et les *qaouas*.

Le *saïs* est un palefrenier; il dort auprès des chevaux confiés à ses soins : son salaire est réduit presque à rien. Un ou deux paras par jour et une ration de pain, c'est tout ce qu'on lui donne. Mais en revanche il se procure une foule de petits bénéfices par des moyens détournés; en outre, il reçoit très fréquemment des étrennes. Toutes ces ressources réunies rendent sa place lucrative, et lui procurent une existence assez aisée.

Peu de ces valets se marient. Le grand nombre reste dans le célibat, et vise à amasser un pécule, afin de vivre ensuite avec une sorte d'ostentation. Propres, bien vêtus, ils se distinguent surtout par leur adresse à manier le cheval. Leur caractère est emporté, mais jamais leur humeur n'éclate qu'entre eux. Naturellement arrogans et entêtés, ils ont cependant la plus grande soumission pour leurs maîtres.

Quelquefois le saïs cumule les fonctions de palefrenier avec celles de coureur; il précède dans ce dernier rôle les cavalcades, et fait faire place aux curieux qui encombrent les rues étroites et tortueuses de la ville du Kaire. Un châle blanc roulé autour de la tête compose sa coiffure, qui contraste rudement avec le teint basané de sa figure; il est vêtu du *jubbé* ou *gebbeh*, espèce de blouse serrée autour du corps par une ceinture jaune dans laquelle il aime à placer un poignard; ses jambes sont nues, et ses pieds chaussés de fortes sandales.

DINER AU KAIRE.

Les remarques auxquelles donne lieu l'étiquette observée dans le dîner et la manière de manger au Kaire, s'appliquent également au souper. Toutefois ce dernier doit être regardé comme le principal repas. La coutume générale est de faire la cuisine pour le souper, et de manger le lendemain au dîner ce qui reste, quand il n'y a pas d'étrangers conviés dans la maison. Le chef de famille dîne et soupe ordinairement avec ses femmes et ses enfans. Mais, dans les hautes classes, beaucoup de gens sont trop fiers ou trop occupés dans les affaires pour manger ainsi en famille. Le repas en commun n'a lieu alors qu'à certaines occasions. Dans les dernières classes, quelques uns aussi ne mangent que très rarement avec leurs femmes ou leurs enfans.

Lorsqu'un Égyptien fait une visite à un ami, si l'heure du dîner ou du souper arrive, le maître de la maison est obligé de faire servir le repas; il en est de même quand le visiteur est étranger.

Chaque personne, avant de s'asseoir à table, lave ses mains et quelquefois sa bouche avec de l'eau et du savon, ou seulement se fait verser un peu d'eau sur la main droite. A cet effet, un domestique apporte à chaque personne un bassin et une aiguière d'étain ou de cuivre. Le bassin a un couvercle percé de trous avec un réceptacle élevé dans le milieu pour le savon. L'eau qu'on verse sur les mains passe à travers ce couvercle et tombe dans le fond; de cette manière lorsqu'on présente le bassin à une seconde personne, l'eau qui a servi à la première a disparu. Il est d'usage de donner à chacun une serviette.

Un plateau rond en étain ou en cuivre, ayant ordinairement de deux à trois pieds de diamètre, sert de table; ce plateau est placé sur un tabouret d'environ quinze pouces de haut, fait en bois, et couvert souvent en nacre de perle, en écaille de tortue ou en os. Ces deux pièces composent le *souf'rah.* Des pains ronds coupés par le milieu sont placés autour du plateau avec des moitiés de citron et des cuillers de buis, d'ébène ou d'écaille de tortue pour chaque personne. Quelquefois on se sert d'un morceau de pain en guise d'assiette. Plusieurs plats d'étain ou de porcelaine, contenant différentes espèces de viandes et de légumes, sont placés ensemble sur

le plateau, selon la mode du pays, ou bien on ne sert qu'un seul plat à la fois, selon l'usage de la Turkie.

Les personnes qui doivent prendre part au repas s'asseyent à terre autour du plateau. Toutes ont leur serviette sur les genoux. Si le plateau est placé près du bord d'un divan peu élevé, ce qui se fait souvent, quelques uns des convives prennent place alors sur le divan et les autres sur le plancher. Mais si la société est nombreuse, le plateau est placé au milieu de la chambre, et les convives s'asseyent autour en mettant un genou en terre et tenant l'autre élevé : de cette manière, douze personnes peuvent se placer autour d'un plateau de trois pieds de large. Chacun doit découvrir son bras droit jusqu'au coude, ou retrousser la partie pendante de sa manche.

Avant de manger, tout le monde dit *Bi-Smil'lah* (ce qui signifie au nom de Dieu). On dit ces paroles à voix basse, mais intelligibles; c'est le maître de la maison qui les prononce le premier. Ces paroles sont considérées comme une prière à Dieu, afin qu'il bénisse les mets, et comme une invitation aux conviés d'y prendre part.

Lorsque le maître de la maison dit à quelqu'un *Bi-Smil'lah* ou *Tafud'dal*, qui sont l'une et l'autre une offre de partager le repas, cette personne, si elle ne peut accepter, doit répondre : *Hancé-an*, c'est-à-dire qu'il vous profite! ou quelque autre expression semblable; autrement l'on craindrait qu'un mauvais œil ne fût jeté sur la nourriture.

Le maître de la maison commence le premier à manger; les convives suivent immédiatement son exemple. On ne se sert ni de couteaux ni de fourchettes : le pouce et deux doigts de la main droite tiennent lieu de ces deux instruments. Cependant on a des cuillers pour la soupe, le riz et les autres mets qui ne peuvent se manger facilement sans cela.

S'il y a plusieurs plats sur la table, on peut prendre de l'un et de l'autre ce qu'on aime ou de tous successivement; s'il n'y a qu'un seul mets, chacun en prend tour à tour quelques bouchées jusqu'à ce qu'il soit fini. Choisir un morceau délicat et le présenter à un ami, est un acte de politesse.

Il ne faut pas croire que la manière de manger avec les mains, telle qu'elle est pratiquée en Égypte et dans les autres pays de l'Orient, soit aussi malpropre que le pensent les Européens. On rompt un petit morceau de pain qu'on plonge dans le plat, et on le porte à la bouche chargé d'un peu de viande, ou des autres ingrédiens qui entrent dans la composition des mets. Le morceau de pain est généralement double, ce qui permet de saisir ce qu'on veut prendre.

Du reste, la nourriture est apprêtée de façon à être mangée facilement de la manière décrite; elle consiste en grande partie en viande étuvée avec des oignons hachés ou d'autres légumes, en concombres et aubergines farcis, et en petits morceaux de mouton ou d'agneau rôtis à la brochette. Beaucoup de plats se composent entièrement de choux, de pourpier, d'épinards, de fèves, de pois-chiches, de courge coupée en petits morceaux, etc. Le poisson apprêté avec de l'huile est aussi un mets fort commun. La plupart des viandes sont cuites avec du beurre clarifié, à cause du manque de gras; elles sont ainsi d'un goût très exquis. Le beurre dans la saison chaude est tout-à-fait liquide.

Quand une volaille est placée entière sur le plateau, on se sert généralement des deux mains pour la diviser et en séparer les membres; autrement deux personnes se servant chacune de leur main droite accomplissent ensemble l'opération. Il y a des Égyptiens qui s'en tirent tout seuls, et avec une seule main, de la manière la plus adroite. Beaucoup d'Arabes ne souffriraient pas que l'on touchât à la nourriture de la main gauche, excepté quand la droite est estropiée. Une volaille désossée, farcie de raisins, de pistaches, de mie de pain et de persil, est un mets ordinaire. On farcit ainsi également un agneau entier. On mêle souvent avec la viande étuvée des jujubes, du sucre, etc. Un plat de riz bouilli avec du beurre, et assaisonné de sel et de poivre termine la plupart du temps le repas. Dans les maisons riches, ce plat est suivi d'un bol de *khoushaf*, boisson douce qui consiste en eau bouillie avec des raisins et sucrée. Après l'avoir laissée refroidir, on y mêle quelques gouttes d'eau de rose. La pastèque remplace souvent cette boisson. Le seul breuvage dans les repas, c'est l'eau du Nil, ou quelquefois, chez les riches, des sorbets. En général, on boit l'eau dans une bouteille de terre appelée *bardaque* ou dans une coupe de cuivre.

Les Égyptiens mangent avec beaucoup de modération, quoique très vite. Chaque personne, aussitôt qu'elle a fini, dit : *Elhham'douli-llah* (gloire à Dieu), et se lève sans attendre que les autres aient achevé de manger. Un domestique lui apporte le bassin et l'aiguière comme avant le repas, et elle lave ses mains et sa bouche avec de l'eau de savon.

VASES, MEUBLES & INSTRUMENS. | VASES, FURNITURE AND INSTRUMENTS.

[illegible] Vases [illegible] 15. Paniers et ouvrages en feuilles de Palmier [illegible] Lanternes [illegible] Ouvrages en peau. [illegible] Pipes.

VASES, MEUBLES ET INSTRUMENS.

Dans la partie supérieure de cette planche, nous avons représenté divers meubles de luxe et de fantaisie, les uns travaillés en feuilles de palmier, les autres en peau. Plusieurs cependant sont d'une utilité générale. Les n°s 16 et 17 représentent des lanternes en papier collé sur une spirale en fil de fer. Ces lanternes, faites souvent de différentes couleurs et ornées de dessins plus ou moins compliqués, sont d'un très joli effet. On les porte par une anse fixée à la partie supérieure. La chandelle se place au fond de la lanterne, et se trouve garantie par les parois en papier qui montent jusqu'en haut.

Tout le bas de la planche est occupé par des pipes de plusieurs genres. La partie des pipes en Égypte forme une des branches principales de l'industrie; car tout le monde, riches et pauvres, fume sans exception. La pipe a généralement quatre et cinq pieds de long. Quelques unes sont plus courtes; mais d'autres aussi dépassent la première mesure. On les appelle de divers noms, comme *choubouq*, *oud*, etc.

L'espèce de pipe la plus usitée a le tuyau fait d'une sorte de bois appelé *gur'muckuk*. La plus grande partie du tube, depuis la portion qu'on met dans la bouche jusqu'aux trois quarts de sa longueur, est couverte de soie bordée à chaque extrémité par un fil d'or, souvent entrelacé de fils de soie de couleur, ou bien par un tube d'argent doré. A l'extrémité inférieure pend un gland de soie. On fabrique aussi des tuyaux de pipe en cerisier, qui ne sont jamais couverts, et dont on fait un grand usage, surtout pendant l'hiver, parce que la fumée est moins froide. La cheminée où l'on met le tabac est en terre cuite peinte en rouge ou en brun; on l'appelle *hhag'ar*. Le bout par où l'on aspire la fumée est nommé *foum'* ou *turky'beh*. Il est composé de plusieurs morceaux d'ambre coloré, joints ensemble par des ornemens d'or émaillé, d'agate, de jaspe, de cornaline, ou d'autres substances précieuses. C'est la partie la plus chère de la pipe. Les personnes des classes moyennes en ont qui coûtent jusqu'à soixante-quinze francs.

Quelques Égyptiens ont des pipes persanes dans lesquelles la fumée passe à travers l'eau. Cette espèce de pipe, dont se servent les personnes des hautes classes, est appelée *narguy'leh* ou *narguillet*, parce que le vaisseau qui contient l'eau est une noix de coco qui a ce nom en arabe. Il est une variété de cette espèce de pipe dont le vaisseau est en verre. Chacune a un tuyau long et flexible. Le n°38 est un turky'beh comme nous l'avons décrit; au-dessous est une pipe toute montée. On fait aussi des tuyaux de pipe en bois de noisetier, de lilas, de jasmin, et en roseau.

MUSICIENS ARABES.

Le sentiment musical est très peu développé chez les Arabes, quoiqu ils paraissent beaucoup aimer la musique. On pourrait dire qu'en Égypte toutes les classes ont leur chant particulier. Si vous longez les bords du Nil, vous entendez le matelot chanter sa chanson familière en agitant la rame; au désert, le chamelier vous distrait ou vous berce par un chant favori qu'il redit au milieu des sables. Peuple, ouvriers, tous ont leurs chansons propres qu'ils ne changent jamais. Creuse-t-on un canal, élève-t-on un édifice, les travailleurs entonnent par groupes l'air consacré, le refrain vulgaire qui les charme et soutient leur activité. Toutefois, il n'en est point de l'Égypte comme de l'Italie. Ici l'oreille du gondolier qui chante sa barcarolle est exercée et musicale; le simple batelier vénitien ou napolitain a tout le goût, toutes les délicatesses du virtuose. L'Arabe égyptien ne fait entendre qu'un chant dur, privé de mélodie et d'expression.

Il n'existe pas moins de différence entre les musiciens arabes et les musiciens italiens. Malgré les prétentions des premiers, qui croient à leur musique le pouvoir de disposer l'âme à la joie, de provoquer la tristesse ou le sommeil, on peut dire qu'elle n'a rien de cette magie. Le musicien arabe ne sait point exécuter un air avec simplicité et précision. Dans un concert, il n'y a jamais ni accord ni ensemble; c'est à qui renchérira sur les autres exécutans pour les broderies et les *fioritura*. Chacun s'efforce de faire distinguer son jeu par-dessus son voisin; en sorte que le résultat général de cette prétention est une cacophonie barbare au milieu de laquelle il est quelquefois impossible de distingner le chant principal.

Les Égyptiens ont une grande variété d'instrumens de musique; plusieurs d'entre eux sont très anciens ainsi que les airs qu'ils exécutent, car depuis fort long-temps on n'en a point composé de nouveaux. Parmi les instrumens le plus ordinairement employés dans un concert, nous nommerons le *kemangeh*, le *kanoun*, le *éoud* et le *nay*.

Le kemangeh est une espèce de viole, dont le nom signifie en persan,

Dauzats del. Bon Taylor dir. Finden sc.

MUSICIENS ARABES. | ARABIAN MUSICIANS.

instrument à archet. Nous avons représenté cet instrument dans la planche, où l'on peut voir la manière dont il est joué : sa longueur totale est de trente-huit pouces. Le coffre est formé d'une noix de coco, dont on a retranché le quart ; il est percé de petits trous. Sur la partie antérieure du coffre, on a collé un morceau de peau d'un poisson nommé *bayad*, et c'est par-dessus qu'est placé le chevalet; le manche est en ébène, incrusté d'ivoire et de forme cylindrique. Un morceau d'ivoire plus ou moins façonné en termine l'extrémité. La partie du manche dans laquelle les chevilles sont enchâssées est de la même matière. Ces dernières sont en bois de hêtre avec les têtes en ivoire. Une tige de fer qui se prolonge à travers le *coffre* de l'instrument, et pénètre dans l'intérieur du manche à une profondeur de quatre ou cinq pouces, sert de pied au kemangeh. Chacune des deux cordes consiste à peu près en soixante crins de cheval. A leur extrémité inférieure, elles sont attachées à un anneau en fer placé au bas du *coffre* l'autre extrémité est allongée par un morceau de boyau d'agneau, et roulée après la cheville. Sur les cordes un peu au-dessous de la jonction des bouts de boyau, est une double bande de cuir qui fait le tour du manche de l'instrument.

L'archet a trente-quatre pouces de longueur. On peut en voir la forme dans la gravure, ainsi que la manière dont on le tient. Sa baguette est généralement en frêne. Les crins dont il est garni passent à travers un trou percé à la tête de la baguette, où ils sont fixés par un nœud, et viennent s'attacher à l'autre extrémité à un anneau de fer : on les serre ou on les relâche au moyen d'une bande de cuir qui passe à travers cet anneau.

Dans un concert, le joueur de kemangeh s'assied ordinairement à la droite du joueur de kanoun ou en face de lui ; à la gauche de celui-ci s'assied le joueur de *éoud*, et près de ce dernier est placé le joueur de nay. Quelquefois il y a encore d'autres musiciens, et souvent deux chanteurs.

Le éoud est une espèce de guitare dont on joue en pinçant les cordes avec les doigts comme chez nous. Il est aussi un autre instrument qui se rapproche beaucoup du éoud, et qu'on appelle le *kebir-turki* : c'est la grande mandoline turke. Celle-ci se joue avec le *plectrum ;* sa longueur est ordinairement de vingt-trois pouces. Le corps de l'instrument est en beau sapin avec des bords en ébène ; son manche est aussi en ébène, orné d'une bordure en bois. Toute la table de l'instrument est recouverte d'une peau de poisson collé sur le bois pour l'empêcher d'être détérioré par le *plec-*

trum. L'instrument a sept doubles cordes; deux pour chaque note: les cordes sont en boyau d'agneau.

L'instrument appelé kanoun est une sorte de tympanon. On donne le nom de nay à une espèce de flûte. Il est encore une foule d'autres instrumens dont les principaux sont le *kitar* ou la lyre éthiopienne; le *rebab*, ou la viole; le *zamr*, hautbois égyptien; le *zoukarah*, sorte de cornemuse, et une espèce de clavecin appelé *sautir*. Les musiciens que nous avons représentés dans notre planche jouent du *éoud* et du *kemangeh*. En général, les gens de cette profession sont peu riches, et ont le plus souvent un air fort misérable.

LE VINAIGRIER DU KAIRE.

On fait deux sortes de vinaigre en Égypte : le vinaigre de raisin et celui que l'on obtient des dattes. Une douzaine de fabriques environ sont occupées au Kaire par cette industrie. Dans la manipulation du vinaigre de raisin, on emploie le raisin sec de Chypre ou des îles de la Grèce. Celui que l'on récolte dans certaines localités de l'Égypte est mangé sur les lieux mêmes pendant qu'il est frais, ou bien les Cophtes en font un vin qui, ne pouvant être gardé, est consommé aussitôt.

Pour faire du vinaigre, on commence d'abord par écraser le raisin sous la meule. On se sert pour cela d'un moulin d'une construction fort simple, ainsi qu'on peut le voir dans la planche : c'est une espèce de bassin fait en maçonnerie légèrement concave à sa partie supérieure, dans lequel tourne la meule. Des dalles parfaitement jointes forment le fond de ce bassin où l'on jette le raisin destiné à être écrasé.

Quant à la meule, elle mérite quelques détails. Au lieu d'être cylindrique comme chez nous, on lui donne la forme d'un cône tronqué, dont le plus grand diamètre est de deux pieds six pouces, et le plus petit de deux pieds trois pouces; son épaisseur est d'un pied; elle a son plus grand diamètre tourné vers le pilier vertical auquel elle est fixée : sa circonférence est cannelée. On emploie généralement pour cela un tronçon de colonne de granit, scié et travaillé pour lui donner cette disposition.

La forme conique a cela de particulier, que la meule dans sa rotation est aussi douée d'un mouvement de transport. Ce double mouvement a cet avantage, que par la rotation la meule foule la matière, tandis qu'en frot-

tant par le transport, elle la chasse devant elle, la soulève, et renouvelle sans cesse les points de contact. Il en résulte que le raisin se trouve beaucoup mieux écrasé, et qu'on est dispensé de réitérer l'opération, ainsi qu'on y est forcé par le système de nos pressoirs. Dans certaines fabriques, ces sortes de meules sont mues par un cheval ou par un buffle; celle-ci, un seul homme peut la faire mouvoir.

Après que le raisin a été écrasé, on le jette dans des jarres pleines d'eau, et on l'y laisse fermenter l'espace de quinze jours plus ou moins, selon la température de l'atmosphère, qui ne doit pas être au-dessous de quinze à dix-huit degrés. Ces jarres ont environ cinq décimètres de diamètre sur sept de hauteur.

Quand le vinaigre est suffisamment fermenté, on le passe à travers un tamis de crin, d'où il coule dans de grands vases appelés *gourmah*. Ces vases sont enterrés dans la fabrique jusqu'au deux tiers de leur hauteur. On ajoute du miel à la liqueur, et on la laisse achever de fermenter durant une dizaine de jours ou davantage, si la température est froide. Ces opérations terminées, on décante le vinaigre, et on le conserve dans de très grandes jarres qu'on ne remplit qu'aux trois quarts. Afin de bien égoutter le marc, on le passe sous un pressoir à vis que l'on tourne à bras.

L'espèce de vinaigre qui résulte de cette fabrication est la plus chère et la plus estimée; elle se vend à peu près le double de l'autre. Uue mesure équivalente à notre pinte vaut environ douze médins. Il est encore une autre sorte de vinaigre que l'on obtient du vin de Chypre ou de Smyrne. On n'en fait qu'en très petite quantité, et il vaut le même prix que le plus cher.

DISTILLATEUR.

La fabrication de l'eau-de-vie de dattes est la principale opération du distillateur du Kaire. On commence par réduire les dattes en pâte au moyen d'une macération dans l'eau de dix à quinze jours en été, et de quarante en hiver; on les mêle avec de l'*yonsoun* ou anis que l'on fait bouillir ensemble pendant une demi-journée; on l'introduit ensuite dans l'alambic, et l'on procède à la distillation. L'eau-de-vie qui résulte de ce mélange est très blanche, fortement imprégnée de l'odeur d'anis, mais inférieure en qualité à l'eau-de-vie de vin. On appelle les fabriques d'eau-de-vie *mal-bakh a'raqy*.

Quand on examine quels sont les moyens et les instrumens de distillation, on est étonné de trouver une pratique si grossière dans une contrée où presque toutes les sciences sont nées, et d'où sont sortis les premiers traités de chimie. L'alambic est tout simplement en terre. C'est une espèce de cloche d'environ dix-huit pouces de diamètre sur seize pouces de haut. Le chapeau a environ quatorze pouces. En tout, l'appareil peut avoir de deux pieds à deux pieds et demi en hauteur. L'alambic pose à terre, et c'est dessous la cloche qu'on place le combustible en guise de fourneau. Des morceaux de roseau lutés grossièrement font l'office de tubes. Une terrine pleine d'eau dans laquelle est plongé le vase où se rend l'eau-de-vie tient lieu du serpentin ou réfrigérant dont on se sert dans nos ateliers. Il résulte de l'emploi de moyens aussi imparfaits une perte considérable de chaleur et de vapeur d'alcool dans le laboratoire.

Cette manière de procéder établit une grande différence entre les distilleries du Kaire et les nôtres. On compte douze fabriques de ce genre dans cette ville. La fabrique de l'okel de Soliman Tchaaouch est la plus grande de toutes; elle emploie onze alambics. L'appareil que nous avons représenté dans notre planche en contient trois. Sur la tablette du fond sont des couffes pleines d'*agoueh* ou dattes réduites en pâte. Il se fait aussi en Égypte, outre l'eau-de-vie, une grande distillation d'eau de rose, notamment dans le Fayoum. On distingue l'essence pure de l'autre en ce qu'elle se fige en hiver.

LE CEINTURONNIER DU KAIRE.

Les ouvriers de cet état travaillent debout. Le métier est monté sur deux rouleaux qui sont placés aux deux extrémités. Celui de droite porte les fils de la chaîne; c'est sur l'autre que se roule la ceinture à mesure qu'elle est fabriquée. Ces ceintures sont de différentes largeurs; elles ont depuis quatre jusqu'à six ou huit doigts. Comme on ne voit qu'une partie du métier, il faut se figurer que les fils de la chaîne sont partagés en deux parties au moyen des lisserons et des lames mises en mouvement par les marches qu'on suppose être sous les pieds de la figure.

Dauzats del. Bon Taylor dir. Finden sc.

LE CEINTURONNIER AU KAIRE. | BELT MAKER OF CAIRO.

Dauzats del.^t Bon Taylor dir.^t Hinden

ARTS ET METIERS. DIVERS INSTRUMENTS. | ARTS AND MANUFACTURES. VARIOUS INSTRUMENTS.

L'ouvrier ceinturonnier tient la navette de la main gauche, et la conduit à peu près comme nos tisserands. A chaque fois qu'il fait passer la trame, il serre le tissu avec un large couteau en bois de forme plate. Les fils de la chaîne se trouvent retenus au moyen d'une corde passée autour d'une cheville, et tendue par un poids.

On fabrique des ceintures en coton, en soie tissue d'or et en laine avec des fils de couleurs diverses, dont l'arrangement produit des dessins très variés. Ces différentes espèces de ceintures se nomment *kamar*. Leur longueur est suffisante pour tourner deux fois autour du corps. Elles se ferment avec des boucles. C'est dans la ceinture que les Égyptiens placent leur argent, leurs papiers, leur pipe; ils la font servir encore à une foule d'autres usages. Tout le monde en porte sans exception. Celles du peuple sont en laine.

Ce sont les ceinturonniers qui fabriquent aussi les sangles pour les chevaux, les chameaux, les mulets et les ânes. La largeur de ces sangles n'excède pas trois ou quatre pouces. Elles sont tressées en coton et en laine d'une manière très solide. On les appelle *hazâm*, et se serrent au moyen d'un anneau fixé à un bout, et d'une courroie attachée à l'autre.

ARTS ET MÉTIERS. — DIVERS INSTRUMENS.

Nous avons réuni dans cette planche quelques uns des principaux outils dont se servent surtout les menuisiers et les charpentiers égyptiens. On voit dans le bas un équerre à niveau avec un marteau de chaque côté, une cisaille, une bigorne, un maillet, une pince et son tasseau. Dans la partie supérieure sont des rabots de différentes formes, une machine à forer, un bec d'âne, une truelle, des essettes, et quelques autres instrumens servant à divers usages. Une des essettes est vue de côté avec son manche; l'autre présente le dessus où est percée la douille. Les menuisiers égyptiens dirigent cet outil avec une seule main : son poids n'est guère que d'un demi-kilogramme. Il leur sert à la fois de marteau et de fermoir.

PORTEURS D'EAU AU KAIRE.

Comme l'eau des puits au Kaire est un peu saumâtre, un grand nombre de *sack'ckas* (porteurs d'eau) gagnent leur vie en fournissant de l'eau du Nil aux habitans. Pendant la saison de l'inondation, ou plutôt pendant la période d'environ quatre mois après l'ouverture du canal qui coule à travers la métropole de l'Égypte, les sack'ckas tirent leur eau de ce canal; dans les autres temps ils vont la puiser au fleuve. Elle est transportée dans des outres par des chameaux, des ânes, ou par le sack'cka lui-même quand la distance n'est pas grande.

Le chameau porte l'eau dans une paire de larges sacs en peau de bœuf, appelés *rei*. L'âne porte l'eau dans une peau de chèvre appelée *ckir'beh*; c'est aussi une peau semblable que porte le sack'cka lorsqu'il n'a pas d'âne à son service. Le rei contient trois ou quatre ckir'behs. Le cri général du sack'cka est *ya'ow'wud allah!* que Dieu m'assiste! Toutes les fois que l'on entend ce cri, on sait que c'est un sack'cka qui passe. Pour une outre en peau de chèvre pleine d'eau, portée à une distance d'un mille et demi, on ne lui donne guère plus de deux sous.

Un grand nombre de sack'ckas vendent de l'eau aux passans dans les rues. Cette espèce particulière de porteurs d'eau est appelée *sack'cka shur'beh*, Le ckir'beh de ceux-ci a un long bec de cuivre au moyen duquel il verse l'eau dans une tasse en cuivre ou en terre, dont se sert pour boire celui qui veut se désaltérer.

Il y a encore une classe beaucoup plus nombreuse de porteurs d'eau qu'on nomme *hhem'alys*: ce sont presque tous des derviches de l'ordre des *Rifa'ys* ou de celui de *Beiyou'mya*. Ils sont exempts de la taxe appelée *fir'ded*. Le hhem'aly porte sur son dos un vaisseau en terre grise et poreuse, auquel on donne le nom de *ibry'ck*. Ce vaisseau a la propriété de rafraîchir l'eau par l'évaporation. Quelquefois le hhem'aly a une tasse en terre parfumée avec de l'eau de fleurs d'oranger: cette eau est préparée avec des fleurs d'un oranger aux fruits amers nommé na'ring; cette attention est réservée pour les meilleures pratiques. En général, le porteur d'eau de cette espèce est muni d'une besace qu'il tient suspendue à son côté. Il reçoit des personnes des classes élevées et des classes moyennes depuis un

Finden sc.

Le porteur d'eau au Kaire

Dauzats del. Bon Taylor dir. Finden sc.

MARCHAND DE SORBETS. | DEALER IN SHERBET.

jusqu'à cinq *fud'dahs* * pour une tasse d'eau. Les pauvres donnent en paiement un morceau de pain, de viande, ou quelques comestibles que le hhem'aly met dans sa besace.

La multitude des hhem'alys et des sack'ckas porteurs de l'outre en peau de chèvre, assiste ordinairement aux cérémonies religieuses pratiquées au Kaire et aux environs pour fêter les anniversaires de la naissance des saints. Souvent le riche qui visite la tombe du saint auquel on rend hommage, paie le hhem'aly pour qu'il distribue gratis son eau à tous ceux qui lui en demandent. Cette œuvre de charité est appelée *tesbyl*, et se fait en l'honneur du saint fêté ce jour-là. Les porteurs d'eau qui sont employés de la sorte ont la permission de remplir leurs outres aux fontaines publiques, parce que alors ils ne demandent rien en retour de leur distribution. Pendant qu'ils donnent ainsi l'eau gratuitement, ils psalmodient sur un air de musique une espèce d'invitation à ceux qui ont soif, de profiter de la charité qui leur est offerte au nom de Dieu.

MARCHAND DE SORBET.

Les Shurbet'lys ou marchands de sorbet, de même que les vendeurs d'infusion de réglisse que nous appelons à Paris marchands de coco, portent sur le côté gauche une urne en terre rouge, assujettie et retenue à la hauteur de l'épaule au moyen de chaînes et de courroies. C'est dans cette urne que se trouve contenu le sorbet, que l'on fait de plusieurs manières. Tantôt c'est une simple infusion de raisins, tantôt un mélange de citron, de sucre et d'ambre.

Le marchand de sorbet tient ordinairement dans sa main gauche un vaisseau ou verre plein de *zebyd*, et dans sa main droite une cruche d'étain ou de cuivre remplie du même liquide. Quelques uns d'eux portent sur la tête un baquet de cuivre avec des vases en verre contenant une boisson provenant de figues ou de dattes infusées dans l'eau. Ils colportent de même une espèce de gelée claire faite avec de la pâte de froment, du sucre et de l'eau bouillis ensemble, qu'ils assaisonnent de cannelle et de gingembre. Quelquefois la gelée est faite sans pâte; dans ce cas elle est vendue sous la forme liquide et sert de boisson.

* Le fud'dah vaut environ un quart de liard.

Il est encore une autre espèce d'infusion faite avec des tranches de melon trempées dans l'eau et adoucies avec du sucre. On remplace quelquefois les tranches de melon par du riz. Le marchand est muni de plusieurs coupes en verre à l'usage des consommateurs. Elles sont placées en général dans une espèce d'*auge* en étain qu'il porte attachée par un ceinturon au milieu du corps.

LE CHAMELIER.

L'usage des voitures ou des charrettes n'existe pas en Égypte; il est remplacé par le chameau. C'est ce dernier qui transporte tous les fardeaux; il sert à la fois de monture au cavalier et de bête de charge. Un chameau bien élevé devient plus précieux que le cheval pour les longues courses à travers le désert. Plus en état de supporter la fatigue, la faim et la soif, il réunit la douceur à l'agilité, la docilité à la force. A la voix du chamelier qui l'a habitué à lui obéir, il se baisse pour recevoir le fardeau, ou faciliter à son cavalier le moyen de mettre pied à terre.

Nourri en ville avec de la paille, des fèves ou du trèfle, sa manière de vivre n'est plus la même une fois en course. Quelques jours avant d'entreprendre un voyage dans le désert, le chamelier l'habitue à se contenter d'une moindre ration et à ne plus boire que tous les deux jours. Une simple corde liée autour de sa tête suffit pour le conduire. Elle est disposée de façon à ne point gêner le museau ni les mâchoires. Avec le soin d'un ou de plusieurs chameaux, le chamelier est aussi chargé de tout l'attirail nécessaire au transport des marchandises.

Malgré la conformation de l'animal qui semblerait le dispenser de porter toute espèce de fardeaux, l'homme est parvenu, au moyen d'une selle particulière, à se le rendre aussi commode que le cheval ou le mulet. Cette selle consiste en deux barres longitudinales et parallèles, liées à deux fourches supportées par des coussins bourrés qui garantissent le chameau du frottement. Le chamelier fixe la charge aux barres de la selle à l'aide de cordes ou de filets à larges mailles, et par ce moyen l'animal peut porter de très grands poids. On voit dans la planche un de ces filets roulé aux barres de la selle qui est sur l'animal. En général la profession de chamelier est exercée par les Saïs.

Pl. 34.

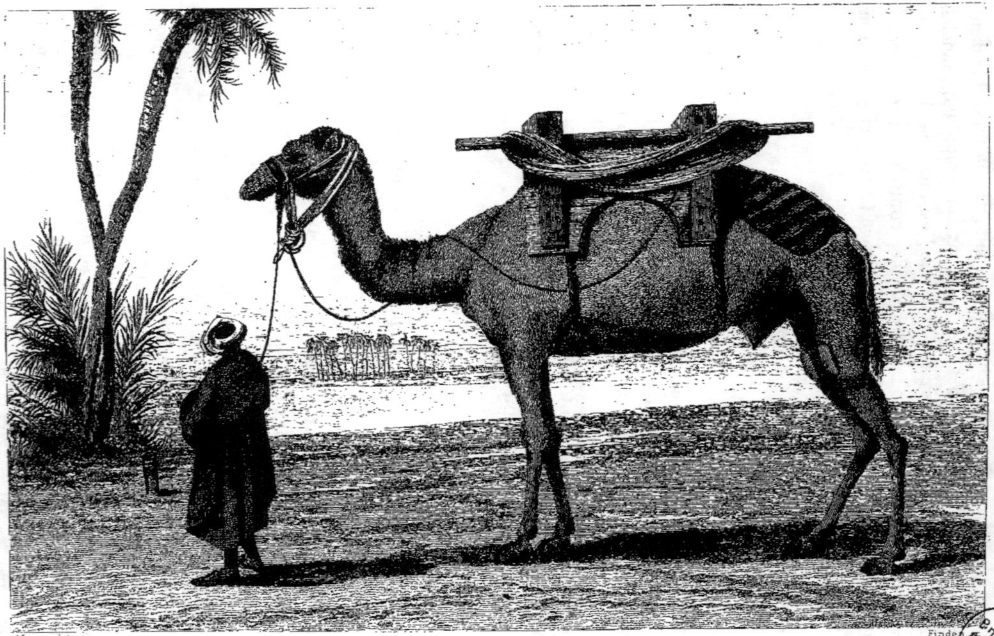

Mayer del.

Finden

LE CHAMELIER. | THE CAMEL DRIVER.

Dauzats del. Bon Taylor dir. Finden sc.

COUR DE LA MOSQUÉE BARRAUK AU KAIRE. | THE COURT YARD OF THE MOSQUE OF BARRAUK AT CAIRO.

COUR DE LA MOSQUÉE BARKAUK AU KAIRE.

Cette mosquée, que quelques uns appellent *Barrauk*, est située près du bazar des fabricans de chibouques, l'un des plus peuplés et des plus fréquentés de la cité. Aussi la cour de la mosquée Barkauk est-elle incessamment visitée par une multitude d'oisifs qui rêvent ou dorment en attendant que les chibouques qu'ils ont commandées soient terminées; ou par ceux qui, ayant enfin en leur possession cette inséparable compagne de tout vrai Musulman, veulent immédiatement en faire l'essai sous les portiques, à l'ombre d'un frais sycomore, en écoutant le bruit cadencé et argentin de quelque fontaine, ou le chant des oiseaux qui viennent comme les hommes chercher un refuge contre la chaleur dévorante du milieu du jour.

Deux mezenehs, d'une architecture uniforme, élégante et simple, s'élèvent parallèlement de chaque côté de la porte d'entrée principale; le mezeneh de gauche possède une issue réservée par laquelle on peut, dans les instans de foule, sortir de l'enceinte de la mosquée.

Ce monument est de forme quadrangulaire avec une vaste cour carrée au milieu de quarante mètres environ de côté. Au centre de cette cour est un bassin octogone, et le monument renfermant les dépouilles mortelles du santon qui a donné son nom à la mosquée.

Deux pavillons avec dômes occupent les extrémités de la façade. Dans celui de gauche est la salle du tombeau du sultan Barkauk; dans l'autre, à droite, sont renfermés ceux de sa famille. Une double galerie intérieure, soutenue par des piliers, lie les deux pavillons des extrémités. Un autre petit pavillon en dôme s'élève au milieu, c'est la niche de l'adoration. Deux entrées facilitent les communications de la mosquée. A côté de la porte principale est une fontaine publique, ayant une école au-dessus pour les jeunes garçons.

Le sommet de la mosquée Barkauk est terminé en terrasse. Extérieurement les parois des murs sont ornées de bandes horizontales rouges et blanches alternées. Des dessins ingénieux et élégans, exécutés en mosaïque, recouvrent les murs intérieurs.

VUES DES MOSQUÉES D'ÉMYR JACOUB ET D'IBRAHIM AGA AU KAIRE.

Loin du quartier des Francs, à l'extrémité de la rue Khourbarieh, l'une des plus grandes du Kaire, et près de la grande place du sultan Hasan, s'élèvent les deux mezenehs jumeaux des mosquées d'Émyr Jacoub et d'Ibrahim Aga. A quelques différences d'ornementation près, ces deux mezenehs sont semblables, et composés de trois rangs de galeries.

La coupole de la mosquée d'Émyr Jacoub est ornée d'incrustations profondes qui donnent à la pierre l'aspect d'un voile de dentelle jeté sur le tombeau de l'Émyr qui se trouve dans cet endroit. Intérieurement le monument répond au luxe que le dehors annonce; il est splendidement enrichi de marbres, de mosaïques, de lampes et d'œufs d'autruche. Son éloignement du centre de la cité le rend très propre aux méditations des écrivains arabes et des commentateurs du Koran dont il est particulièrement fréquenté.

DERVICHE TOURNEUR.

Les dix premiers jours du *Mohhar'ram* (premier mois de l'année lunaire * mahométane) sont considérés comme des jours de bénédiction, et célébrés par toutes sortes de réjouissances. Le dixième jour surtout est fort en honneur; on l'appelle le *Yo'm a'shou'ra.* Ce jour est saint à beaucoup de titres; c'est le jour où Noé sortit de l'arche.

Avant l'apparition du prophète, les Arabes avaient coutume de jeûner à cette époque. Mais son principal titre à la vénération des hommes religieux, c'est que ce jour-là le petit-fils de Mahomet, appelé *El-Hhosey'n*, fut tué à la bataille de *Kur'bela.* On ne saurait imaginer les coutumes bizarres et les pratiques superstitieuses qui ont lieu encore tous les ans au Kaire le jour de l'A'shou'ra. Mille actes contraires aux usages reçus sont

* L'année mahométane consiste en douze mois lunaires. Chacun de ces mois parcourt en rétrogradant les différentes saisons de l'année solaire durant une période d'environ trente-trois ans et demi ; conséquemment ils ne peuvent servir qu'à fixer les anniversaires des fêtes religieuses et les dates des événemens historiques; mais ils ne sont jamais employés en matière de travaux agricoles et d'administration. Dans ces derniers cas, on fait usage des mois cophtes.

Dauzats del.t Bon Taylor dir.t Finden sc.

VUE DES MOSQUÉES D'EMYR JACOUB ET D'EBRAHIM AGA AU KAIRE.

A VIEW OF THE MOSQUES OF EMYR JACOUB AND EBRAHIM AGA AT CAIRO.

Dauzats del[t] Bon Taylor d. r. Finden sc.

commis dans ce jour de saturnales par les plus graves personnages de la ville.

La mosquée de *Hhasaney'n* est surtout le théâtre des plus grands désordres. C'est là qu'a été déposée la tête du petit-fils du prophète, El-'Hhosey'n, le saint, le héros de la fête. La foule encombre le grand portique de la mosquée. Le pavé du sactuaire est dépouillé des nattes qui le recouvrent habituellement, et chaque fidèle entre sans faire ses ablutions. Aussi en peu d'instans le pavé de la mosquée est tout souillé de boue. Les femmes sont bousculées dans la foule pêle-mêle avec les hommes; les enfans crient et se poussent; enfin le derviche s'apprête à exécuter le *Zikr*.

Ceux que nous avons vus étaient de différentes nations et de différens ordres. Quelques uns portaient le turban et l'habit ordinaire des Égyptiens; d'autres étaient coiffés à la turque; le plus grand nombre avait de hauts bonnets en forme de pain de sucre, appelés *turtou'rs*. L'un d'eux se distinguait entre tous par un bonnet blanc en cône sur lequel étaient tracées en lettres noires des invocations aux quatre khalifes; à El-Hhas'an, à El-Hhosey'n, et à d'autres saints, fondateurs de différens ordres de derviches. La plupart de ces religieux étaient Égyptiens. Il se trouvait parmi eux quelques Turks et quelques Persans. Au moment de commencer les exercices, des derviches font ranger la multitude en agitant leurs bâtons. Tout-à-coup un grand rond est formé par une quarantaine de ces moines, qui, les bras étendus et se tenant par les mains, font la révérence en prononçant le nom de Dieu. Alors le cercle des derviches s'étend et enveloppe quatre colonnes de marbre du portique : Allah! allah! répètent les derviches, et ils inclinent leur tête et leur corps, et se mettent à marcher en tournant à droite avec rapidité. Aussitôt un autre derviche, qui se tient au milieu du rond, commence à pirouetter les bras étendus; il tourne avec une extrême vitesse jusqu'à ce que sa robe en s'étendant fasse l'effet d'un parapluie ouvert. Au bout de dix minutes d'une pareille rotation, il va s'agenouiller devant son supérieur qui se tient avec lui dans le rond. Ensuite, sans montrer la moindre apparence de fatigue ou de vertige, il se mêle aux autres derviches qui forment le grand rond, et qui en ce moment crient le nom de Dieu avec la plus grande véhémence en sautant et tournant à droite. Dans ce moment, six derviches forment un petit rond dans le milieu du grand; ils placent leurs bras sur les épaules les uns des autres, et ainsi disposés, ils exécutent une évolution semblable à celle du grand rond, mais d'une manière bien plus rapide en criant comme le grand rond, Allah! allah! avec un accent beaucoup plus fort. Cet exercice dure environ dix minutes, après quoi tous les derviches s'asseyent par terre, et se reposent durant l'espace d'un quart d'heure pour recommencer après comme la première fois. Le derviche que nous avons représenté tourne en plein air et tout seul.

ENVIRONS DU KAIRE.

Quand on jette un coup d'œil autour du Kaire on est frappé des contrastes que présentent les environs de cette ville. Des sables arides; le désert étreignant une végétation puissante; une cité silencieuse, morte, auprès d'une ville animée, pleine de bruit; des monumens magnifiques au milieu de huttes et de masures; la richesse unie à la pauvreté; ce qu'il y a de plus grand à côté de ce qu'il y a de plus mesquin; tels sont les alentours de la capitale de l'Égypte; telle est l'Égypte elle-même, qui se résume parfaitement dans ce coin de terre.

Parmi les lieux que l'on peut citer aux environs du Kaire, on distingue d'abord quatre îles: l'île de Boulâq ou *el Qoratyeh**; l'île de Moustafa Aghâ; l'île de Terseh, et l'île de Roudah, renommée par son nilomètre et ses jardins délicieux. Il en est encore une autre qui dépend de l'île de Boulâq, plus au nord, où les Français avaient établi un lazaret. Dix ou douze hameaux ou villages viennent diversifier ce paysage, auquel il faut ajouter le vieux Kaire avec ses monumens et ses jardins; l'aqueduc, le canal, les étangs de Birket-el-Cheyk-Qamar, et de Birket-el-Rotly; les carrières situées derrière le vieux Kaire et au Mokattam; une ceinture de monticules formés de décombres provenant de la ville, mais bien moins nombreux qu'autrefois; vers l'Orient et le sud deux vastes cimetières, véritables cités des morts avec leurs rues, leurs places, leurs mosquées et leurs mezenehs qui le disputent à ceux de la métropole; enfin, au sud-ouest, de l'autre côté du Nil, Gyzéh et le désert, et au milieu du désert, debout, comme des géants, les pyramides qui se projettent sur un horizon

* Aujourd'hui Boulâq a pris une très grande importance; elle est devenue la ville manufacturière. Les principaux établissemens d'industrie de l'Égypte sont réunis dans son sein, et elle possède une école polytechnique.

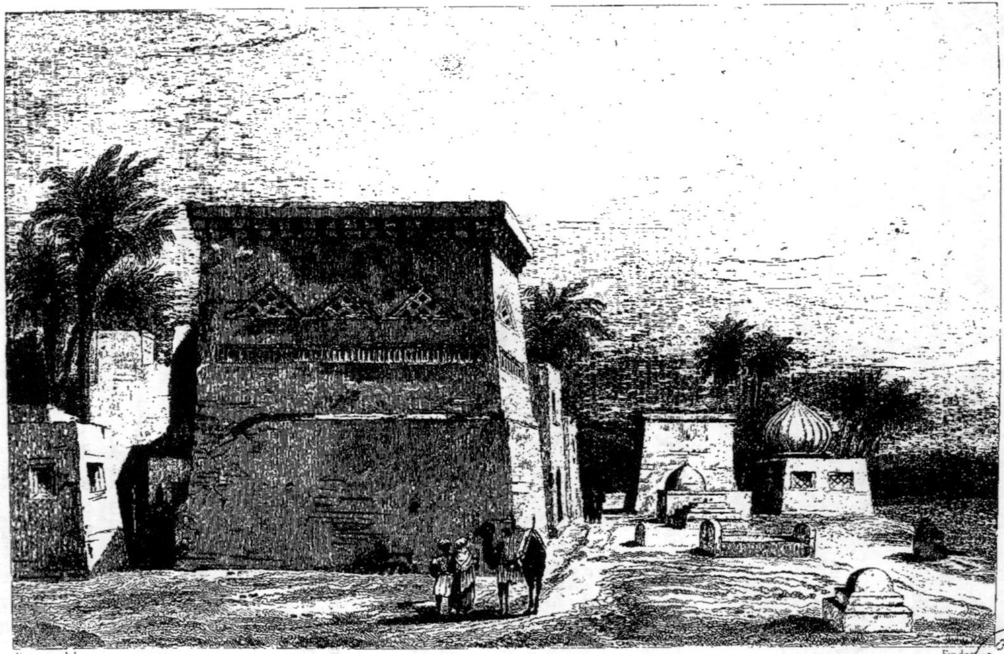

Finden

ENVIRONS DU KAIRE. | ENVIRONS OF CAIRO.

Dauzat. del. Bon Taylor dir. Finden sc.

SAKIE OU MACHINE POUR LES ARROSAGES. | SAKIE OR A WATERING MACHINE.

Dauzats del. Bon Taylor dir. Finden sc.

VUE DE LA VILLE DES [illegible]
PRISE DE LA CITADELLE [illegible]

VIEW OF THE CITY OF THE TOMBS,
[illegible] THE CITADEL AT [illegible]

sans bornes. Notre planche représente plusieurs tombeaux parmi des palmiers, et derrière ces monumens funéraires une portion de la chaîne lybique.

SAKIE OU MACHINE POUR LES IRRIGATIONS.

La machine en usage pour les arrosemens dans tout le Delta s'appelle *sakie*. C'est une roue à jantes creuses avec un axe au bout duquel est adapté un engrenage, mis en mouvement par une autre roue horizontale et dentée qu'un bœuf ou un buffle fait tourner. L'axe de la roue horizontale est un arbre fourchu, construit ainsi à dessein pour que le levier qui va d'un bout se fixer aux cornes de l'animal, y trouve un point d'appui. Tout le système est placé au-dessus d'un réservoir alimenté par les inondations du Nil.

La roue à jantes creuses ne peut guère élever les eaux que de huit pieds et demi environ. Sa circonférence est formée de coffres percés à la partie extérieure, au moyen desquels la roue monte l'eau hors du bassin et se vide en tournant par des ouvertures intérieures. L'eau qui s'échappe de la roue tombe dans un réservoir où aboutissent des rigoles qui conduisent ensuite l'eau aux terres.

Toute la partie qui compose le système d'engrenage est d'une exécution grossière ; au contraire, la roue à jantes creuses est construite avec beaucoup de soin. L'épaisseur du bois dont cette dernière est formée a environ trois pouces et un tiers d'épaisseur. On couvre les yeux du bœuf qui fait tourner la machine, afin qu'il n'ait point d'étourdissements. A la gauche de la planche on voit assis au pied d'un dattier l'homme chargé de diriger la sakie.

Les Arabes ont laissé cette machine à l'Espagne, où elle se nomme *noria*. On s'en sert encore dans tout le midi de cette contrée.

VUE DE LA VILLE DES TOMBEAUX, PRISE DE LA CITADELLE DU KAIRE.

Au sud-est de la moderne capitale de l'Égypte, en avançant vers le désert, du côté opposé des pyramides, on rencontre une cité monumentale, cité muette et solitaire, ville des morts, vaste nécropole où vous ne voyez que le marbre et la pierre qui vous font oublier la cité des vivants. De nombreux tombeaux, des édifices élevés sur des colonnes couronnées de dômes, des minarets de marbre blanc, des palanquins soutenus dans les airs et embellis de riches sculptures, où se mêlent des peintures gracieuses et l'éclat de l'or, présentent à l'imagination une de ces villes féeriques, une de ces fictions orientales qui vous font douter de la réalité.

Rien de plus beau à la fois et de plus triste que le spectacle de cet immense cimetière. Il y a là des rues et des places publiques, des édifices et des mosquées, ainsi que dans la cité qui bourdonne à côté; mais pas une voix ne s'y fait entendre, personne, pas même un arbre, pour couper la monotonie de la pierre. Silencieuse et immobile, la ville des tombeaux est bien morte comme les cendres qu'elle recèle. Un seul jour de la semaine ellea sa population vivante, sa foule qui circule dans les rues et vient prier dans les mosquées. Tous les vendredis, les familles du Kaire ne manquent pas de la visiter. C'est surtout le rendez-vous des femmes, qui s'y ménagent quelquefois des rencontres galantes.

On y arrive par la porte voisine de la citadelle, après avoir traversé un terrain couvert de décombres et rempli d'excavations. L'espace que la ville des tombeaux occupe est resserré, d'un côté par une suite de monticules grisâtres formés des déblaiements du Kaire, et de l'autre par la chaîne blanche et aride du mont Mokattam. Son étendue est presque égale à celle du vieux Kaire. On n'y trouve aucun reste d'antiquité, mais des monumens appartenant à toutes les époques des temps barbares et des temps modernes. Cependant, quoique produits dans l'âge de décadence du style arabe, on ne voit point là cette dégénération qu'on remarque ailleurs dans les autres édifices. En général l'architecture des siècles antérieurs à l'occupation ottomane s'est conservée pure dans les minarets et les tombeaux.

Plusieurs des monuments funèbres de la cité des morts se distinguent entre tous les autres. Les plus considérables sont ceux des beys mamlouks et des khalifes, construits en marbre avec des ornements peints et dorés. Quoique leur architecture soit d'un goût plus agréable que régulier, elle offre néanmoins dans les masses une grâce et une magnificence très remarquables. Autrefois des legs pieux étaient affectés à l'entretien de ces monuments; depuis que le gouvernement s'en est emparé, ils tombent en ruines. Les minarets aux formes si variées se détruisent, les dômes élégants s'écroulent; la mosquée du sultan Barcouk et celle du sultan Bibars sont peut-être les seules intactes. Tous les autres édifices élevés dans le voisinage

Mayer del.ᵗ   Bᵒⁿ Taylor dir.ᵗ   Finden sc.

TOMBEAUX DES CALIFES. | **THE TOMBS OF THE KALIFS.**

Ruines de la mosquée du Sultan Hanar près du Kaire. | *Ruins of the mosque of Sultan Yamie near Cairo.*

Dauzats del.t Bon Taylor dir.t Finden

VUE DES TOMBEAUX DE GEBEL MOQUATTAN PRÈS DU KAIRE.

VIEW OF THE TOMBS OF GEBEL MOQUATTAN NEAR CAIRO.

Dauzats del. Finden sc.

LA VALLÉE DES TOMBEAUX AU KAIRE. | THE VALLEY OF THE TOMBS AT KAIRO.

paraissent à moitié ruinés. La mosquée qu'on aperçoit sur la droite de la planche est celle de Cheroiné. On voit au loin le désert, dont les sables s'étendent jusque sous les murs de la citadelle.

TOMBEAU DES KHALIFES. — RUINES DE LA MOSQUÉE DU SULTAN AMYR, PRÈS DU KAIRE.

Les tombeaux des khalifes datent du xe siècle. Ils sont situés hors des murs du Kaire, à l'est de la ville. Les mosquées qui les renferment ont des proportions gigantesques. Quoique ruinées aujourd'hui, elles montrent encore toute l'élégance et l'originalité de l'architecture arabe. Légères dans leurs masses, riches de détails, il y règne un goût exquis.

Ces monumens funèbres forment une beauté d'ensemble qui n'a jamais été égalée par aucun édifice de ce genre. Les peintures, l'or qui les décoraient, disparaissent chaque jour. Bientôt le chiffre de Mahomet et celui des khalifes n'existeront plus. Ces somptueux sépulcres de jaspe qui contiennent leurs cendres sont abandonnés. Personne ne vient plus prier au milieu de leurs vastes ruines; on les oublie avec le souvenir de ces princes galans et magnifiques qui remplirent le monde de leur célébrité.

La mosquée représentée dans cette planche est une des mieux conservées. On admire surtout la légèreté et la grâce de sa coupole, ainsi que la flèche de son minaret. Les ogives des portes et des voûtes sont aussi d'une forme très élégante.

VUE DES TOMBEAUX DE GEBEL-MOKATTAM, PRÈS DU KAIRE. — VALLÉE DES TOMBEAUX.

Dans les vallées désertes et arides du mont Mokattam, et au pied de la citadelle du Kaire, est un cimetière, mais moins vaste, moins splendide que la ville des tombeaux qu'on trouve plus au sud. Les monumens qui gisent dans cette solitude appartiennent aux Musulmans. Ils sont en briques, en pierres ou en marbre. On n'y voit guère que de simples tables horizontales de quelques pieds de hauteur, où l'on a pratiqué une ouverture cintrée pour y introduire les corps, que l'on dépose sur une terre douce et tamisée. Au-dessus de ces tombes s'élève une pierre tumulaire, surmontée du turban. En face de cette pierre en est une autre portant le nom, les titres, et quelquefois le panégyrique du mort.

Les tombeaux représentés dans la première planche sont dessinés du sommet le plus élevé de la montagne du Mokattam. Par-delà les tombeaux se déroule la citadelle avec ses murs vus du côté de l'Orient, ses minarets et ses mosquées. Plus loin, au fond, on voit les pyramides au milieu du désert. Ceux de la seconde planche n'offrent rien de particulier, si ce n'est qu'ils sont situés dans une vallée au sud du Kaire, près de la porte Bab-el-Saïd entre les murs de la ville et l'extrémité de l'aqueduc qui communique à la citadelle.

RUINES D'UNE MOSQUÉE DANS L'ILE DE ROUDAH.

Le nom de *Roudah* signifie jardin; et en effet rien de délicieux pour les masses variées du feuillage, l'ombre et la fraîcheur, comme les jardins de cette île (voyez page 131). On communique du vieux Kaire avec l'île de Roudah par un pont de bateaux établi en face d'un des demi-bastions de l'ouvrage à cornes d'Ibrahim-Bey. Cette branche du Nil se trouve pendant une grande partie de l'année à sec.

Deux belles routes ont été tracées dans l'île par les Français lors de l'expédition d'Égypte; ils y ont aussi construit un moulin à vent à six ailes, situé sur la pointe septentrionale. A la pointe opposée se trouve le *Mékias* ou *nilomètre*, que nous avons décrit pages 130 et suiv. Un petit bourg est joint à cet édifice. Il possède vers le milieu une belle place carrée. Dans la partie méridionale de cette place on voit un ancien temple de *Serapis* et une mosquée en ruines bâtie par les Musulmans après la conquête de l'Égypte. C'est cette mosquée dont nous donnons ici le dessin. Elle est dans un tel état de délabrement aujourd'hui, qu'on n'en devine presque plus la forme. Un minaret et le pavillon de la niche où l'on faisait la prière sont les seules parties un peu mieux conservées, et qui permettent encore de juger de son architecture. Tout le reste n'offre que des pans de murs et des décombres d'après lesquels on peut apprécier cependant les dimensions qu'elle avait.

Derrière ce monument de la décadence du style arabe, est la fameuse

Dauzats del. Finden sc.

RUINES D'UNE MOSQUÉE DANS L'ILE DE | RUINS OF A MOSQUE IN THE ISLAND OF

[illegible]

Mayer del. Pinder sc.

ASSOUR, VUE GÉNÉRALE DES PYRAMIDES,

ASSOUR, VIEW OF THE PYRAMIDS,

allée de sycomores, dont l'étendue va depuis le Mékias jusqu'au milieu de l'île. Elle a douze cents mètres de longueur, sur un seul rang d'arbres fort mal alignés. L'espace couvert par leur ombrage a plus de cent pieds de largeur, ce qui forme deux avenues magnifiques et impénétrables aux rayons du soleil. Quelques uns de ces arbres n'ont pas moins de cent trente pieds d'élévation, et huit à dix pieds de diamètre. C'était autrefois une des promenades les plus délicieuses des environs du Kaire. Aujourd'hui elle forme une partie des jardins qu'Ibrahim-Pacha a fait établir dans l'île sur le modèle européen. Un phénomène curieux que présentent plusieurs de ces arbres, c'est la réunion de quelques unes de leurs branches qui se sont greffées naturellement par le frottement. De l'autre côté du Nil, dans le désert, on aperçoit les pyramides qui dressent leurs têtes anguleuses.

ASSOUR, VUE GÉNÉRALE DES PYRAMIDES.

Il existe plusieurs pyramides que les anciens historiens n'ont pas toujours eu soin de distinguer; ces pyramides sont celles de Sakharah et celles de Gizeh. Les premières, situées plus au sud, l'emportent par leur ancienneté; les autres ont des proportions plus colossales, et jouissent de plus de célébrité. Un petit nombre de voyageurs ont parlé en détail des pyramides de Sakharah : leur éloignement, la difficulté de s'y rendre, et l'état de leur construction peu remarquable, ont sans doute été cause de l'oubli où on les a laissées. En 1828 on en comptait dix-sept, neuf plus considérables et qui apparaissaient de loin, et huit autres plus petites qu'on ne distinguait guère que sur les lieux. Quelques unes étaient bâties en briques.

Quant aux pyramides de Gizeh, ces merveilles du monde, il est impossible d'en parler sans admiration. Autant les autres ont peu occupé les voyageurs, autant celles-ci ont excité leur curiosité et fait l'objet de leurs études. Chacun a voulu les voir, les décrire; toutes les opinions se sont trouvées unanimes sur le caractère imposant et gigantesque de leur masse. Placées dans le désert au milieu de sables arides que nulle végétation ne récrée, seules, muettes comme des tombeaux, l'âme se serre, la respiration s'arrête devant leur colossale dimension, et la pensée, suspendue entre l'admiration et l'étonnement, semble s'immobiliser comme elle. Cette impression est encore augmentée par la transition brusque où l'on passe en venant du Kaire. Après avoir marché pendant deux heures à travers des prairies verdoyantes et des jardins pleins de fraîcheur, tout-à-coup, à un quart de lieue des pyramides, la végétation cesse, et les sables commencent avec le silence et l'isolement. A mesure qu'on avance, ces géants, qui de loin semblaient toucher au ciel, s'abaissent devant vous, fuient, se rapetissent, pour se redresser de toute leur hauteur quand vous avez touché leur base de granit. Ce n'est guère qu'au pied des pyramides qu'on a une idée juste de leur immensité.

Quoique ces monumens aient été mesurés plusieurs fois, et que tous ceux qui les ont vus en aient donné une appréciation, rarement deux voyageurs se sont rencontrés d'accord. Dans l'antiquité, Hérodote attribuait à la grande pyramide 800 pieds de haut sur autant de côté; Strabon lui en donnait 625 sur 600; Diodore de Sicile, 600 sur 700; Pline ne s'éloigne de la mesure de ce dernier que de 8 pieds sur la largeur du côté.

Les modernes ne diffèrent pas moins entre eux : selon Le Bruyn, la grande pyramide de Chéops aurait 616 pieds d'élévation sur 704 de face; Prosper Alpin veut qu'elle ait 625 pieds de haut et 750 de côté; Thevenot ne lui en donne que 520 sur 682 de face; Niebuhr, 440 sur 710; Geraves, 444 sur 648, et Grobert, 448 pieds 2 *pouces* sur 728.

Cependant malgré la difficulté d'obtenir une mesure juste de cette masse, des calculs exacts et récens en ont déterminé la hauteur et la largeur véritables. Nous les avons rapportées l'une et l'autre page 134. On peut voir aussi les détails circonstanciés que nous avons donnés sur la structure intérieure, les distributions et l'historique du monument, pages 132 à 139.

La deuxième pyramide en allant à gauche est appelée *Chéphren.* Elle a 655 pieds de base et 398 pieds de hauteur. La pierre qui la compose est de même nature que celle dont est formé le noyau des autres qui l'avoisinent. On donne 280 pieds de base apparente à la troisième pyramide et 162 pieds d'élévation. Celle-ci est désignée sous le nom de *Mycérinus.* Plusieurs autres petites pyramides s'élèvent auprès des trois que nous venons de nommer, mais elles sont plus ou moins dégradées, et d'ailleurs leur masse ne saurait fixer l'attention dès qu'on a vu Chéops, Chéphren et Mycérinus. Toutefois leur voisinage ne laisse pas d'ajouter à l'effet général.

Voici au sujet de la pyramide de Chéops une note curieuse écrite de la

main même de Napoléon sur un exemplaire du Voyage de Volney qu'on a trouvé à Sainte-Hélène : « La roche sur laquelle est assise cette pyramide est à 130 pieds au-dessus du Nil, 134 au-dessus du chapiteau de la colonne du Mékias, 143 au-dessus de la mer Rouge, vives eaux, 173 au-dessus de la Méditerranée. Sur le plateau ou base de la pyramide tronquée, on est élevé de 551 pieds 9 pouces $\frac{7}{10}$ au-dessus de la vallée du Nil, 594 pieds 9 pouces $\frac{7}{10}$ au-dessus de la mer Méditerranée, 564 pieds 9 pouces $\frac{7}{10}$ au-dessus de la mer Rouge. Cette pyramide a 1,128,000 toises cubes, ou $(\overline{104}^3)$ toises, ou des pierres pour faire une muraille de 4 toises de haut et une de large pendant 563 lieues, ou de quoi ceindre l'Égypte del Barathron à Syène, à la mer Rouge, et de Suez à Rafia, en Syrie. »

100,000 ouvriers, dit-on, furent employés pendant vingt ans pour élever ce monument dont on s'étonne; selon M. Charles Dupin, avec les moyens que l'industrie met aujourd'hui en notre puissance, 36,000 ouvriers pourraient le construire en dix-huit heures : il suffirait pour cela du concours des machines à vapeur qui fonctionnent actuellement dans la Grande-Bretagne. Un pareil résultat, s'il n'est point exagéré, montrerait clairement l'énorme différence qu'il y a entre l'antiquité et les civilisations modernes, et diminuerait de beaucoup l'enthousiasme qu'on éprouve devant ces gigantesques amas de pierres.

LE SPHINX ET LES PYRAMIDES.

Après avoir admiré les pyramides de Gizéh, on va visiter à peu de distance de ces masses colossales un autre monument non moins colossal dans son genre : c'est le sphinx. Cette statue, d'une taille de cent cinquante pieds de long, selon Pline, paraît avoir été sculptée d'un seul bloc dans un morceau proéminent du roc où elle se trouve assise. La qualité de la pierre dont elle est formée est assez tendre; elle est à peu près de même nature que celle des pyramides, et parfaitement semblable au roc de la chaîne lybique. La naissance des épaules et le cou du sphinx sont très dégradés. Une couche de couleur jaune dont on l'a recouvert primitivement est encore assez bien conservée, et a pu préserver la figure d'une plus grande dégradation.

Les traits de la face présentent le type éthiopien; elle regarde l'Orient.

Le dos, qui est tourné vers l'Occident, ne s'élève guère que de quelques pieds au-dessus des sables amoncelés tout autour. On remarque au milieu de la partie supérieure de la tête un vaste trou de quinze pouces de diamètre, et de plus de neuf pieds de profondeur. Il paraît comblé de pierres jusqu'à cette hauteur, ce qui fait supposer une profondeur bien plus grande. La direction de ce trou est dans le sens oblique. Jusqu'ici, il n'y a encore eu que des conjectures sur sa destination. On ne sait pas mieux la pensée qui a présidé à l'exécution du colosse, ni le rôle qu'il a joué dans le passé. A cet égard les voiles de la plus profonde obscurité planent sur ces hiéroglyphes d'une civilisation qui attend toujours son révélateur. Vers 1816 pourtant, on put croire un instant que la lumière allait jaillir: M. Salt en déblayant la base du sphinx trouva un escalier qui aboutissait à la porte d'un petit temple placé entre les pieds du colosse. Depuis, tout a été de nouveau enseveli sous les sables. Voyez ce que nous avons dit du sphinx, page 139.

SEÏD-MOUSTAPHA-PACHA.

Le rôle qu'a joué ce personnage lors de l'expédition des français en Égypte, nous a paru assez digne d'intérêt pour que son portrait figurât dans une collection de vues et de sites appartenant à une contrée où il s'est illustré. Seïd-Moustapha-Pacha était séraskier de Romélie, et général en chef de l'armée ottomane, en Égypte. Il fut envoyé par la Porte dans cette contrée pour arrêter les progrès de nos armées. Excellent général, plein de bravoure, il balança un instant la fortune de l'homme qui ne connaissait pas de revers. A la tête de dix-huit mille hommes, l'élite des troupes ottomanes, il débarqua au mois d'août en 1799 à Abouqyr, où il occupa une position redoutable. Ses troupes étaient incontestablement meilleures que celles du Mont-Thabor, et que toutes celles dont devait se composer l'armée du grand-vizir. Exercées, aguerries, elles avaient déjà combattu contre la Russie, et allaient maintenant se mesurer avec Napoléon.

La journée d'Abouqyr fut terrible. Moustapha-Pacha, maître du village et de la grande redoute, soutenu du côté de la mer par le feu des canonnières qui étaient mouillées sur le flanc, il rendit inutiles pendant longtemps les charges réitérées de Murat et de plusieurs autres officiers généraux. Les chances de la bataille devenaient même douteuses, et Napoléon en

Dausats del.   Bon Taylor dir.   Finder sc.

SEYD MOUSTAPHA PACHA. | SEYD TURKISH GOVERNOR.

suivait d'un œil inquiet tous les mouvemens. Enfin un incident qui tenait aux mœurs tartares, vint changer tout-à-coup la face du combat. Le champ de bataille était jonché de cadavres français tombés au pied de la redoute; chaque Osmanlis, jaloux d'obtenir le salaire auquel lui donnait droit la tête d'un ennemi, se hâte d'aller chercher ce sanglant trophée. Bientôt tous les retranchemens sont abandonnés; la garnison du fort n'offre plus qu'une confusion, un pêle-mêle de gens qui accourent au milieu des morts pour venir disputer leur part de butin. Murat profitant alors du désordre qui régnait dans la plaine, ordonne de charger cette tourbe, et le succès cette fois couronna l'entreprise. Les Turks furent sabrés et culbutés dans la mer.

Seïd-Moustapha-Pacha, retranché dans le village d'Abouqyr avec toute sa maison, ignorant l'échec qu'il venait d'essuyer, tenait encore contre les vainqueurs, et songeait à se défendre. Murat, lancé au galop avec ses cavaliers, pénètre dans le camp de Seïd-Moustapha-Pacha, où celui-ci combattait à la tête de deux cents janissaires. En voyant le héros français, Moustapha court à sa rencontre pour combattre un rival digne de lui. Fort de sa supériorité, Murat le somme de se rendre; le pacha lui répond par un coup de pistolet qui faillit lui fracasser la mâchoire inférieure. Aussitôt ripostant par un coup de sabre, le général français lui coupe deux doigts de la main droite et le fait prisonnier. Dix mille Osmanlis périrent dans cette circonstance par le fer, le feu ou l'eau. Toutes les tentes du pacha, ses chevaux, son artillerie, ses bagages, tombèrent au pouvoir de nos troupes.

Malgré l'anxiété qu'il avait causée à Napoléon et le danger de favoriser un pareil adversaire, Moustapha-Pacha et son fils furent traités avec égards; Napoléon leur donna Gizéh pour prison. Désormais la vie du général ottoman n'offre plus rien de remarquable; mis en liberté à la suite d'une trève, enfermé de nouveau, il fut enfin envoyé à Damiette avec des présens, où il mourut peu de temps après. Cet homme ne manquait ni d'instruction ni d'un certain génie militaire.

FONTAINE D'ISMAÏL BEY AU KAIRE.

Avant de quitter la région du Kaire, nous donnerons la description de deux établissemens aussi remarquables qu'utiles, nous voulons parler des fontaines et des abreuvoirs publics qu'on trouve dans cette ville.

En Orient les fontaines ou citernes diffèrent totalement par leur architecture de nos fontaines d'Europe. Celles du Kaire surtout ont un caractère particulier qui annonce la grande ville, la cité métropolitaine. Quoique différens entre eux pour la forme extérieure, ces monumens ont tous à peu près les mêmes distributions intérieures. Composés ordinairement de trois étages, le premier est situé au-dessous du sol; c'est un vaste réservoir destiné à contenir l'eau. On a soin de l'alimenter constamment au moyen d'outres que l'on va remplir sur les bords du Nil et que l'on transporte à dos de chameaux.

L'étage au-dessus de ce bassin est soutenu par un grand nombre de colonnes et de piliers en granit, provenant souvent d'anciens monumens. Cet étage forme le rez-de-chaussée. Il est orné extérieurement de belles fenêtres en arcades, flanquées de colonnes en marbre blanc travaillées en Italie. La plupart de ces colonnes sont d'un riche travail, les unes lisses, les autres torses ou cannelées; quelquefois elles réunissent les deux genres à la fois avec des ornemens en bronze doré. Des grillages également en bronze garnissent les fenêtres. Ces grillages sont d'une exécution très recherchée, ainsi que tous les détails de la façade.

Assez souvent un autre étage surmonte les fontaines et sert de local à une école gratuite appelée *Kouttàb*. Les fontaines et les écoles qu'elles contiennent sont en général fondées et entretenues par des legs, que des princes ou de riches particuliers ont laissés pour cela. Des inscriptions gravées sur les murs consacrent la mémoire des fondateurs. Ces donations d'une utilité si grande pour les habitans du Kaire, sont respectées religieusement. Dans aucune ville d'Europe on ne trouve autant de fontaines publiques. Non seulement les réservoirs intérieurs sont à la disposition du peuple, qui peut en toute saison et gratuitement y puiser toute l'eau dont il a besoin; mais des espèces de syphons établis dans les réservoirs avec une branche en forme de biberon qui sort au dehors, servent aux passans à se désaltérer au moyen de la succion. Dans beaucoup de fontaines on se désaltère en puisant

Dauzats del.t Bon Taylor dir.t Finden sc.

FONTAINE D'ISMAIL BEY AU KAIRE. | ISHMAIL BEY'S FOUNTAIN AT CAIRO.

Dauzats del.t B.on Taylor dir.t Finden sc.

ABREUVOIR PUBLIC AU KAIRE. | A PUBLIC WATERING PLACE AT CAIRO.

ÉGYPTE (Moyenne)

30

Mayer del. Finden sc.

VUE DE LA VILLE DE MINYEH. VIEW OF THE TOWN OF MINYEH.

l'eau à travers le grillage des fenêtres avec un bol en cuivre suspendu par une chaîne. La fontaine d'Ismaïl bey est très remarquable par sa forme extérieure, par les colonnes et les ornemens des façades, les grillages des fenêtres et surtout par le couronnement supérieur qui est à la fois original et de bon goût. On trouve toujours ces fontaines dans les environs des bazars. Il y a perpétuellement des gens qui viennent y chercher l'ombre et la fraîcheur.

ABREUVOIR PUBLIC.

C'est ordinairement aux environs des citernes que se trouvent placés les abreuvoirs, appelés *hôd* dans le pays. Ces sortes d'établissemens n'ont aucune ressemblance avec ces bassins à ciel ouvert que l'on voit dans nos villes et nos villages, où les chevaux et les bestiaux peuvent se plonger tout entiers. L'abreuvoir public du Kaire est un bâtiment plein d'élégance, avec des colonnes de marbre surmontées d'un dôme orné de sculptures et de niches. Des auges en pierre y sont maintenues à une hauteur convenable, pour que les baudets et les chameaux puissent s'y désaltérer facilement.

De même que les citernes et les écoles, c'est par des fondations particulières que les abreuvoirs publics du Kaire sont entretenus. Celui que nous avons dessiné met à même de juger le genre de ces constructions, dont l'importance et l'utilité sont inappréciables dans une contrée exposée sous un ciel brûlant et entourée de désert.

VUE DE LA VILLE DE MINYEH.

La jolie ville de Minyeh est située sur la rive gauche du Nil, dans une situation délicieuse. Elle renferme plusieurs mosquées, des rues propres et droites et un assez grand nombre de boutiques de belle apparence. Les cafés y sont ouverts constamment, et constamment remplis de danseuses publiques. Il existe à Minyeh un usage bizarre dont l'explication est difficile. Les maisons des personnes pieuses qui ont fait le pèlerinage de la Mekke sont recouvertes d'une espèce de stuc blanc sur lequel on voit représentés des poissons, des crocodiles, et toutes sortes de monstres d'une exécution fort grossière.

Autrefois cette ville possédait un temple dédié à Anubis. On n'y voit point de ruines antiques; mais dans la grande mosquée il y a de belles colonnes de granit bien fuselées et d'une exécution parfaite. Il n'est guère qu'un seul monument qui soit resté debout à Minyeh depuis les derniers siéges qui l'ont ravagée, c'est le tombeau d'un santon d'un caractère assez remarquable.

L'aspect extérieur de Minyeh, avec ses maisons carrées et leurs murs percés de rangées de petites fenêtres, lui donne l'air d'une grosse forteresse. Ses mezenehs, ses mosquées, se distinguent par le genre de leur architecture. Minyeh est encore réputée pour la fabrication de ses *bardaques*, dont elle fait un grand commerce avec les principales villes d'Égypte. Elle a vu s'élever depuis peu dans son sein une grande filature de coton montée avec des machines à l'européenne.

Devant la ville, le fleuve est d'une très grande largeur à l'époque des crues du Nil; il est au contraire fort resserré dans les autres temps à cause d'une île de sable assez basse, qui alors divise le fleuve en deux branches. C'est pour n'avoir pas fait cette observation que quelques voyageurs ont été induits en erreur, selon qu'ils ont visité Minyeh à l'époque des basses eaux ou de l'inondation. On voit sur la rive du fleuve une belle forêt de palmiers de plusieurs lieues de long, où sont bâtis quatre villages dont Mourat-Bey possédait la propriété.

Au fond du tableau règne une chaîne de montagnes qui s'étend du nord au sud-est dans la direction du Nil. Cette chaîne est criblée de grottes qui, dans les premiers temps du christianisme, étaient habitées par les pères de l'Église, réfugiés dans ces espèces de souterrains pour échapper aux persécutions. Voyez ce que nous avons dit de Minyeh dans le texte, page 155.

VASES DETINÉS A FAIRE RAFRAICHIR L'EAU ET AUTRES POTERIES.

DEUX PLANCHES.

Le désir et le besoin d'avoir de l'eau fraîche dans les climats chauds a fait inventer aux peuples de ces contrées des moyens qui suppléassent à la glace dont ils sont privés. Les jarres et les vases de terre appelés *bardaques* ou *bardach*, remplissent cet objet. On fait les premières à Balasse, petit village dont elles portent le nom. Elles sont employées dans toute l'Égypte

Dauzats del. Bon Taylor dir. Finden sc.

VASES DESTINÉS A FAIRE RAFRAICHIR L'EAU. | VASES FOR THE PURPOSE OF COOLING WATER.

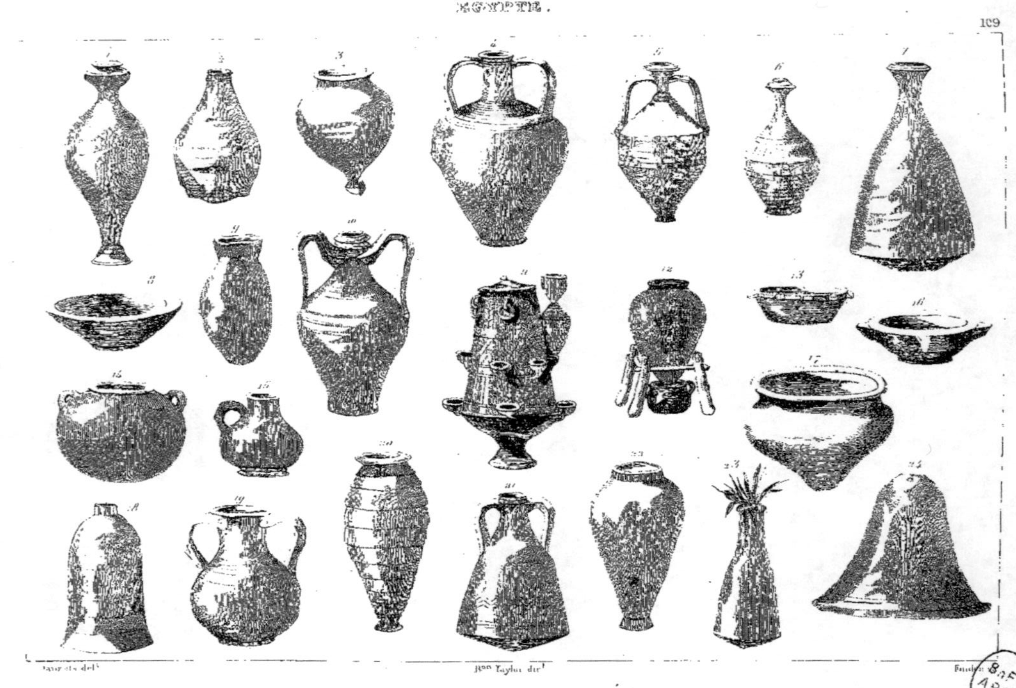

Jaurès del.
R.on Taylor dir.
Finden sc.

VASES, MEUBLES, INSTRUMENS.

1. [illegible], 2.5.6.7.23. Bardaks. 4.10.11.12.17. Jarres. 3.9.20. Pots à Chapelet. 18. [illegible] dont usent les Pigeons. 22. Alembic. 24. Moule à Sucre. 8.13.14.15.16.19.21. Vases pour divers usages.

VASES, HOUSEHOLD GOODS, INSTRUMENTS.

1. Gargoulette. 2.5.6.7.23. Bardaks. 4.10.11.12.17. Jars. 3.9.20. Chaplet pots. 18. a Pigeon's nestling pot. 22. Alembic. 24. Sugar Mould. 8.13.14.15.16.19.21. Vases, for various uses.

depuis les temps les plus reculés pour rafraîchir et pour clarifier les eaux du Nil. On en voit de figurées dans les peintures antiques servant au même usage.

Quant aux autres, ils sont en grande partie fabriqués dans la Haute-Égypte, entre Qéneh, Balasse et Thèbes. Cependant Minyeh en fait un grand débit. Leur composé consiste en une terre argileuse, très tendre, mêlée de parties grasses et sablonneuses, qu'on dirait tout naturellement préparée pour l'usage qu'on en fait. L'eau ayant la propriété de dissoudre la partie argileuse, il ne reste dans la composition du vase que la matière sablonneuse, dont les grains liés par la substance grasse laissent des interstices par où l'eau transsude, ce qui produit la fraîcheur.

Souple et facile à mouler, la matière des bardaques prend toutes sortes de formes. On fait d'abord durcir les vases à l'ombre, puis au soleil, ensuite on leur donne une demi-cuisson avec un léger feu de paille. Ils se vendent si peu de chose dans les manufactures, que les gens des environs trouvent plus d'avantage à en construire des murailles d'enclos et des maisons, que de se servir du pisé ou de la brique.

Les balasses et les bardaques offrent des formes très variées et d'un assez bon style. Quelques uns de ces ustensiles ont même un galbe pur et très gracieux. A l'étranglement du goulet des bardaques qui servent pour boire, on pratique de petites grilles de même matière que le vase afin que l'eau n'arrive pas avec trop d'abondance. On a l'art de les imprégner de parfums dont l'odeur se communiquant à l'eau, la rend très agréable. Le mode de transport de tous ces objets est fort curieux. On forme des radeaux avec les pots mêmes, comme nous faisons nos trains de bois, et on les dirige ainsi sur le Nil, les détachant du train à mesure qu'on les débite.

L'on fait aussi en terre, mais d'une nature différente, une foule d'autres ustensiles pour les besoins divers du ménage. Ces mêmes ustensiles se fabriquent également en fer, et diffèrent par le dessin. Plusieurs ont la forme des poteries indiennes. Le n° 8 de la deuxième planche est une assiette ou jatte, ainsi que les nos 13 et 16. Le n° 11 est un profumatoire sur son plateau ; il s'ouvre par le milieu, et l'on y fait brûler sur des charbons ardens des parfums de benjoin ou de bois d'aloès. Quelques uns de ces profumatoires ont de deux à trois pieds de hauteur ; ils restent constamment au milieu de l'appartement. Les autres, plus petits, sont promenés devant chaque personne de la société, qui attire avec la main sur sa barbe et sur ses habits la fumée qui s'en échappe. Le reste des ustensiles est d'un usage plus ou moins ordinaire.

SYOUT.

Située à une demi-lieue du Nil, et sur le canal d'Abou-Assi, la ville de Syout, par l'avantage de sa position, par son étendue et sa population, a mérité d'être considérée de nos jours comme la capitale de la Haute-Égypte. Quelques voyageurs lui donnent 12,000 âmes, d'autres portent ce nombre à 20,000. On suppose qu'elle a été bâtie sur l'emplacement de l'antique Lycopolis (*ville du Loup*). C'est à Syout que se réunissent les caravanes de la Nubie et du Soudan. La ville ne possède point d'antiquités. Elle est assez bien bâtie, et son bazar, vaste et curieux, est forméavec les débris d'anciens monumens.

A l'extrémité de Syout est une large et haute digue, construite pour contenir les eaux du Nil au commencement de l'inondation. Deux ponts, l'un d'une seule arche, l'autre de plusieurs arches, conduisent aux ruines du canal. En été, quand le Nil commence à s'élever, on ferme les arches jusqu'à ce que la plaine au sud de Syout soit suffisamment submergée; on les ouvre ensuite avec précaution, et l'eau se répand dans la campagne comprise entre cette digue et une seconde qu'on ouvre également, et ainsi des autres successivement, jusqu'à ce que l'inondation ait envahi tout le pays.

Il y a auprès de Syout une fontaine où les habitans viennent fumer à l'abri des grands sycomores qui l'ombragent. C'est le lieu le plus agréable des environs. Ce qui fait surtout la célébrité de cette ville, ce sont les nombreux hypogées que l'on trouve dans la montagne au pied de laquelle elle est placée. Ces vastes excavations, justement appelées cités des morts, pourraient contenir toute la population de l'Égypte convertie en momies. Voyez ce que nous avons dit à ce sujet pages 160 et suiv., nous avons donné deux vues de Syout, dont une accompagne une vue de Louqsôr; un autre dessin, représentant des tombeaux égyptiens à Lycopolis, est joint au Typhonium d'Apollinapolis dont la description est plus loin.

Danzats del

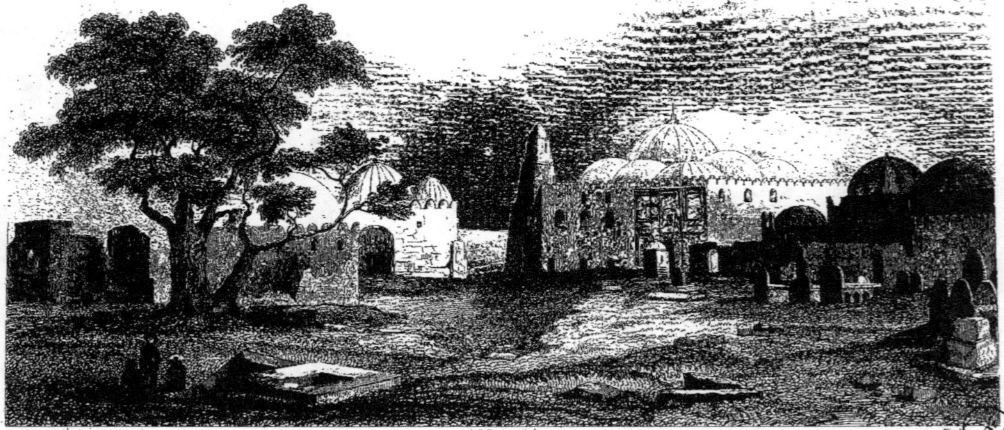

Dauzats del.

Bon Taylor dir.

Finden

MOSQUÉES DE QENÉH. | MOSQUES OF QENÉH.

MOSQUÉES DE QÉNÉH.

Les mosquées de Qénéh sont assez vastes, et se distinguent par le genre de leur architecture qui diffère de tout ce que nous avons vu jusqu'ici. Ce n'est plus maintenant la richesse des broderies sur la pierre, l'élégance et la profusion des détails; les murs extérieurs sont simples, nus, percés de fenêtres, et seulement couronnés d'un feston. Déjà à Minyeh, à Syout, on rencontre quelque chose de ce style qui s'assombrit et dédaigne les accessoires. Ici la beauté n'a plus le même caractère. Le minaret, qui, dans la Basse-Égypte, portait vers le ciel ses triples galeries entourées de colonnes, d'arceaux, de balustres, et présentait toutes ses faces travaillées comme un ouvrage de fantaisie, n'est plus maintenant qu'une tour en pain de sucre, espèce de pyramide ronde qui n'a guère de mérite que sa solidité. Cependant les dômes offrent une courbure gracieuse et qui n'est pas sans majesté. Ils sont percés généralement à la circonférence de plusieurs rangs d'ouvertures pour laisser sortir la fumée qui s'échappe des lampes.

Du reste, il suffirait des ornemens qui décorent la porte de la mosquée située à droite de la planche, pour juger du goût qui a présidé à ces constructions. Sur la gauche est une seconde mosquée dont une grande partie des murs est en ruine. Le plan de celle-ci n'offre rien de plus digne de remarque. Nous avons choisi dans chaque contrée des monumens de styles différens, afin d'offrir à la comparaison les moyens de juger des divers caractères de l'architecture égyptienne. La ville de Qénéh ne possède plus aucun des édifices qui embellissaient autrefois l'ancienne cité. Les mosquées dont nous venons de parler, et la fabrique de vases appelés bardaques, voilà maintenant tout ce qu'elle possède. En revanche ses environs sont des plus agréables. C'est à Qénéh que se célèbre tous les ans la grande fête où assiste ordinairement le bey de Djirdjeh avec la permission des cheyks arabes. L'arbre que l'on voit au pied des murs de la mosquée en ruines est un sycomore d'une taille et d'une grosseur prodigieuses. Quelques tombeaux sont répandus sur le plan de devant; l'un d'eux est découvert.

TOMBEAUX A QÉNÉH.

Les tombeaux de Qénéh sont loin d'avoir la magnificence et le grandiose des monumens de ce genre que l'on voit aux environs du Kaire. Toutefois leur ensemble rappelle la physionomie des cimetières musulmans. Les arbres, le sycomore, le palmier, ombragent la pierre sépulcrale. Cette végétation est d'un effet d'autant plus agréable, qu'elle contraste avec l'aridité et les sables qui entourent le pied de la chaîne arabique.

Parmi les tombeaux représentés dans la planche, les plus apparens appartiennent toujours à des personnages éminens. Ce sont de grandes constructions de forme quadrangulaire avec des murs bas et percés de fenêtres tout autour sur une ligne régulière, ou des espèces de pavillons carrés surmontés de coupoles. Comme les dômes des mosquées, ceux des tombeaux sont criblés de petites ouvertures pour laisser échapper la fumée des lampes que la piété y entretient. Nous avons rencontré dans ces parages de nombreuses volées d'éperviers et de cigognes qui traversaient l'espace au-dessus du champ des morts.

THÈBES. VUE DES RUINES DU PALAIS DE KARNAC, PRISE DE LA COUR.

Le palais de Karnac, dont les ruines sont des plus vastes et des plus magnifiques qui soient au monde, est situé à deux *milles* environ au nord de Louqsôr. Une enceinte, dont on aperçoit les traces au nord et à l'est, ferait croire qu'il était autrefois environné de puissantes murailles. A juger de la totalité de cette enceinte par la portion visible aujourd'hui, elle n'aurait pas dû avoir moins de deux milles et quelques cents mètres, c'est-à-dire plus d'une demi-lieue de circonférence. Rien ne saurait donner l'idée de cette gigantesque construction. Vous diriez, à quelque distance, une montagne de ruines amoncelées en tas, debout ou gisant par énormes fragmens couchés par terre. C'est là que toute la grandeur des Pharaons, tout le génie des anciens Égyptiens se montre en caractères sublimes. La magnificence de Thèbes, le grandiose de Louqsôr et de tout ce que l'on admire sur la rive gauche du Nil, s'efface devant Karnac.

Au reste, si l'on en croit quelques savans, les ruines de Karnac ne seraient

TOMBEAUX A QÉNÉH. | TOMBS AT QÉNÉH.

Eug. Cicéri del. | Rob.t Taylor sculp. | Finden sc.

THÈBES.

Vue des Ruines du Palais de Karnac prise de la cour. | View of the Ruins of Karnak Palace taken from the court yard.

qu'une partie de l'ancienne cité de Thèbes, qui se prolongeait au loin, de l'autre côté du fleuve. Il existe autour de ces ruines une foule d'édifices de différentes époques. Nous avons déjà donné, pages 177 et suiv., une description détaillée de plusieurs parties du palais de Karnac; ce que nous allons ajouter ici servira à compléter le tableau des ruines de ce célèbre monument. Deux dessins en ont été faits : le premier représente les restes du palais vus du côté de la cour; le second offre la vue intérieure du grand temple, au sud de ces ruines.

L'enceinte de la grande cour a cent deux mètres et demi de large et quatre-vingt-quatre mètres de profondeur; des édifices entiers s'y trouvent contenus. Au nord et au sud, les côtés de cette cour sont fermés par des colonnades élevées de quinze mètres au-dessus du sol ancien. Les chapiteaux des colonnes ont la forme d'un bouton de lotus tronqué. Le côté du nord présente la galerie la plus régulière : elle est composée de dix-huit colonnes de front d'une très belle conservation. Sur les dés carrés des chapiteaux repose un entablement composé d'une architrave et d'une corniche. La hauteur des colonnes est de neuf mètres au-dessus du sol où sont établis les sphinx qui précèdent le pylone; leur diamètre est de six pieds. Deux portes s'ouvrent vers l'extrémité des murs de fond. On ne remarque ni sculptures, ni tableaux symboliques, ni hiéroglyphes, dans cette partie qu'on dirait inachevée et préparée seulement pour recevoir tous ces ornemens qui constituent un des caractères essentiels de l'architecture égyptienne. Des pilastres verticaux s'élèvent à chaque bout de la colonnade, et coupent le mauvais effet qui résulterait de l'inclinaison des pylones auxquels la galerie aboutit. Un petit escalier droit pratiqué dans l'épaisseur du mur, à l'extrémité vers l'est, conduit sur la terrasse. On trouve amoncelée à l'ouest une si grande quantité de décombres, qu'ils dominent les pierres du plafond.

Moins régulière que celle du nord, la colonnade du sud est interrompue à peu près vers le milieu d'une manière assez étrange par un temple qui la partage en deux. Dans la première partie, on trouve neuf colonnes de front, avec deux pilastres de grosseur, de forme et d'espacement parfaitement semblables à ce que l'on voit dans la colonnade du nord. La largeur de cette galerie est de huit pieds. De même que dans l'autre, il y existe un petit escalier à l'ouest, qui conduit sur la terrasse. Quant à l'autre partie de la colonnade par-delà le temple, elle se compose de deux pilastres et de deux colonnes espacées de quinze pieds, et dont l'écartement correspond à l'ouverture de la porte. Quoique aussi peu terminée que la galerie du nord, celle du sud présente sur sa frise une partie des hiéroglyphes destinés à lui servir d'ornement.

On trouve au milieu de la cour les restes d'une avenue de six colonnes rangées sur deux files, dont il n'existe plus que l'avant-dernière de la ligne du sud. Toutes les autres semblent avoir été sapées dans leurs fondements. On pense que l'action des eaux a contribué pour beaucoup à cette destruction, en ce que le palais se trouve bien inférieur au niveau qu'elles atteignent lors de l'inondation. Chaque année, à cette époque, elles s'infiltrent à travers les décombres, et y favorisent, à cause de la nature du sol, des cristallisations salines qui rongent la pierre et achèveront de ruiner ce qui reste de ce magnifique monument. On peut se faire une idée des colonnes qui n'existent plus par celle qui est encore debout. Sa hauteur totale, y compris la base, le chapiteau et le dé, est de soixante-deux à soixante-trois pieds; son fût est formé de vingt-trois assises, le chapiteau en a cinq et le dé trois. Le chapiteau surtout est remarquable par sa construction. Vingt-six pierres, dont les joints verticaux se réunissent vers le centre de la colonne, composent sa dernière assise, qui embrasse presque toute la saillie. Ce mode de construction, au moyen de menus matériaux, est rare, et a d'autant plus lieu d'étonner, que les Égyptiens n'employaient jamais que de grandes masses.

Les décombres amoncelés autour des constructions voisines n'arrivent point jusqu'à la colonne; celle-ci est presque entièrement dégagée. Les sculptures qui la décorent représentent différentes figures, telles que des têtes de lévrier, des croix à anses, séparées par des bandes circulaires de grands hiéroglyphes. La partie supérieure du fût est ornée de cinq cordons horizontaux liant le bouquet de fleurs de lotus dont se composent les sculptures du chapiteau. La forme de ce dernier est celle d'une campane dont l'évasement est de quarante-cinq pieds; des hiéroglyphes ornent toutes les faces du dé qui est placé au-dessus.

Tout porte à croire que l'allée de colonnes, dont celle que nous venons de décrire faisait partie, n'a jamais été destinée à autre chose qu'à former une avenue. On ne concevrait pas, en effet, de quelle manière elle aurait pu se lier dans le système des constructions qui précèdent et qui suivent; rien n'indique aussi qu'elle ait jamais été couverte. Notre planche représente l'entrée du palais de Karnac dans la direction de l'est à l'ouest, avec les deux môles gigantesques qui flanquaient les deux côtés de la porte. Tout

Eug. Cicéri del.   Bon Taylor dir.   Finden sc.

VUE INTÉRIEURE DU GRAND TEMPLE AU SUD A KARNAK. THEBES.

VIEW OF THE INTERIOR OF THE GRAND TEMPLE TO THE SOUTH AT KARNAK. THEBES.

le plan de devant est occupé par l'emplacement d'une vaste cour d'où nous avons pris cette vue. Une avenue de colonnes, dont une seule reste debout, partageait cette cour en deux; sur la droite, on voit une partie du temple qui interrompait la colonnade du sud en s'avançant environ de trente-six pieds dans la cour.

VUE INTÉRIEURE DU GRAND TEMPLE AU SUD, A KARNAC.

On rencontre ce monument, l'un des mieux conservés de Karnac, en venant de Louqsôr par la grande allée des béliers qui y conduit directement; il fait face au palais de Louqsôr, et présente de ce côté l'aspect le plus riche et le plus pittoresque. La porte du sud se distingue par ses belles proportions, la variété et la richesse des sculptures dont elle est ornée. Intérieurement, elle est divisée en trois parties; elle a près de deux pieds de profondeur, et dix pieds deux pouces de largeur; son ouverture est de dix-sept pieds trois pouces; chacun des montans a dix pieds cinq pouces et demi. L'élévation sous la plate-bande est de quarante-quatre pieds. On est frappé de l'élégance des formes et de la beauté des dimensions de cette porte, ce qui provient surtout du rapport qui existe entre toutes ses parties. Ainsi, l'on trouve que sa hauteur totale égale deux fois sa largeur; que la hauteur de l'architrave est la même que celle de la corniche; que l'épaisseur du cordon est la moitié de celle du listel, et que tout l'entablement se trouve contenu trois fois dans la hauteur totale. Un pareil rapport se remarque très souvent dans l'architecture égyptienne.

Cette porte est construite en grès. Quoiqu'elle soit encore dans un assez bel état de conservation, elle est menacée néanmoins d'une ruine prochaine par l'effet des dégradations qui se manifestent à sa base. Ces détériorations sont l'effet de l'infiltration des eaux de l'inondation, comme ce que nous avons déjà remarqué au sujet des ruines du palais. Quelque belles que soient les sculptures qui décorent les deux faces de la porte, elles le cèdent de beaucoup aux ornemens intérieurs. L'enfoncement où les battans venaient se loger offre des détails d'une variété et d'une richesse si grandes, qu'on a peine à s'en faire une idée. Cette porte est isolée, et éloignée du grand temple, en avant duquel elle est placée, de quarante-trois mètres.

Extérieurement, le grand temple paraît tout délabré. Un pylone en forme l'entrée. On remarque dans cette construction des cavités prismatiques, surmontées d'ouvertures carrées qui traversent toute l'épaisseur du massif. Le pylone a trente-deux mètres de longueur, dix mètres de largeur, et près de dix-huit mètres de hauteur. Il est probable qu'il était précédé de colosses, à en juger par des masses de granit éparses çà et là. Après le pylone, on pénètre immédiatement dans un portique à jour, assez ressemblant à celui du grand temple de Philœ. Ses murs forment un carré parfait. Deux rangées de colonnes en font tout le tour intérieurement, et viennent aboutir au pylone. Le milieu n'est point couvert, et présente comme une espèce de cour entourée d'une colonnade.

Au sortir du portique, on pénètre dans une salle de vingt-quatre mètres de largeur et de dix mètres de profondeur. Elle est décorée de huit colonnes, dont quatre forment l'entre-colonnement du milieu, et sont plus élevées que les autres. De cette disposition il résulte que les plafonds n'ont pas partout la même élévation. Sur l'entablement des colonnes plus basses on a élevé une espèce d'attique en claire-voie pour recevoir les pierres du plafond. Les colonnes du grand ordre sont surmontées de chapiteaux en forme de campanes très évasées et très saillantes sur le nu du fût. Dans leur partie inférieure, les chapiteaux sont décorés de triangles placés les uns dans les autres, et imitant les gaînes des plantes. Des tiges de lotus avec leurs fleurs s'élèvent au-dessus. La forme des chapiteaux des colonnes du petit ordre imite le bouton de lotus tronqué. A leur partie inférieure, on voit des ornemens simulant des obélisques séparés par des bandes verticales et horizontales qui sont tout simplement gravées.

Quant aux décorations de cette salle, elles ne présentent rien de particulier. Pour la plupart, ce sont des offrandes aux dieux, qui ont une grande ressemblance avec les sculptures du portique. Dans les murs de fond, on a percé trois portes, dont la plus élevée est en face de l'entre-colonnement du milieu; les deux autres, plus petites, sont ouvertes dans l'espace qui sépare les murs latéraux des colonnes du petit ordre. La première se distingue par certains détails. On y remarque entre autres un globe ailé accompagné de deux *ubœus* sculptés sur la corniche. On juge par la surface du globe, qui n'est point polie, et par des trous qui paraissent avoir été destinés à recevoir des crampons, qu'il a dû être recouvert de métal, et sans doute d'or, pour imiter le disque du soleil dont il était l'image.

De la porte du milieu on arrive dans une espèce de sanctuaire qu'un cou-

Eug. Cicéri del^t. Bon Taylor dir^t. Finden sc.

THÈBES. MEDYNET ABOU.

Détails d'un Pilier Caryatide et d'une Colonne du Péristyle. | *Details of a Caryatide Pillar and of a column of the order of the Peristyle.*

loir isolé de toutes parts. La largeur de ce couloir est de trois mètres. Presque tous les temples égyptiens ont une pareille disposition. Les deux autres portes conduisent à de petites salles distribuées dans un espace de quatre-vingt-six pieds. Elles sont tellement encombrées aujourd'hui, qu'on n'en aperçoit guère que les terrasses. Une de ces pièces, située à l'est, possède un escalier d'où l'on pouvait arriver sur les terrasses du temple. Il est encore une autre salle derrière le sanctuaire qui est enfouie dans les décombres jusqu'à la hauteur de la porte, dont on ne voit plus que la corniche et la frise. Cette dernière est décorée d'un bas-relief représentant le croissant de la lune, avec huit divinités de chaque côté dans l'attitude de l'adoration. Un vautour dont les ailes sont déployées orne la corniche; il tient dans ses serres deux espèces de lances recourbées aux extrémités.

Une circonstance digne de remarque dans la construction du grand temple du sud, c'est qu'il est bâti en partie avec des matériaux appartenant à des monumens plus anciens; cependant nul temple peut-être dans toute l'Égypte n'offre une apparence de vétusté plus prononcée. On jugera du caractère mâle et sévère de son architecture par le dessin que nous en avons fait.

THÈBES. — MÉDYNET-ABOU.

Le péristyle du palais de Médynet-Abou frappe tout d'abord par sa masse imposante et son caractère de grandeur; mais ce qui ajoute beaucoup à l'effet qu'il produit, ce sont les piliers cariatides dont il est décoré, et ces belles colonnes de granit, aux fûts monolithes, qui n'ont pas moins de deux mètres et demi d'épaisseur.

Les piliers cariatides sont carrés, et ont deux mètres de côté. Contre la face extérieure est adossée une statue de divinité égyptienne terminée en gaîne. Ces statues ont quelque chose de monumental, et, malgré la roideur de leur attitude et la simplicité de leur forme, leur caractère d'immobilité et d'austérité impose et plaît tout à la fois. On a lieu d'admirer le fini de leur exécution et la richesse de détails du bonnet en forme de lyre, qui orne leur tête. A partir de la plante des pieds jusqu'au sommet du bonnet, les cariatides ont une hauteur de vingt-trois pieds. Les piliers auxquels elles sont adossées portent immédiatement l'architrave. Celle-ci est décorée d'une ligne de grands hiéroglyphes en creux de plus de trois pouces de profondeur, et surmontée d'une corniche où l'on voit alternativement des cannelures et des scarabées. Les faces des piliers sont également ornées de caractères hiéroglyphiques. En adossant ces statues de dieux à des piliers supportant de superbes plafonds où des étoiles d'or se trouvaient parsemées sur un fond bleu, les artistes égyptiens ont eu sans doute le dessein d'exprimer l'idée de la Divinité suprême sous la voûte céleste. Nous avons représenté le même pilier vu sous deux faces différentes, afin qu'on pût mieux l'apprécier.

Les proportions des colonnes sont massives et lourdes. Le diamètre de la partie supérieure est de six pieds. La forme du fût est conique; mais, à son apophyge, c'est-à-dire à sa partie inférieure, la colonne se termine en courbe rentrante. Elle est ornée dans cet endroit de triangles enchevêtrés les uns dans les autres. La base sur laquelle elle repose est peu élevée, et présente une portion de cercle dans son profil. Des hiéroglyphes y sont profondément gravés. Le chapiteau offre la forme d'un bouton de lotus tronqué, ainsi que nous l'avons vu déjà en plusieurs occasions. Sa partie inférieure est décorée de simples traits horizontaux et verticaux simulant des tiges de plantes. Des légendes hiéroglyphiques, accompagnées de deux *ubœus* avec des mitres, ornent sa partie supérieure. On trouve également sur les faces des dés qui supportent l'architrave, des caractères hiéroglyphiques d'une belle exécution. *Voyez*, pour les détails sur les ruines de Médynet-Abou, ce que nous avons dit dans le texte, pages 181 et suiv.

THÈBES. — MEMNONIUM.

Il existe une très grande ressemblance entre le péristyle du Memnonium et celui de Médynet-Abou. Les cariatides des deux temples ont aussi beaucoup de rapport dans leur exécution. Ici, les statues, adossées contre les piliers, sont vêtues d'une tunique longue et serrée, qui laisse apercevoir les formes, et descend jusqu'aux pieds. Élevées sur un double socle, elles tiennent d'une main un instrument terminé en forme de crochet, et de l'autre un fléau. Une ligne d'hiéroglyphes s'étend devant la robe, depuis le point où les mains se croisent jusqu'au-dessus des pieds. Plus grandes que celles de Médynet-Abou, ces statues n'ont pas moins de vingt-neuf pieds de

THEBES. MEMNONIUM.

Détails des chapiteaux de la salle hypostyle d'un pilier cariatide et de l'entablement du péristyle du tombeau d'Osymandyas.

Details of the chapiters of the Hall of the order in the hypostyle and of a caryatide column and of the entablature in the order of the peristyle of the tomb ...

haut. La forme de leur bonnet est une espèce de mitre qu'on a pu reconnaître parmi les fragmens trouvés par terre.

Toutes ces figures sont dans un état de mutilation plus ou moins grand; la plupart même n'existent plus, ou sont complétement méconnaissables. Les faces des piliers auxquels elles sont adossées présentent dans toute leur étendue des tableaux allégoriques encadrés par des bandes hiéroglyphiques. De même qu'à Médynet-Abou, l'architrave pose directement sur les piliers et sur le dé carré qui surmonte les colonnes. On y remarque une riche décoration de hiéroglyphes, et une corniche alternativement ornée de cannelures et de légendes hiéroglyphiques. Ce mélange de décorations est d'un agréable effet.

C'est dans la salle hypostyle du Memnonium qu'on trouve ces belles colonnes dont nous donnons un dessin dans cette planche. Leur forme a bien quelque ressemblance avec celles que nous avons déjà fait connaître à Médynet-Abou; mais elles sont plus gracieuses et plus riches de détails. Hautes de onze mètres y compris la base et le chapiteau, elles ont deux mètres dans leur diamètre inférieur. En prenant le demi-diamètre supérieur pour module, on trouve que la longueur du fût en contient environ dix et demi, et le chapiteau un peu moins de deux. Le galbe du chapiteau est très évasé et fortement saillant sur le nu de la colonne. Sa forme imite la fleur de lotus épanouie. Des espèces de triangles curvilignes enchâssés les uns dans les autres, et sur lesquels s'élèvent des boutons et des fleurs de lotus avec leurs tiges, décorent sa partie inférieure. De distance en distance, ces lotus sont surmontés de légendes hiéroglyphiques. Cinq liens horizontaux attachent au-dessous du chapiteau ce bouquet de plantes indigènes. On remarque encore au-dessus une décoration représentant des serpens et des hiéroglyphes. Tout le reste du fût, jusqu'aux apophyges, est orné de tableaux allégoriques. Dans cette partie, la colonne se termine par une ligne convexe serrée au-dessous par six bandes circulaires, et enjolivée de décorations particulières. Il paraîtrait qu'autrefois toutes ces sculptures étaient peintes diversement. Les vestiges qui en restent encore aujourd'hui sont de la plus belle fraîcheur, et donnent une haute idée de l'éclat des couleurs des anciens.

VUE DES DEUX COLOSSES MEMNONIUM A THÈBES.

Nous avons déjà parlé longuement de ces statues célèbres, pages 183 et suiv.; ce que nous allons ajouter ici achèvera de les faire connaître. Quoique de dimensions différentes, les deux colosses Memnonium se ressemblent à beaucoup d'égards. Tous deux sont représentés assis avec les mains sur les genoux; tous deux offrent l'image d'un Pharaon, sont exécutés avec le même art, et la matière dont ils sont formés est aussi identiquement la même: c'est un composé de cailloux agatisés liés entre eux par une pâte d'une extrême dureté. On a donné le nom de grès brèche à cette matière, qui par sa densité et sa composition hétérogène offre plus de difficulté encore que le granit à être travaillée avec le ciseau; néanmoins les artistes égyptiens en ont triomphé avec succès.

On trouve les deux colosses représentés sur la gravure, dans la plaine de Thèbes. L'un et l'autre sont tournés vers l'est-sud-est et disposés parallèlement au cours du Nil. Ils ne se trouvent point d'aplomb et penchent en arrière l'un vers l'autre. Le piédestal de celui du sud est de forme rectangulaire. Une portion seulement s'élève au-dessus du sol; le reste est enseveli sous les dépôts du fleuve. Ce piédestal a trente-deux pieds de long et seize pieds de large. Par l'inclinaison de son plan supérieur et l'inégalité du terrain, il résulte qu'il n'a pas la même élévation partout au-dessus du sol. On ne connaît pas la hauteur totale du piédestal, ni sa forme dans la partie inférieure à cause de son enfoüissement.Toutefois on a lieu de croire qu'il ne diffère pas sensiblement de celui du colosse du nord qui est à découvert.

Par l'effet sans doute d'une mutilation préméditée, on ne voit plus que les oreilles et une partie de la coiffure du colosse; les jambes, la poitrine et une portion du corps sont remplies d'aspérités provenant de la dégradation qu'elles ont subie. La pierre s'est revêtue d'une teinte noirâtre qu'on dirait être le résultat du feu, mais qui n'est probablement que l'action continue des rayons du soleil.

L'espèce de trône sur lequel la statue est assise a plus de quinze pieds de hauteur; sa largeur est de quatorze pieds un pouce. Sur les deux côtés on voit des sculptures d'une belle exécution représentant un enlacement de lotus que deux femmes paraissent occupées à enrouler autour d'une tige

Dauzats del. Bon Taylor dir. Finden sc.

VUE DES DEUX COLOSSES MEMNONIUM A THÈBES. | TWO COLOSSAL MEMNONIUM AT THEBES.

principale. La tête de ces deux femmes est couronnée de fleurs et de boutons de lotus. Des hiéroglyphes surmontent ce tableau.

On a mesuré différentes parties du colosse du sud, et l'on a reconnu que ses jambes ont six mètres, à partir de la plante des pieds jusqu'au-dessus du genou. Bien que l'extrémité des pieds n'existe plus, ils n'ont pas dû avoir moins de neuf pieds dix pouces de longueur. De chaque côté des jambes on remarque des statues de ronde bosse d'une taille de quinze pieds; ce sont les figures de deux femmes enveloppées dans une longue tunique qui leur serre les jambes l'une contre l'autre; leurs bras sont pendans, et elles tiennent dans une de leurs mains la croix à anse, attribut ordinaire des divinités; leur coiffure se compose de plusieurs rangées de grandes plumes. On remarque au-dessus de la tête une espèce de boisseau conique orné de sculptures figurant des *uræus* mitrés.

Le colosse du nord, dont les dimensions sont plus considérables, est assis sur un piédestal de trente-trois pieds trois pouces de long, dix-huit pieds de large, et douze pieds trois pouces de haut. La forme de ce piédestal est une espèce de cube allongé, terminé à sa partie inférieure par un cavet qui lie le corps du piédestal avec un socle de huit pouces. Il repose sur des fondations formées d'un amas de gros blocs de grès. Ces matériaux ont subi une très grande dégradation par suite de leur ensevelissement, et il n'est pas douteux que le tassement considérable éprouvé par la statue ne provienne de cette cause.

La face antérieure du piédestal porte une inscription grecque, qu'on dit être une épigramme du poëte Asclépiodote. Quant au trône du colosse, il a à peu près les mêmes dimensions que celui du colosse du sud, et les sculptures qui le décorent sont tout-à-fait semblables. Le dossier contre lequel il s'appuie s'élève en diminuant de largeur jusque au-dessous de la coiffure de la figure, et a plus de six mètres et demi de haut. Des fissures profondes sillonnent ce siége, et sa partie supérieure, qui était entièrement détruite, a été restaurée par assise comme le haut du colosse. La taille de celui-ci, depuis le piédestal jusqu'au sommet de la tête, est comme celle du premier de quarante-huit pieds, ce qui lui donne une hauteur totale de soixante pieds avec le piédestal. Sur ses cuisses se voient encore des cannelures assez profondes qui figurent les plis du vêtement qui les couvrait. Ce vêtement s'étendait vers les deux tiers de la cuisse à partir du dessus des hanches. Il est à regretter que l'extrême dégradation des deux colosses empêche d'apprécier le mérite de leur exécution, qui, à en juger par quelques parties, a dû être d'une grande perfection. Quoique ces deux statues ne se distinguent l'une de l'autre par rien de particulier, il en est une cependant qui jouit d'une célébrité bien plus grande; c'est le colosse du nord, désigné sous le nom de statue de Memnon, qui rendait des sons harmonieux au lever du soleil. Nous en avons fait un dessin spécial.

STATUE DE MEMNON.

Après ce que nous avons dit sur chacun des colosses dans l'article précédent, il ne nous reste à parler ici que de ce qui distingue particulièrement le colosse, dit Memnon, de celui dans le voisinage duquel il se trouve. Chacun sait que la statue de Memnon rendait des sons harmonieux au lever du soleil. Cette propriété de la statue a été constatée par toute l'antiquité grecque. Mais d'où provenait le son qu'elle rendait? On n'est pas encore d'accord sur l'explication de ce phénomène. Il n'existe pas la même incertitude sur l'espèce du son. A cet égard, tous les auteurs de l'antiquité paraissent dire la même chose. C'était une sorte de craquement, un bruit pareil à celui qui résulte du choc d'un caillou sur une pierre sonore, ou bien encore une espèce de son semblable à celui d'une corde d'instrument qui se rompt.

Sans chercher à expliquer le mystère en l'attribuant à une fraude pieuse des prêtres, ainsi qu'on l'a fait, nous nous contenterons de rapporter certains faits analogues qui jetteront peut-être quelque jour sur la question. Des bruits semblables à celui de la statue de Memnon ont été constatés dans plusieurs contrées du globe. M. de Humboldt rapporte, d'après des autorités dignes de foi, qu'en passant la nuit près des roches de granit, dans le voisinage de l'Orénoque, on entend distinctement, aux premiers rayons du soleil, un bruit souterrain assez analogue aux sons produits par un instrument. Tout récemment encore, M. Gray, de l'Université d'Oxford, vérifia la même chose dans un endroit appelé Naikous, situé sur les bords de la mer Rouge. Il entendit un murmure souterrain et continu, comme les battemens répétés d'une cloche; bientôt des tressaillemens succédèrent à ce bruit, et, à un certain instant, ils devinrent si forts, que le sable répandu sur la surface des rochers s'en détachait peu à peu. Les Arabes du désert sont

Meyer del.

STATUE DE MEMNON.

Finden.

STATUE OF MEMNON.

VUE DE SYOUT. | VIEW OF SYOUT.

VUE DE LOUQSÒR. | VIEW OF LOUQSÒR.

persuadés que ce phénomène est produit par les cloches d'un couvent de moines conservé miraculeusement sous terre. Plusieurs voyageurs parlent de bruits du même genre, qui paraissent tous se manifester au lever du soleil, en sorte que tout ce qu'il y a de mystérieux dans les sons de la statue de Memnon, pourrait bien n'avoir été qu'un simple effet de l'action du soleil sur la pierre.

VUE DE LOUQSOR.

C'est sur un monticule de décombres dominant la plaine aux bords du Nil que l'on trouve le village et les ruines de Louqsôr. Ce monticule a trois mètres de haut, sept cents mètres de long, et trois cent cinquante de large. Une pareille situation ne pouvait qu'être favorable au développement des proportions colossales de l'édifice. Aussi de quelque point qu'on y arrive, les ruines de Louqsôr dominent et se projettent sur le ciel d'Égypte comme un palais de géant. Leur étendue, à partir des obélisques qui en décoraient l'entrée au nord jusqu'à la pointe du côté opposé qui baigne dans le Nil, est de trois cent vingt mètres, et leur largeur de l'est à l'ouest est de quatre-vingts. Elles ont pour base un quai construit solidement en briques, et garni d'un revêtement à une époque postérieure pour garantir le monument des dégradations du fleuve dont il est encore menacé aujourd'hui.

Un grand nombre de constructions modernes se sont élevées au milieu des restes de Louqsôr, mais elles disparaissent devant la majesté imposante des monumens antiques qui les écrasent de leur masse. On pénètre dans l'intérieur de ces ruines sublimes à travers un magnifique pylone, composé de deux massifs pyramidaux, situés au nord, de deux cents pieds de façade, et de cinquante-sept pieds de hauteur au-dessus du niveau du sol actuel. Entre ces deux massifs était une porte de dix-sept mètres environ d'élévation au-dessus de laquelle existait une corniche élégante dont on ne voit plus que quelques arrachemens. Une grosse muraille en briques crues a été bâtie entre les deux jambages de la grande porte, où l'on a ménagé une petite porte d'environ deux mètres de hauteur. Devant le pylone s'élevaient deux obélisques. Le plus élevé est encore à Thèbes; l'autre fait aujourd'hui l'ornement de la place Louis XV. C'est celui que l'un des auteurs de cet ouvrage a été chargé de demander à Méhémet-Ali, vice-roi d'Égypte, et qu'il a obtenu. Entre ces obélisques et les massifs pyramidaux on remarquait deux statues colossales en granit rouge dont nous parlerons plus tard.

Des sculptures d'un mérite remarquable couvrent les faces du pylone. Elles représentent différens sujets, et entre autres e triomphe remporté par quelque ancien monarque d'Egypte sur un ennemi asiatique, sujet que l'on trouve répété sur plusieurs autres monumens de Thèbes et de Nubie, comme, par exemple, à Ipsamboul. Cet événement paraît avoir fait époque dans les annales de l'Égypte, et avoir fourni, de même que la guerre de Troie chez les Grecs, une foule de sujets à l'inspiration de l'artiste et de l'historien.

Après être sorti du pylone on passe dans un péristyle, espèce de cour de deux cent trente-deux pieds de long sur cent soixante-quatorze de large, autour de laquelle on voit les restes d'une double rangée de piliers. Cette cour contient une énorme quantité de terre et de décombres accumulés là depuis des siècles. On trouve aussi dans son enceinte un grand nombre d'habitations arabes. De la cour dont nous venons de parler on passe à travers un second pylone, dont la porte a le même axe que le premier, puis on arrive à une double rangée de sept colonnes de dix et même de onze pieds de diamètre sur quarante-cinq pieds de haut.

Quand on est dans cette partie on est frappé du changement de direction de l'axe du palais. Ce défaut d'alignement a fait le sujet de plusieurs interprétations plus ou moins éloignées de la vérité. Les uns l'ont attribué à des motifs religieux, d'autres à un manque de goût, d'autres encore à la nécessité de suivre les sinuosités du terrain pour trouver une base solide. L'un de nos plus savans archéologues a cru devoir l'expliquer en admettant deux monumens distincts qui auraient été bâtis à un long intervalle l'un de l'autre. Sans rejeter l'opinion de M. Champollion jeune, il nous semble qu'on pourrait penser aussi que cette déviation n'a pas moins pour cause le désir de faire correspondre une des portes de Karnac avec celle de Louqsôr. Par cette petite irrégularité dans l'intérieur du palais, on procurait à Thèbes le magnifique coup d'œil d'une des plus belles rues de l'univers. Une avenue de cent pieds de large, bordée de chaque côté par plus de six cents sphinx, ou même par seize cents selon quelques uns, conduisait ainsi d'un palais à l'autre. Il en résultait pour la ville un embellissement qui rachetait avec avantage la déviation de la ligne qui unit le palais d'Aménophis avec le Rhamesséion. La nature du terrain a pu y être également pour quelque chose.

A l'extrémité de l'édifice on trouve de petites chambres en granit, dans l'intérieur desquelles sont plusieurs niches circulaires et des peintures chrétiennes. Ces chambres ont sans doute servi de chapelles à des chrétiens dans le temps où ils peuplaient la Thébaïde. L'édifice est généralement construit en pierres. En le parcourant du sud au nord on rencontre plusieurs salles dont le comble consiste en de grands blocs s'appuyant d'une colonne à l'autre, et s'étendant des colonnes sur le mur. Un sanctuaire ou chapelle royale existe au milieu de ces appartemens. Un second sanctuaire est enfermé dans le premier. Il porte une dédicace du fils d'Alexandre que l'on reconnaît très bien à ses traits enfantins. Cette dédicace curieuse, unique témoignage peut-être du règne éphémère d'un prince enfant, a été traduite par Champollion jeune; nous pensons qu'on ne la verra pas sans intérêt : « Restauration de l'édifice, faite par le roi, fils du Soleil, seigneur des Diadèmes, Alexandre, en l'honneur de son père Ammon-Ra, gardien des régions de Thèbes. Il a fait construire le sanctuaire nouveau en pierres dures et bonnes à la place de celui qui y avait été fait sous la majesté du roi Soleil, seigneur de Justice, le fils du Soleil Aménophis, modérateur de la région pure. »

Grâce aux recherches et à la science profonde de l'homme que nous venons de nommer, nous pouvons maintenant préciser l'époque de la construction de chacune des parties dont se compose ce grand édifice. C'est à Pharaon *Aménophis Memnon* (Amenothph III), de la XVIIIe dynastie, qu'il faut attribuer la fondation du palais de Louqsôr. Toute la série d'édifices qui vont du sud au nord à partir du Nil jusqu'aux quatorze grandes colonnes, ont été bâtis par ce prince. C'est à ce règne qu'il faut aussi rapporter ces colonnes. Les architraves des autres colonnes, au nombre de cent cinq, qui ornent les salles intérieures et les cours, portent toutes des dédicaces au nom du roi Aménophis. Ce sont de grands hiéroglyphes d'un relief peu saillant et d'un excellent travail.

Les proportions de ces colonnes manquent généralement de grâce. Le bas du chapiteau est renflé du cinquième environ du diamètre de la partie supérieure, et présente l'aspect d'une capsule où sont réunis huit boutons de lotus tronqués. Un des carrés dont les côtés égalent le diamètre du tambour sont placés au-dessus des chapiteaux. C'est sur ces dés que porte l'architrave, laquelle reçoit intérieurement les pierres du plafond, et, à l'extérieur, est ornée d'une baguette surmontée d'une corniche. La hauteur de cet entablement est de deux fois le chapiteau. Des hiéroglyphes profondément sculptés en forment les décorations.

On voit dans notre planche à gauche les deux obélisques, le pylone, le péristyle, les quatorze colonnes dont nous avons parlé, et une suite d'autres constructions, en tirant sur la droite, qui appartiennent au palais d'Aménophis. Il ne reste plus du Rhamesséion de la rive droite que le vaste péristyle, le pylone, quatre colonnes et un obélisque. Ce que l'on aperçoit au loin, de l'autre côté du fleuve, ce sont les montagnes de la chaîne libyque. *Voyez* aussi le texte, pages 180 et suiv.

LES OBÉLISQUES DE LOUQSOR.

Aujourd'hui qu'on possède à Paris un de ces curieux monolithes, dont tant de voyageurs ont parlé, les savans qui n'ont pu visiter l'Égypte peuvent vérifier la justesse des éloges qu'on leur a donnés de tout temps. C'est vis-à-vis le pylone nord du Rhamesséion de Louqsôr, ainsi que nous l'avons déjà dit à l'occasion de la planche précédente, que s'élevaient les obélisques. Quoique inégaux dans leurs dimensions, ils n'en étaient pas moins d'un très bel effet. Tous deux ont été donnés à la France. On a choisi celui qui s'élevait à droite en entrant dans le palais comme beaucoup plus intéressant pour l'histoire. Sa hauteur est de vingt-trois mètres cinquante-sept centimètres. Le sommet ou pyramidion est un peu endommagé. Il mesure à sa base une largeur de deux mètres trente-neuf centimètres. Son poids, d'après ces dimensions, doit être de cent soixante-douze mille six cent quatre-vingt-deux kilogrammes (352,797 livres). Celui qui est resté est un peu plus élevé : il a vingt-cinq mètres trois centimètres de hauteur, en y comprenant le pyramidion, qui a deux mètres cinquante-six centimètres : sa base a deux mètres cinquante-un centimètres de largeur en tous sens.

Pour remédier à cette inégalité des deux obélisques, l'architecte les avait posés sur des socles inégaux, en sorte que le petit dépassait le grand de la moitié de l'excédant de leur longueur. Il était aussi placé sur un plan plus

Eug. Cicéri del. — Bon Taylor dir. — Finden sc.

LES OBÉLISQUES DE LUQSOR. — THE OBELISQUES OF LUQSOR.

avancé, ce qui avait été fait sans doute dans la vue de dissimuler la différence d'épaisseur.

La nature du granit des obélisques est rose, et d'un grain très pur. Il paraît avoir été tiré des carrières situées dans les montagnes de Syène. Les arêtes de ces monolithes sont vives et bien dressées; et ce qui peut paraître singulier, c'est que les faces n'offrent point des lignes parfaitement planes; la partie extérieure présente une convexité de trente-quatre millimètres.

Rhamsès-le-Grand a fait ériger ces monumens pour décorer le Rhamesséion, ainsi qu'on le voit dans une inscription hiéroglyphique de l'obélisque de gauche, dont voici la traduction : « Le seigneur du » monde, Soleil gardien de la vérité (ou justice), approuvé par Phré, a » fait exécuter cet édifice en l'honneur de son père Ammon-Ra, et il lui a » érigé ces deux grands obélisques de pierre devant le Rhamesséion de la » ville d'Ammon. »

Les caractères hiéroglyphiques sont sculptés avec beaucoup de précision, et une grande pureté de dessin. Leur disposition présente trois colonnes verticales. Ceux de la colonne du milieu sont creusés à la profondeur de quinze centimètres, et ont un poli parfait : ceux des colonnes latérales ont été seulement piqués à la pointe. Par l'effet de cette combinaison qui établit des reflets et des tons variés, tout paraît net et distinct, et l'on aperçoit jusqu'aux moindres détails.

Notre planche offre à droite et à gauche les deux obélisques, qui se projettent sur les massifs pyramidaux du gigantesque pylone situé au nord de Louqsôr. Entre les deux obélisques, et sur un plan un peu plus reculé, on voit les bustes de deux colosses placés de chaque côté d'une petite porte pratiquée dans le mur en briques crues, dont nous avons parlé précédemment.

Chacune de ces statues colossales est d'un seul bloc de granit rouge mélangé de noir. Toute la partie inférieure est enfouie dans des décombres. Le visage est horriblement mutilé, et à peine le reste de leurs formes est encore connaissable. Des bonnets très élevés et ressemblant un peu à des mitres surmontent leur tête. Sous les bonnets, la coiffure paraît soigneusement arrangée. Ces statues ont le cou entouré de riches colliers. Elles ne portent qu'une espèce de vêtement d'étoffe rayée et plissée qui s'attache à une ceinture nouée sur les reins et serrée au-dessus des genoux. La hauteur des deux colosses est de treize mètres à partir du sol ancien. Ils sont assis sur des dés cubiques. La distance entre leurs deux épaules est de quatre mètres; l'un des doigts de la main a cinquante-quatre centimètres. Celui du côté de l'ouest a dans le bonnet une veine de couleur jaune très remarquable. Il est adossé contre un petit obélisque pris dans le même bloc que lui.

HERMONTES. — VUE DU TEMPLE, PRISE A L'OUEST.

C'est à huit milles de Médynet-Abou, et sur la même rive du fleuve, qu'on trouve l'ancienne *Hermonthis*. Les ruines de cette ville sont considérables et pleines d'intérêt. Son temple surtout est de nature à piquer la curiosité de l'archéologue. On croit qu'il a été construit en commémoration de l'accouchement de la reine Cléopâtre, fille de Ptolémée-Aulétès, lorsqu'elle mit au monde *Césarion*, fils de Jules-César. Cette assertion est fondée sur l'explication d'un bas-relief qui existe dans une petite chambre faisant partie de la *cella* du temple. Cette chambre est appelée le *lieu de l'accouchement* dans les inscriptions hiéroglyphiques. Un autre bas-relief sculpté sur la paroi gauche de la seconde pièce composant la *cella*, représente les relevailles de la reine Cléopâtre, et est une suite du premier bas-relief. Il y a d'autant moins lieu de douter de cette interprétation, que toutes les dédicaces et inscriptions qui existent intérieurement et extérieurement sont faites au nom de Ptolémée-Césarion et de sa mère Cléopâtre.

Le temple est fort petit. Toutefois il est remarquable par l'originalité du plan et par les sculptures qui le décorent, dont aucun autre monument de l'Égypte n'offre l'analogue. Quoique très endommagé aujourd'hui, il ne paraît pas avoir jamais été achevé. La partie du portique est restée sans être ragréée; les chapiteaux des colonnes de l'espèce de *pronaos* qui précède le temple, sont demeurés avec leurs masses seulement dégrossies, et attendent encore les sculptures. Au lieu des hiéroglyphes dont les panneaux de l'édifice étaient destinés à se couvrir, on ne voit que le massif où devait être pris le relief. Il n'y a guère que le sanctuaire qui se trouve complétement terminé.

Un Kachef s'est installé dans cet édifice, où il s'est construit une maison,

Bᵒⁿ Taylor del. · Finden sc.

ERMANTIS. VUE DU TEMPLE PRISE A L'OUEST. | HERMONTES. VIEW OF THE TEMPLE FROM THE WEST SIDE.

Wm. Taylor del. — Finden sc.

[illegible]. VUE DU TEMPLE PRISE A L'OUEST. | HERMONTES. VIEW OF THE TEMPLE FROM THE WEST SIDE.

Eug. Ciceri del. Finden sc.

RUINES DU TEMPLE D'HERMONTES. RUINS OF THE TEMPLE OF HERMONTES.

une basse-cour et un pigeonnier, en élevant des murs en terre blanchis à la chaux, qui coupent et masquent le temple. Le côté que nous avons représenté est celui de l'ouest. Voyez pour d'autres détails pages 186 et suivantes.

ENVIRONS D'ESNÉ. — LATOPOLIS.—VUE D'UN TEMPLE A CONTRA-LATO.

Latopolis fut le nom primitif d'Esné, à cause, disent quelques auteurs, d'un certain poisson dont l'espèce est aujourd'hui perdue, et qui était adoré autrefois dans cette ville; mais il est plus probable que ce nom signifie la cité de Latone. Cette déesse est la *Bouto* des Égyptiens, divinité très importante de leur mythologie et renommée autrefois par ses oracles. Vraisemblablement le magnifique temple d'Esné lui fut consacré. Il appartient par la perfection de son style à une des époques les plus élégantes de l'architecture égyptienne. On trouve ce temple sur la grande place près du bazar; il sert maintenant de magasin aux récoltes de coton.

Il y a peu d'années que l'on voyait encore sur la rive orientale du Nil un autre temple beaucoup moins grand, mais très pittoresque, et distingué par la régularité de son plan et la beauté de quelques uns de ses détails: c'était le temple de *Contra-Lato*. Aujourd'hui il n'existe plus. Les habitans d'Esné l'ont démoli pour consolider le quai de leur ville que le fleuve menace d'emporter. Ce monument était un des plus frustes de toute l'Égypte. Il se composait d'un portique formé de quatre colonnes de face, de deux pilastres et de deux colonnes de profondeur. Les deux colonnes du milieu étaient surmontées de chapiteaux à tête d'Isis; les deux autres avaient des chapiteaux évasés. C'était peut-être le seul temple où ces deux modes d'ornemens fussent réunis dans un même portique.

Une porte était prise dans l'épaisseur du mur latéral à droite du portique, et servait sans doute de petit sanctuaire à déposer les offrandes. Le grand sanctuaire était au milieu du temple avec deux pièces latérales dont une était détruite. Quoique dans un état d'extrême dégradation, les accessoires ne laissaient pas d'être assez bien conservés. La petite ville de Contra-Latopolis était bâtie auprès de ce monument dont l'enceinte s'élevait un peu au-dessus d'elle.

TEMPLE AU NORD D'ESNÉ.

Ce temple est situé sur la droite de la route d'Hermonthis, dans la plaine, à trois quarts de lieue au nord d'Esné, et à deux cent cinquante mètres environ des bords du fleuve. Il est fort détérioré. Des fondations assez peu solides ou un sol mouvant ont occasionné des affaissemens qui ont hâté la ruine de cet édifice. Une partie des colonnes a perdu son aplomb, l'une d'elles est même enfoncée de près d'un mètre, et les plates-bandes qui formaient le plafond du portique se sont dérangées ou écroulées par morceaux. La chute de deux autres colonnes de la façade a entraîné celle de la corniche et de l'architrave. Les murs latéraux des portiques se composaient d'un double parement qui laissait entre eux un espace vide dont on ignore l'usage.

Quant à la décoration, les pièces de derrière le portique sont fort négligées et de dimensions exiguës. Le sanctuaire n'existe plus. Il paraît que extérieurement une galerie régnait tout à l'entour du temple. On a pu reconnaître par des fouilles récentes que d'autres constructions ont existé autrefois devant cet édifice à une distance de quelques mètres. Son portique est supporté par huit colonnes d'un mètre vingt-trois décimètres de diamètre sur cinq mètres et demi de hauteur, avec des chapiteaux évasés, très variés dans les ornemens qui les décorent. On y remarque le lierre, la feuille de vigne, et des rameaux de palmiers chargés de leurs fruits. Ces colonnes sont disposées sur un double rang parallèle à la façade. Quatre d'entre elles se trouvent engagées dans les murs d'entre-colonnement et dans la porte d'entrée, percée au milieu de l'édifice.

En avant du temple sont des décombres provenant d'une cour ruinée qui, dit-on, existait dans cet endroit. Les murs extérieurs et intérieurs du portique sont recouverts de hiéroglyphes d'un style maigre et d'une molle exécution. Quelques figures d'astronomie assez grossièrement faites que l'on voit dans le plafond, attestaient que ces temples étaient consacrés à l'histoire des temps et du mouvement des astres. Un sol dur, nu, désert et balayé par le vent, s'étend aux environs de cet édifice qui paraît parfaitement isolé.

I

Eug. Ciceri del.t Bon Taylor dir.t Finden sc.t

ENVIRONS D'ESNÉH LATOPOLIS. | THE SUBURBS OF ESNEH. LATOPOLIS.

II

Eug. Ciceri del.t Bon Taylor dir.t Finden sc.t

VUE D'UN TEMPLE AU NORD D'ESNÉH. | VIEW OF A TEMPLE IN THE NORTH OF ESNEH.

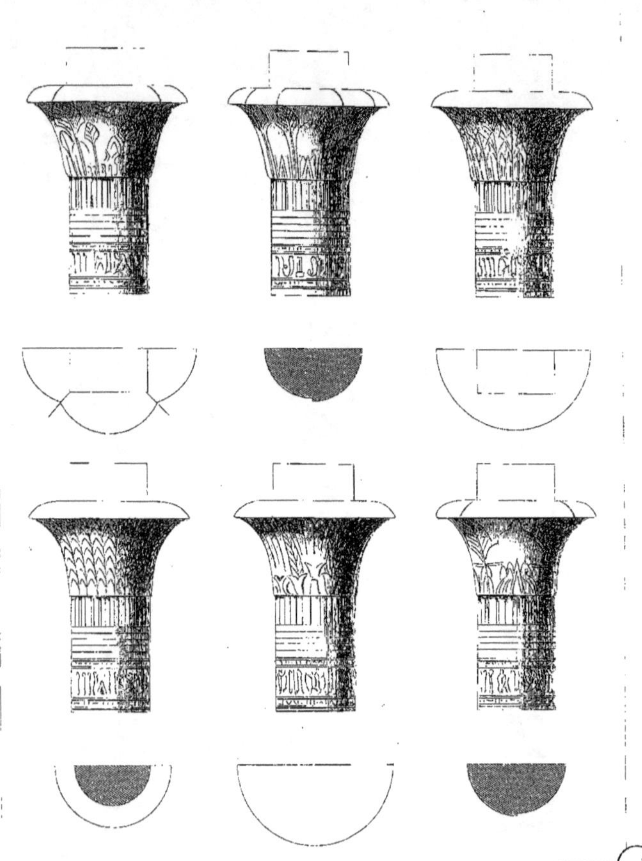

Eug. Isabey del.t Bon Taylor dir.t Finden sc.t

LATOPOLIS.

Plans et élévations de six chapiteaux du Portique d'Esneh. | *Plans and elevations of six chapiters of the Portico of Esneh.*

Eug. Cicéri del.t B.on Taylor dir.t Finden

EL KAB. ELETHIA. VUE DES ÉDIFICES.

EL KAB. ELETHIA. VIEW OF THE EDIFICES.

PLAN ET ÉLÉVATION DE SIX CHAPITEAUX DU PORTIQUE D'ESNÉ.

On a pu déjà se faire une idée du style des chapiteaux que nous présentons ici par la description que nous avons donnée des deux temples d'Esné; mais c'est surtout dans les colonnes du grand temple que la perfection de ce genre d'architecture est plus évidente. Ces chapiteaux à forme évasée sont d'un très bel effet. Les ornemens qui les décorent, quoique presque tous différens, appartiennent plus spécialement au style pur de l'architecture égyptienne, excepté la représentation du lotus, plante qui est venue de l'Inde. En effet, la vigne, le jonc, le palmier, qu'ils emploient dans leurs sculptures, sont des productions indigènes.

Sur vingt-quatre colonnes qui embellissent le temple, quinze chapiteaux présentent entre eux des modifications. Les six que nous avons dessinés appartiennent à la façade : leur symétrie est parfaitement observée. Ils ont la même saillie sur le fût de la colonne et la même hauteur. Vus d'une certaine distance, leurs décorations disparaissent, et on les croirait tous semblables; mais de près on découvre sur chacun d'eux une foule de détails intéressans, tels que la feuille et le régime du palmier, la vigne et sa grappe, le jonc et le lotus. Ces plantes paraissent attachées sur le fût de la colonne par cinq liens horizontaux qui contribuent à la décoration.

Des sections faites à différentes hauteurs ont été tracées au-dessus de ces chapiteaux pour marquer les saillies de leurs diverses parties. Les uns se composent d'une campane régulière et continue; les autres sont découpés en quatre ou huit divisions. Ceux à feuilles de palmier ont la campane découpée en autant de parties qu'il y a de palmes. Le gigantesque des proportions, l'élégance du galbe, et la diversité des ornemens qui distinguent particulièrement ces chapiteaux, en font des morceaux d'architecture admirables.

EL-KAB. — ÉLÉTHIA. — VUE DES ÉDIFICES.

El-Kab est un simple village moderne bâti sur les ruines de l'antique *Eléthyia*, la ville de *Lucine*. Il est situé sur la rive droite du Nil, à quelques lieues au sud-est d'Esné. Ses environs offrent des ruines assez considérables.

L'aspect de la rive sur laquelle elles gisent ressemble à ce qu'on voit presque tout le long des bords du fleuve au-dessus du Delta; c'est une plaine rase, cultivée dans le voisinage du Nil, et desséchée, stérile, dans tout le reste. Un rideau de roches calcaires, nues et blanchâtres, borde le fond de cette plaine qui n'est entrecoupée que par quelques sombres catacombes.

En arrivant à El-Kab du côté du nord, on aperçoit en face une vaste enceinte carrée qu'on dirait être une espèce de retranchement en terre au milieu duquel on voyait le sommet d'un groupe de colonnes, et çà et là quelques pans de mur. Entre cette enceinte et le village d'El-Mahammed, s'élevait un petit temple isolé; enfin un peu plus loin, on découvrait une énorme masse de pierre avec une ouverture qu'on prendrait pour une porte de dimension gigantesque, et qui n'est qu'une carrière.

La grande enceinte offre une étendue de six cent quarante mètres de côté, neuf mètres de hauteur, et onze mètres cinquante centimètres d'épaisseur. Elle est construite en briques crues d'un brun cendré, qui ont plus de quatorze pouces de hauteur. On employait ordinairement ces vastes enceintes de briques cuites au soleil, à entourer un temple, un palais ou un ensemble d'édifices de ce genre. Une porte colossale en pierre, flanquée de môles énormes, s'élevait au milieu de l'un ou de plusieurs des côtés de la clôture. La fragilité de ces murs de clôture n'ayant pu soutenir la durée des portes, les enceintes sont disparues et ont laissé les portes isolées d'une manière souvent bizarre. Ici, c'est le contraire qui a eu lieu : la porte principale n'existe plus, et le mur d'enceinte s'est conservé.

Cependant, quoique, ainsi que nous venons de le dire, ces murs de briques servissent en général à enclore un ensemble d'édifices publics ou de monuments, il est probable que la vaste enceinte d'El-Kab était celle de l'ancienne ville d'Eléthya. Le long de la face nord de l'intérieur de cette clôture, on voit encore les restes d'un assez grand nombre de maisons qui présentent l'aspect des ruines des villages modernes. Les matériaux qui ont servi à bâtir ces maisons, paraissent évidemment provenir de quelques démolitions du mur d'enceinte. Quant aux restes des édifices publics qui subsistaient encore il y a quelque temps, ils étaient tous réunis dans une seconde enceinte carrée ayant le même centre que la première et des côtés qui lui sont parallèles. Aujourd'hui on n'y trouve plus une seule colonne debout. Tout ce qui restait des deux temples intérieurs, ainsi que le temple entier situé hors de la ville, a disparu. Des décombres les remplacent, et ceux-ci

Dauzats del. — Bon Taylor dir. — Finden sc.

VUE GÉNÉRALE D'EDFOÛ. | SKETCH OF EDFOÛ.

même disparaîtront bientôt sous l'envahissement des sables de la montagne.

Il a été néanmoins possible à M. Champollion d'arriver à connaître, d'après l'inspection de quelques débris, que le temple d'Eléthyia dédié à *Sévek* et à *Sowan* (Saturne et Lucine), était le produit de diverses époques pharaoniques. Ceux renfermés dans la ville avaient été bâtis et décorés sous les règnes de la reine Amensé, de Thouthmosis III, son fils, connu sous le nom de Mœris, et sous ceux d'Aménophis-Memnon et de Rhamsès-le-Grand. Deux princes de race égyptienne, Amyrtée et Achoris, y avaient fait aussi des réparations et des additions. Du reste on ne trouvait rien à Eléthyia qui rappelât l'époque grecque ou romaine. Le temple qui s'élevait hors la ville appartenait au règne de Mœris.

Nous avons représenté dans notre planche quelques unes des ruines dont on a à regretter maintenant la disparition. On y voit sur le devant une portion de mur qui a dû servir d'enveloppe aux autres constructions. A gauche, est une petite colline de sable cachée en partie par un reste d'édifice dont les murs étaient couverts d'hiéroglyphes. Enfin, sur la droite de la vue, se dressent six colonnes disposées sur deux rangs et ne supportant plus que leurs architraves. Tous les chapiteaux sont de même forme et ont les mêmes ornements, ce qu'on ne voit pas toujours, même dans les plus beaux édifices égyptiens. Les hypogées ou tombeaux creusés dans la chaîne arabique qui est peu éloignée de la ville, sont pour la plupart d'une haute antiquité. On y trouve un très grand nombre de tableaux rappelant la vie privée des anciens Égyptiens.

VUE GÉNÉRALE D'EDFOU.

Le village d'Edfoû est situé sur la rive gauche du Nil, à environ mille mètres du fleuve et à cinq myriamètres au-dessus d'Esné. Son étendue est assez considérable. Il est peuplé en grande partie de Mahométans; le reste est composé de Cophtes et de chrétiens. On rencontre à Edfoû une grande quantité d'Arabes de la tribu des *Abâbdeh*, tribu fort curieuse par ses mœurs, sa physionomie, et surtout par l'usage des cheveux longs qui la distingue au milieu de tous les peuples orientaux. On les voit quelquefois arriver à ce village par grandes troupes, descendant le Nil à cheval sur des faisceaux de joncs, de roseaux ou sur des troncs de dattiers, avec leurs habits et leurs armes sur la tête. La principale industrie d'Edfoû est la fabrication des poteries. Les vases qui sortent de ce pays jouissent d'une grande réputation par leurs belles formes et l'identité de leur galbe avec ce que l'on voit d'analogue dans les anciennes peintures égyptiennes.

Mais ce qui signale surtout Edfoû aux voyageurs, ce sont deux édifices d'une grande beauté, restes précieux de l'antique ville d'*Apollinopolis*, dont le village occupe aujourd'hui la place. Ces monuments consistent en deux temples de proportions bien différentes, désignés l'un par le nom de grand temple, et l'autre par celui de petit temple. Peu éloignés l'un de l'autre, on les rencontre tous deux vers le nord-ouest du village au pied d'une chaîne de monticules provenant des ruines de l'ancienne ville ensevelie sous les sables. De même que dans tous les lieux où nous avons vu de ces monticules, les hauteurs de ceux-ci sont parsemées de tessons de poteries, de fragments de briques et de toutes sortes de débris.

De plus de deux lieues d'Edfoû on aperçoit le grand temple qui s'élève au-dessus du village et domine tous les environs. Les habitans du pays ont bâti leur demeure au pied et sur le faîte du monument; une grande partie du village se trouve ainsi agglomérée sur la terrasse même du temple et produit l'effet le plus singulier. A l'aspect de ces misérables masures superposées sur la plate-forme comme une exubérance parasite, on se demande si les hommes qui les habitent aujourd'hui sont bien les descendans de ces peuples puissans qui construisirent les colossales murailles que l'on a devant les yeux. La grandeur du passé, la faiblesse du présent, confondent la pensée, et feraient presque croire à une nature dégénérée, si l'on ne savait tout ce que peuvent les lois et les doctrines religieuses sur les hommes.

Dans la vue générale que nous avons faite d'Edfoû, on aperçoit vers le milieu, le grand temple avec son gigantesque pylone, dont les combles sont tout couverts de fabriques modernes ainsi que le petit temple à côté. A droite et à gauche s'étend le village; sur le plan de devant est la route qui conduit à Esné, et derrière s'élèvent les sinuosités de la chaîne lybique.

INTÉRIEUR DU TEMPLE D'APOLLINOPOLIS.

Le grand temple d'Edfoû est, parmi les monumens sacrés de l'Égypte, l'un des plus importans dans son ensemble et des plus complets dans les

INTÉRIEUR DU TEMPLE D'APOLLINOPOLIS. | INTERIOR OF THE TEMPLE OF APOLLINOPOLIS.

détails. Il est situé sur la gauche du fleuve, au nord-ouest du village, sur une petite éminence au milieu d'une vaste plaine. Quoique d'une grande étendue, ce temple n'a rien néanmoins de compliqué dans ces distributions. La simplicité de sa disposition résulte de la symétrie de son plan. Il se compose d'un sanctuaire parfaitement isolé tout autour par des corridors, de deux salles et de deux portiques qui précèdent le sanctuaire. Une enceinte générale enferme ces différentes parties; au bout de l'enceinte est la porte comprise entre deux massifs pyramidaux qui la flanquent de chaque côté. Un grand espace vide entouré de colonnes se trouve ainsi entre cette porte et celle du portique : c'est le péristyle. Le temple et l'enceinte ont tous deux la forme d'un T, ce qui résulte du portique qui dépasse le temple en largeur, de la même manière que l'enceinte est dépassée par la grande façade.

Cette disposition de la façade du portique et de l'enceinte fait que la cour sur les quatre côtés est environnée de colonnes. La façade du portique en a six plus grandes que les autres; le côté opposé dix, et les deux parties latérales en ont chacune douze; ce qui ne fait cependant que trente-huit en tout à cause des angles où la même colonne sert à deux rangées. Une belle galerie couverte est formée par ces colonnades et se continue jusque vers l'entrée où elle est interrompue.

Ce qu'il y a surtout de remarquable dans cette galerie et dans cette cour, c'est le rapport qu'on a observé dans la hauteur des colonnes : chacune d'elles en avançant vers le portique a sa base plus élevée que la précédente; en sorte que tout cet espace qui est de cent trente-deux pieds, se trouve divisé en douze degrés de la largeur de l'entre-colonnement, c'est-à-dire de douze pieds. Malgré cette étendue, les marches n'ont guère que quatre pouces et demi d'élévation. La dernière supporte le portique et sert de parvis au temple.

D'une pareille inclinaison devait résulter, dans les jours de grandes cérémonies, le spectacle le plus magnifique. Qu'on se figure le collége des prêtres escortant le prince entouré des principaux personnages de sa cour richement vêtus, debout sur ce majestueux perron, tandis que la foule des initiés occupe les degrés inférieurs, suivie des guerriers, puis du peuple qui s'agite au bas du péristyle. Combien devait être grand et solennel le tableau de cette multitude partagée ainsi en douze étages gradués, s'avançant lentement au chant des hymnes religieux!

Extérieurement et intérieurement le grand temple d'Edfou est embarrassé par des amas de décombres qui en obstruent les issues et cachent des statues colossales jusqu'à la tête, dont on voit seulement les immenses coiffures. Les propylées ou massifs pyramidaux de l'entrée ont chacun à peu près cent quatre pieds de long, trente-sept pieds de large et environ cent quatorze pieds de haut. Les dimensions de leurs bases vont en diminuant graduellement jusqu'aux sommets qui n'ont que quatre-vingt-quatre pieds de long sur vingt de large. Le temple, y compris les massifs de la façade, a une longueur totale de quatre cent vingt-deux pieds, sur une largeur de deux cent douze pieds.

Entre les môles s'élève la porte, de chaque côté de laquelle on voit saillir deux blocs de pierre destinés sans doute à porter deux statues. Sur la façade de chacun des môles sont deux longues niches qui paraissent avoir contenu des obélisques ou des ornemens analogues. Trois rangées de figures très bien sculptées ajoutent encore aux décorations de ces massifs pyramidaux. De beaux escaliers sont pratiqués dans l'intérieur de chacun d'eux, et conduisent à de grands appartements éclairés par de petites fenêtres percées sur les côtés.

Après avoir traversé la porte dont nous venons de parler, on entre dans une cour environnée de piliers. Cette cour d'entrée ou pronaos est très vaste et dans un meilleur état de conservation que tout ce que l'on voit en Égypte en ce genre, malgré le grand nombre de cabanes d'Arabes qui l'encombrent. Ils ont bâti une partie de leur village jusque sur les combles et y ont établi des étables pour leurs bestiaux. Une haute muraille peu épaisse enveloppe entièrement l'édifice; cette muraille est couverte de figures hiéroglyphiques. Celle du pronaos est jointe, par une espèce de voûte, aux chapiteaux des colonnes qui règnent tout autour, en sorte que le pronaos est entouré d'une belle galerie couverte.

On ne conçoit pas au premier abord l'état d'enfouissement où se trouve ce monument. Des salles de dix mètres de haut, de vastes portiques ont été transformés par les *fellah* en véritables souterrains où il est à peine possible de se mouvoir. La manière dont cela s'est opéré est une preuve de l'action puissante qu'ont les petites choses sur les grandes, quand cette action est continue. Comme les salles du temple d'Edfoû étaient éclairées par des fenêtres en forme de soupirail qui s'ouvraient au plafond, c'est par là que journellement, depuis des siècles, on a fait passer les cendres, le fumier et

Cicéri del. — Bon Taylor dirt. — Finden sc.

INTÉRIEUR DU PORTIQUE DU GRAND TEMPLE D'EDFOÛ.

INTERIOR OF THE PORTICO OF THE GREAT TEMPLE OF EDFOÛ.

toutes les ordures des étables, à tel point que les salles et les portiques se sont encombrés peu à peu de presque toute leur hauteur, sans que les immondices soient passées par les portes. Toutes les issues étant bouchées, on ne peut visiter les salles qu'une à une et en y pénétrant par des ouvertures pratiquées sur la plate-forme d'où il faut se glisser comme dans un puits.

Quoique ce monument soit d'un grand effet par sa masse, il porte néanmoins l'empreinte de la décadence de l'art égyptien. Il appartient tout entier au règne des Ptolémées, époque où la simplicité antique est remplacée par une profusion d'ornemens qui signale la transition entre la majestueuse sévérité des monumens des pharaons, et le mauvais goût que l'on remarque dans le temple d'Esné, bâti sous les empereurs.

On juge ici de la beauté de cette enceinte entourée de ses galeries de colonnades. En avant de la porte d'entrée se dresse le gigantesque pylone avec ses massifs pyramidaux tout couverts de sculptures. Ce monument, comme on voit, est fort peu dégradé, et sans les décombres qui l'obstruent, il offrirait encore un assez bel état de conservation. Il n'est guère que les murs d'entre-colonnement du portique et le couronnement du pylone qui soient notablement altérés. Du reste, les sculptures mêmes ont généralement peu souffert, ce qui est très rare.

INTÉRIEUR DU PORTIQUE DU GRAND TEMPLE D'EDFOU.

Après ce que nous avons dit du grand temple d'Apollinopolis, le dessin que nous donnons ici complète entièrement l'idée qu'on a pu se former de ce beau monument. Des deux portiques qui précèdent le temple, l'un est intérieur, l'autre extérieur. Le premier se compose de dix-huit piliers disposés en trois rangées de six piliers chacune; les piliers du centre sont plus écartés que les autres et forment un large passage. Ce portique est de toute beauté; malheureusement il est aux trois quarts couvert de ruines.

Le portique extérieur se trouve moins encombré que l'autre, bien que du côté du levant il y ait encore plus de dix mètres de haut de débris et de poussière. Quant à l'entrée, elle est totalement obstruée. Il n'y a que la corniche qui soit découverte, et les chapiteaux des colonnes du côté du levant; toutefois, ce n'est qu'avec peine que l'on peut passer sous les soffites. Arrivé dans ce portique, on est dédommagé de la difficulté de l'entrée en présence des beautés qui se dévoilent aux regards. Rien de plus magnifique que cette belle ordonnance de chapiteaux, de dés et d'architraves si bien proportionnés; décorés de sculptures d'une exécution si délicate et si bien entendue que toutes les lignes se balancent avec une admirable harmonie.

On dirait que ces gigantesques chapiteaux qui lèvent leur tête du milieu des décombres, augmentent encore de beauté par le contraste qu'ils font avec ce qui les entoure. C'est ici, mieux que partout ailleurs, que l'on peut voir à l'aide du rapprochement tous les détails de ce genre de sculpture. Dix-huit colonnes ornent aussi ce portique; les plus grosses ont près de vingt pieds de tour, et quarante pieds de haut sous les soffites. Le développement du chapiteau a trente-six pieds de circonférence. Tous ceux d'une même rangée diffèrent entre eux; mais ils se répètent symétriquement en face dans leur correspondant. Le chapiteau à feuilles de dattier ne se trouve qu'une seule fois dans chaque moitié du portique. Celui qui est placé dans l'angle est des plus simples et des plus fréquens. Il se distingue par quatre grandes palmettes qui sortent du milieu de larges gaînes, et répondent aux quatre angles du dé. Le plus fréquent de tous est celui qu'on rencontre le premier en entrant. Il est orné de quatre étages de calices de lotus, dont trois volutes soutiennent chaque tête. Le galbe général de tous les chapiteaux est en gorge ou en cloche renversée, qui est la forme du calice de lotus: celui à feuilles de dattier est seul excepté.

La façade du portique d'Edfoû depuis le seuil de la porte jusqu'au couronnement, est toute couverte de sculptures. Pas une place qui n'ait son ornement: les murailles, les cordons, les corniches, les fûts des colonnes, les chapiteaux, les dés en sont remplis. Il est vrai de dire cependant que la confusion ne naît point de cette grande prodigalité. Tout se voit, tout se distingue, et placé à la distance que commande la proportion du monument, l'œil aperçoit les formes générales sans altération. Cette harmonie résulte aussi de ce que les sculptures étant peu profondes et peu saillantes, elles se détachent doucement sur un fond parfaitement lisse, ce qui permet de les distinguer en laissant intacts les galbes des corniches

Eug. Cicéri del. Bon Taylor dir. Bernard sc.

EDFOÛ. APOLLINOPOLIS MAGNA.

VUE DU PETIT TEMPLE. | VIEW OF THE LITTLE TEMPLE.

et des chapiteaux, et généralement toutes les lignes dont la beauté résulte de leur non-interruption.

EDFOU — APOLLINOPOLIS MAGNA. — VUE DU PETIT TEMPLE.

A une distance de cinq cent soixante-sept pieds environ au sud-ouest du grand temple, est le petit temple ou Typhonium, aujourd'hui presque entièrement détruit. Sa forme est quadrangulaire; il a soixante-quatorze pieds de longueur, quarante-cinq pieds de largeur et vingt-trois pieds et demi environ de hauteur. Il se compose de deux salles et d'une galerie de colonnes qui l'entoure des quatre côtés, ce qui l'a fait nommer temple *périptère*. Des piliers massifs en terminent les angles. Chaque face latérale a six colonnes, les autres en ont deux; celles-ci ont des entre-colonnements plus larges. A l'extérieur, les côtés latéraux des galeries sont enterrés jusqu'au-dessus des chapiteaux. Intérieurement, les galeries ont quatorze pieds de décombres. Les salles et l'entrée du temple sont beaucoup moins encombrées. La galerie du nord est celle où le sol est le plus exhaussé; à peine y a-t-il la hauteur d'un homme entre le plafond et les décombres.

On montait sur la plate-forme du temple par un escalier fort étroit dont la largeur n'excède guère dix-neuf pouces. Les marches en sont fort peu élevées, comme dans tous les escaliers égyptiens. Il a deux rampes, et débouche dans le massif de la seconde porte. L'une des rampes est prise dans l'épaisseur de la muraille du temple. Son exécution est assez belle; mais à cause de sa disposition, la première salle manque un peu de symétrie.

Les colonnes de ce temple sont loin d'avoir les proportions de celles du grand temple qui est tout auprès : elles ont deux pieds huit pouces de diamètre; cinq diamètres et demi en font la hauteur. Si l'on divise l'élévation totale du temple en dix parties, la colonne entière égale six de ces parties; le chapiteau une; le dé au-dessus du chapiteau deux, et l'entablement deux.

En général, les faces du dé qui surmonte les colonnes sont sculptées; elles portent une figure de Typhon. Lorsque le dé n'offre point de sculptures, il y a lieu de croire que c'est toujours par défaut d'achèvement. La figure de Typhon que l'on voit sur les faces des dés du Typhonium est un peu moins grande que nature; son attitude a quelque chose de gêné : il a les mains appuyées sur les hanches et les jambes écartées; une ceinture lui serre le tour du corps; ses membres trop courts ont une grosseur disproportionnée. Mais c'est surtout la tête qui a un caractère grotesque : excessivement large, presque sans front, la face couverte de barbe, elle est plus bizarre encore que monstrueuse. Quant à la saillie du personnage, elle est presque en ronde bosse; ses pieds reposent sur le chapiteau qui lui sert de piédestal.

C'est ici le moment de dire ce qui a fait donner à ces édifices le nom de *Typhonium*. On appelle de la sorte de petits temples composés de deux ou trois salles, de la nature de celui dont nous faisons la description, où la figure de Typhon se trouve répétée perpétuellement, et où elle est surtout représentée, ainsi que nous venons de le voir, sur un dé fort allongé et de même largeur que le fût. Cette décoration particulière et ces dés extraordinairement élevés constituent l'un des principaux caractères des *Typhonium*.

On nomme aussi ces petits temples *Mammisi* (lieu d'accouchement); ils sont toujours construits à côté des grands temples où l'on adorait une triade. C'était le symbole de l'habitation céleste dans laquelle la déesse avait enfanté la troisième personne de la triade, que l'on trouve constamment figurée sous les traits d'un jeune enfant. Le Mammisi d'Edfoû offre en effet la représentation de l'enfance et de l'éducation du jeune Har-Sont-Tho, fils d'Har-Hat et d'Hathôr, auquel par flatterie on a joint Évergète II, représenté sous la forme d'un jeune enfant, et participant aux caresses dont les dieux comblent le nouveau-né d'Har-Hat.

Parmi les bas-reliefs nombreux qui décorent l'intérieur du temple, on remarque Isis allaitant son fils Horus, et jetant en même temps un regard de tendre affection sur Aroéris, qui n'est autre que l'Apollon des Grecs. Dans un autre compartiment on voit Horus se tenant debout sur les genoux d'Osiris, qui le soutient avec complaisance de ses deux mains. Ce groupe est unique, on ne le rencontre en aucun autre endroit des ruines de l'Égypte. Entre tous les autres sujets, on distingue particulièrement la frise de la galerie du nord et celle de la galerie du midi, par le grand nombre de figures qui les composent et forment une sorte de procession. La plupart de ces figures ont à la main des arcs, des flèches, des couteaux ou des piques. On voit même dans la frise du nord deux lions debout et armés de deux couteaux.

11.

Au centre du sanctuaire il y a une seule colonne isolée qui semble avoir autrefois soutenu le plafond. Sur la frise on voit Soukos ou Kronos (le Temps), avec une tête de crocodile et un corps gigantesque; il se tient auprès d'Isis qui allaite Horus. Ce groupe est répété deux fois. Si, comme on le croit, ce dieu est le même que Typhon, il est bien extraordinaire de le trouver ainsi en compagnie des dieux ses ennemis, conversant avec eux, et se faisant adorer comme eux et auprès d'eux.

Nous ne ferons plus qu'une observation sur la disposition des petits temples; il est à remarquer que leur direction est en général perpendiculaire à celle des grands édifices qu'ils accompagnent. A Edfoû, l'axe des deux temples forme un angle de 99 degrés, en sorte que, comme le grand temple regarde le midi, le typhonium est tourné au levant. Il est probable que cette différence d'exposition avait un motif que nous ignorons aujourd'hui.

Nº I. TYPHONIUM D'APOLLINOPOLIS.
Nº II. TOMBEAUX ÉGYPTIENS A LYCOPOLIS.

Dans la planche précédente, nous avons représenté le typhonium d'Apollinopolis chargé de tous ses ornemens et entièrement déblayé des décombres qui l'obstruent; ainsi on a pu se faire une idée complète de ce petit temple, aussi agréable à l'œil par son ensemble que par la richesse de ses détails. La planche présente fait connaître la situation où il se trouve aujourd'hui. On le voit ici dans l'état de ruine et d'enfouissement dont nous avons parlé.

A une distance de quatorze mètres environ de l'entrée du temple, on voyait il y a peu de temps les chapiteaux de deux colonnes enterrées dans la poussière et le sable; un seul de ces chapiteaux se montre encore au dehors. Plus loin on découvrait aussi des restes d'édifices presque entièrement ensevelis sous les décombres; probablement il y eut là autrefois des constructions assez considérables. Il est difficile aujourd'hui de dire si elles tenaient au plan général du temple. Les deux massifs de forme pyramidale que l'on aperçoit à droite sur un monticule, appartiennent au propylée du grand temple; nous les avons décrits dans la vue générale d'Edfoû.

Le dessin qui est au bas de la vue du petit temple d'Edfoû représente, parmi une foule de tombeaux, l'entrée principale de ces vastes hypogées creusés au sein de la chaîne lybique dans le voisinage de Syout. Ces curieux souterrains dont nous avons parlé, pages 160 et suivantes, prouvent indubitablement par leur grand nombre et leur magnificence, qu'il y eut autrefois près de là une grande ville. Tout porte à croire que c'est l'antique Lycopolis, sur l'emplacement de laquelle *Syout* ou *Osiouth* est bâtie aujourd'hui.

Il existe en Égypte une grande diversité dans la forme des tombeaux; chaque province a les siens qui se distinguent par un goût particulier. Ceux des gens pauvres sont ordinairement bâtis en terre, surtout dans la province de Bénisouef. On trouve quelquefois auprès de ces demeures sépulcrales des sentons accroupis au soleil qui attendent les aumônes de la charité publique sans les demander.

SELSELÉH.—GROTTES TAILLÉES A L'ENTRÉE DES ANCIENNES CARRIÈRES.

On arrive aux carrières célèbres de Gebel Selseléh en remontant le Nil à sept ou huit lieues d'Edfoû. Ces carrières répandues sur les deux rives du fleuve sont, les unes à ciel ouvert, les autres, moins considérables, taillées dans la montagne en forme de grottes; c'est principalement à l'ouest qu'on en rencontre un plus grand nombre. Rien de plus vaste, de plus extraordinaire que ces carrières. Elles surpassent, on peut dire, tout ce qui existe en ce genre en Égypte, et peut-être dans le monde entier. Là, vous trouvez taillés dans le roc des passages aussi larges que les plus belles rues de nos villes d'Europe, enfermés de chaque côté par des murailles de cinquante ou soixante pieds de haut, quelquefois droits, quelquefois s'allongeant en spirales immenses; vous les voyez s'étendant du bord de la rivière jusque dans les entrailles des montagnes, où ils aboutissent à de grandes places également taillées dans le rocher.

En se dirigeant vers le nord, vous arrivez à une multitude de chambres gigantesques, avec des colonnades prodigieuses qui courent autour de la base des montagnes. Le toit de ces chambres est formé de blocs irréguliers supportés par des colonnes et des piliers de rocs massifs carrés ou polygones, ayant pour la plupart quatre-vingts ou cent pieds de circonférence.

Sur la pente de la montagne qui regarde la rivière, on voyait encore, il

Mayer del. B.on Taylor dir. Finden sc.

SELSELÉH (SILSILIS.)

GROTTES TAILLÉES A L'ENTRÉE DES ANCIENNES CARRIÈRES. | GROTTOS HEWN AT THE ENTRANCE OF THE ANCIENT QUARRIES.

y a peu de temps, le sphinx décrit par Hamilton, mais la tête en a été brisée. D'énormes blocs de rochers complétement séparés de la carrière, sont en différents endroits placés sur d'autres blocs plus petits, et paraissent prêts à être mis en mouvement. D'autres encore plus gros ont été tirés tout-à-fait des carrières, et gisent à plus de quarante pieds de l'endroit d'où on les a extraits. En pénétrant dans ces immenses labyrinthes, on ne peut se défendre d'un sentiment de profond étonnement à l'aspect de ces excavations qu'on dirait sans limites ; de ces masses formidables revêtant toutes les formes, tantôt semblables à des tours, tantôt simulant des châteaux avec des avenues magnifiques. L'admiration augmente encore quand on songe que c'est de là que sont sortis presque en totalité les matériaux des temples et des autres édifices qui s'élèvent sur le sol de l'Égypte.

On trouve dans ces grottes les mêmes décorations, la même richesse d'ornemens que dans les hypogées. Les Égyptiens faisaient servir ainsi leurs exploitations à la construction de monumens religieux faciles et peu coûteux. De temps en temps l'ouverture des grottes est façonnée comme l'entrée d'un temple. Il en existe un grand nombre dont les ornemens sont caractéristiques. On y voit sur la façade de longues bandes de figures hiéroglyphiques, et au-dessus de la corniche de la porte les globes ailés, accompagnés des serpens à cou renflé, comme dans les édifices religieux. Les portes de communication répondant à l'entrée extérieure offrent aussi comme elle des globes ailés avec des serpens et d'élégantes moulures à leurs corniches.

Bien que ces portiques ainsi que les colonnes avec leurs chapiteaux et leurs entablemens soient taillés dans la masse du rocher, les couches naturelles de la pierre en simulant des assises les feraient prendre pour des constructions. Le dessin que nous avons fait de l'entrée de trois de ces chapelles soûterraines, peut donner une idée assez précise de la structure des portiques dont nous venons de parler. On rencontre celles-ci en venant de Syène sur la rive gauche du Nil, en descendant. Elles sont de l'époque pharaonique et ont une grande ressemblance entre elles, soit pour le plan, soit pour la décoration extérieure et intérieure. Deux colonnes formées de boutons de lotus tronqués s'élèvent de chaque côté du portique qui précède l'entrée. La première de ces chapelles, située le plus au sud, est du règne du pharaon Ousiréi de la XVIIIe dynastie : elle se trouve en grande partie détruite. La seconde est du règne de Rhamsès II, et la troisième a été creusée par son fils : ces deux dernières sont beaucoup mieux conservées. Toutes trois furent consacrées à *Hapi-moou*, le père vivifiant de tout ce qui existe.

On arrive par un portique percé de cinq ouvertures d'égales dimensions dans une espèce de galerie parallèle à la façade, d'une longueur de cinquante à cinquante-deux pieds sur neuf ou dix pieds de profondeur : c'est le plus important des monumens de Sèlseléh. Vers le milieu de cette galerie, on pénètre par une porte intérieure dans une grande chambre, au fond de laquelle on trouve sept figures debout sculptées presque en ronde bosse. Plusieurs autres chambres au voisinage de celle-là ont aussi des figures semblables en nombre différent. Le travail de ces figures est en général fort grossier. Elles ont été mutilées par les anciens cénobites qui habitèrent ces souterrains. Les plus anciens bas-reliefs de cette espèce de musée historique sont ceux du roi Horus : ils occupent une portion de la paroi de l'ouest. Le pharaon debout, la hache d'armes sur l'épaule, y est représenté devant Ammon-Ra, qui paraît lui conférer quelque faveur.

Dans certaines grottes, on trouve des figures assises ordinairement en groupe de deux ou trois et des deux sexes. Les hommes se distinguent facilement à leur barbe étroite et longue, dont l'extrémité finit carrément. Leur coiffure diffère aussi de celle des femmes ; elle est très reconnaissable en ce qu'elle descend sur leurs épaules, tandis que celle des femmes leur tombe sur le sein dont elle cache une partie. Ordinairement la femme tient d'une main une fleur de lotus épanouie, et caresse de l'autre main la figure assise à côté d'elle. On a pensé que ces bas-reliefs représentaient deux époux, enterrés sans doute dans ces chambres. Selon M. Denon, on trouve toujours dans le sol de la chambre autant d'excavations en forme de tombes qu'il y a de figures dans le groupe. Plusieurs grottes offrent aussi sur leurs parois des peintures, dont quelques unes sont assez bien conservées ; elles représentent généralement des offrandes faites aux dieux. On y voit des parties d'animaux découpés, des oiseaux, des vases, des pains, des ustensiles de différentes formes et des amas de fruits. Ainsi que cela a lieu dans les édifices égyptiens, ces peintures sont presque monochromes, et toujours appliquées par teintes plates.

Auprès des grottes que nous venons de décrire, on remarque une espèce de pilier carré dominé par un large chapiteau figurant à peu près la forme d'un champignon. Ce pilier bizarre et grossièrement taillé attire l'attention

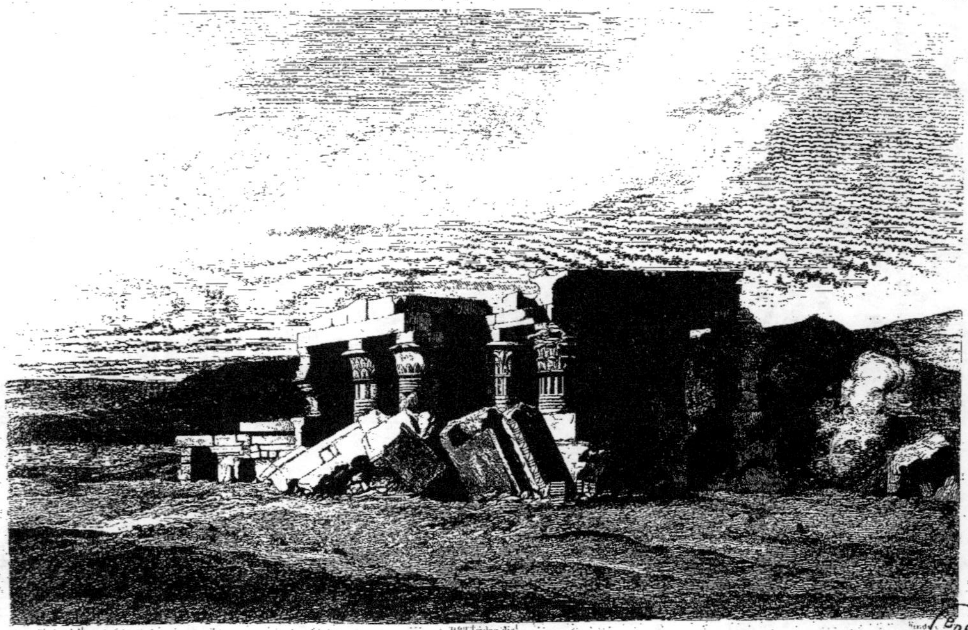

Cécile del. Bon Taylor dir.

KÔUM OMBOS.

VUE DU GRAND TEMPLE. A VIEW OF THE GREAT TEMPLE.

des voyageurs. Quelques uns ont prétendu que c'était là une des colonnes auxquelles la chaîne qui traversait jadis le fleuve se trouvait attachée*. Il est plus probable que ce n'est autre chose qu'un fragment laissé debout pour attester l'ancien état de la montagne avant l'exploitation. On aperçoit le pilier sur la droite de notre planche.

HOUM, OMBOS. — VUE DU GRAND TEMPLE.

La ville d'Ombos est située entre Edfou et Syène, à trente *milles* de celle-ci et à quarante *milles* de l'autre. Elle est sur une éminence qui domine tout le pays environnant; on l'aperçoit de très loin. *Houm Ombos* ou *Koum Ombos*, signifie colline d'Ombos, parce que cette ville a été bâtie sur une colline. Le grand temple d'Ombos dont nous donnons ici le dessin se trouve au sud-est de la ville. Il est actuellement à moitié enterré dans le sable; toutefois, son apparence est encore imposante et grandiose. Il existait un autre temple plus petit consacré à Isis, qui a été récemment renversé par une inondation.

Le grand temple n'a pas de propylée; mais ce qui le distingue surtout de tous les autres édifices religieux connus, c'est qu'il est divisé en deux parties parfaitement symétriques dans le sens de sa largeur; d'où il résulte qu'il y a deux entre-colonnemens plus larges que les autres dans la colonnade des deux portiques et un nombre impair de colonnes. (Voyez ce que nous avons dit à ce sujet, page 188.)

Autrefois une haute muraille en briques, destinée à protéger l'édifice des empiétements des sables du désert, environnait le temple dans son entier et formait une vaste cour; cette muraille est aujourd'hui presque entièrement détruite. On pénétrait dans le temple par deux entrées principales, ce qui pourrait faire penser qu'il était formé de deux temples réunis. Sur la corniche de l'une des portes, on lit une inscription grecque qui semble aussi ancienne que l'édifice; elle apprend que le *secos* ou sanctuaire qui est au bout du temple fut bâti sous le règne de Ptolémée et de Cléopâtre,

* Une tradition rapporte que le Nil était autrefois barré dans cette partie par une chaîne de fer, attachée aux deux points les plus élevés des deux montagnes, de chaque côté du fleuve. Le nom de *Gebel selséléh*, qui signifie *Montagne de la chaîne*, n'a même été donné à cet endroit qu'à cause, dit-on, de cette circonstance.

épouse de Philométor. D'après la même inscription, la partie gauche du temple a été dédiée au dieu *Aroëris*, à la déesse Tsonénofré et à leur fils Pnévtho, par une armée en station dans le nome d'Ombos; la partie droite est dédiée au vieux *Sevek*, à tête de crocodile, à Athyr et au jeune dieu Khons. Cette seconde triade est d'un ordre plus élevé que l'autre. Le listel qui porte cette inscription était doré; il en est resté aux lettres une couleur rouge très apparente. Les constructions les moins anciennes de l'édifice appartiennent au règne de Philométor et d'Evergète II.

Attaqué par le courant du Nil, qui depuis quelque temps prend une direction plus marquée vers la chaîne arabique, le temple d'Ombos est aujourd'hui en grande partie détruit ou enfoui sous les sables. Les deux sanctuaires n'existent plus. La portion qui subsiste encore a environ cent trente pieds de long; il est vraisemblable que la longueur totale était de plus de cent quatre-vingts pieds; sa largeur devait être de cent quatorze pieds, et la hauteur des colonnes du premier portique à partir du sol présumé jusqu'au soffite, était d'environ trente-sept pieds. On peut ranger ces colonnes parmi les plus grosses de l'Egypte : elles ont plus de six pieds de diamètre. Celles du second portique n'ont guère que trois pieds et demi. La pierre employée dans la construction est d'un grès très fin, susceptible de recevoir facilement la sculpture; sa couleur est d'un ton gris jaunâtre. D'énormes blocs de ces pierres formaient les architraves, qui n'avaient pas moins de quinze pieds de long sur quatre pieds et demi d'épaisseur. Cinq de ces pierres supportées par les colonnes faisaient toute la longueur du portique. Il en est encore de plus grandes employées dans les autres parties de l'édifice.

En général, les chapiteaux des colonnes diffèrent par leur forme. Dans le portique, on voit des chapiteaux à feuilles de dattier et d'autres espèces ornés de calice, de fleurs de lotus et de palmettes. Ceux de la façade se distinguent particulièrement des autres par leurs volutes.

On est frappé dans l'examen du portique par une belle corniche qui va d'un bout à l'autre. Elle est formée par des serpens en ronde bosse dressés sur leur queue et portant un globe aplati sur la tête. Ce couronnement singulier a trois pieds de haut. La tête de l'*uræus* est d'une exécution ferme et bien caractérisée. Tout le reste de la sculpture est travaillé avec soin.

Dans l'entre-colonnement du centre, le plafond des portiques offre une suite de vautours avec les ailes déployées et les pattes armées d'enseignes.

I. VUE DE SYENE. II. ILE ELEPHATINE. | I. VIEW OF SYENE. II. ISLAND OF ELEPHANTINA.

Ces vautours se détachent sur un fond bleu ; le restant du plafond est également en couleur ainsi que les murailles. Quant aux figures et aux hiéroglyphes, ils sont peints en rouge, en bleu, en vert et en jaune : ce qui est d'un effet très agréable

Parmi les hiéroglyphes qui ornent les autres parties du portique, on remarque le crocodile porté sur un autel, l'hiérosphinx revêtu de la mitre, et le vautour sacré les ailes étendues. Sur les murailles qui supportent le toit, on voit des dieux en bateaux avec des étoiles à leurs pieds et recevant les adorations de la foule. Plus loin c'est Aroéris (Apollon), tenant un arc dans sa main gauche. Tous les dieux de la mythologie égyptienne sont représentés sur la façade de la *cella*. Dans leur nombre se montre surtout *Kronos*, avec une tête de crocodile. Ce dieu, qui est le Saturne égyptien, est la forme la plus redoutable d'Ammon. Derrière lui est une divinité portant sur sa tête le croissant, avec la pleine lune.

Nous avons représenté ce qui reste du temple d'Ombos avec les portions d'entablement tombées de son portique. On voit sur la corniche antérieure le globe ailé répété deux fois, parce que la distribution de l'édifice est double. Derrière le monument est le Nil qui coule de gauche à droite, et plus loin les montagnes de la chaîne lybique.

N° I. VUE DE SYÈNE.
N° II. ILE D'ÉLÉPHANTINE.

C'est avec raison que l'on a dit que Syène présentait le site le plus romantique de toute l'Égypte. La ville en elle-même n'a rien de curieux ; mais sa position sur le versant d'une colline aride et tourmentée est très pittoresque. Élevée au-dessus du Nil qu'elle commande au loin, elle est entourée de tous côtés par des masses de rochers granitiques qui dressent vers elle leurs pointes anguleuses et nues, tandis qu'à ses pieds une couronne de fraîche verdure et de bosquets rians lui forme une enceinte presque de toutes parts. Ce contraste la rend réellement fort remarquable au milieu d'une contrée où les arbres croissent toujours sur un sol plat et uni, et où rarement l'on trouve des habitations sur les montagnes. On voit encore le double mur d'enceinte de la ville arabe, construit entièrement en fragmens de granit et avec des fortifications. Un des côtés de cette muraille s'élève à pic sur le bord du fleuve. Lorsqu'on la regarde placé au couchant sur la route de Philœ, on découvre une longue ligne de bastions et de tours carrées. Parmi les constructions, des pierres de couleurs rose, noire ou rougeâtre, présentent toutes les variétés des nuances du beau granit oriental. Nous avons fait rapidement l'historique de Syène pages 189 et suiv.; voici quelques autres détails ajoutés à la description de son côté pittoresque et de ses antiquités.

La ville n'a environ que quatre cents toises de longueur. Quoique la plus grande partie des maisons y soit bâtie en terre, elles n'en ont pas moins une grande solidité. Beaucoup d'entre elles, au lieu de planchers, ont des voûtes en briques formées d'un seul rang qui durent fort longtemps. Les naturels de Syène paraissent misérables et très enclins à la paresse. On les rencontre dans les rues presque sans vêtemens. Quant aux enfans, ils sont totalement nus. Aussi la peau des uns et des autres est tellement basanée qu'elle approche beaucoup du teint des nègres.

A en juger par le grand nombre de tombeaux que l'on trouve aux environs de la ville, la population doit avoir été considérable. Les anciens habitans adoraient un poisson fabuleux nommé *Phagrus*. Parmi les antiquités qui peuvent intéresser le voyageur à Syène, on remarque surtout un temple égyptien, situé dans l'ancienne ville sur le versant du sommet de la montagne. Il est éloigné de la dernière maison de la ville actuelle d'environ cent dix mètres en allant vers l'est. Ce monument est menacé de disparaître entièrement sous les décombres qui obstruent les environs. On pénètre aujourd'hui dans l'intérieur du temple en y descendant par la plate-forme, dont l'écroulement d'une grande partie facilite la communication. Il est si encombré de sable et de poussière qu'on distingue à peine encore des arrachemens de murailles, et quelques colonnes appartenant à un portique dont on ne voit que la partie supérieure. La largeur du temple était de quarante pieds environ; ce qui subsiste de sa longueur n'a plus qu'une trentaine de pieds. Son entrée regardait du côté du fleuve. Il est construit en grès, quoique le granit soit dans l'endroit même en grande abondance. Cette circonstance prouve que les constructions en granit sont bien moins communes en Égypte qu'on ne le pense ordinairement. Il n'y a guère en effet que les monumens monolithes qui soient généralement en cette matière.

L'île d'Éléphantine dont nous avons réuni la vue dans la même planche, est située au milieu du Nil, presque en face de Syène. Sa fécondité, la beauté de son paysage, lui ont fait donner entre autres noms qui la caractérisent, celui de *jardin du tropique*. On est délicieusement surpris en arrivant dans cette île de trouver auprès des sables étincelants qui commencent la Nubie, et des pics noirâtres disséminés autour d'elle, une terre qu'on dirait enchantée. Du milieu de l'île, la vue est ravissante. Le Nil apparaît étroitement serré de tous côtés; au sud, il se fraye en mugissant un passage à travers les rochers et les terrasses de granit qui parsèment le fleuve; aussi loin que la vue peut s'étendre, on le voit brisé par des centaines d'îles, tantôt sortant du sein des eaux en pointes noires et stériles, tantôt présentant de lourdes masses entassées les unes sur les autres; puis çà et là, parmi cette scène désolée, des îles d'un aspect plus doux, couvertes de roseaux, de tamaris et de grandes herbes qui tombent en ondoyant le long des rocs au-dessus de l'eau. Le tableau est encadré par la chaîne lybienne, dont la base est enterrée dans des flots de sable apportés incessamment par les vents du désert, et dispersés à ses pieds par couches immenses.

La partie méridionale d'Éléphantine est rocheuse, escarpée et stérile. Vers le nord, la surface de l'île s'affaisse graduellement, et forme une plaine couverte de riches champs de blé, de troupeaux paissant dans de gras pâturages, de bosquets de dattiers et de petits hameaux. En descendant du sommet de l'île, qui est couvert de ruines et tout-à-fait sans culture, on rencontre la statue colossale d'Osiris placée sur le versant de la colline au milieu de débris de poteries. Le dieu est représenté assis, les bras croisés sur la poitrine, tenant une crosse dans une main et un sceptre dans l'autre. Cette statue est assez bien conservée, à l'exception du visage quiest complétement mutilé.

Nous avons vu à Éléphantine deux temples admirables. Maintenant ils n'existent plus. Ils ont été détruits il y a peu de temps; leurs matériaux ont servi à la construction de magasins et d'une caserne à Syène.

L'ancienne ville d'Éléphantine est remplacée aujourd'hui par un hameau qui est au pied d'un monticule formé par des roches et par les décombres des anciennes habitations. Au nord de l'île est un village plus considérable, peuplé comme le premier par des Barabras et des Nubiens. On ne désigne plus les villages par aucun nom particulier, ainsi que l'île, qui est appelée *Geziret-Assouan* ou *l'île de Syène*. (Voyez page 190.)

PORT D'ASSOUAN. — CATARACTES DE L'ILE ÉLÉPHANTINE.

C'est au port de Syène ou *Assouan* que s'arrêtent les barques du Kaire. Ce port est vaste, et fermé d'un côté par une ligne de rochers dont l'une de ses extrémités vient aboutir à un ancien bâtiment situé au pied de Syène. On pense que c'est auprès de ce bâtiment qu'était le fameux nilomètre dont la description se trouve dans les Éthiopiques d'Héliodore. Il existe en effet dans cet endroit une tour basse et ronde que l'on appelle encore dans le pays le *meqyas* d'Assouan. C'est une espèce de vieux bastion en ruines qui a pû contenir autrefois une mesure au moyen de laquelle les habitans appréciaient les différens niveaux du fleuve. L'aspect de la ville sur le versant de la montagne entourée d'aspérités de roches nues, la vigueur de la végétation sur les bords du Nil, et le caractère à la fois pittoresque et sauvage que le fleuve emprunte de son archipel d'écueils hors du port d'Assouan, font de ce lieu le site le plus délicieux et le plus agreste des environs.

Mais ce qui ajoute encore à la beauté de ce point de vue, c'est la première cataracte du Nil. Brisé en mille endroits par une chaîne de granit hérissée de masses anguleuses, de mamelons noirs et saillant au-dessus des flots, il forme une multitude de rapides. Arrêtées dans leur marche par ces barrières multipliées, les eaux se refoulent, grossissent, montent par-dessus l'obstacle, et tombent en cascades nombreuses, hautes seulement de quelques pouces, qui produisent le coup d'œil le plus extraordinaire. Dans tout cet espace qui sépare Syène d'Éléphantine, on ne voit que tourbillons, gouffres et abîmes où les eaux couvertes d'écume ont toute sorte de directions, selon que l'obstacle les force à se dévier. Un bruit semblable au mugissement des brisans sur les bords de la mer remplit constamment l'air des environs, et s'entend quelquefois à une lieue de distance. Le dessin que nous avons fait de ce site, quelque fidèle qu'il soit, ne donne encore qu'une idée bien faible de la scène imposante dont on est témoin sur les lieux.

— Port d'Aſsouan; Cataractes de l'île Éléphantine.

Eug. Cicéri del.t Bon Taylor dir.t Finden sc.

ILE DE PHILÆ.

LES PYLONES ET LE TEMPLE A L'EST.

ISLAND PHILÆ.

THE PYLONES AND THE TEMPLE TO THE EAST.

Eug. Cicéri del. Bon Taylor dir. Finden sc.

ILE DE PHILÆ.

LES PYLONES ET LE TEMPLE A L'EST.

ISLAND PHILÆ.

THE PYLONES AND THE TEMPLE TO THE EAST.

ILE DE PHILOÉ — LES PYLONES ET LE TEMPLE A L'EST.

Nous avons compris dans le même dessin la vue du temple de l'Est et celle de ces beaux massifs gigantesques qui flanquent ordinairement les portes des temples de la Haute-Egypte. Les antiquités ne sont pas rares dans l'île de Philœ; c'est une des plus riches localités de la terre des Pharaons, pour les restes d'anciens monumens d'architecture.

Parmi cette multitude de ruines, nous fixerons surtout l'attention sur le temple de l'Est. Par sa situation, c'est le premier édifice qu'on aperçoive en abordant Philœ. Sa physionomie le distingue d'une manière particulière de tous les autres monumens de l'île. Ce qui frappe d'abord en lui, c'est une enceinte sans plafond, de vingt et un mètres de long et de quinze de large. Quatorze hautes colonnes, avec des entre-colonnemens bâtis au tiers de leur hauteur, forment cette enceinte. Son grand axe est à peu près perpendiculaire au bord du fleuve. Il a deux portes qui se correspondent, et qui sont percées dans la direction de son grand axe. On a tout lieu de croire, d'après les dispositions de cet édifice, qu'il a dû être destiné à précéder un temple qui n'aurait point été bâti. Au reste, l'enceinte même dont nous faisons la description ne paraît pas avoir jamais été achevée. Quelques voyageurs lui donnent le nom de *Lit de Pharaon*. D'après cette dénomination, on a supposé que c'était le fameux tombeau d'Osiris; mais ces suppositions n'ont aucun fondement solide. Tout est moderne à Philœ, c'est-à-dire de l'époque grecque ou romaine. Il faut en excepter seulement un petit temple d'Hathôr et un propylée engagé dans le pylone extérieur du temple d'Isis. Ces monumens appartiennent au règne de Nectanèbe Ier, et peuvent être regardés comme ce qu'il y a de mieux dans l'île.

S'il fallait juger du temple de l'est par analogie avec d'autres monumens dont la destination est connue, il y aurait quelque raison de croire qu'on a voulu faire un typhonium. En effet, l'enceinte de Philœ a la plus grande ressemblance avec celle d'Hermonthis. Les colonnes de l'une et de l'autre sont surmontées d'un dé carré, portant la figure de Typhon sur chacune des faces. Plusieurs autres ornemens sculptés dans différentes parties du temple sembleraient corroborer cette assertion. Toutefois il y a lieu de douter encore à cause des grandes dimensions de l'édifice, qui ne s'accordent point avec celles des typhonium qui sont toujours de petits temples. Les colonnes de l'enceinte de l'est dépassent en grosseur toutes celles qu'on rencontre dans l'île. Elles ont treize mètres et demi de haut, y compris le chapiteau et le dé, et plus d'un mètre et demi de diamètre. Leur style est le même que celui déjà tant de fois décrit dans une foule d'autres édifices. On y distingue trois espèces de chapiteaux, répartis d'une manière symétrique dans chaque rang de colonnes. Leur distribution dans les deux faces de l'édifice suit le même ordre.

Les murs d'entre-colonnement sont ornés de sculptures représentant des offrandes faites aux dieux. Ce qu'il y a de plus curieux sur ces murs, c'est le goût et la richesse de l'encadrement des bas-reliefs, formé d'un cordon entouré d'un ruban d'une exécution remarquable. D'après le petit nombre de sculptures qui existent dans cet édifice, on pourrait le considérer comme lisse et sans sculpture; c'est du moins l'effet qu'il produit à la vue.

A la gauche du temple de l'Est, et dans la même planche, on voit s'élever deux pylones dignes d'être placés parmi les monumens les plus importans de l'île. Les portes de ces pylones sont d'une très élégante proportion. Elles ont une hauteur double de la largeur. Il paraîtrait qu'elles étaient fermées autrefois par des clôtures battantes.

Le pylone extérieur, ou grand pylone, dépasse de beaucoup dans ses dimensions le second pylone, et se trouve aussi bien mieux conservé. Sa hauteur est de dix-huit mètres, sa largeur de plus de quarante, et son épaisseur d'environ six mètres. Des chambres sont pratiquées dans l'intérieur du massif de droite, ainsi qu'un escalier en rampe douce conduisant au sommet du monument. Le massif de gauche n'a point les mêmes distributions. Son escalier ne commence qu'au-dessus de la hauteur de la porte. On y arrive par l'escalier du massif de droite après avoir traversé les chambres supérieures et un couloir découvert pratiqué sur la porte d'entrée entre les deux corniches. Une porte latérale ouverte dans ce massif donne entrée à deux chambres obscures et encombrées, qui sans doute avaient d'autres communications. Les faces extérieures du grand pylone sont couvertes de sculptures, mais sans former de saillie sur le mur. Elles sont exécutées en creux, ainsi que nous avons déjà eu occasion de le voir dans mainte autre circonstance.

Sur la face antérieure de chaque massif on voit trois scènes bien distinctes : deux dans la partie supérieure, et une dans le bas. Osiris y est représenté tantôt avec une tête d'homme, tantôt avec une tête d'épervier.

La tête d'Isis est coïffée de la peau d'un vautour. La déesse tient à la main son bâton augural, qui est terminé par une fleur de lotus.

Des compartimens égaux divisent la corniche du pylone. Chacun d'eux contient les mêmes figures, distribuées de façon à présenter à l'œil une décoration très riche et très agréable. La moulure inférieure de la corniche qui descend en forme de rouleau le long des angles est entourée d'un ruban roulé alternativement en vis et en cercle. Dans la planche suivante, nous avons représenté le deuxième pylone, dont on ne voit ici qu'une partie.

ILE DE PHILOE. — VUE DU SECOND PYLONE ET DE LA COUR. QUI LE PRÉCÈDE.

Le second pylone a, comme le premier, des escaliers intérieurement, qui conduisent sur les terrasses. Il ne possède aucune chambre, ce qui vient du peu d'épaisseur des massifs. Moins grand que celui qui flanque l'entrée extérieure du temple, il n'est point dans un aussi bon état de conservation. Toute la corniche de la partie gauche et le rang de pierres qui est au-dessous sont détruits. Les sculptures qui décorent la face antérieure offrent des sujets fort peu différens de ceux représentés sur la face analogue du grand pylone. Un bloc de granit rouge de cinq mètres environ en tous sens cache une partie des bas-reliefs dans la partie droite inférieure. Intérieurement ce bloc est creusé, et renferme des sculptures. Quelques personnes le regardent comme une chapelle monolithe. Il ne paraît pas qu'il ait fait partie originairement de la construction du pylone.

Une particularité très remarquable, et dont on ne trouve guère l'analogue qu'une seule fois à Thèbes, c'est la disposition de ce pylone par rapport au portique. Lié à ce dernier dont il est la partie antérieure, il se trouve ainsi former lui-même la façade du temple. Le portique, par cette ordonnance, est entouré de toutes parts. Comme une pareille disposition l'eût privé de lumière, on a laissé dans le plafond une grande ouverture, en sorte qu'il ressemble à une espèce de cour environnée de trois côtés par des colonnes, et venant s'appuyer par ses parties latérales contre les massifs de la porte.

Quant à la cour qui précède le pylone, elle est formée, à droite, par une galerie, et à gauche, par le temple de l'Ouest. La galerie est composée de dix colonnes d'un fini remarquable. Mais c'est surtout la corniche qui fixe l'attention. Surmontée d'un couronnement d'une belle forme, on dirait deux corniches superposées l'une sur l'autre. Cette partie de l'édifice est composée d'une suite de serpens à cou renflé, appelés *uræus*, que l'on voit dressés sur leur poitrine avec un disque sur la tête. Ces ornemens, d'une belle composition, sont sculptés en ronde bosse. Il en résulte cependant qu'ils donnent à l'entablement une grande épaisseur.

A l'extrémité de la galerie est une porte qui communique au pylone représenté dans la planche. Elle est maintenant obstruée. Cinq autres portes qu'on trouve sous la galerie communiquent à de petites chambres dont on ignore la destination. Des tableaux sculptés fort remarquables ornent ces espèces de cellules, ainsi que le dessous de la galerie. L'un de ces tableaux, recueilli sous la colonnade, représente Osiris et Isis à tête d'épervier. Un prêtre est devant eux, ainsi que la barque symbolique portée sur un traîneau. On peut juger par la gravure de l'effet agréable que produit la belle ordonnance du pylone et de la cour que nous venons de décrire. La vue est prise de l'intérieur même de cette cour, offrant la colonnade de la galerie à droite, et le petit temple à gauche, ainsi que nous l'avons dit plus haut.

TEMPLE DE DENDOUR.

Le temple de *Dendour* ou *Dandour* est situé sur la rive occidentale du Nil, au pied d'une colline rocheuse. Il est entouré de débris de rocs taillés, ce qui ferait supposer que d'autres monumens s'élevaient jadis près de lui. Bien que peu important par sa dimension, il n'en est pas moins rempli d'intérêt par la pensée qui s'y rattache. Dédié à Osiris, il est entièrement relatif à l'incarnation de ce dieu sous figure humaine sur la terre. Osiris était seigneur de Dendour. La forme du temple est un parallélogramme dont la façade a vingt et un pieds de large, et son côté quarante-trois pieds de long. Cette proportion est assez fréquemment observée dans les édifices religieux antiques. Les parties qui composent le temple de Dendour consistent seulement en un pronaos orné de deux colonnes à sa façade, et en deux chambres rectangulaires, l'une à la suite de l'autre.

La planche représente ici la vue du temple prise de l'intérieur du portique,

ILE DE PHILÆ.

Vue du second Pilône et de la Cour qui le précède.

THE ISLAND OF PHILÆ.

View of the second Building and the exterior Court.

Mayer del. Finden sc.

TEMPLE DE DENDOUR. | TEMPLE OF DENDOUR.

NUBIE.

Pl 31

Mayer del.

Finden sc.

TEMPLE A DACKÉ. | TEMPLE AT DACKÉ.

et fait voir la simplicité de ce monument qui s'élève à environ trente pieds de la première entrée. Une partie de la muraille qui environnait l'édifice est encore debout. On arrivait au bord du fleuve par une avenue qui partait de l'entrée du temple.

Au pied des deux colonnes de la façade on voit épars des débris de pierres et de granit. Les bases de ces colonnes sont plantées dans une espèce de muraille fort basse. Elles sont d'un ordre composite, mêlé du style égyptien et du style grec. On aperçoit des moulures sur la façade du portique d'une grandeur énorme, comparativement aux petites dimensions de l'édifice. Une profusion de figures sculptées couvrent l'intérieur et l'extérieur du portique. Sur les murs extérieurs on a représenté les images des dieux. Du côté du nord, ces sculptures paraissent n'avoir jamais été achevées. Le plafond est divisé en plusieurs compartimens dans la direction de la longueur du temple. On remarque dans le compartiment du centre le vautour égyptien avec les ailes déployées, et tenant une longue épée dans ses serres. Ce temple, qui ne paraît pas avoir jamais été achevé, est de l'époque de l'empereur Auguste.

TEMPLE A DACKÉ.

Le temple de Dacké présente dans sa construction trois styles distincts. Ce fut dans le principe une petite chapelle carrée de proportions élégantes, avec un propylée. Une chambre fut ensuite ajoutée du côté du sud, puis on bâtit une muraille extérieure qui entourait la chapelle à environ trois pieds et demi. Entre les nouvelles et les anciennes murailles, on voit du côté de l'est une chambre étroite contenant un sépulcre profond. A l'extrémité méridionale de cette chambre paraissent trois lions habilement exécutés, dont deux sont assis face à face avec le *yoni lingam*, et deux grandes plumes entre eux ; le troisième, placé dans un autre compartiment plus élevé, semble marcher du côté de l'est, tandis qu'un cynocéphale est prosterné devant lui en adoration. Au-dessus de l'une des portes de la chapelle, quatre de ces animaux avec de très longues queues s'approchent en procession vers un scarabée ailé, symbole du soleil. Sur la muraille de l'est, Isis est assise sur un trône avec Harpocrate debout derrière elle, commandant le silence dans sa posture habituelle.

Il y a peu de différence entre l'exécution des bas-reliefs de l'ancienne chapelle et l'exécution de ceux de la chambre du midi ainsi que de la petite chambre sépulcrale, qui sont de construction plus moderne. Ces ouvrages ont une supériorité bien marquée sur les sculptures que l'on trouve ordinairement dans les temples égyptiens.

Le portique, qui avec le grand propylée forme la troisième et la plus récente partie de l'édifice, est flanqué de deux piliers à demi enchâssés dans le mur. Les chapiteaux ornés de feuilles de lotus sont grands et lourds; ils supportent une plinthe sur laquelle pose l'architrave. A l'ouest de l'entrée principale une porte a été ouverte dans le mur au milieu de sculptures représentant des dieux. De l'autre côté une large ouverture a été percée en forme de fenêtre. Dans la muraille orientale, il y a deux petites ouvertures semblables. A l'est de l'entrée principale, on voit sur la colonne un homme jouant d'une harpe à vingt et une cordes, que généralement on suppose être Typhon à cause de sa laideur. L'autre pilier porte un cynocéphale tenant un vase rempli de fleurs.

Vers l'orient du temple, gisent les débris d'une muraille d'environ quatre pieds de haut, et qui semble avoir fait autrefois le tour de l'édifice. Les pierres de cette muraille ainsi que celles du temple, étaient jointes par des jumelles de métal. L'appât de ce mince butin a poussé les habitans des environs à démolir sans pitié tout ce qu'ils ont pu de ce beau monument.

De vastes blocs de pierre forment la toiture du temple. Le propylée est complété par deux tours qui s'élèvent de chaque côté en forme de pyramides tronquées; elles sont unies par l'architrave et la corniche de la grande entrée. Une petite porte conduit dans l'intérieur de la tour de l'ouest où l'on trouve quatre chambres superposées les unes au-dessus des autres. On peut monter jusqu'au sommet à l'aide d'un petit escalier. Au second étage règne une autre petite porte par laquelle on monte au toit qui est au-dessus de l'entrée. Il n'y a point de communication qui corresponde avec la tour de l'est. Ce monument paraît être de l'époque des Lagides, et fournit des matériaux précieux sous le rapport de la mythologie pour comprendre les attributions et la nature de la divinité que les Égyptiens adoraient sous la dénomination de Thoth (Hermès deux fois grand).

Mayer del. | Finden sc.

VUE EXTÉRIEURE DES MURS DE LA VILLE DE DEYR,
Sinton; temple dans le Roc.

EXTERIOR VIEW OF THE WALLS OF THE CITY OF DEYR,
Sinton; Temple in the Rock.

VUE EXTÉRIEURE DES MURS DE LA VILLE DE DERRI. — SANTON. — TEMPLE DANS LE ROC.

Les maisons de Derri sont bâties en argile ou en briques, disposées alternativement en couches horizontales et obliques, ce qui donne à l'ensemble des murailles une apparence originale et agréable. Hérodote rapporte que, pour éviter les insectes, les anciens Egyptiens avaient coutume de dormir sur le sommet de leurs maisons à certaines époques de l'année; il est possible que ce soit ce motif qui porte les habitans de Derri à construire leurs maisons comme les pigeonniers de la Thébaïde, c'est-à-dire en forme de tour carrée, avec une large cour devant, et environnées par de hautes murailles. Les rues sont larges et propres. On ne voit ni au dedans ni aux environs de la ville ces décombres et ces ordures que l'on rencontre à chaque pas en Égypte. De jolis jardins, pleins d'orangers, de dattiers et d'acacias, et clos de murs, entourent la ville.

Le temple de Derri est creusé dans le flanc d'une montagne derrière la ville. Le pronaos est presque entièrement détruit; il ne reste maintenant qu'une portion des murailles latérales et une rangée de colonnes devant la *Cella*. Sur les ailes du portique on voit des sculptures représentant des batailles, des faits d'armes et des exploits militaires de toute sorte, mais à moitié effacés, de sorte qu'ils sont peu intelligibles. En entrant dans la *Cella*, on voit de chaque côté une rangée de colonnes carrées, massives, sans chapiteaux, aboutissant à une sorte de plinthe le long de laquelle règne un chevron de pierre qui s'étend depuis le pronaos jusqu'au sanctuaire, et qui supporte le toit. Les portes sont ornées de frises, de corniches, de moulures, et sont surmontées du globe ailé.

Sur plusieurs faces des colonnes on voit des dieux tendant les mains à des mortels, ou leur passant familièrement les bras sur les épaules.

Près du sanctuaire, il y a un bas-relief fort extraordinaire, qui fait supposer que les Egyptiens ont connu la légende sacrée relative à l'apparition de Dieu à Moïse, dans le buisson ardent. Osiris est représenté au milieu d'un vaste buisson qui semble être en feu. Il porte un fouet d'une main, tandis que son autre main est étendue vers un homme à tête chauve (probablement un prêtre de Phthah), qui se tient devant lui dans une attitude respectueuse. Près du prêtre est Isis *Leunata*, avec le globe de la lune sur sa tête; de l'autre côté du buisson est *Thoth*, avec une tête d'ibis.

Dans le fond du sanctuaire, il y a un banc de pierre sur lequel se trouvaient autrefois quatre statues en ronde bosse. De chaque côté on voit de petites niches qui, selon les uns, ont servi à renfermer des cercueils; mais qui plus probablement contenaient les vases sacrés. Quelques auteurs pensent encore que ce fut là qu'étaient logés les dieux de l'Égypte avant l'érection des magnifiques temples de Louqsôr, de Medynet-Abou et de Karnak. Tout auprès du temple que nous venons de décrire sont de petites tombes où se tient ordinairement un santon en prières. On les voit dans la planche sur le plan de devant; à gauche est la ville, et à droite le temple creusé dans le roc. (*Voy.* page 195.)

ABOUSAMBOUL. — MONUMENT TAILLÉ DANS LE ROC.

Abousamboul, *Ebsamboul* ou *Ibsamboul* est un petit hameau de la Nubie, ainsi que nous l'avons dit page 195; on trouve tout auprès parmi plusieurs monumens du plus haut intérêt, un petit temple creusé dans le roc, fort curieux. Les alentours de cet édifice sont tout-à-fait libres et dégagés de sable. Le côté qui est près de la rivière est élevé d'environ vingt pieds au-dessus du niveau des eaux. Il a quatre-vingt-onze pieds de long. La profondeur de l'excavation dans le roc, mesurée à partir de l'entrée jusqu'à l'extrémité du sanctuaire, est de soixante-seize pieds. Sur la façade sont six statues colossales d'environ trente-six pieds de haut, et taillées dans le roc. Il y en a trois de chaque côté de la porte : deux figures d'hommes et une de femme au milieu. Les deux statues de femme se ressemblent; c'est probablement Isis. La statue d'homme que l'on voit à droite avec des cornes sur la tête, représente Osiris.

Les jambages de la porte sont droits. Toute la face extérieure, le linteau et les bords de chaque côté sont couverts d'hiéroglyphes. Un grand nombre de cartouches contenant le nom et le prénom de Rhamsès-le-Grand, ont été sculptés, sur la bordure carrée qui entoure la façade comme un cadre, ainsi que sur chaque pilier qui sépare les statues entre elles.

On arrive au *pronaos* par un simple passage. Ce pronaos est une belle salle quadrangulaire de trente-cinq pieds de côté, supportée par six piliers carrés, décorés de la tête d'Isis. De cette pièce on passe dans un vestibule, qui lui-même conduit au sanctuaire, où l'on voit les restes d'une statue tail-

Parzais del. — Rt. Taylor dir. — Finden sculp.

ABOUSAMBOUL.

MONUMENT TAILLÉ DANS LE ROC. | A MONUMENT HEWN OUT OF THE ROCK.

Pl. 23.

TOMBOS, COLOSSE EN GRANIT. | TOMBOS, COLOSSUS IN GRANITE.

Mayer del. Finden sc.

VUE EXTÉRIEURE DU TYPHONIUM. | EXTERIOR VIEW OF THE TYPHONIUM.

Pl. 38

Dauzats del. Finden sc.

VUE INTÉRIEURE DU TYPHONIUM. | INTERIOR VIEW OF THE TYPHONIUM.

Mont Barcal. | *Mont Barcal.*

NUBIE.

Pl. 42

Vayer del.

VUE SOUTERRAINE DU TYPHONIUM. | SUBTERRANEAN VIEW OF THE TYPHONIUM.

lée dans le roc, figurant un homme assis. Cette statue est fort endommagée; mais le sanctuaire est dans un état de très bonne conservation. Il est orné de bas-reliefs en couleur. Presque toutes les figures qui y sont représentées sont peintes en jaune. Le plafond seul est en bleu et entouré d'une bordure de trois couleurs. Notre planche représente la façade du temple avec les six statues colossales dont il est orné.

TOMBOS. – COLOSSE EN GRANIT.

Près d'une petite île nommée *Tumbus* ou *Tombos*, sur le côté oriental du Nil, on voit couchée par terre une statue colossale en granit rouge, exécutée dans le bon goût égyptien. Elle a, selon la coutume, le pied gauche projeté un peu en avant. La tête et la face sont fort mutilées; tout le reste, au contraire, est assez bien conservé. Les mains paraissent serrer une espèce de bâton cylindrique; elles sont appuyées sur les hanches. Un vêtement rayé lui ceint les reins. On remarque aussi sur le cou et les bras des vestiges de bracelets et de colliers. La hauteur de la statue est de douze pieds. Des masses de granit de même nature que celui dont elle est formée remplissent tous les environs, ce qui ferait croire qu'elle a été sculptée dans l'endroit même.

MONT-BARKAL. — VUE EXTÉRIEURE, INTÉRIEURE ET SOUTERRAINE DU TYPHONIUM.

En remontant dans la Haute-Nubie, on trouve à un quart de lieue du Nil, dans le désert, un plateau de grès, de treize cent quarante mètres environ de circonférence, appelé Mont-Barkal. Taillé à pic dans la partie qui regarde le midi, il a de ce côté soixante-quatre mètres d'élévation, et présente par les déchirements qui le sillonnent, l'aspect le plus pittoresque. C'est sur ce point que gisent les restes de plusieurs temples, parmi lesquels est un *typhonium* fort intéressant. Ce petit édifice, d'une longueur totale de cent huit pieds, a la moitié de sa partie postérieure creusée dans la montagne; il se composait de plusieurs pièces et d'un sanctuaire; un pylone précédait l'entrée principale. Quelques bases de colonnes, que l'on voit en avant du pylone, indiqueraient les restes d'un portique. Il n'y a guère de conservé aujourd'hui que la partie du monument prise dans la montagne; toute celle qui s'élevait dehors est fort dégradée : quelques portions du pylone, six colonnes et une statue de Typhon, c'est tout ce qui est encore debout et que nous avons représenté dans la vue extérieure. Le sol est jonché tout autour de décombres provenant du reste de l'édifice.

La vue intérieure du typhonium offre à l'observation des détails précieux. Dans la première salle on voit, adossées à des piliers, huit statues de Typhon, portant sur la tête un ornement de fleurs de lotus, de plumes et de cartouches hiéroglyphiques. Ces piliers, divisés sur deux rangs, forment l'avenue du centre. En face des typhons et parallèlement à eux, sont deux rangées de colonnes avec des chapiteaux à tête d'Isis au-dessus de laquelle est figurée la façade d'un temple. Dans la pièce qui suit, on voyait aussi huit colonnes de même espèce que les précédentes. Elles portaient chacune sur la longueur une ligne de hiéroglyphes.

Toute la partie du monument qui suit à partir de là est creusée dans la montagne. On entre d'abord dans une salle qui précède le sanctuaire. Deux statues de Typhon, adossées à des piliers, se présentent dans cette salle. Ces piliers portent des caractères hiéroglyphiques. Des bas-reliefs, sculptés dans le creux, recouvrent les murailles. Ils représentent le dieu *Ammon,* tantôt avec une tête de bélier, tantôt sous la forme humaine. Isis y est également représentée se tenant derrière lui. Un roi et une reine paraissent lui rendre hommage. On croit que ce roi est *Taracus,* le premier de la dynastie Ethiopienne, qui envahit l'Égypte huit siècles avant l'ère chrétienne. Au fond du sanctuaire tous les bas-reliefs sont détruits. Deux petites pièces, l'une située à l'est, l'autre à l'ouest, ont des ornements sculptés en relief dans le creux. Les ornements et les figures qui décorent ce temple sont du pur style égyptien qu'on retrouve dans les monuments de la Basse-Nubie.

FIN.

TABLE DES MATIÈRES

ET DES PLANCHES CONTENUES DANS LE IIe VOLUME.

FIN DE LA TABLE DES MATIÈRES.

www.ingramcontent.com/pod-product-compliance
Lightning Source LLC
LaVergne TN
LVHW011249110826
845149LV00001B/88

* 9 7 8 2 0 1 3 0 2 0 0 8 4 *